VAL PIERCE

100 besondere Häkel-Ideen

NEUE MASCHEN, NEUE MUSTER

Leopold Stocker Verlag
Graz – Stuttgart

Inhalt

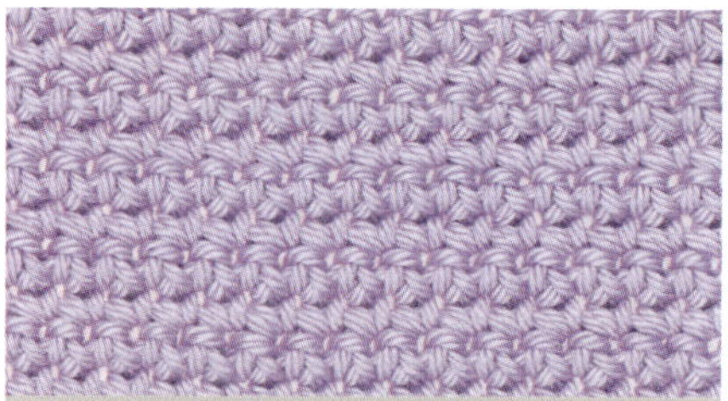

Einfache Muster

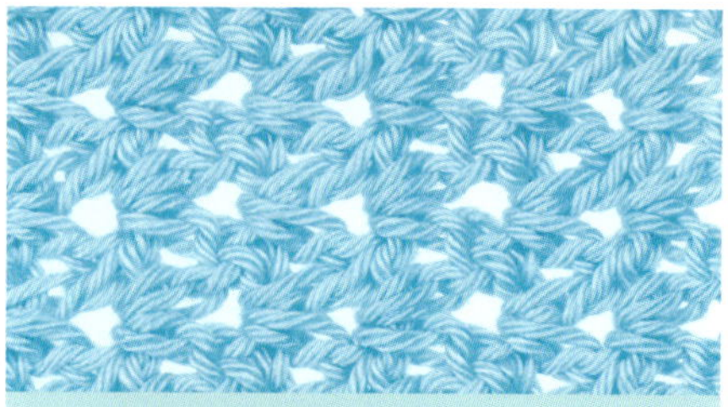

Struktur-muster

VAL PIERCE

100 besondere Häkel-Ideen

NEUE MASCHEN, NEUE MUSTER

stv

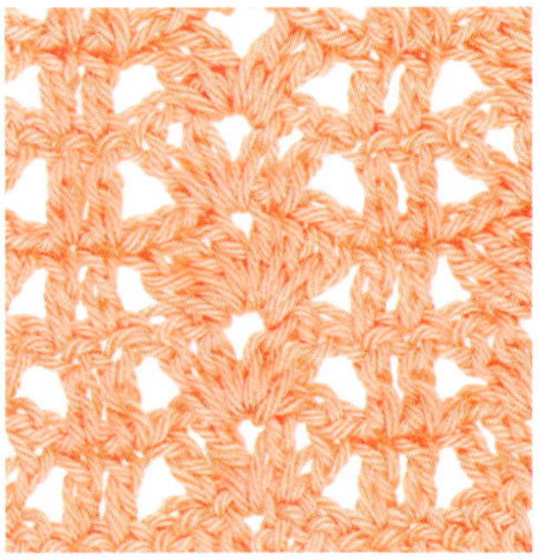
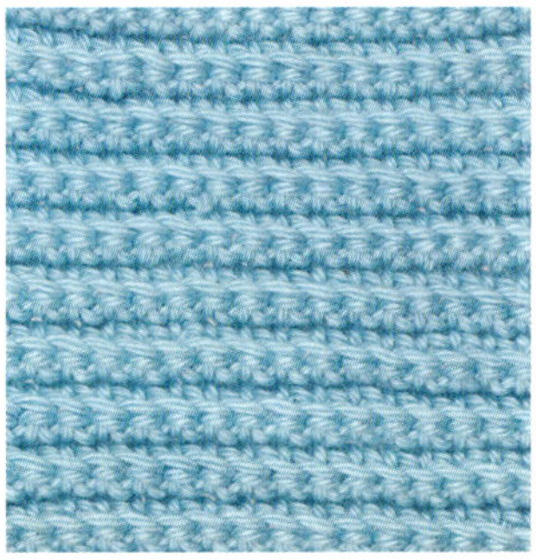
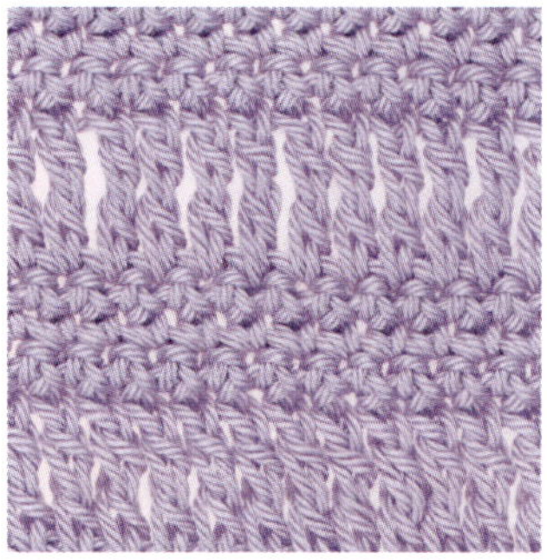
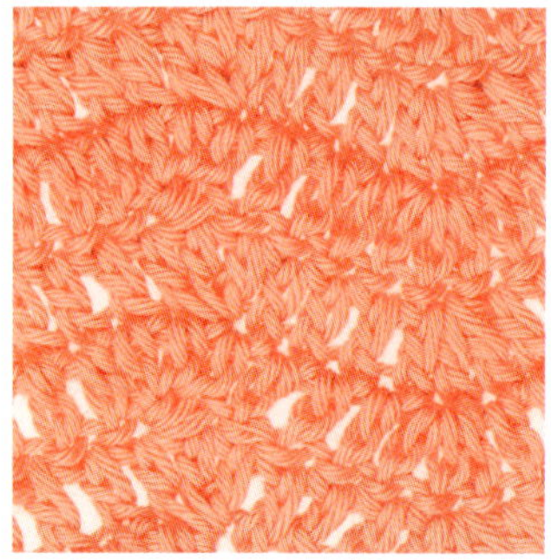
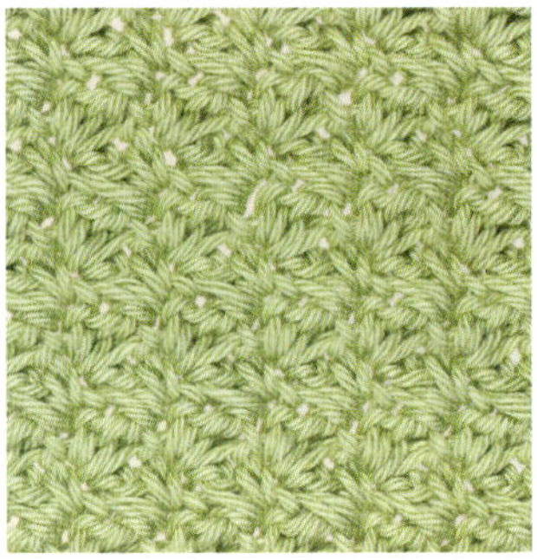
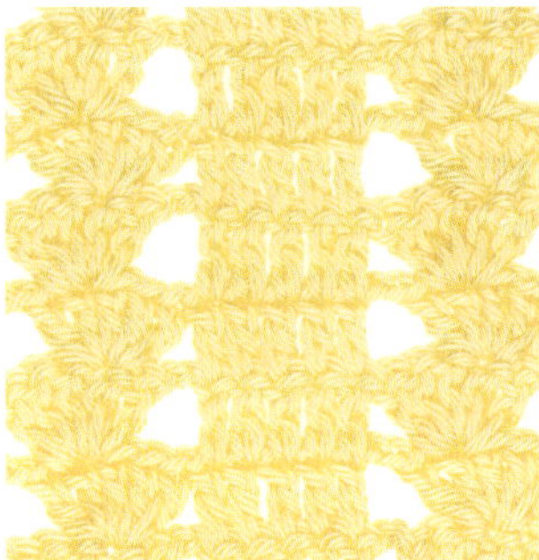
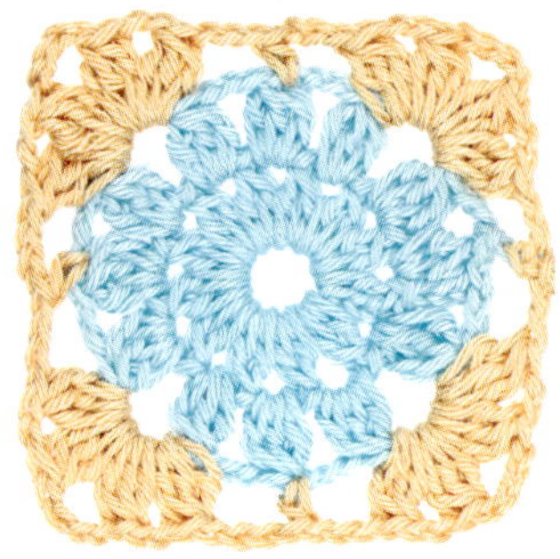
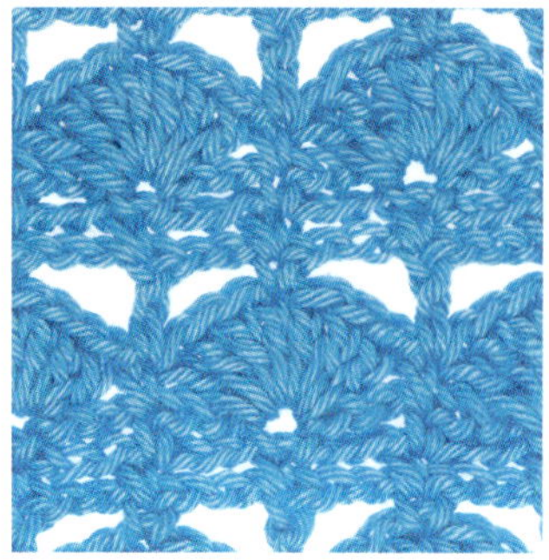
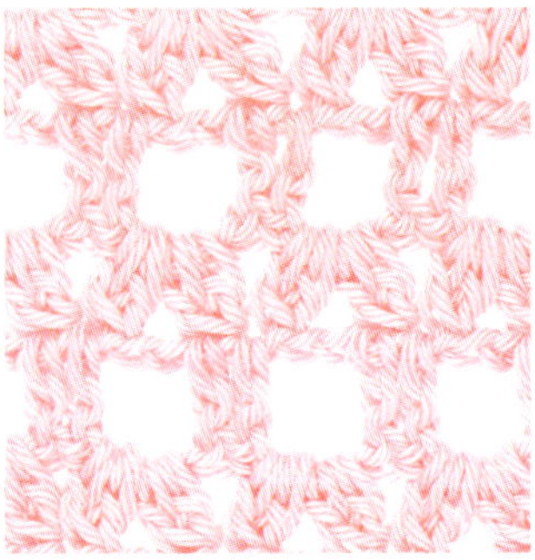
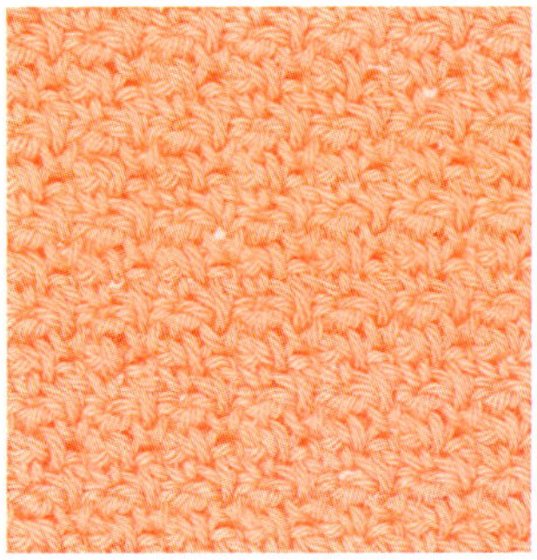
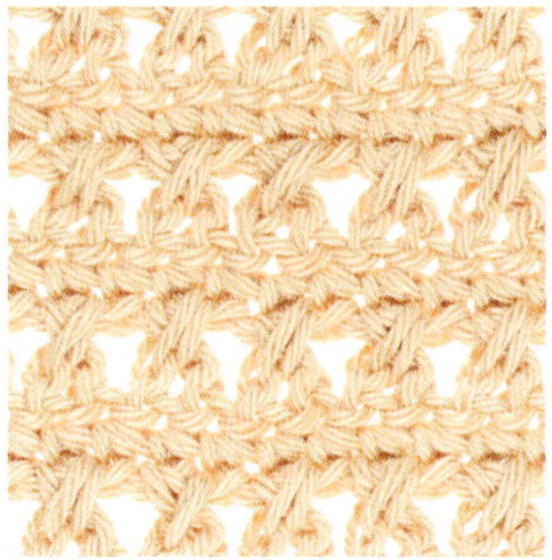
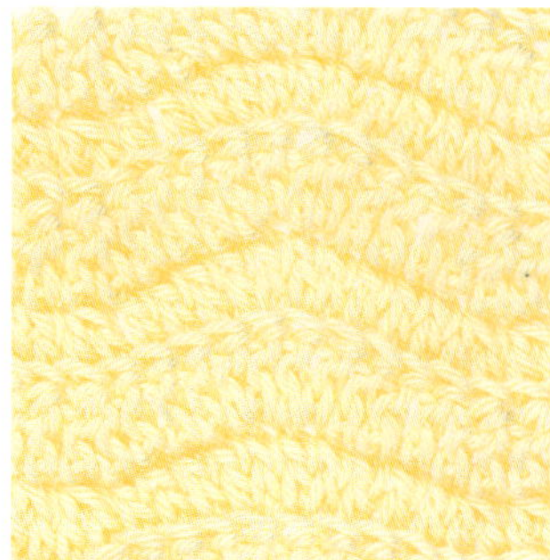
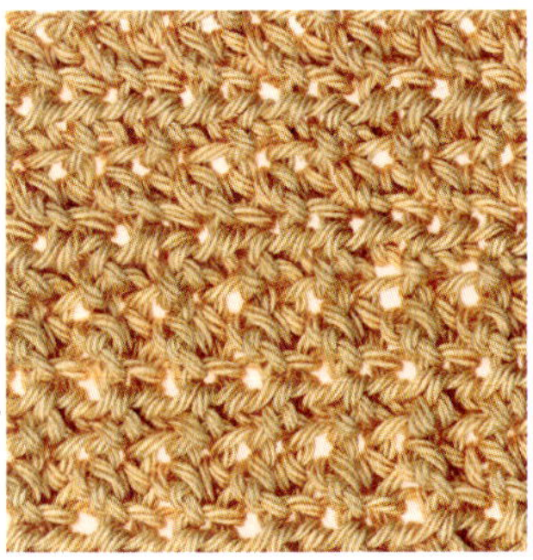
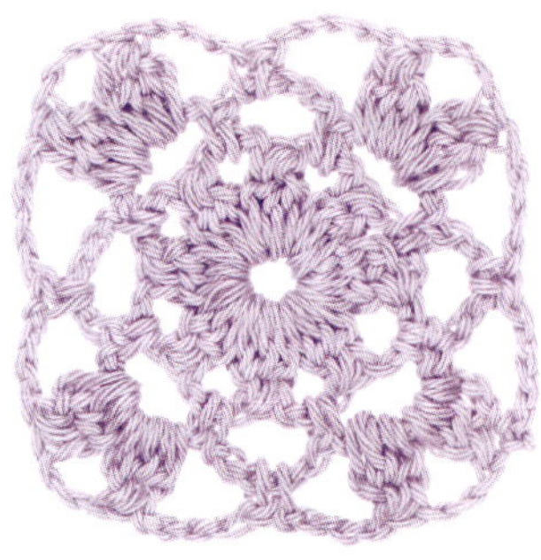
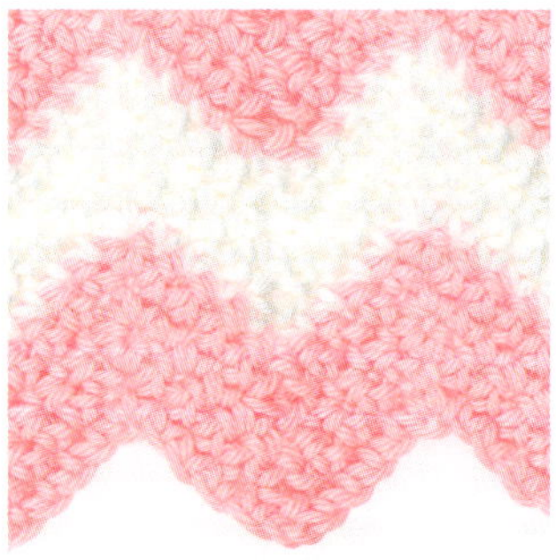
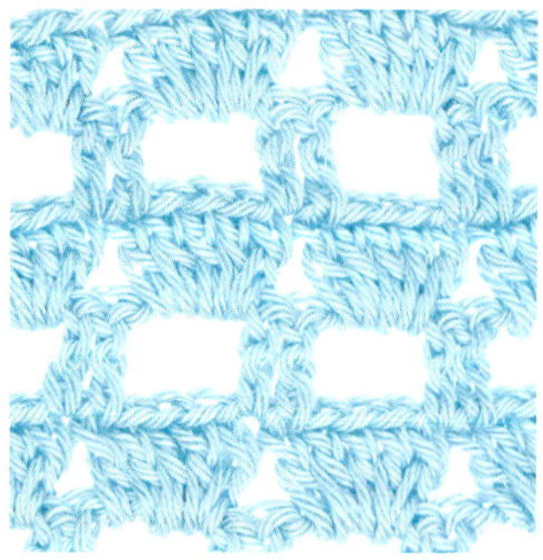
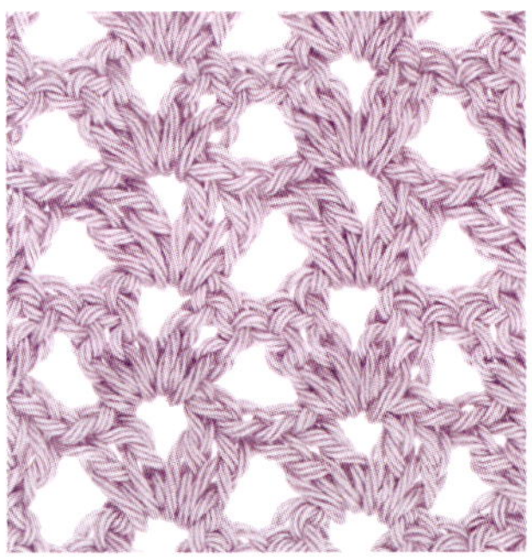
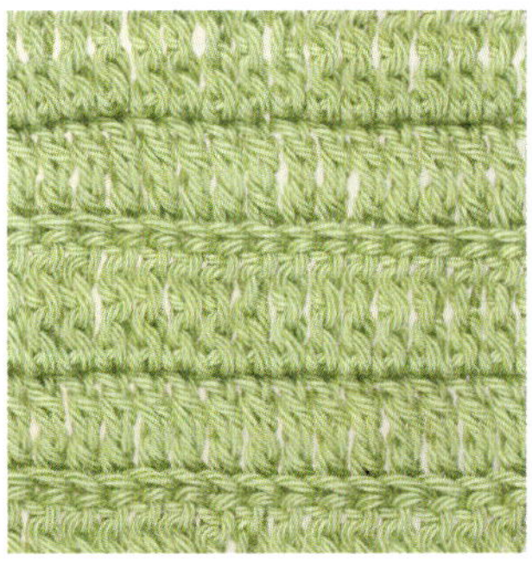
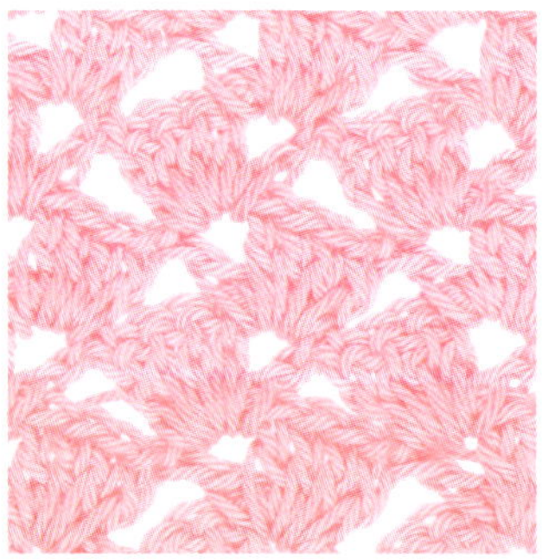
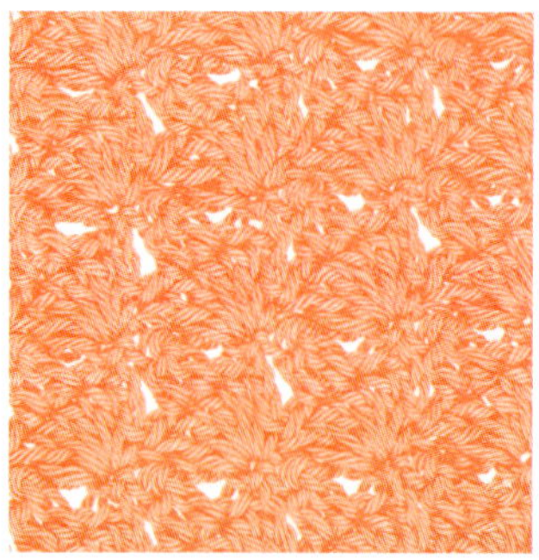

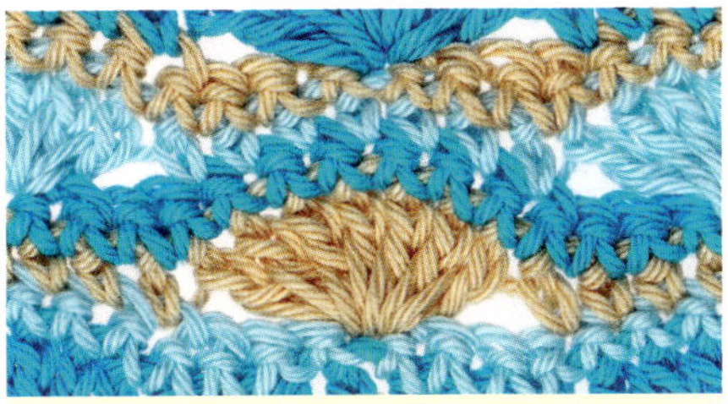

Mehrfarbige Muster

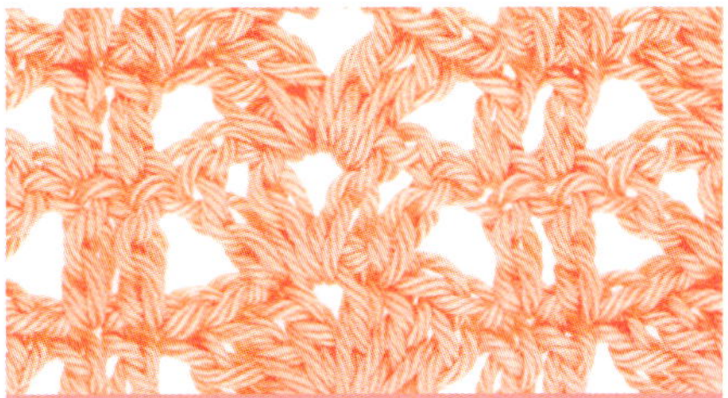

Häkelspitze

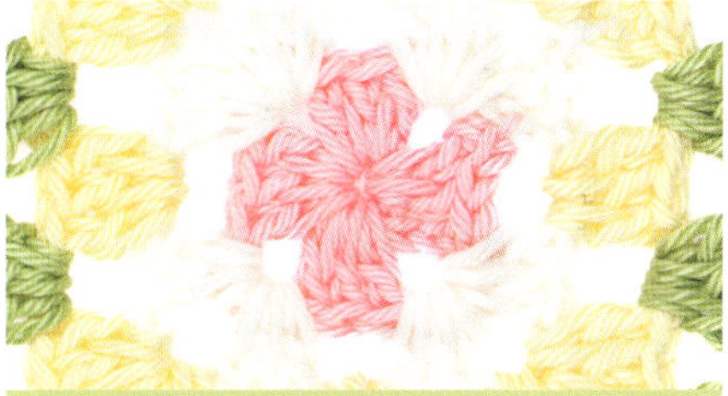

Der letzte Schliff

Einleitung

ES GIBT DIESER TAGE SO VIELE HANDWERKSKÜNSTE, DIE NUR DARAUF WARTEN, ERLERNT ZU WERDEN; EINE, DIE GERADE ERST WIEDER SEHR MODERN GEWORDEN IST, IST DAS HÄKELN. ES BRAUCHT ZWAR EINE GEWISSE ZEIT, GEDULD UND EINE BETRÄCHTLICHE MENGE AN ÜBUNG, UM DAS PERFEKTE ZUSAMMENSPIEL VON NADEL UND GARN ZU ERLERNEN, ABER SIE HABEN BESTIMMT BALD DEN BOGEN RAUS.

Was ist Häkeln?

Häkeln ist die Kunst, aus Faden, Garn oder anderen Materialien mit Hilfe einer Häkelnadel einen Stoff herzustellen. Sie verarbeiten zuerst das Garn in Schlingen zu einer gleichmäßigen Kette und folgen dann mit den Maschen dem Muster, das Sie gerne häkeln möchten. Bei der Verwendung von Nadel und Garn können Sie in Reihen oder Runden arbeiten und so alle möglichen Gegenstände gestalten, von Haushaltswaren, Überwürfen und Kleidungsstücken bis hin zu komplizierteren und komplexeren Spitzenprojekten. Die Schönheit des Häkelns liegt darin, dass Sie meistens nur mit einer Masche arbeiten, was anders ist als beim Stricken, wo Sie eine Reihe von Maschen haben, die in jeder Reihe abgearbeitet werden müssen.

Eines nach dem anderen

Wenn Sie ein neues Handwerk erlernen, kann es so überwältigend sein, dass man gar nicht weiß, wo man anfangen soll. Die Versuchung, loszulaufen und eine Häkelnadel, ein Muster und einige teure Garne zu kaufen und sich dann zu Hause hinzusetzen und sofort mit Ihrer wunderbaren Kreation zu beginnen, ist groß – jedoch nur, um dann bitter enttäuscht festzustellen, dass nichts wirklich funktioniert. Der daraus resultierende Fadensalat wird in den Tiefen des Schranks versteckt, um nie wieder das Tageslicht zu sehen.
Auf den folgenden Seiten werden Sie einige der besten Wege erkunden, wie man dieses Handwerk erlernen kann – von der Wahl Ihrer Nadeln und Garne angefangen bis hin zur Gestaltung einfacher und komplexerer Maschen, damit Sie für Ihr erstes Projekt gerüstet sind. Im ersten Kapitel „Einfache Muster" wird Ihnen Schritt für Schritt gezeigt, wie die Maschen funktionieren, um Ihnen dann ein Muster für ein Häkelstück in die Hand zu geben. Die darauffolgenden Kapitel zeigen Ihnen ebenfalls Schritt für Schritt, wie diese Muster gearbeitet werden, da sie alle nur Maschen nutzen, die im ersten Abschnitt erklärt werden.

Schwierigkeitsgrade der Muster

Wie Sie bemerken werden, gibt es eine Einteilung von einem bis zu drei blauen Punkten, die neben jedem Muster über das gesamte Buch hinweg stehen. Diese sollen Ihnen dabei helfen, die Muster Ihren Fähigkeiten nach auszuwählen, wenn Sie das Häkeln gerade erst erlernen. Je geübter Sie werden, umso einfacher können Sie sich den komplexeren Mustern des Buchs widmen.

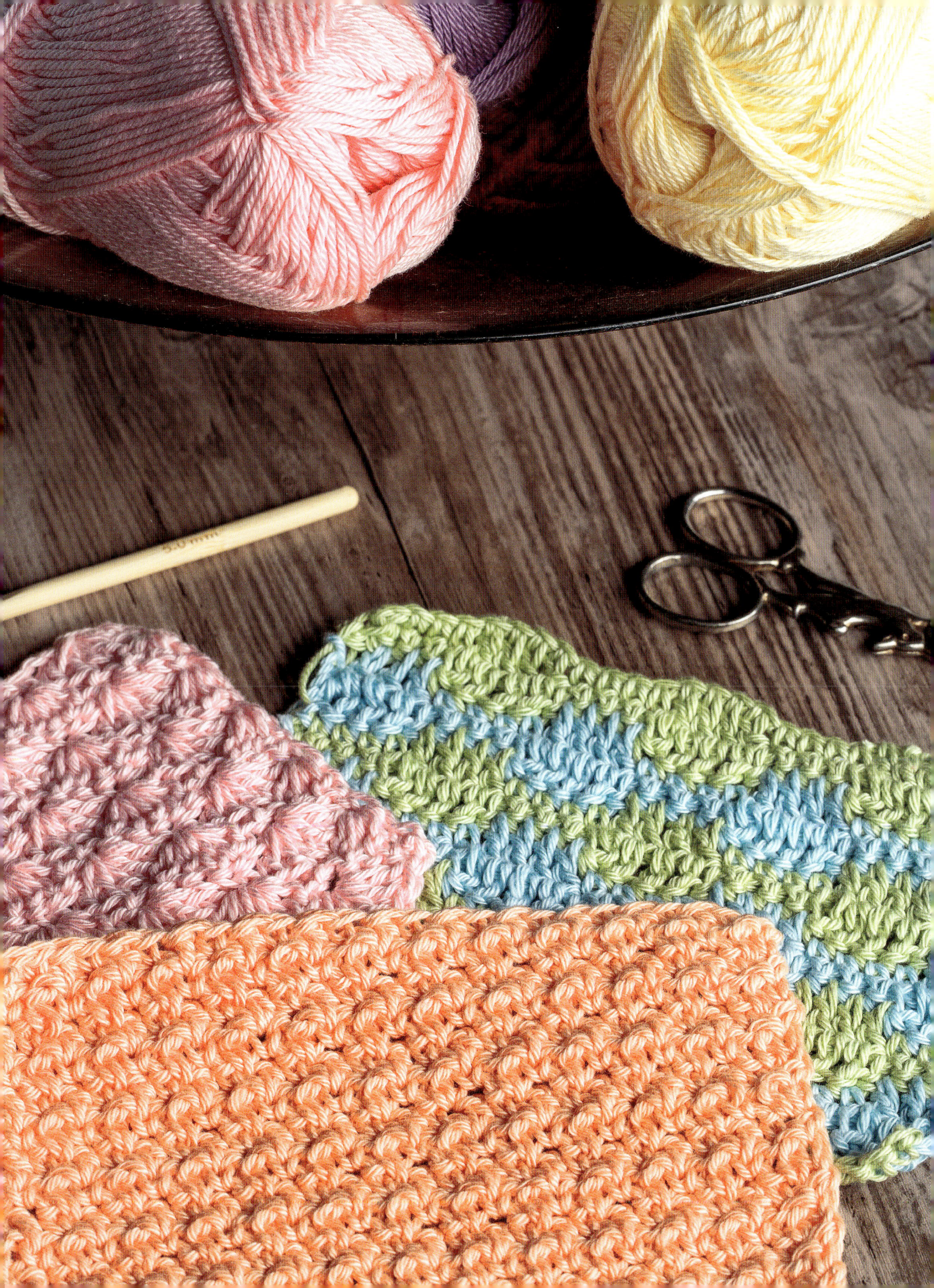

Handarbeitszeug und Materialien

BEVOR SIE EIN NEUES WAGNIS EINGEHEN, ERLEICHTERN SIE SICH DAS GANZE, INDEM SIE DAS NÖTIGE MATERIAL UND HANDARBEITSZEUG GRIFFBEREIT HABEN. HIER WERDEN SIE ANGELEITET, WAS SIE BRAUCHEN, UM LOSLEGEN ZU KÖNNEN.

Häkelnadeln und anderes Werkzeug

Wie bei jedem neuen Hobby, brauchen Sie auch hier grundlegendes Werkzeug, um beginnen zu können. Es gibt Häkelnadeln in vielen verschiedenen Arten und Materialien: aus Metall, Plastik, Holz und sogar Bambus. Welche sollten Sie also wählen? Metallnadeln werden am häufigsten verwendet und lassen sich leicht halten. Plastiknadeln sind biegsamer und einige können auch bei Überbeanspruchung brechen. Andere Nadeln haben einen weichen Plastikgriff, der sich recht klobig anfühlt. Häkelnadeln aus Holz oder Bambus sind sehr leicht und lassen sich angenehm halten, sind jedoch recht teuer. Wenn Sie das Häkeln lernen und als Hobby beibehalten möchten, ist es sicher angebracht, darüber nachzudenken, in ein paar richtig gute Nadeln zu investieren.

Ihre erste Häkelnadel sollte eine vernünftige Nadelstärke aufweisen, etwa 3,5 oder 4 mm, was perfekt ist, um mit einem DK-Garn (einem leichten Garn) zu beginnen. Ich würde Ihnen für den Anfang eine Nadel aus Metall empfehlen. Sie sollte glatt, unbeschädigt, leicht und bequem zu halten sein. Ist sie beschädigt oder rau, bleibt sie am Garn hängen oder teilt es, während Sie damit arbeiten.

Abgesehen von einer kleinen Auswahl an Häkelnadeln brauchen Sie ein Maßband, Stecknadeln und Stecknadeln zum Maschenmarkieren, die länger und von unschätzbarem Wert sind, wenn Sie eine Maschenprobe für die richtige Spannung häkeln. Maschenmarkierer sind sehr nützlich wenn Sie rundhäkeln, da es manchmal schwierig ist zu sehen, wo eine Runde endet und eine neue beginnt. Sie brauchen auch einige Scheren zum Abschneiden von Garn und zum Vernähen. Ein weiterer kleiner Helfer ist eine Garnspule, wenn Sie mit mehreren Farben in derselben Reihe arbeiten, da sich die Garne oft nur schwer davon abhalten lassen, sich zu verwickeln. Zu guter Letzt ist es ratsam, Ihr Projekt in ein sauberes Tuch einzuschlagen oder in eine Tasche zu packen, wenn Sie nicht mehr daran häkeln. So bleibt Ihre Arbeit sauber und Sie haben Ihre Nadeln und Muster gleich zur Hand, wenn Sie das nächste Mal loslegen möchten.

Garne

Die Bandbreite von erhältlichen Garnen ist heutzutage überwältigend. Sie können mit den meisten Garntypen und -gewichten häkeln, je nachdem, was Sie gestalten möchten. Feine Baumwollgarne werden für Spitzendeckchen und komplexe Projekte für erfahrenere Häklerinnen und Häkler verwendet. Es gibt einige Garne, die sich nicht gut für das Häkeln eignen; das sind Garne mit ausgeprägter Struktur oder unregelmäßig gesponnene Garne, da es dann recht schwierig wird, die Maschen im Auge zu behalten. Dicke Garne lassen Ihre Häkelarbeit sehr schwer wirken. Ich empfehle Ihnen für den Anfang ein DK-Garn.

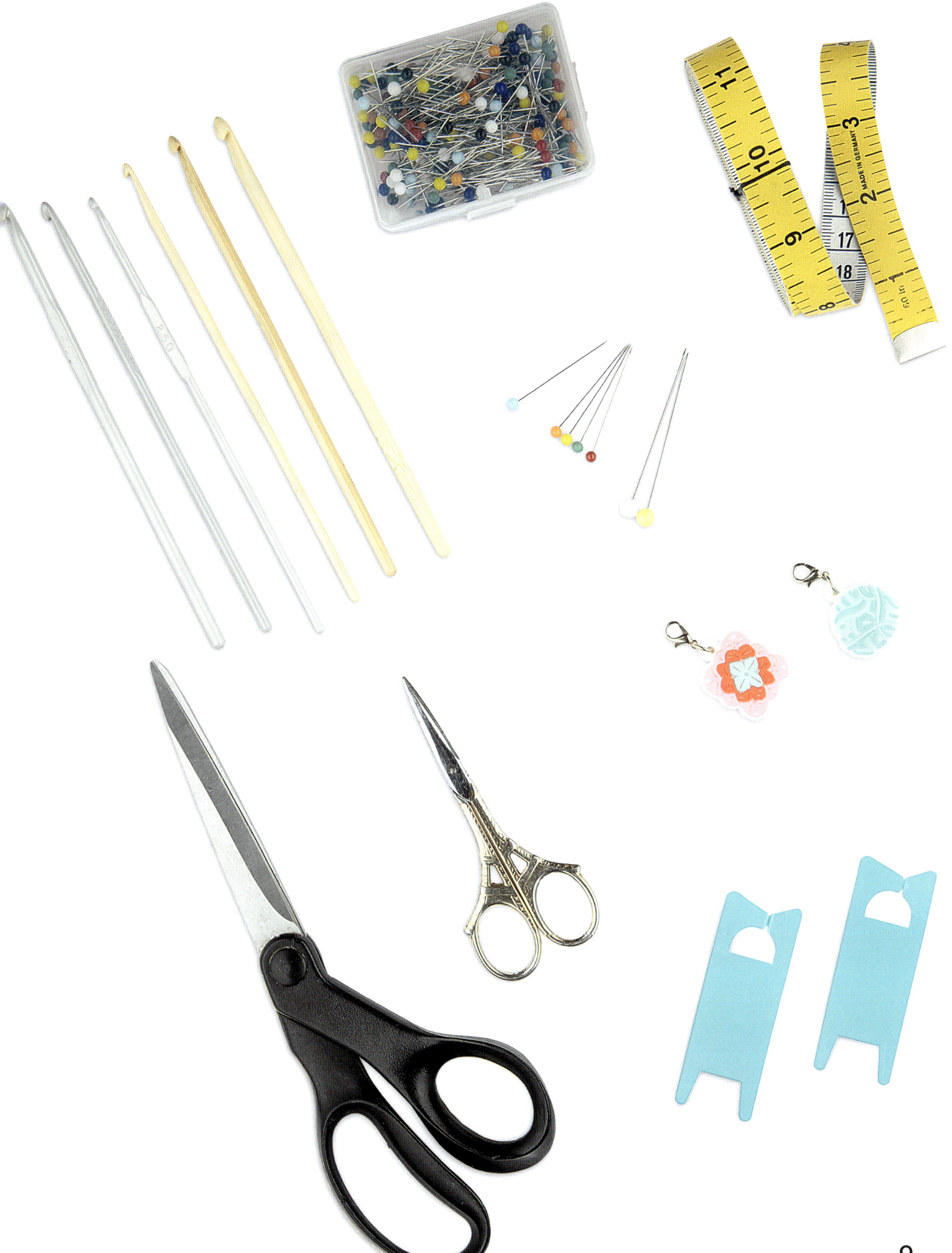

Grundtechniken

WENN SIE MIT DEM HÄKELN BEGINNEN, GIBT ES EINIGE GRUNDTECHNIKEN, DIE ERLERNT WERDEN MÜSSEN. IM FOLGENDEN ABSCHNITT WERDEN DIE WICHTIGSTEN SOWOHL IN WORTEN ALS AUCH SCHRITTWEISE IN BILDERN ERKLÄRT. DIES ERLEICHTERT IHNEN DAS VERSTEHEN UND MEISTERN DER TECHNIKEN.

Halten der Häkelnadel

Wenn Sie Rechtshänder sind, halten Sie die Häkelnadel in der rechten Hand. Sind Sie Linkshänder, halten Sie die Häkelnadel in der linken und das Garn in Ihrer rechten Hand.

Es gibt zwei Arten, eine Häkelnadel zu halten: wie einen Bleistift oder wie ein Messer. In beiden Fällen sollte die Vorderseite nach unten zeigen. Experimentieren Sie und finden Sie heraus, was für Sie am bequemsten ist.

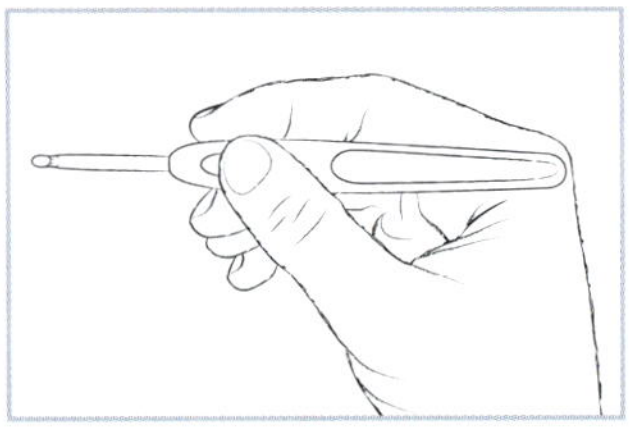

Halten der Nadel wie einen Bleistift

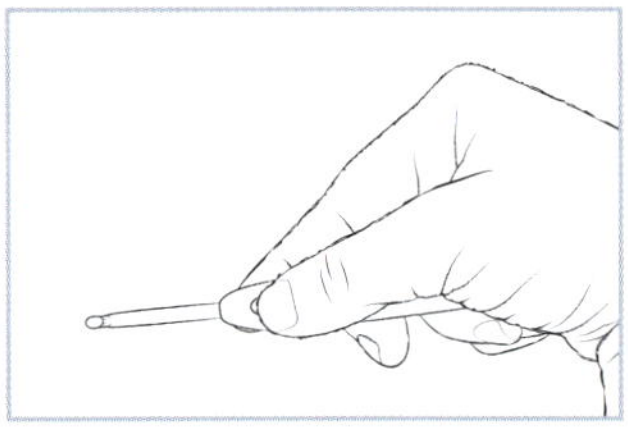

Halten der Nadel wie ein Messer

Halten des Garns

Gerade am Beginn des Häkelnlernens ist es sehr wichtig, die genaue Kontrolle über die Garnzufuhr zu erlernen. Sie sollte weder zu locker noch zu fest erfolgen, da dies über die Spannung und letztlich auch über den Erfolg oder Misserfolg Ihres Häkelprojekts entscheidet.

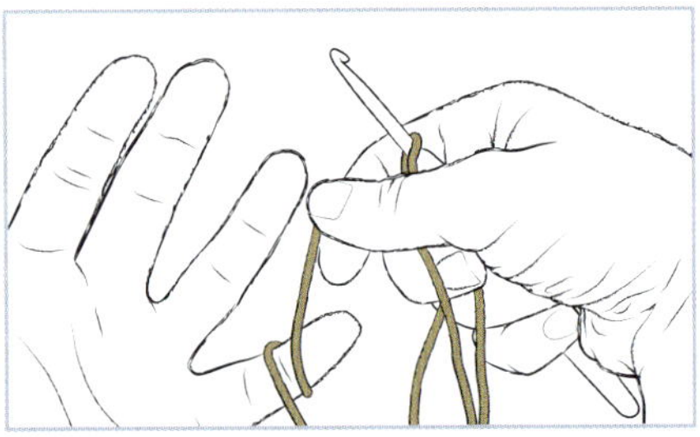

Schritt 1
Wenn Sie Rechtshänder sind, kontrolliert die linke Hand das Garn. Das Garn, wie gezeigt, um die Finger zu wickeln, ist eine Methode.

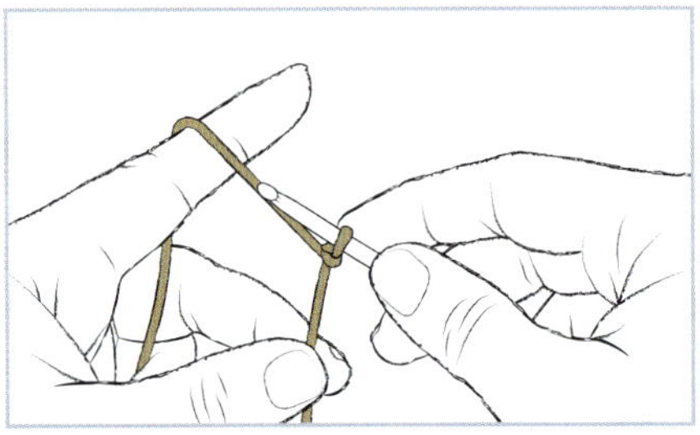

Schritt 2
Um eine Masche zu häkeln, wird der Zeigefinger verwendet, um das Garn in Position zu bringen, damit es von der Nadel eingehakt und durchgezogen werden kann, um eine neue Schlinge zu erzeugen.

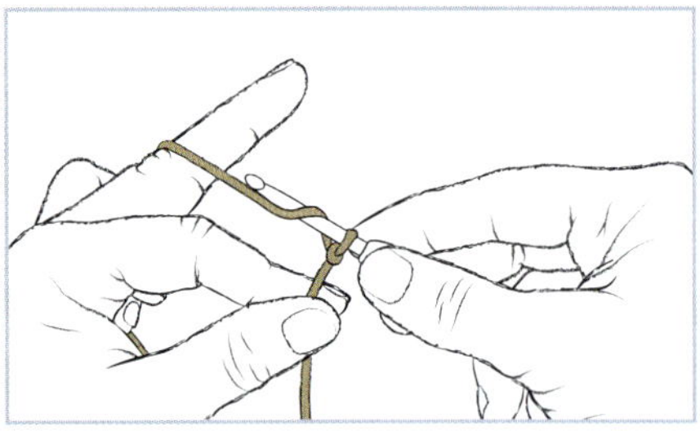

Schritt 3
Es ist wichtig, auf die Richtung des Garns um die Nadelspitze auf der Abbildung hinzuweisen.

Eine Anfangsschlaufe machen

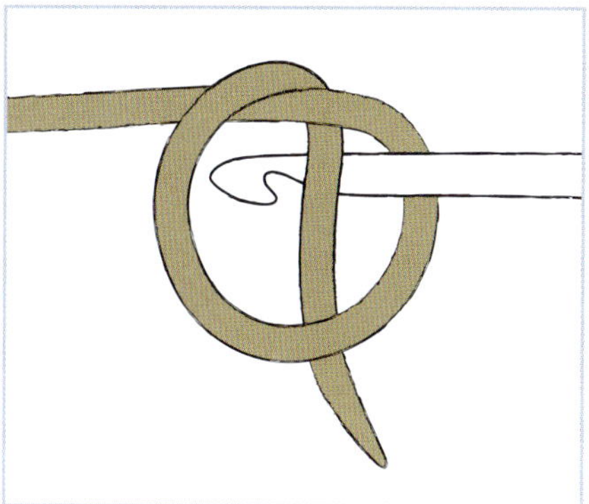

Der nächste Schritt ist die Anfangsschlaufe, mit der beinahe alle Häkelarbeiten beginnen.

Schlingen Sie das Garn in die gezeigte Richtung. Stechen Sie die Nadel durch die Schlinge, erfassen Sie das Garn in Knäuelrichtung, nicht am kurzen Ende, und ziehen sie es durch, um eine Schlaufe zu machen. Ziehen Sie den Knoten vorsichtig an beiden Enden an der Nadel fest.

Eine Luftmasche (Lm) häkeln (Luftmaschenanschlag)

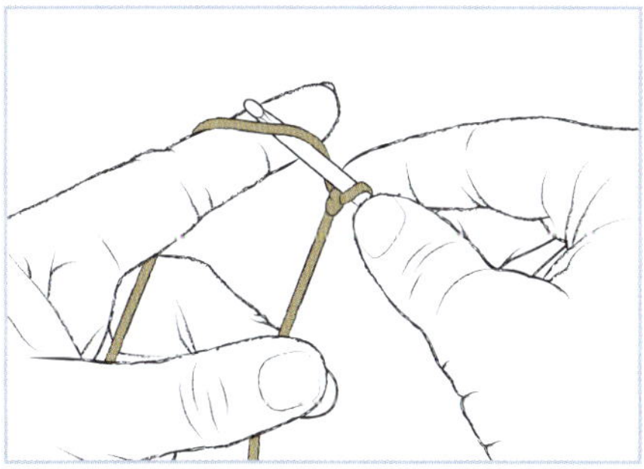

Schritt 1
Machen Sie eine Anfangsschlaufe. Führen Sie das Garn gegen den Uhrzeigersinn über die Nadel.

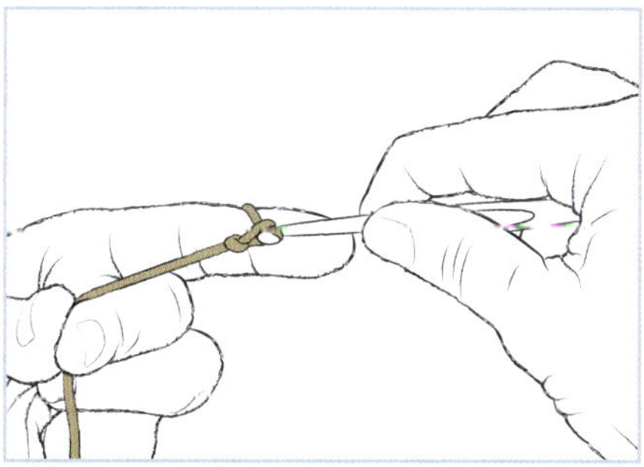

Schritt 2
Ziehen Sie das Garn durch, um eine neue Schlinge zu bilden. Seien Sie vorsichtig, dass Sie die vorige nicht festziehen.

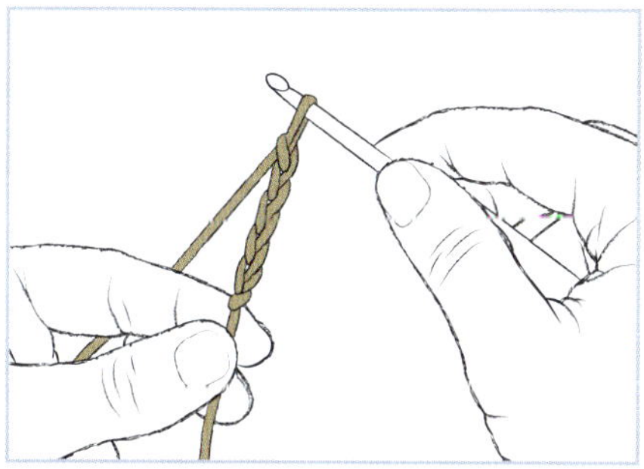

Schritt 3
Wiederholen Sie Schritt 1 und 2, um so viele Luftmaschen, wie im Muster angegeben, zu häkeln.

TIPP Üben Sie lange Luftmaschenketten zu häkeln, da Sie so lernen, die Nadel bequem zu halten, und sich daran gewöhnen, das Garn durch Ihre Finger zu führen.

Eine feste Masche (fM) häkeln

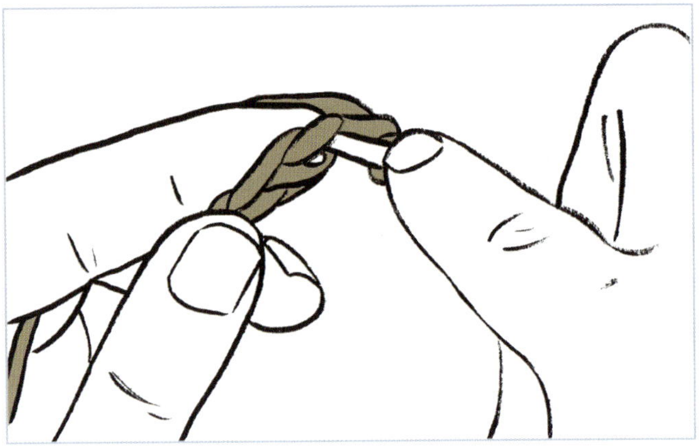

Schritt 1
Häkeln Sie eine Luftmaschenkette in der benötigten Länge. Stechen Sie Ihre Nadel in die 2. Luftmasche von der Nadel.

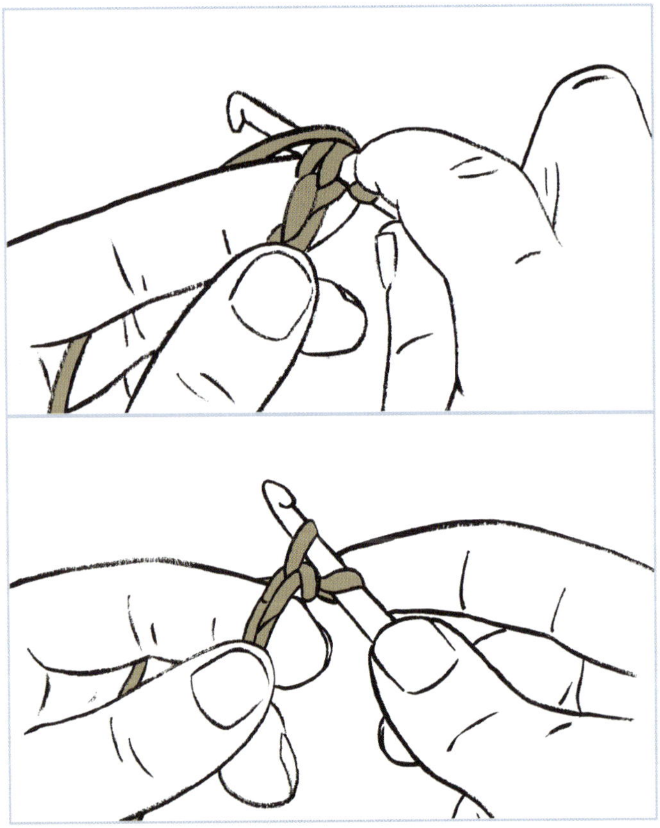

Schritt 2
Holen Sie das Garn auf die Nadel (Umschlag) und ziehen Sie eine Schlinge durch (auf der Nadel befinden sich jetzt 2 Schlingen).

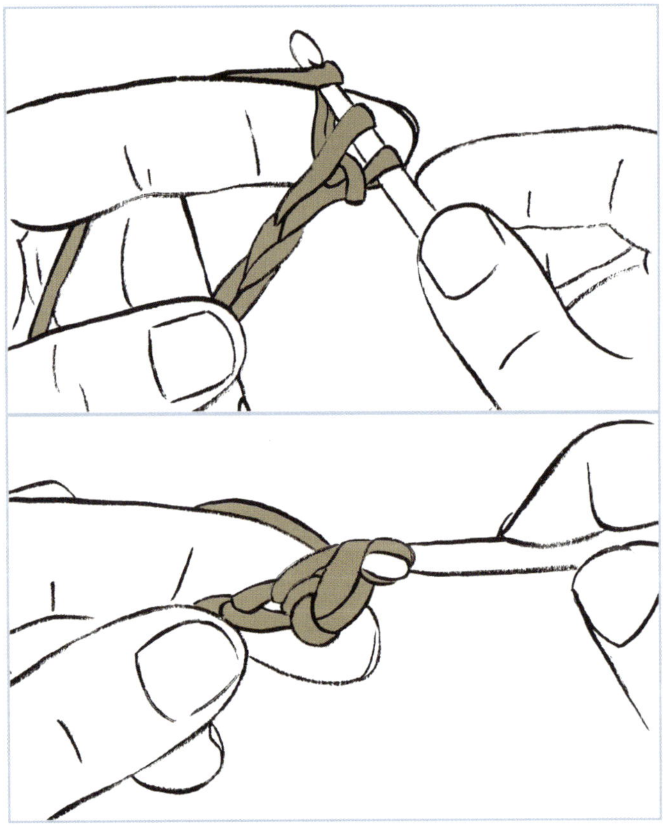

Schritt 3
Machen Sie einen Umschlag und ziehen Sie das Garn durch beide Schlingen auf der Nadel. Die feste Masche ist nun fertig.

Ein halbes Stäbchen (hStb) häkeln

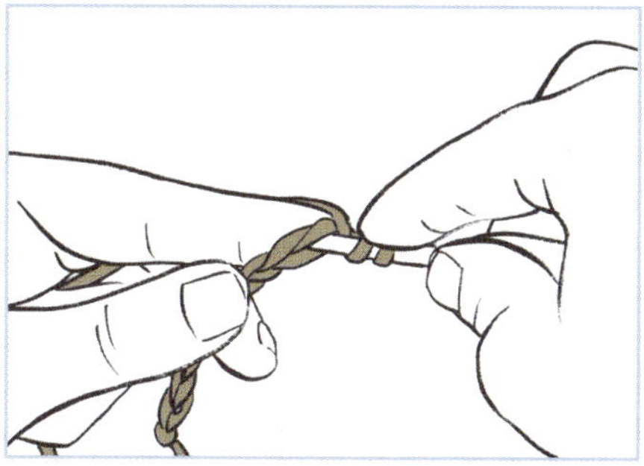

Schritt 1
Häkeln Sie eine Luftmaschenkette in der benötigten Länge. Holen Sie das Garn auf die Nadel (Umschlag) und stechen Sie sie in die Arbeit oder die 3. Luftmasche von der Nadel.

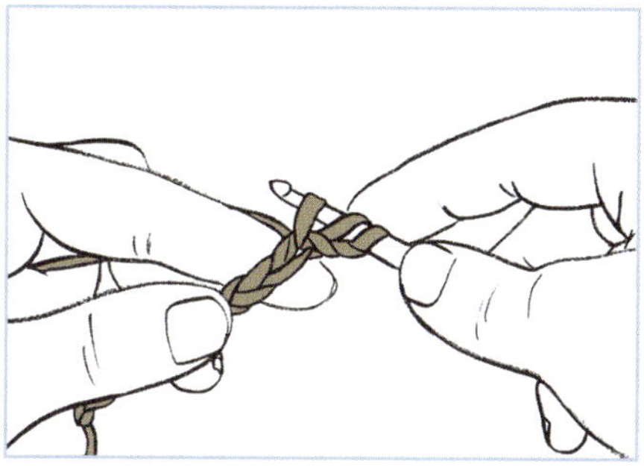

Schritt 2
Machen Sie einen Umschlag, ziehen Sie eine Schlinge durch (auf der Nadel befinden sich jetzt 3 Schlingen) und machen Sie wieder einen Umschlag.

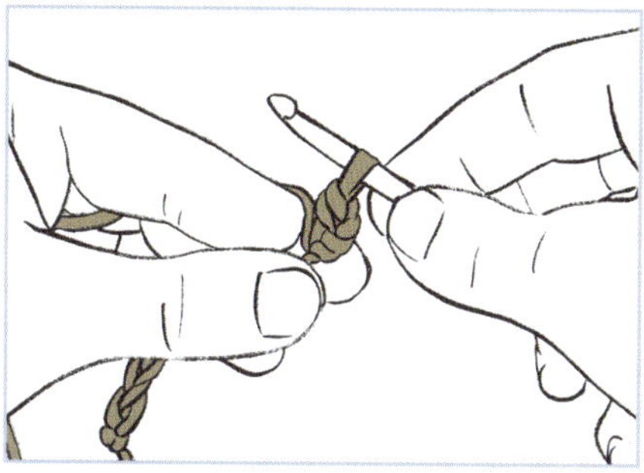

Schritt 3
Ziehen Sie den Umschlag durch alle Schlingen auf der Nadel. Das halbe Stäbchen ist nun fertig.

Ein Stäbchen (Stb) häkeln

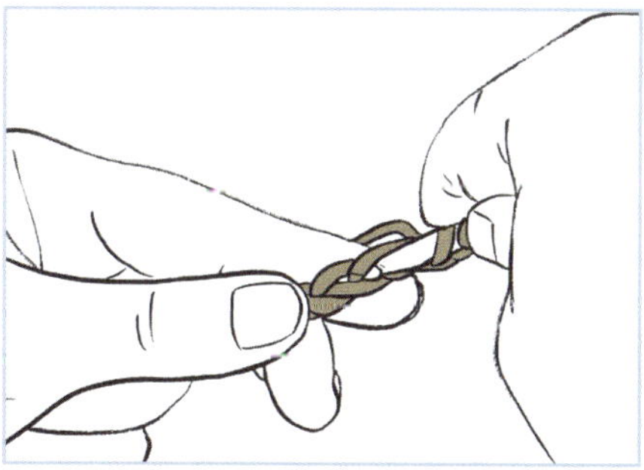

Schritt 1
Holen Sie das Garn auf die Nadel (Umschlag) und stechen Sie die Nadel in die Arbeit (oder die 3. Luftmasche von der Nadel).

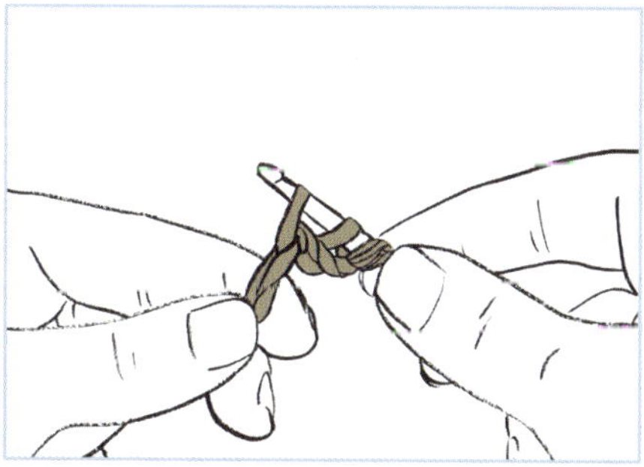

Schritt 2
Machen Sie einen Umschlag, ziehen Sie eine Schlinge durch (auf der Nadel befinden sich jetzt 3 Schlingen) und machen Sie wieder einen Umschlag.

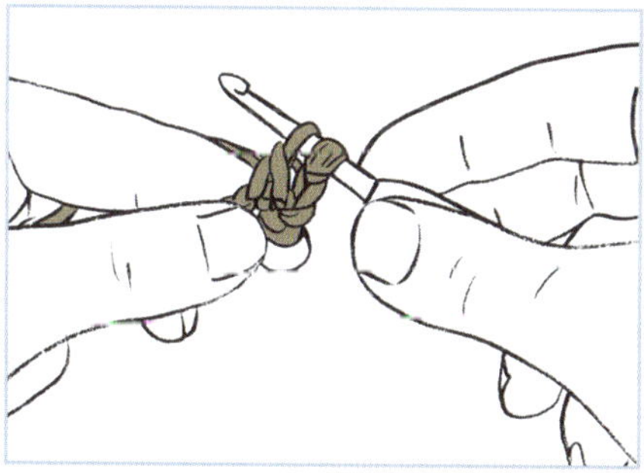

Schritt 3
Ziehen Sie den Umschlag durch die ersten 2 Schlingen und machen Sie einen Umschlag.

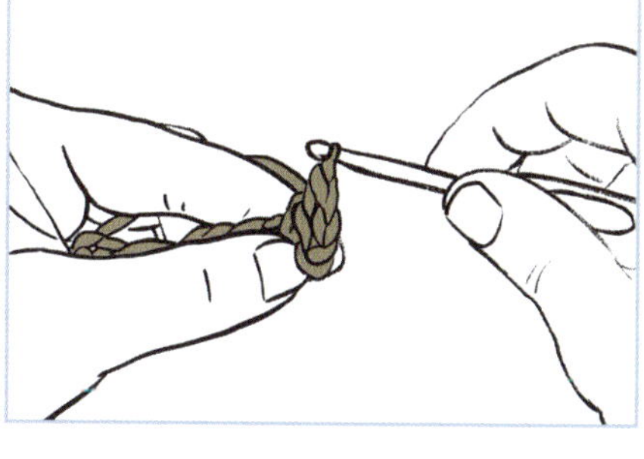

Schritt 4
Ziehen Sie den Umschlag durch die letzten 2 Schlingen auf der Nadel. Das Stäbchen ist nun fertig.

Ein Doppelstäbchen (DStb) häkeln

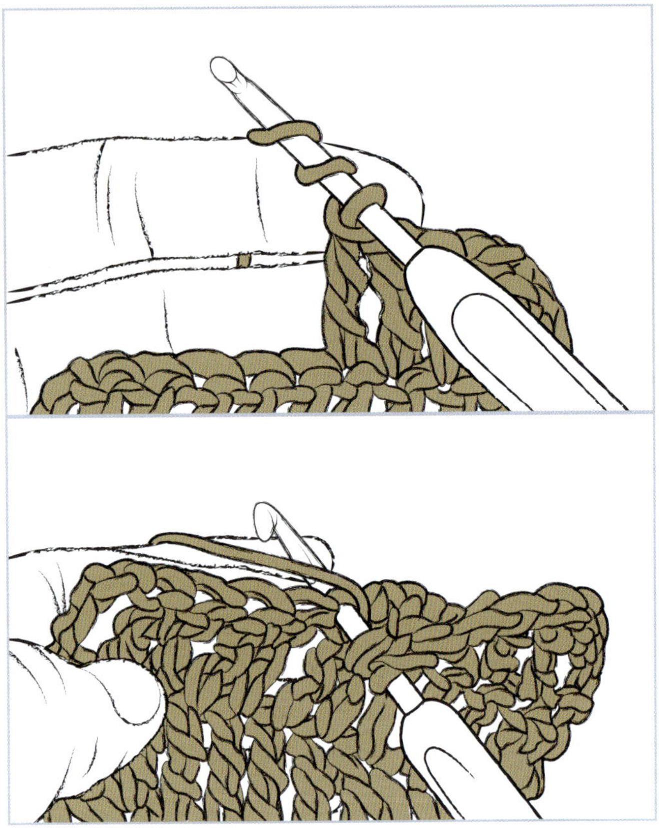

Schritt 1
Holen Sie das Garn zweimal auf die Nadel (2 Umschläge) und stechen Sie die Nadel in die Arbeit (oder die 4. Luftmasche von der Nadel).

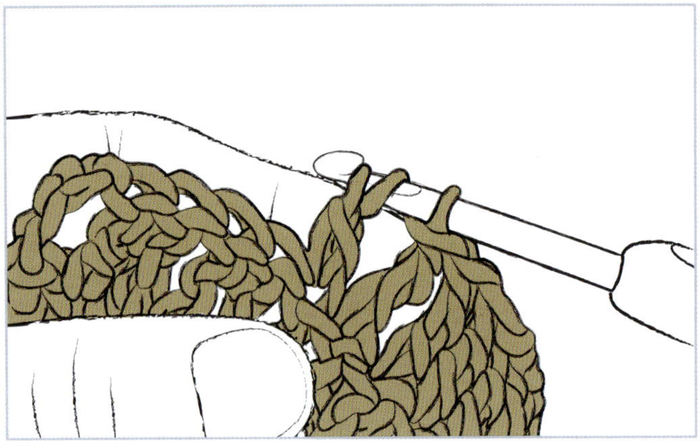

Schritt 2
Machen Sie einen Umschlag, ziehen Sie eine Schlinge durch (auf der Nadel befinden sich jetzt 4 Schlingen) und machen Sie wieder einen Umschlag. Das Garn durch 2 Schlingen durchziehen.

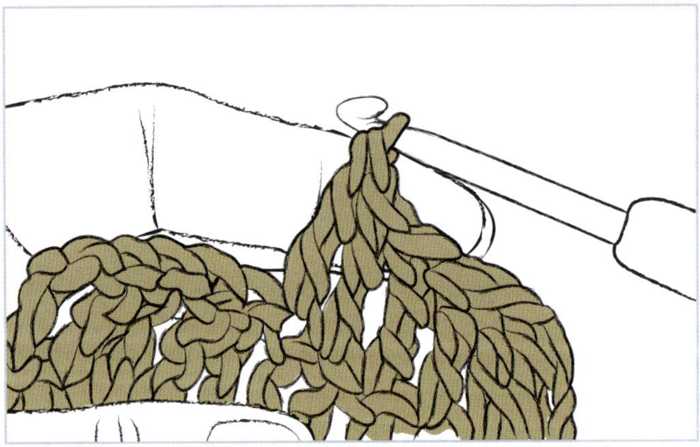

Schritt 3
Machen Sie einen Umschlag, ziehen Sie das Garn durch die nächsten 2 Schlingen auf der Nadel, machen Sie einen Umschlag und ziehen Sie ihn durch die letzten 2 Schlingen auf der Nadel. Das Doppelstäbchen ist nun fertig.

In Reihen häkeln

Eines der Dinge, das Menschen, die das Häkeln gerade erst erlernen, schwerfällt, ist es, die Ränder der Arbeit gerade zu halten. Dieses Problem entsteht, wenn man nicht in die richtige Masche oder Wendeluftmasche am Reihenanfang und -ende häkelt. Als Daumenregel wird die Wendeluftmasche (1 Lm) bei festen Maschen nicht als erste Masche gezählt. Bei Stäbchen werden die 3 Wendeluftmaschen (3 Lm) für gewöhnlich als 1. Masche der Reihe gezählt. Die meisten Muster weisen Sie auf die erforderlichen Wendeluftmaschen hin und ob sie als erste Masche gezählt werden sollten oder nicht.

Nachdem Sie die erste Reihe in die Luftmaschenkette gehäkelt haben, werden die folgenden Reihen auf jede Masche aus der Vorreihe gehäkelt.

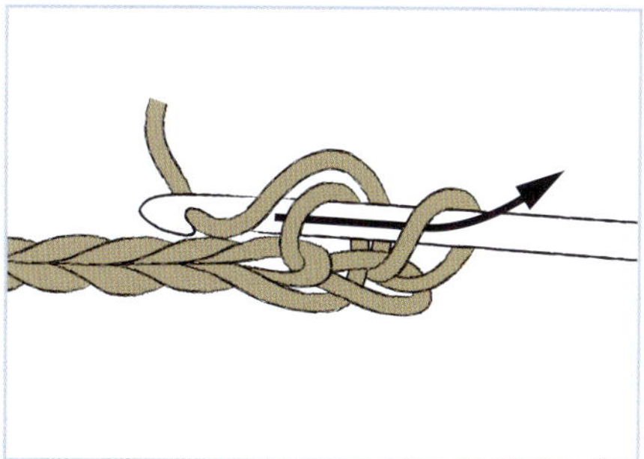

Schritt 1
Beginnen Sie mit einer Luftmaschenkette in der erforderlichen Länge oder der im Muster angegebenen Maschenzahl.

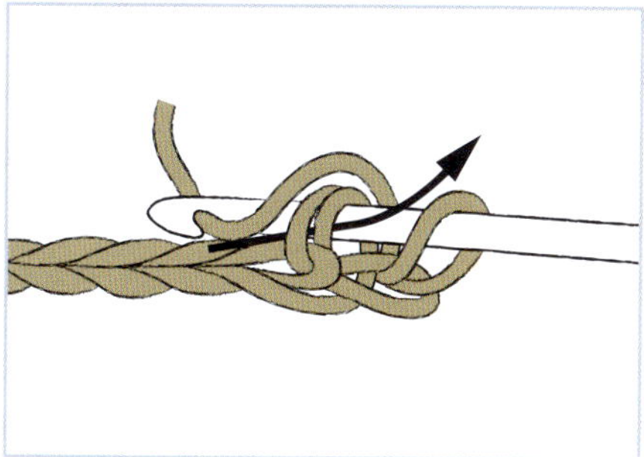

Schritt 2
Je nach Häkelmuster stechen Sie die Nadel in die entsprechende Luftmasche von Ihrer Nadel. Häkeln Sie die gewünschte Masche durch diese Luftmasche und die folgenden Luftmaschen bis zum Ende der Reihe. Nun wenden Sie Ihre Arbeit und häkeln Sie die nächste Reihe zurück.

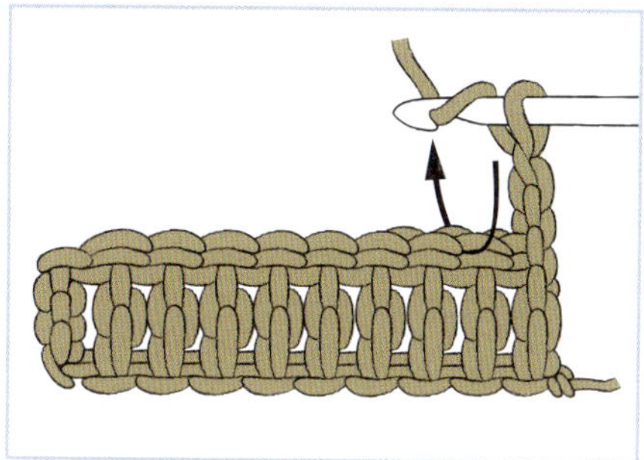

Schritt 3
Für diese und die folgenden Reihen müssen Sie eine Wendeluftmasche häkeln. Manchmal sorgt sie für Verwirrung, da es nicht immer klar ist, ob sie als erste Masche der neuen Reihe gezählt werden muss oder nicht.

Maschengruppen

Mehrere in dieselbe Masche gehäkelte Maschen werden für gewöhnlich als Maschengruppen bezeichnet. Handelt es sich bei der Masche um ein Stäbchen oder ein Doppelstäbchen, werden sie manchmal aufgrund der Form, die dabei entsteht, auch als Muschel bezeichnet.

Eine Maschengruppe kann auch zum Zunehmen oder zur Verbreiterung des Gewebes verwendet werden: Sie häkeln am Reihenanfang oder -ende zwei oder mehr Maschen in eine Masche. In den Mustern steht, wo Sie zunehmen müssen.

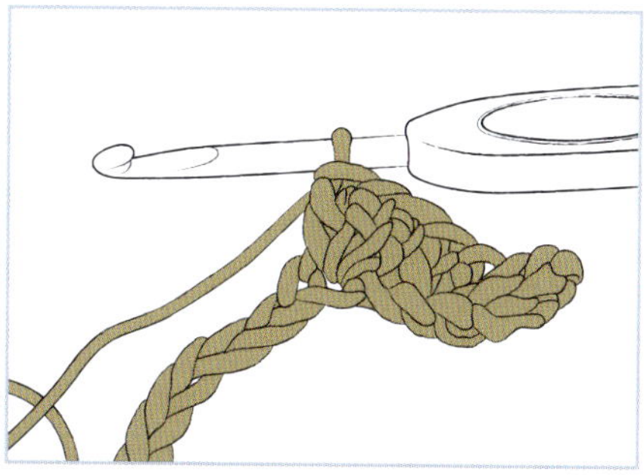

Büschelmaschen

Wenn zwei oder mehr Maschen oben miteinander verbunden werden, werden sie oft als Büschelmaschen bezeichnet. Jede beliebige Maschenzahl kann zu einer Büschelmasche zusammengenommen werden, indem man vorübergehend die letzte Schlinge einer jeden Masche auf der Nadel lässt und sie dann alle zusammen am Ende abhäkelt.
Büschelmaschen aus festen Maschen oder Stäbchen können auch als eine Art zum Abnehmen oder Formen Ihres Werkstücks dienen, solange sie sich in einfacheren Arrangements befinden.

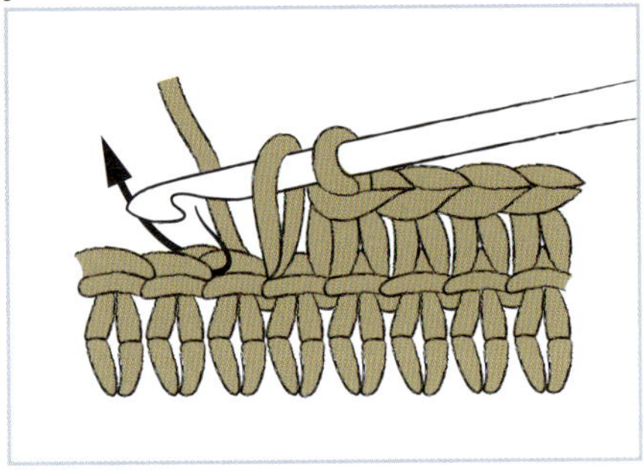

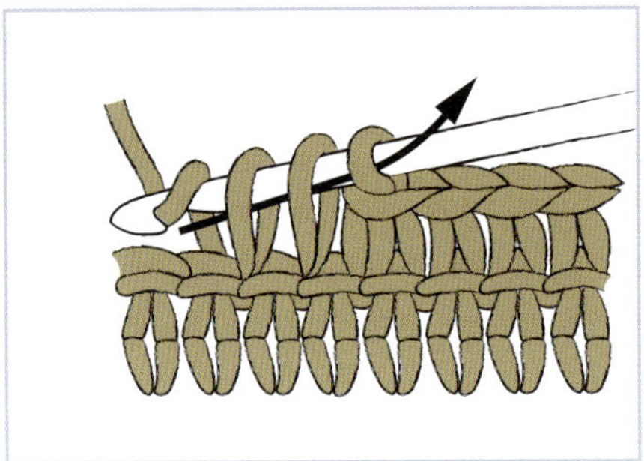

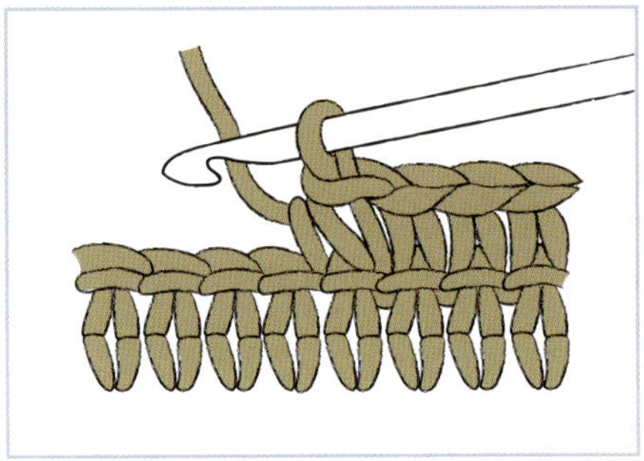

Zwei feste Maschen zusammenhäkeln (2 fM zus häkeln)
Die Nadel in die nächste Masche stechen, Umschlag, Schlinge durchziehen, diesen Schritt mit der nächsten Masche wiederholen (3 Schlingen auf der Nadel), Umschlag und das Garn durch alle Schlingen auf der Nadel durchziehen. Die Abnahme ist nun fertiggehäkelt.

Drei feste Maschen zusammenhäkeln (3 fM zus häkeln)
Arbeiten Sie wie oben, jedoch stechen Sie die Nadel in die nächsten 2 Maschen auf dieselbe Weise (4 Schlingen auf der Nadel), Umschlag und das Garn durch alle Schlingen auf der Nadel durchziehen. Die Abnahme ist nun fertiggehäkelt.

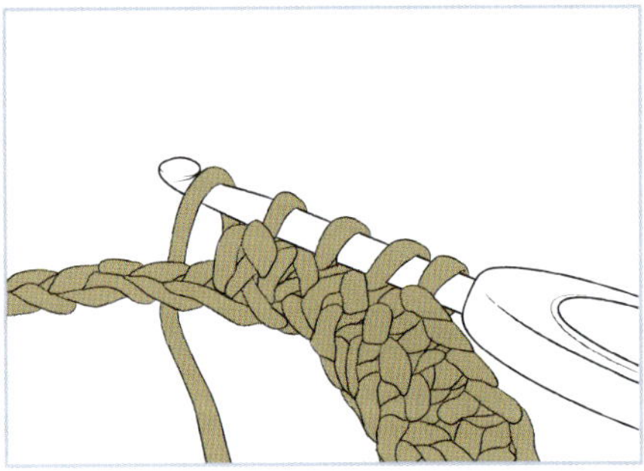

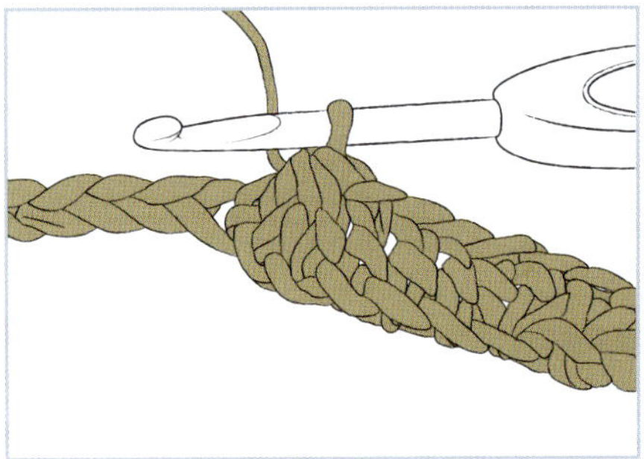

Zwei oder mehrere Stäbchen zusammenhäkeln (2 Stb zus häkeln, 3 Stb zus häkeln)
Umschlag, die Nadel in die nächste M stechen, Umschlag, 1 Schlinge durchziehen, Umschlag, Garn durch 2 Schlingen auf der Nadel ziehen (2 Schlingen bleiben auf der Nadel), Schritt 1 in der nächsten M wdh, Umschlag. Den Umschlag durch alle Schlingen auf der Nadel ziehen. 2 Stb zus häkeln fertig.

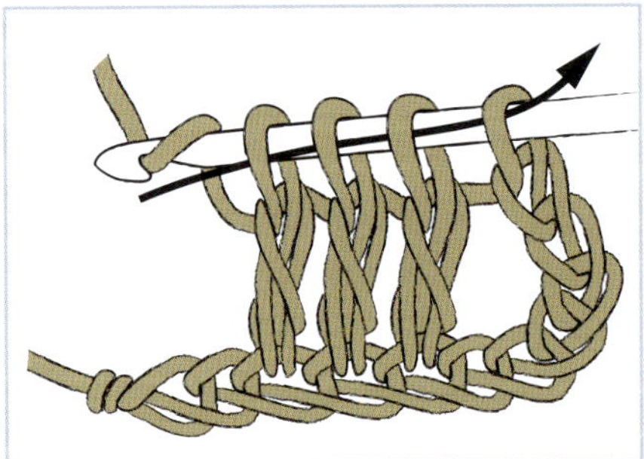

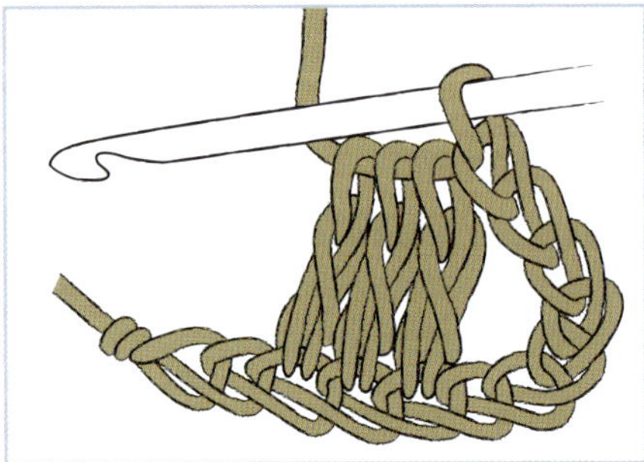

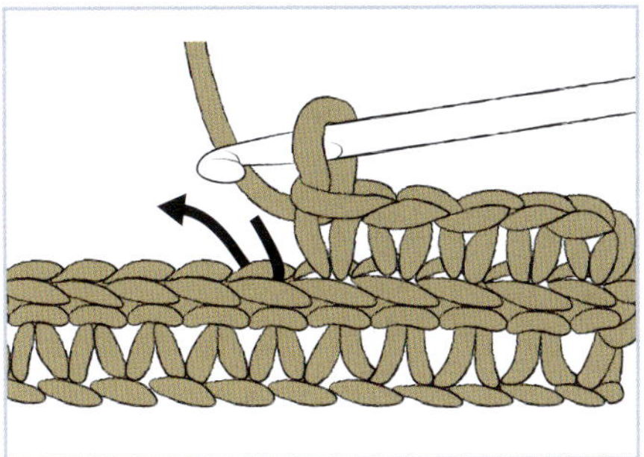

In nur ein Maschenglied häkeln

Einige Muster erfordern, dass die Masche entweder ins vordere oder ins hintere Maschenglied gehäkelt werden soll. Die Häkelnadel wird in die entsprechende Schlinge gesteckt und die Masche normal gehäkelt. So entstehen Rippen oder Webeffekte in Ihrem Werkstück.

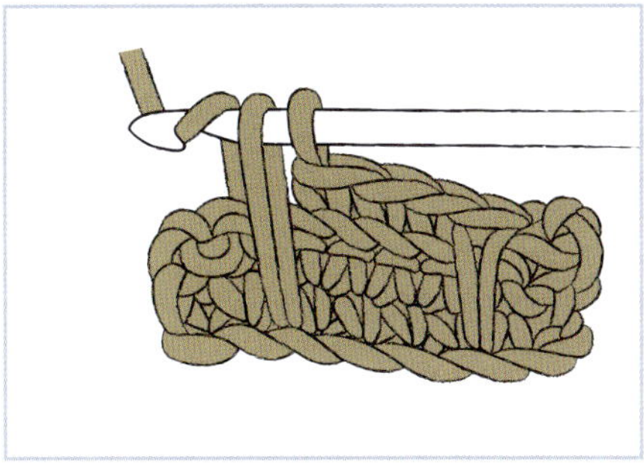

Lange fM

Diese Maschen entstehen durch Einstechen unter der Arbeitsmasche. Die Arbeitsschlinge muss weit genug verlängert werden, um sie zur Reihenhöhe hochziehen zu können. Die Nadel in die entsprechende Masche einstechen, die Schlinge durchziehen und die Höhe korrigeren. Die Masche wie gewohnt fertigstellen.

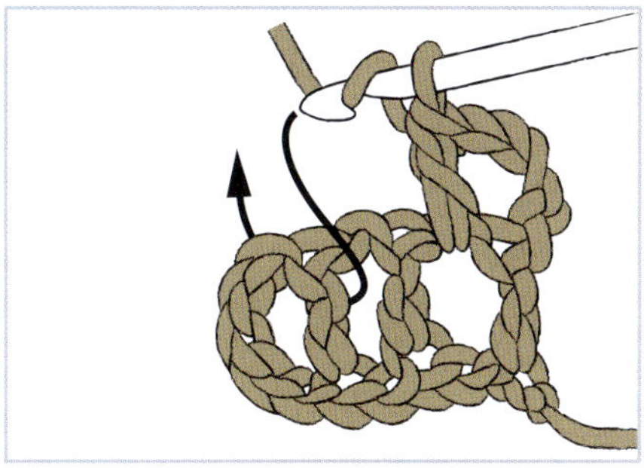

In Luftmaschenbögen häkeln

Manchmal erfordert ein Muster das Häkeln einer Masche in einen Luftmaschenbogen, der zwischen Maschengruppen früherer Reihen gehäkelt wurde. Dies findet sich meist in der Spitzen- oder Lacemusterhäkelei. Die Nadel wird unter die Luftmaschen geführt und die Masche normal gehäkelt.

Neue Garne einhäkeln

Häkeln Sie, wenn möglich, neues Garn immer am Reihenanfang ein, um Löcher oder zu starke M mitten in der Arbeit zu vermeiden. Häkeln Sie Streifen, wechseln Sie es nach der letzten Masche der Reihe, sodass Sie das neue Garn für die Wendeluftmasche verwenden. Solange der nächste Farbwechsel am gleichen Ende der Arbeit stattfindet, müssen Sie das Garn nicht abschneiden und erneut einhäkeln. Führen Sie es sorgsam entlang der Seite Ihrer Arbeit mit und achten Sie darauf, es nicht zu fest zu ziehen, da es sonst die Kante Ihrer Arbeit verzieht.

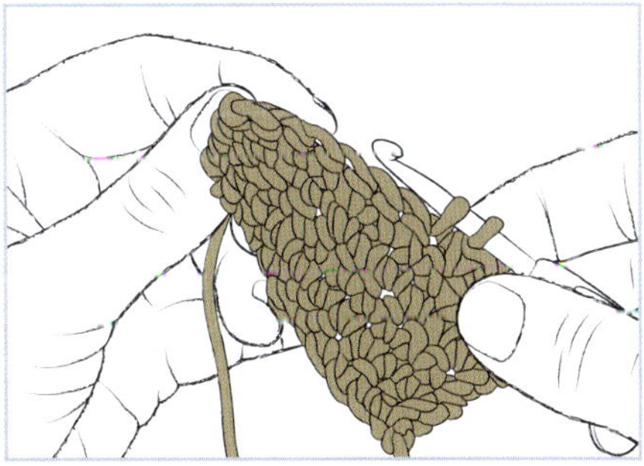

Schritt 1
Häkeln Sie die nächste Masche bis zum vorletzten Schritt und lassen Sie 2 Schlingen auf Ihrer Nadel.

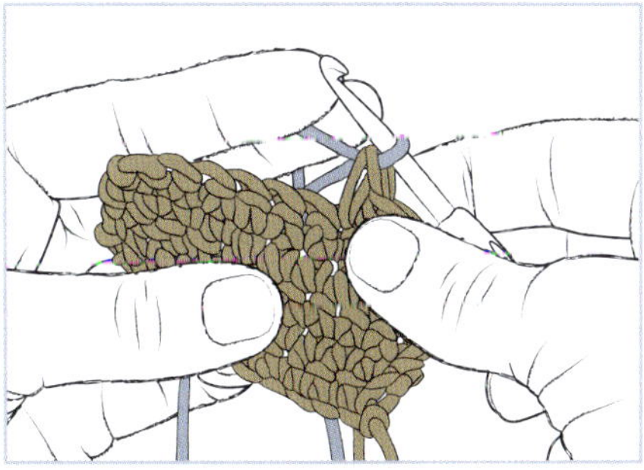

Schritt 2
Nehmen Sie das neue Garn und vervollständigen Sie damit die Masche.

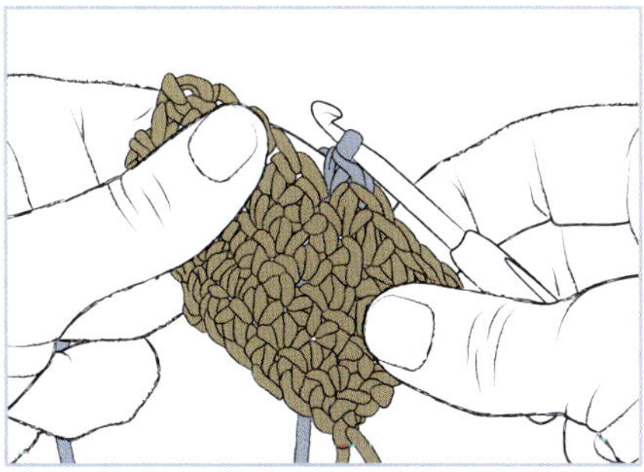

Schritt 3
Häkeln Sie die nächste Masche mit dem neuen Garn.

Muster lesen

Wenn Sie einmal die Grundlagen der Häkelmaschen gemeistert haben, werden Sie wahrscheinlich geschriebenen Anleitungen folgen. Viele Einsteiger finden dies am Anfang ziemlich verwirrend. Die Muster werden in Abkürzungen und manchmal auch Diagrammen abgebildet, die gelernt werden müssen, um sie verstehen zu können. Nehmen Sie sich die Zeit zu lernen, was die Abkürzungen bedeuten und welche Maschen Sie für Ihre Arbeit benötigen. Probieren Sie dann ein paar einfache Muster aus, um sich damit vertraut zu machen, vom Text oder Diagramm aus zu häkeln. Mit ein bisschen Übung wird Ihnen schnell klar werden, was Sie tun müssen.
Wenn Sie einmal englischsprachige Muster häkeln, müssen Sie beachten, dass die Häkelbegriffe zwischen Großbritannien und den USA variieren können.

Wiederholungen von Mustern

Die meisten Häkelmuster bestehen aus Maschensätzen, einer Vielzahl dessen, was über die Länge einer Reihe wiederholt wird. Alle Muster in diesem Buch zeigen Ihnen die Wiederholungen der Muster an und fügen ein paar Extra-Luftmaschen hinzu, um die Wendeluftmasche am Reihenanfang zu integrieren.

Garnstärke (Symbol, Garnkategorie)	**Lace** (Spitze) 0	**Super Fine** (Hauchfein) 1	**Fine** (Fein) 2	**Light** (Dünn) 3	**Medium** (Mittel) 4	**Bulky** (Dick) 5	**Super Bulky** (Sehr dick) 6
Garntypen (innerhalb der Kategorie)*	10-count crochet thread, Fingering	4-fädiges Garn, Sockenwolle, Baby, Fingering	Baby, Sport	DK, Light Worsted	Worsted, Afghan, Aran	Craft, Rug, Chunky	Bulky, Roving, Super Chunky
Empfohlene Häkelnadelgröße (metrisch)	1,6–2,25 mm	2,25–3,5 mm	3,5–4,5 mm	4,5–5,5 mm	5,5–6,5 mm	6,5–9 mm	9 mm und größer
Empfohlene Häkelnadelgröße (USA)	6, 7, 8 (Stahl), B-1	B-1 bis E-4	E-4 bis 7	7 bis I-9	I-9 bis K-10 ½	K-10 ½ bis M-13	M-13 und größer

Abkürzungen

2 fM zus häkeln	2 feste Maschen zusammenhäkeln
2 hStb zus häkeln	2 halbe Stäbchen zusammenhäkeln
2 Stb zus häkeln	2 Stäbchen zusammenhäkeln
ausl	auslassen
cm	Zentimeter
DStb	Doppelstäbchen
fM	feste Masche
fRM	feste Reliefmaschen
g	Gramm
hStb	halbes Stäbchen
ins hMg	ins hintere Maschenglied einstechen/häkeln
ins vMg	ins vordere Maschenglied einstechen/häkeln
jd	jede/r/n
Km	Kettmasche
Lm	Luftmasche
Lm-Bg	Luftmaschenbogen
Lm-K	Luftmaschenkette am Reihenanfang
m	Meter
M	Masche(n)
Mgr	Maschengruppe
mm	Millimeter
MM	Maschenmarkierer
R	Reihe
Rd	Runde
RDStb	Reliefdoppelstäbchen
restl	restlich/e(n)
RS	Rückseite
Stb	Stäbchen
U	Umschlag
VS	Vorderseite
wdh	wiederholen
zw	zwischen
zus	zusammen

Spannung/Maschenprobe

Mit Spannung wird die Reihen- und Maschenzahl bezeichnet, die man innerhalb bestimmter Maße erhält. Mit der richtigen Spannung zu arbeiten, ist sehr wichtig, vor allem, wenn Sie einem Muster folgen, da sie die Größe und Passform Ihres fertigen Stücks bestimmt.

Eine Maschenprobe häkeln

Häkeln Sie ein Quadrat (etwa 15 cm) mit dem im Muster empfohlenen Garn und der empfohlenen Nadel. Lesen Sie die Banderole Ihres Garns für Anweisungen über die Spannung. Falls empfohlen, dämpfen Sie das Stück mit dem Bügeleisen und legen Sie es auf eine glatte Oberfläche.

Stecken Sie zwei Maschenmarkierer in einem Abstand von etwa 10 cm horizontal mittig in die Arbeit in dieselben Reihen. Zählen Sie Ihre Maschen oder Musterwiederholungen zwischen den Maschenmarkierern. So erhalten Sie die Maschenanzahl für die Breite. Überprüfen Sie die Maße im Vergleich zu den Maschen mit einem Maßband.

Stecken Sie nun zwei Maschenmarkierer in einem Abstand von etwa 10 cm vertikal in die Arbeit. Zählen Sie die Reihen zwischen den Nadeln. So erhalten Sie die Reihenanzahl für die Höhe. Überprüfen Sie auch hier wieder die Höhe mit dem Maßband.

Die vorgegebene Spannung gibt eine bestimmte Maschen- und Reihenanzahl an, die in einem Stück von 10 cm erreicht werden sollten. Haben Sie zu viele Maschen oder Musterwiederholungen, häkeln Sie zu fest und brauchen eine um eine Nummer größere Nadel. Ähnlich verhält es sich, wenn Sie weniger Maschen als angegeben haben, denn dann ist Ihre Arbeit zu locker und Sie müssen eine kleinere Nadel verwenden. Haben Sie keine Scheu davor, die Nadeln so lange zu wechseln, bis Sie die richtige Spannung erreicht haben. Die Größe Ihres fertigen Kleidungsstücks hängt davon ab!

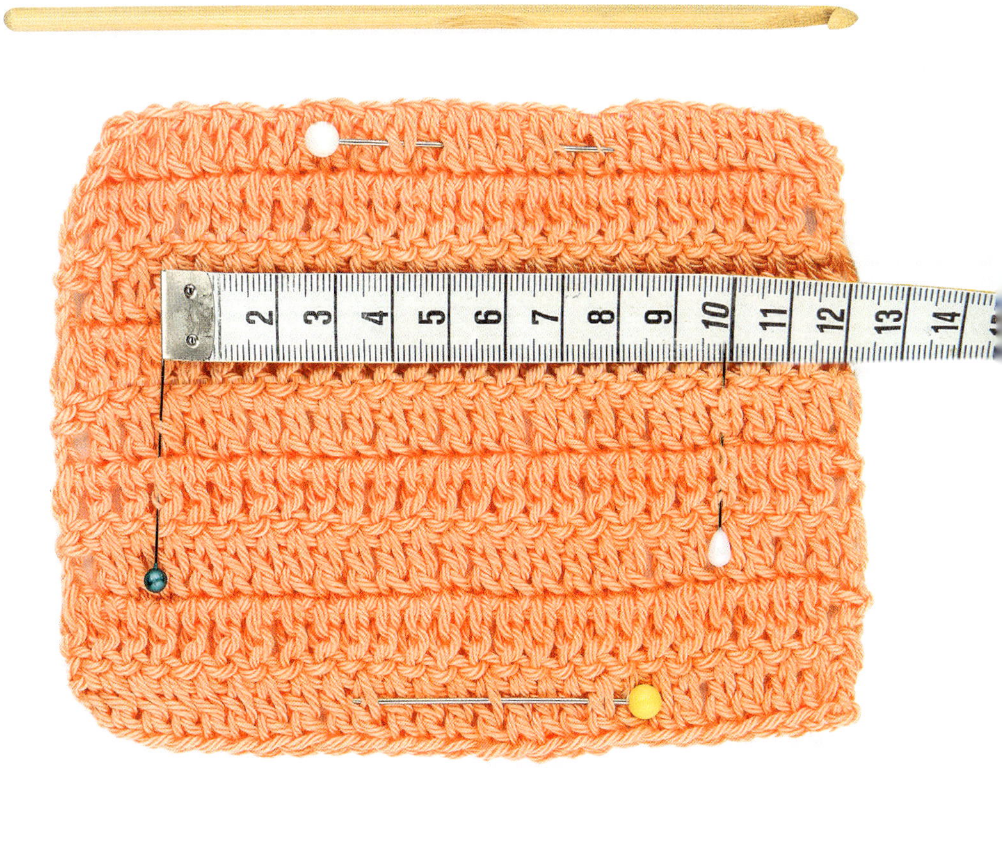

Fertigstellung und Zusammennähen

Wenn Sie viele Stunden bei der Gestaltung Ihres Meisterwerks zugebracht haben, möchten Sie es natürlich auch auf die beste Art und Weise fertigstellen.

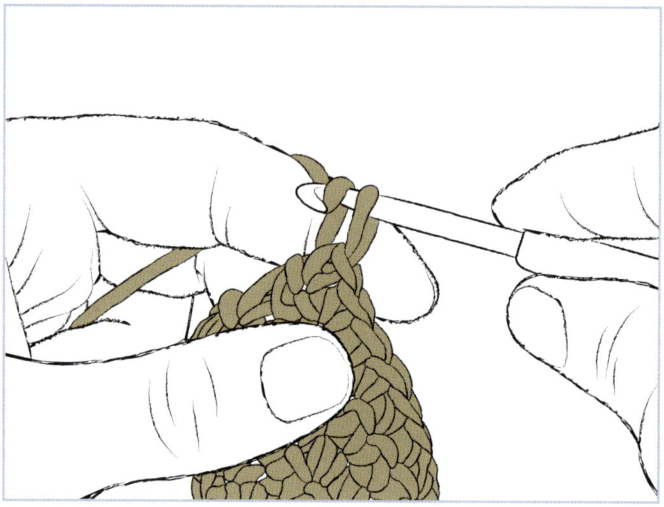

Häkelarbeit beenden

Wenn Sie ein Werkstück fertiggestellt haben, müssen Sie die Arbeit sicher beenden. Dafür häkeln Sie eine Luftmasche, schneiden das Garn in einer Länge von etwa 5–10 cm ab (Sie können auch ein längeres Garnstück zum Vernähen stehenlassen), ziehen das Garn durch die Luftmasche und ziehen es dann fest.

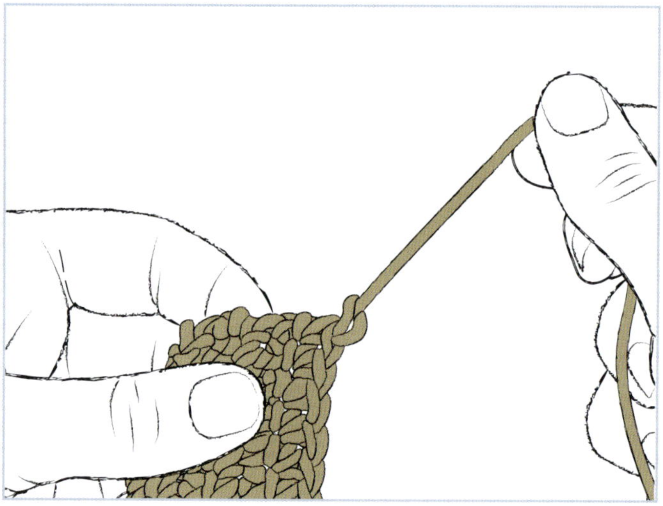

Säume

Die Werkstücke können auf verschiedene Weisen zusammengenäht werden, je nach der Stärke der verwendeten Garne.

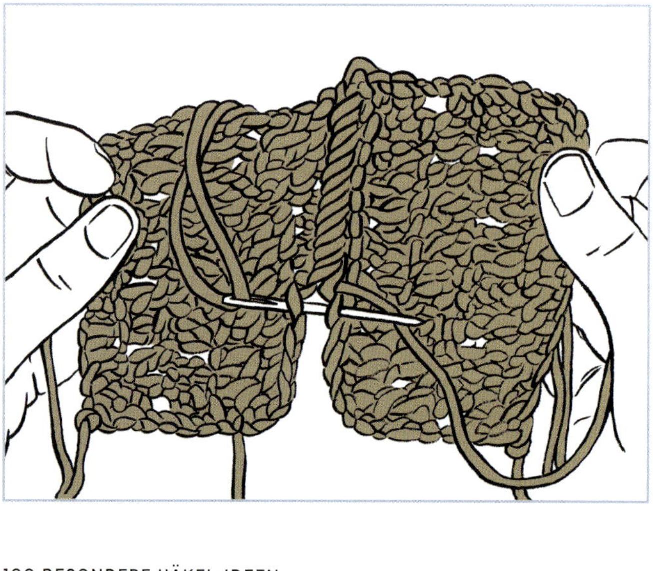

Überwendlingsstich

Dieser Stich wird in die Vorderseiten der Stücke gearbeitet, die zusammengenäht werden sollen. Das Garn wird in eine stumpfe Nadel gefädelt. Sie können dieselbe Farbe oder eine Kontrastfarbe verwenden, je nach Belieben. Legen Sie die einzelnen Stücke so nebeneinander, dass sie zusammenpassen. Nähen Sie an einer Stelle das Garn mit ein paar Stichen ein, um es zu befestigen, damit die Naht nicht wieder aufgeht. Nun nähen Sie durch beide Werkstücke, ziehen das Garn recht fest, um sicherzugehen, dass die Stücke gleichmäßig zusammengezogen werden. Fahren Sie auf diese Weise fort, bis die Naht geschlossen ist.

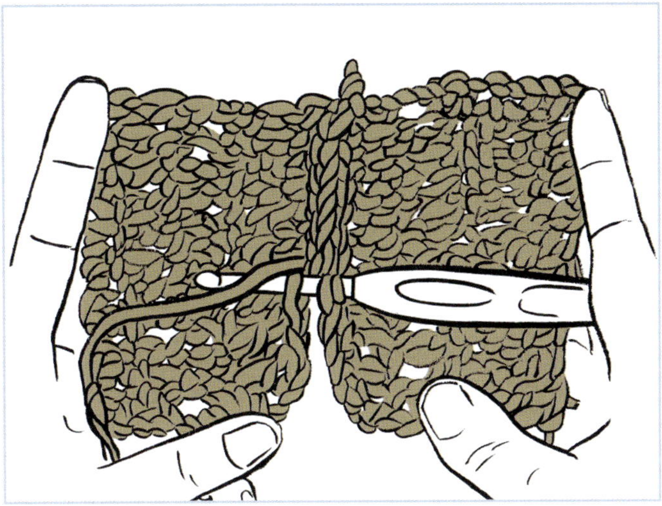

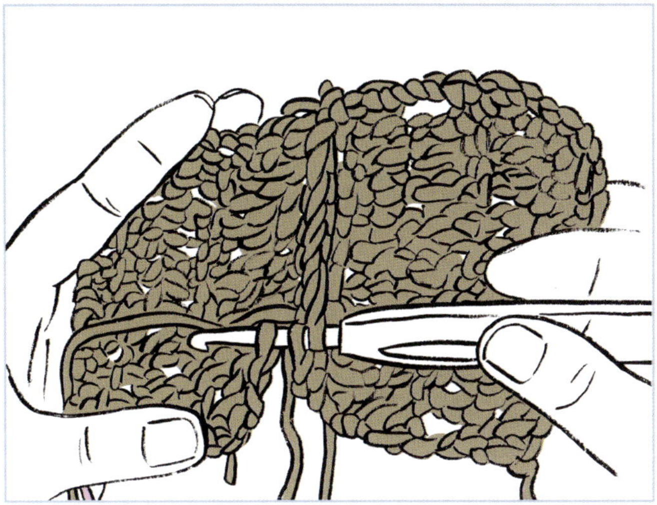

Naht aus Kettmaschen
Diese Methode des Zusammenfügens kann so gearbeitet werden, dass die Naht entweder auf der Vorder- oder der Rückseite zu sehen ist. Wird auf der Vorderseite gearbeitet, erhebt sich eine Rippe. Die Häkelnadel wird durch die zusammengehörigen Maschen der einzelnen Teile der Häkelarbeit geführt, um miteinander verbunden zu werden. Achten Sie darauf, die Arbeit sicher zu beenden.

Naht aus festen Maschen
Diese Methode funktioniert gleich wie die Naht aus Kettmaschen und kann auf der Innen- oder Außenseite der zusammengehörigen Werkstücke gearbeitet werden. Arbeiten Sie genau gleich wie oben beschrieben, verwenden Sie jedoch feste Maschen anstelle der Kettmaschen.

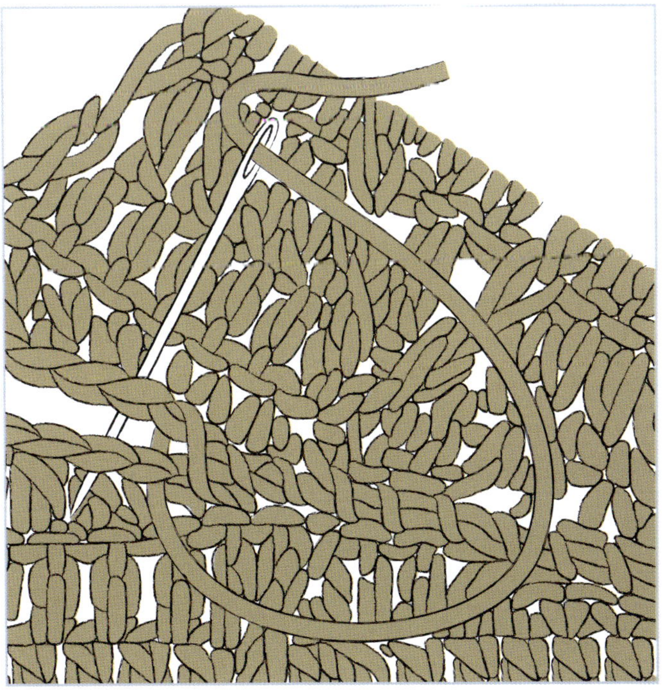

Zusammenweben/Matratzenstich
Diese Methode erzeugt eine Naht, die sowohl flach als auch dehnbar ist; das ist vor allem bei feineren Arbeiten und Babykleidung von Nutzen. Die Stücke werden auf eine flache Oberfläche gelegt, sodass die Rückseiten nach oben zeigen und die Kanten einander berühren. Das Garn wird in eine stumpfe Nadel gefädelt und dann um die Mitten der Randmaschen gewoben. Ziehen Sie das Garn nicht fest: Sie möchten die Elastizität des Gewebes beibehalten! Sie können auch Reihenenden auf dieselbe Weise miteinander verbinden.

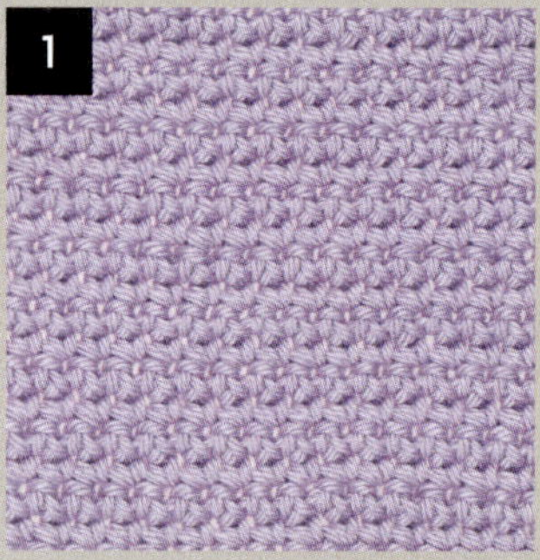
1
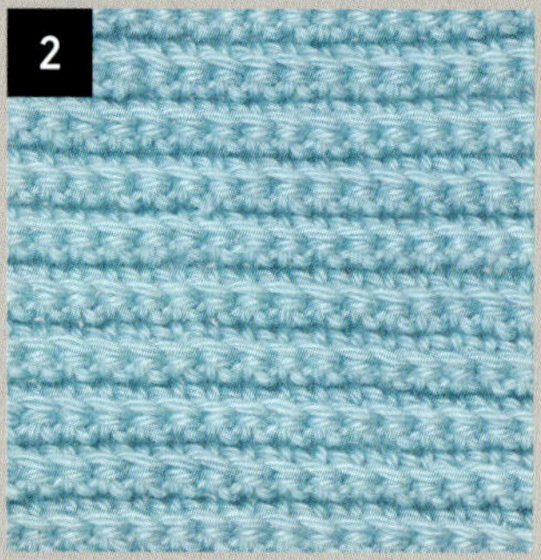
2
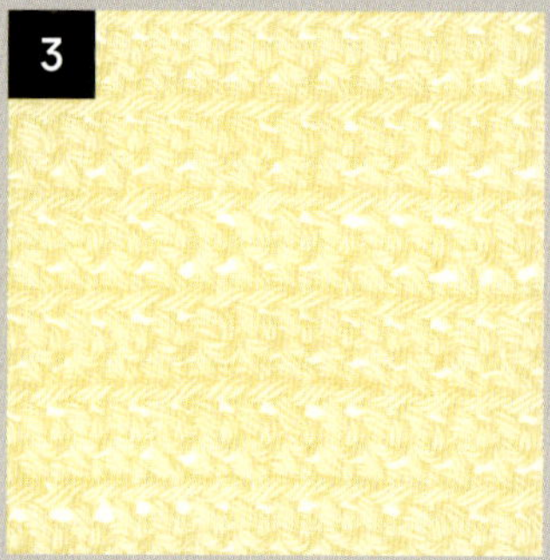
3
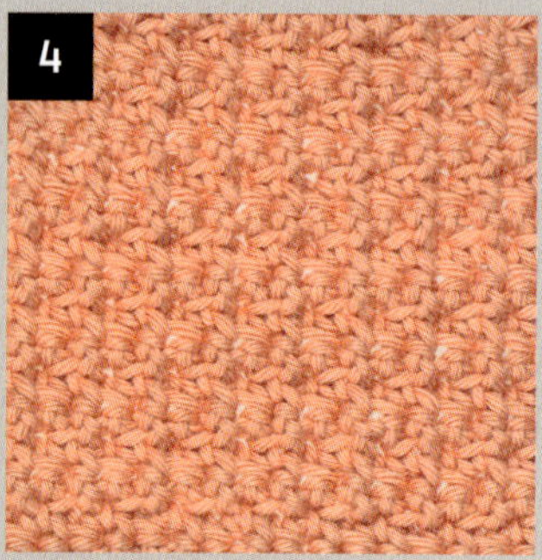
4
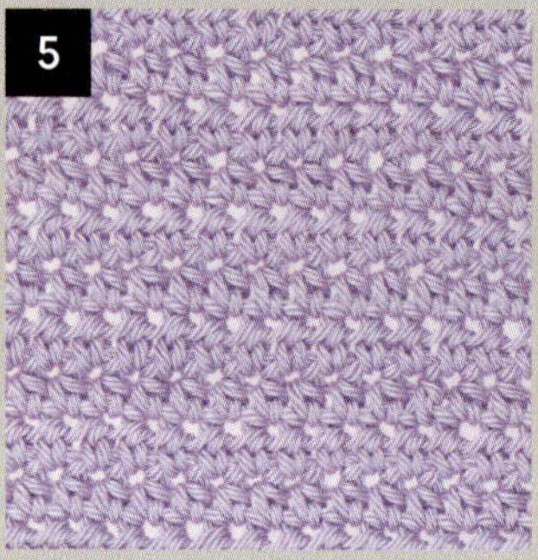
5
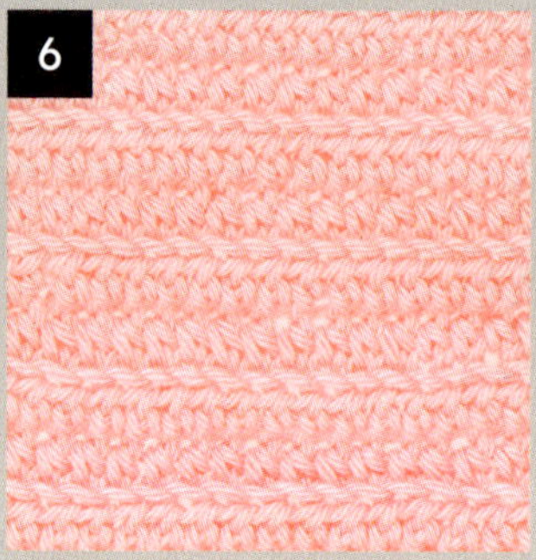
6
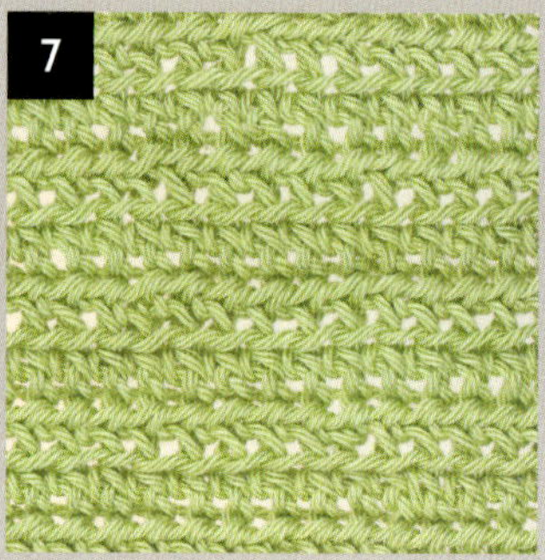
7
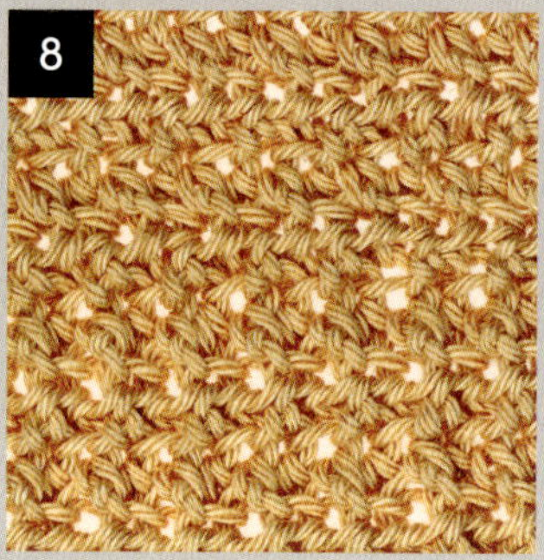
8
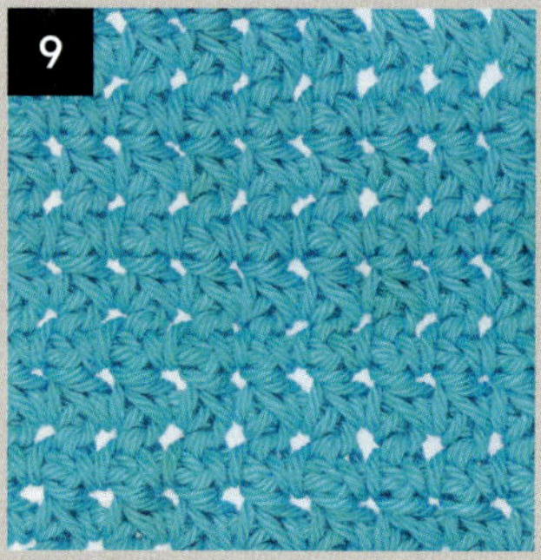
9
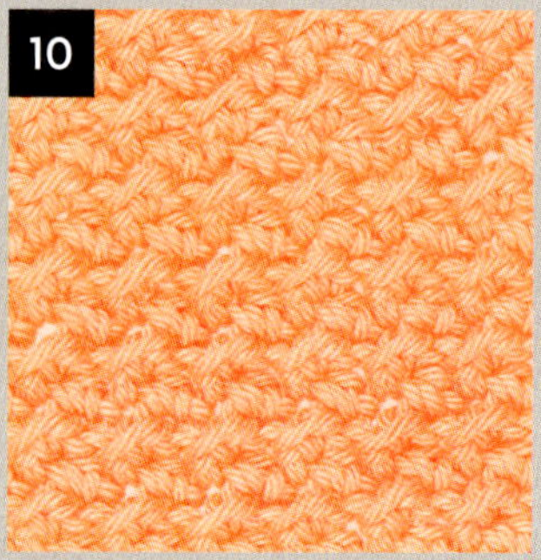
10
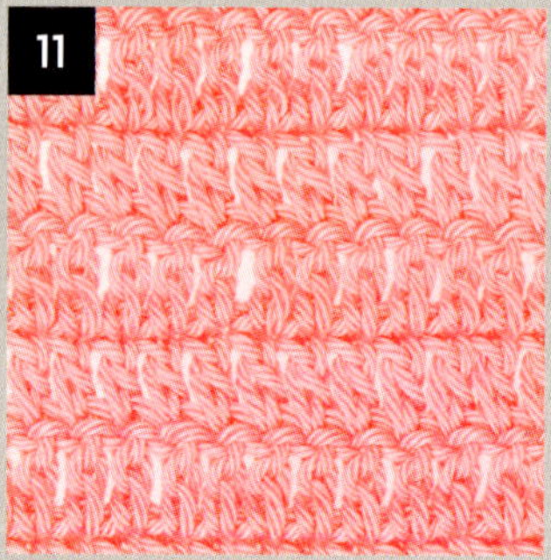
11
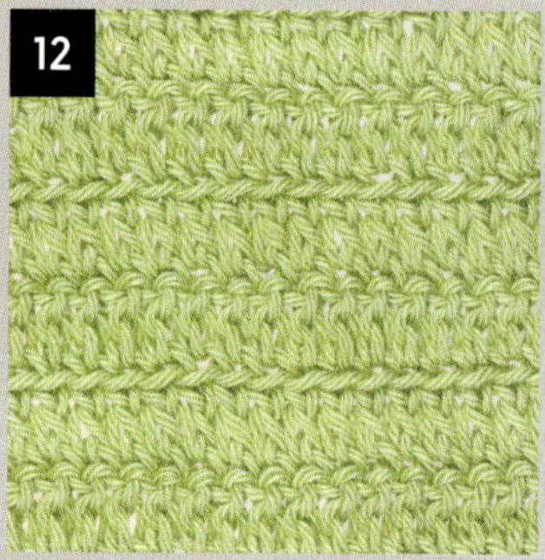
12
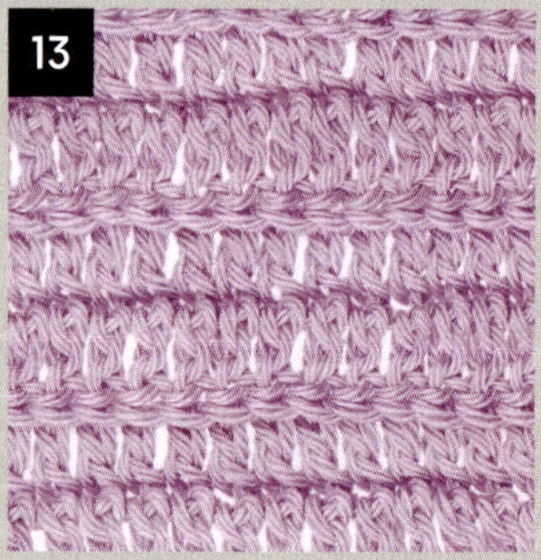
13
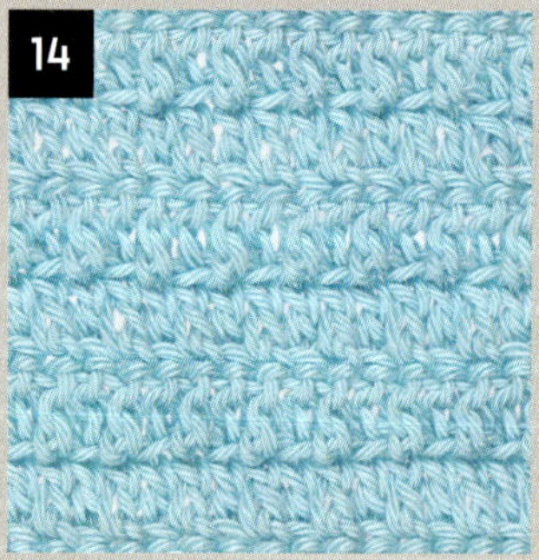
14
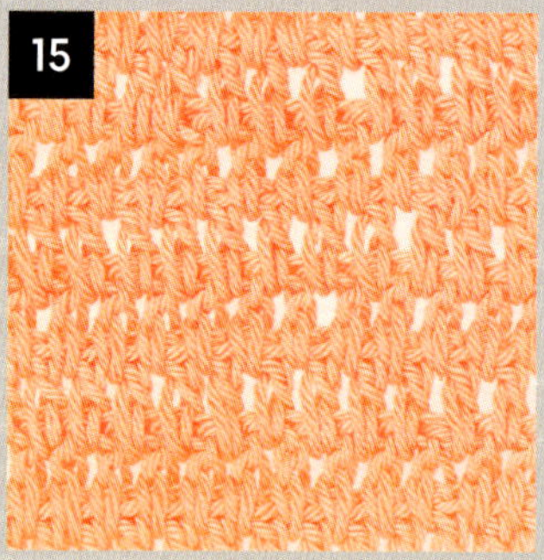
15
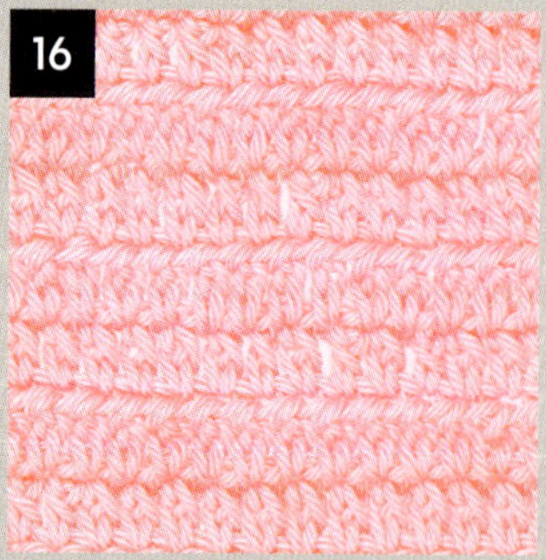
16
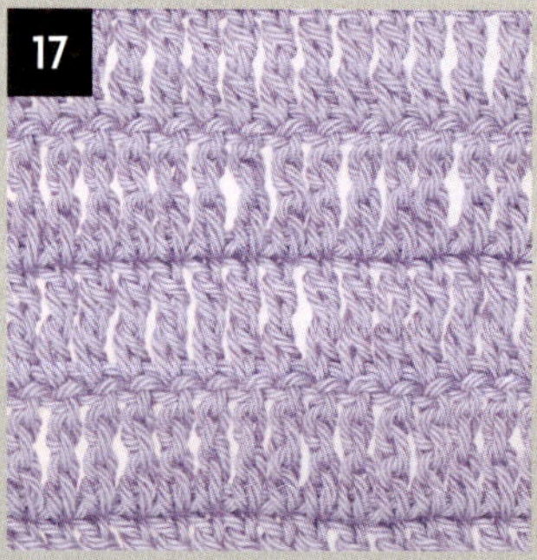
17
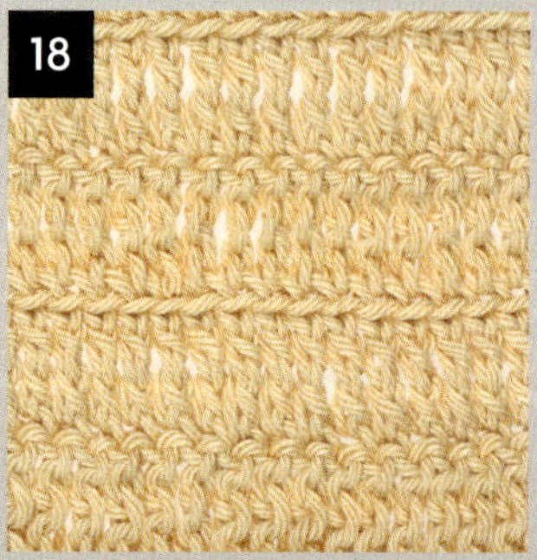
18
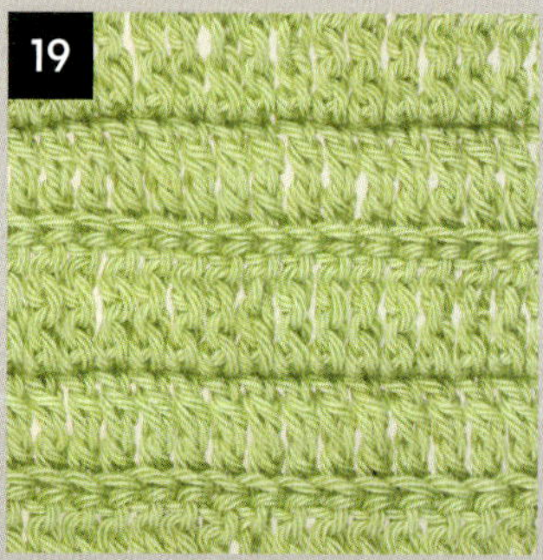
19
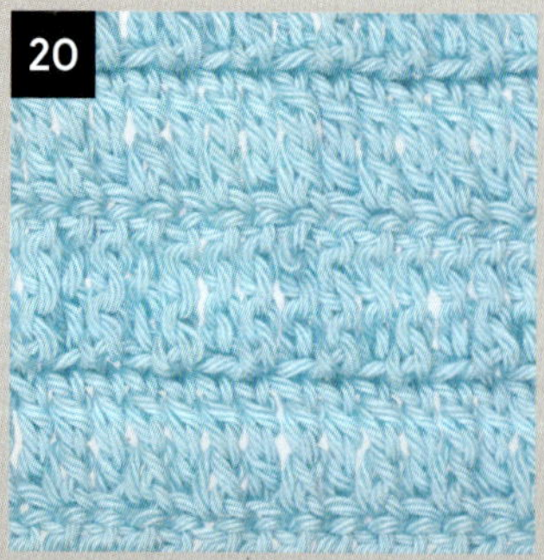
20

Einfache Muster

1

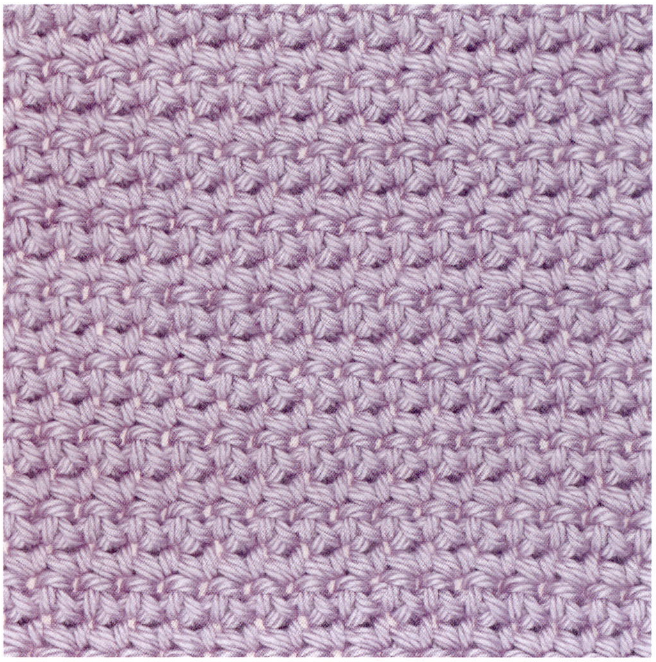

Feste Maschen

DIESE MASCHE LERNEN SIE ALS ERSTES, DIREKT NACH DER LUFTMASCHE: DIE FESTE MASCHE. SIE BILDET EIN DICHTES UND ROBUSTES GEWEBE, DAS IDEAL FÜR TASCHEN, DECKEN, KISSEN UND KLEINE SPIELSACHEN GEEIGNET IST.

Abkürzungen: fM
Anfangsluftmaschenkette: Beliebige Maschenanzahl

Eine feste Masche häkeln:

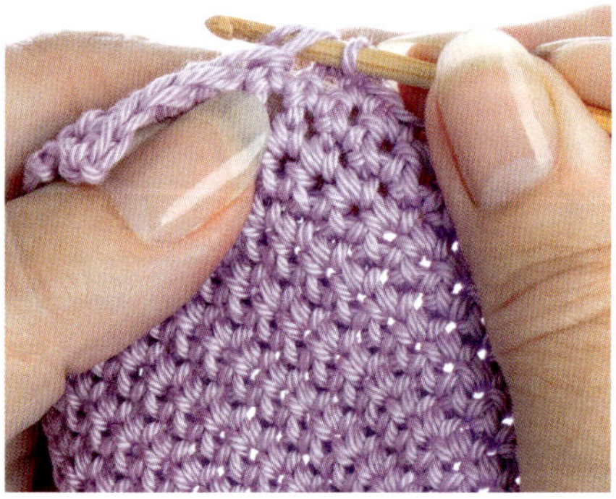

Schritt 1: Die Nadel in die nächste Lm oder M stechen.

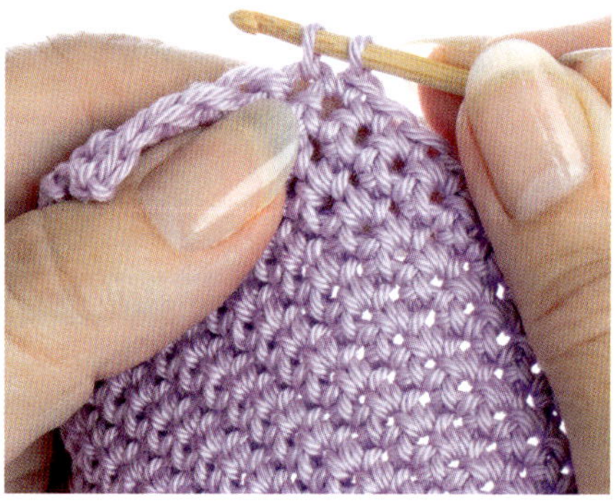

Schritt 2: Umschlag, die Schlinge durchziehen (2 Schlingen auf der Nadel).

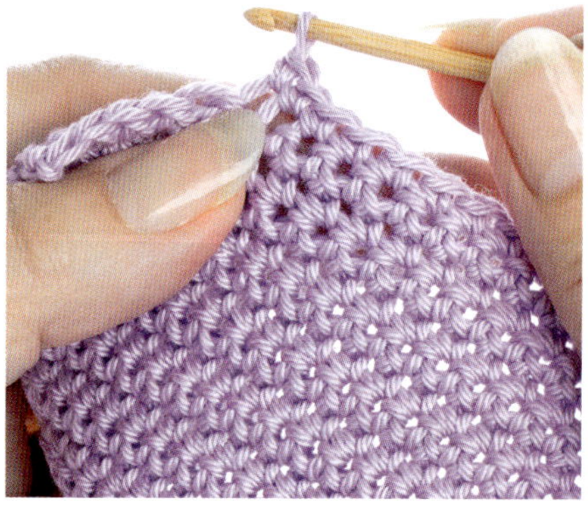

Schritt 3: Umschlag und Garn durch die restl 2 Schlingen auf der Nadel ziehen.

Anleitung für das Muster aus festen Maschen:

Reihe 1: 1 fM in die 2. Lm von der Nadel, * 1 fM in die nächste Lm; wdh ab * bis zum Ende der Reihe, wenden.

Reihe 2: 1 Lm, * 1 fM in die nächste M; wdh ab * bis zum Ende der Reihe.
Reihe 2 für das Muster wdh.

TIPP **Häkeln Sie in die 1. M jeder Reihe, da die 1 Lm als Wm nicht als 1. M zählt.**

Feste Maschen
ins hintere Maschenglied

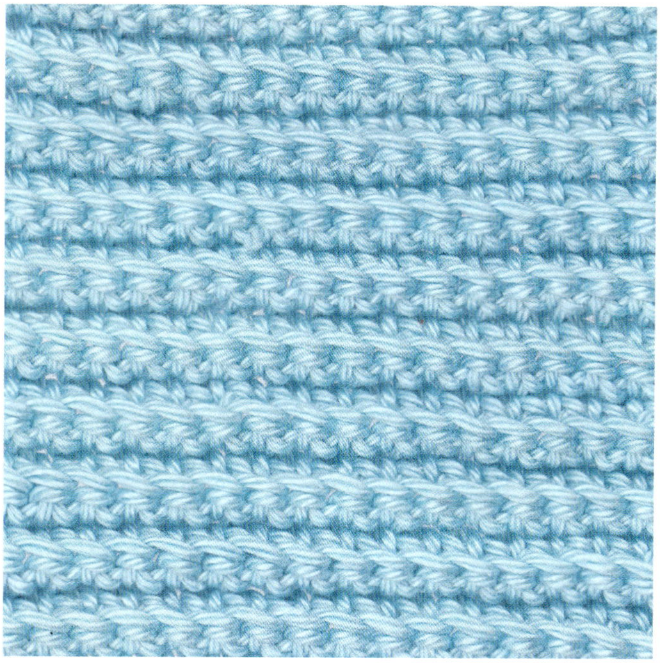

DIESES MUSTER IST EINE VARIATION DES GRUNDMUSTERS AUS FESTEN MASCHEN UND WIRD FAST GLEICH GEHÄKELT, SIE HÄKELN ALLERDINGS NUR INS HINTERE MASCHENGLIED JEDER MASCHE. DIE SO ENTSTEHENDE HÄKELARBEIT KANN ALS GERIPPTE PASPEL FÜR GEHÄKELTE KLEIDUNGSSTÜCKE DIENEN.

Anfangsluftmaschenkette: Beliebige Maschenanzahl

Eine feste Masche nur ins hintere Maschenglied häkeln:

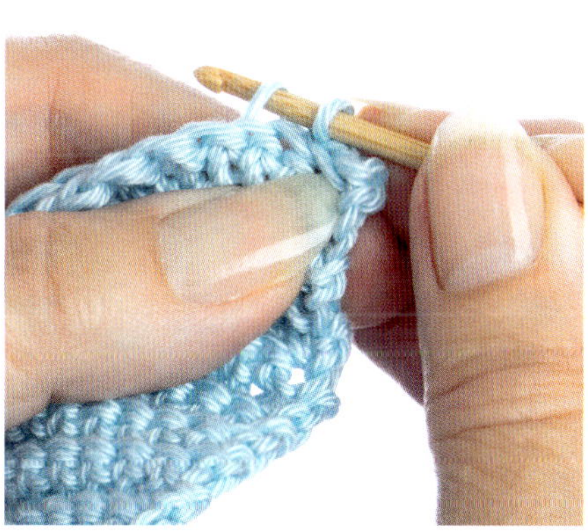

Schritt 1: Die Nadel in die nächste Masche stechen, jedoch nur ihr hinteres Maschenglied aufnehmen (auch bei den weiteren Maschen).

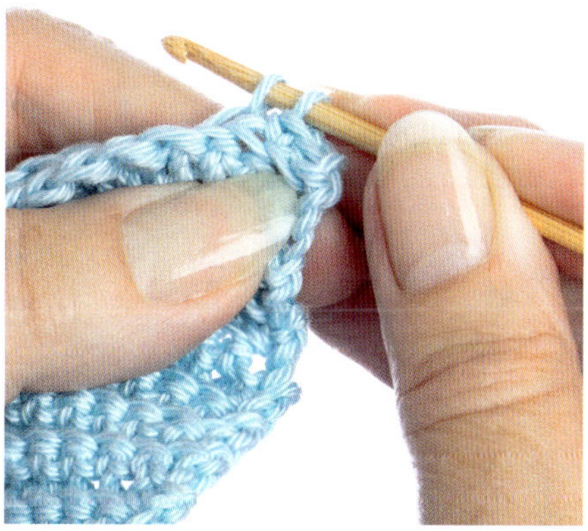

Schritt 2: Umschlag, Garn durch die Schlinge ziehen.

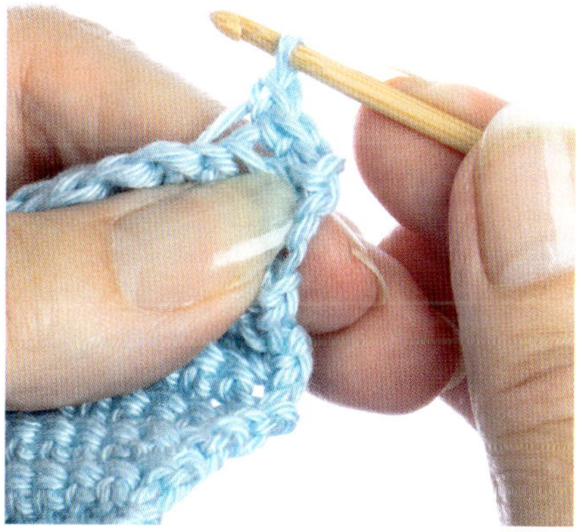

Schritt 3: Umschlag, Garn durch beide Schlingen ziehen.

Anleitung für das Muster aus festen Maschen ins hintere Maschenglied:

Reihe 1: Die Nadel in die 2. Lm von der Nadel stecken, * 1 fM in die nächste Lm; wdh ab * bis zum Ende der Reihe, wenden.

Reihe 2: 1 Lm, * 1 fM in das hMg der nächsten Lm; wdh ab * bis zum Ende der Reihe, wenden.
Reihe 2 für das Muster wdh.

TIPP Achten Sie darauf, am Reihenanfang und -ende immer nur ins hintere Maschenglied zu häkeln!

3

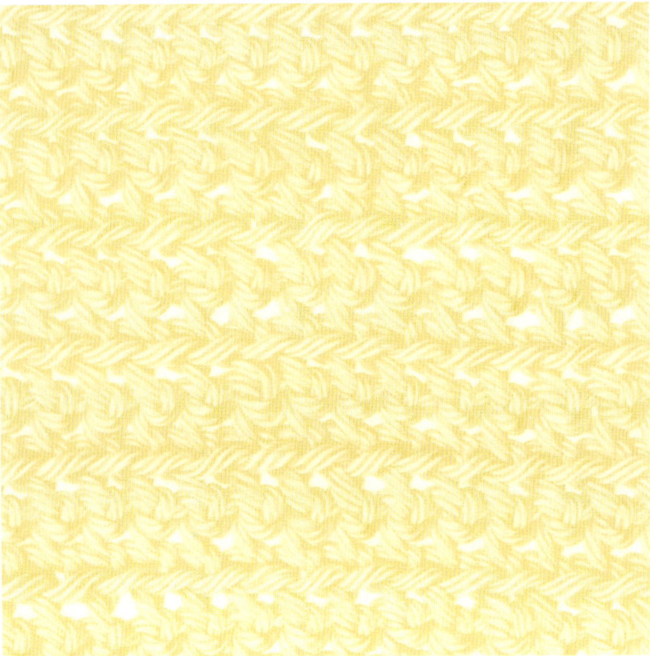

Feste Maschen
ins vordere Maschenglied

BEI DIESEM MUSTER HANDELT ES SICH UM EINE VARIANTE DES GRUNDMUSTERS AUS FESTEN MASCHEN, DAS FAST AUF DIESELBE WEISE GEHÄKELT WIRD, MIT DEM UNTERSCHIED, DASS SIE NUR INS VORDERE MASCHENGLIED JEDER MASCHE HÄKELN. DAS DARAUS ENTSTEHENDE GEWEBE HAT EINE SCHÖNE STRUKTUR. EIN FESTERES GARN WIE REINE WOLLE ODER BAUMWOLLE EIGNET SICH AM BESTEN FÜR DIESES MUSTER, DA ES DIE MASCHENSTRUKTUR BESTIMMT.

Anfangsluftmaschenkette: Beliebige Maschenanzahl

Eine feste Masche nur ins vordere Maschenglied häkeln:

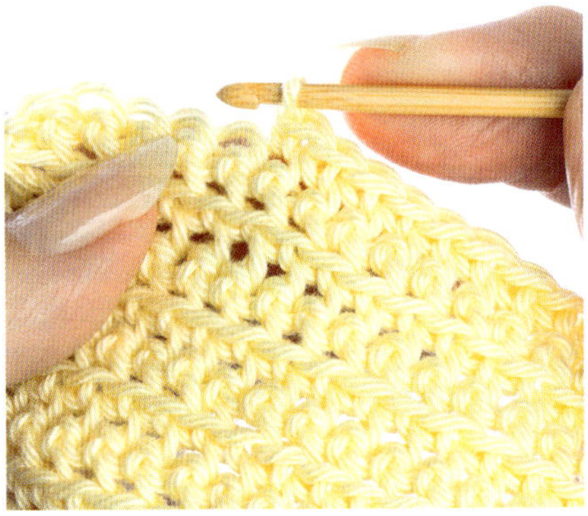

Schritt 1: Die Nadel in die nächste Masche stechen, jedoch nur ihr vorderes Maschenglied aufnehmen (auch bei den weiteren Maschen).

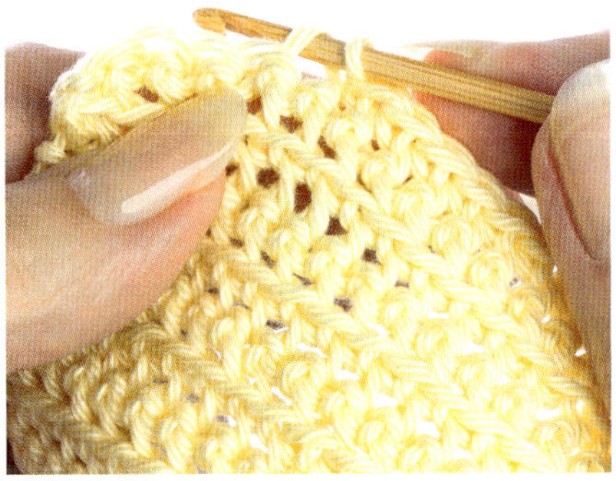

Schritt 2: Umschlag, Garn durch die Schlinge ziehen.

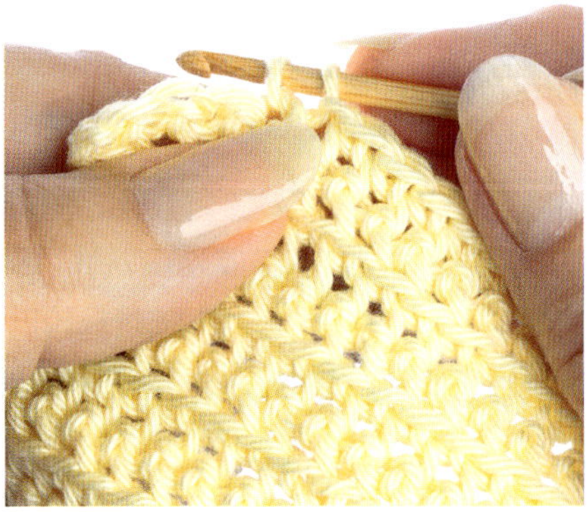

Schritt 3: Umschlag, Garn durch beide Schlingen ziehen.

Anleitung für das Muster aus festen Maschen ins vordere Maschenglied:

Reihe 1: 1 fM in die 2. Lm von der Nadel, * 1 fM in die nächste Lm; wdh ab * bis zum Ende der Reihe, wenden.

Reihe 2: 1 Lm, * je 1 fM in das vMg jeder fM; wdh ab * bis zum Ende der Reihe, wenden.
Reihe 2 für das Muster wdh.

TIPP **Achten Sie darauf, immer nur ins vordere Maschenglied der letzten Masche der Reihe zu häkeln!**

Feste Maschen
abwechselnd ins vordere und hintere Maschenglied

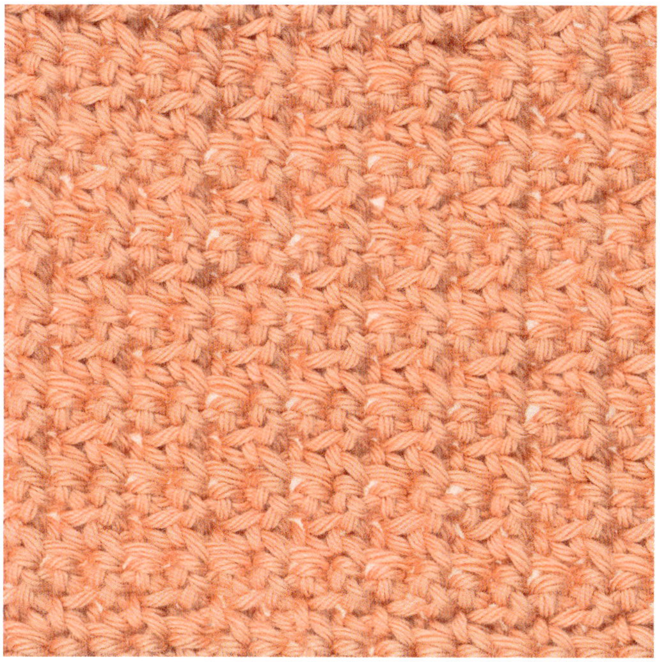

DIESES MUSTER IST ERNEUT EINE VARIANTE DER FESTEN MASCHE UND WIRD FAST AUF DIESELBE WEISE GEHÄKELT, NUR DASS SIE ABWECHSELND INS VORDERE MASCHENGLIED DER EINEN UND INS HINTERE MASCHENGLIED DER DARAUFFOLGENDEN MASCHE HÄKELN. DAS SO ENTSTEHENDE GEWEBE HAT SCHON FAST EINEN KNITTEREFFEKT.

Anfangsluftmaschenkette: Beliebige Maschenanzahl

Eine feste Masche ins vordere und hintere Maschenglied häkeln:

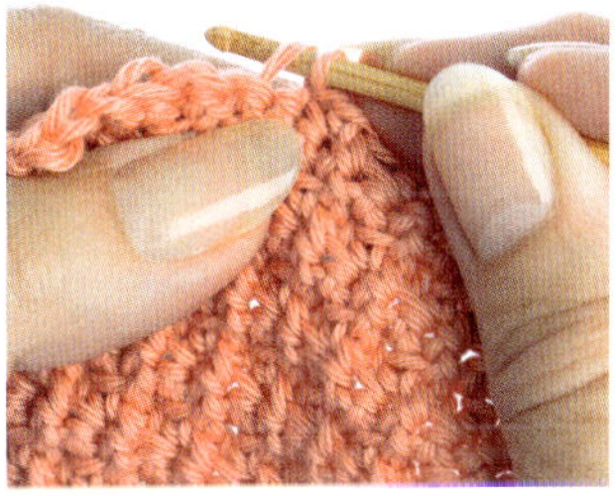

Schritt 1: Die Nadel ins hintere Maschenglied der nächsten Masche stechen.

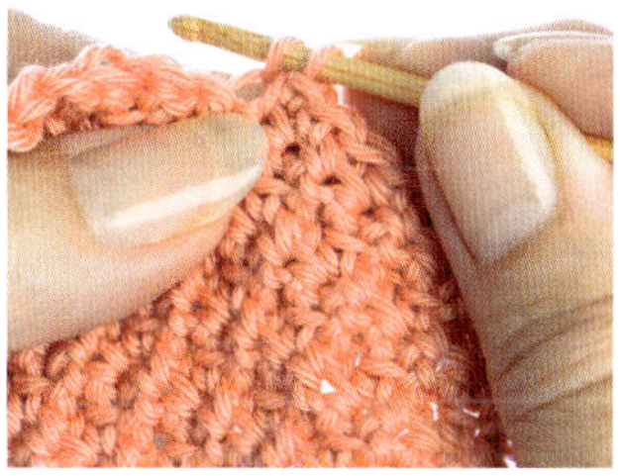

Schritt 2: Umschlag, Schlinge durchziehen.

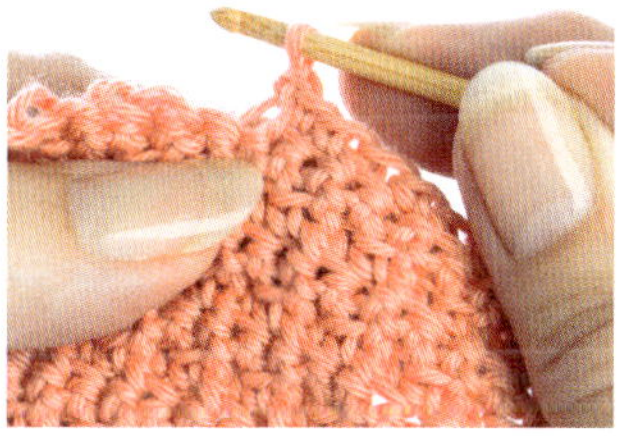

Schritt 3: Umschlag, Garn durch alle Schlingen ziehen.

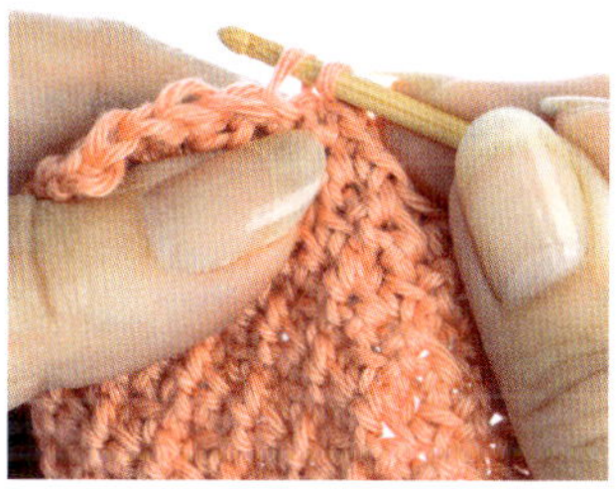

Schritt 4: Die Nadel ins vordere Maschenglied der nächsten Masche stechen.

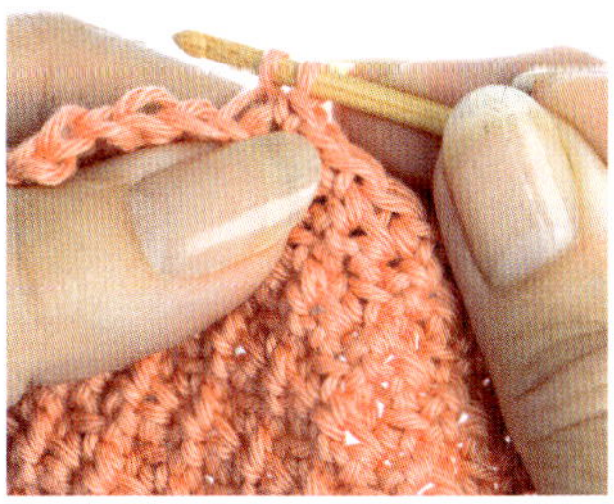

Schritt 5: Umschlag, Schlinge durchziehen.

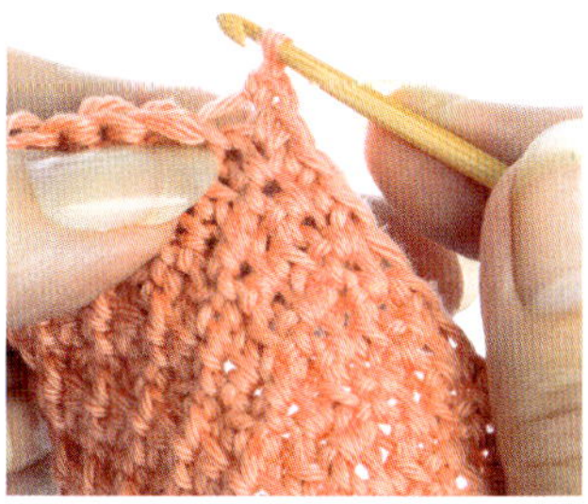

Schritt 6: Umschlag und Garn durch alle Schlingen auf der Nadel ziehen.

Anleitung für das Muster aus festen Maschen abwechselnd ins vordere und hintere Maschenglied:

Reihe 1: 1 fM in die 2. Lm von der Nadel, je 1 fM in jd Lm bis zum Ende der Reihe.

Reihe 2: 1 Lm (zählt nicht als 1. M), * 1 fM ins vMg der nächsten M, 1 fM ins hMg der nächsten M; wdh ab * bis zum Ende der Reihe, wenden.
Reihe 2 für das Muster wdh.

5

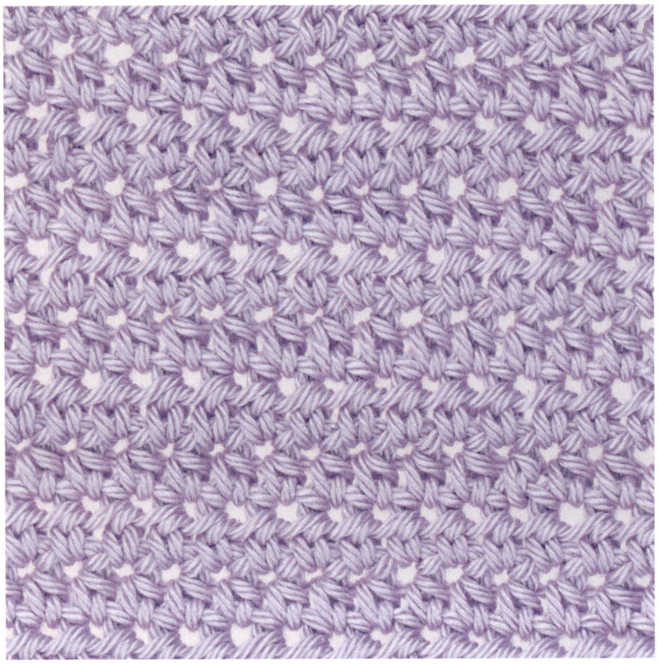

Halbe Stäbchen

DAS MUSTER ZWISCHEN DEN FESTEN MASCHEN UND DEN STÄBCHEN, DIE HALBEN STÄBCHEN, ERGEBEN EIN ADRETTES, FESTES WERKSTÜCK, DAS EIN BISSCHEN WENIGER DICHT IST ALS DAS AUS FESTEN MASCHEN, WESHALB ES EINEN BESSEREN FALTENWURF HAT.

Abkürzungen: hStb
Anfangsluftmaschenkette: Beliebige Maschenanzahl + 1 für die Lm-Kette

Ein halbes Stäbchen häkeln:

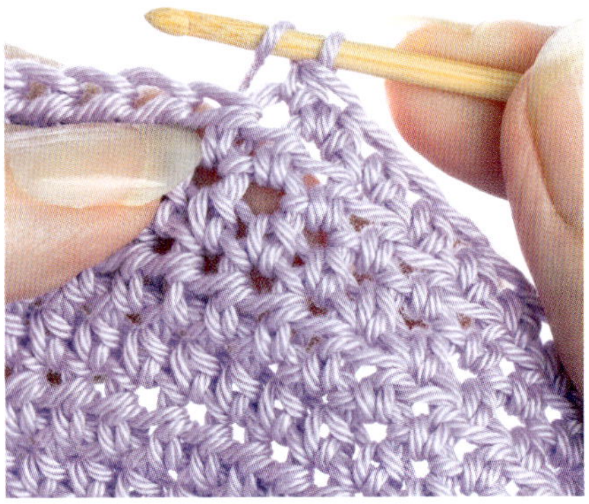

Schritt 1: Umschlag, die Nadel in die nächste Lm oder M stechen.

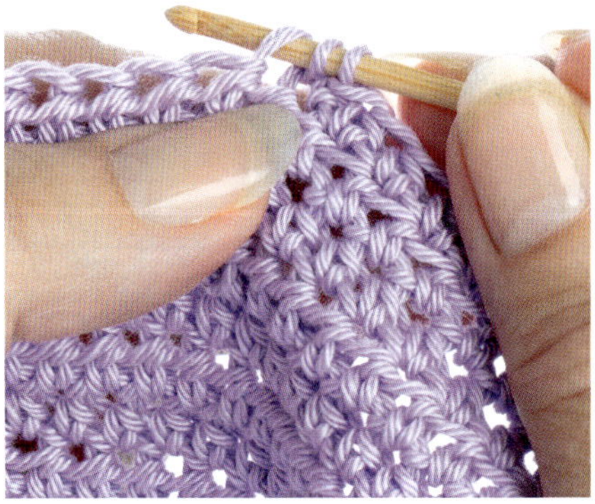

Schritt 2: Die Schlinge durchziehen.

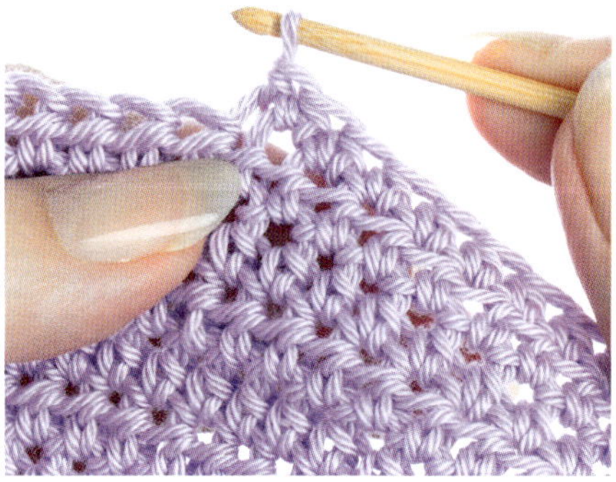

Schritt 3: Umschlag, Garn durch alle Schlingen auf der Nadel ziehen.

Anleitung für das Muster aus halben Stäbchen:

Reihe 1: 1 hStb in die 3. Lm von der Nadel, je 1 hStb in jd Lm bis zum Ende der Reihe, wenden.

Reihe 2: 2 Lm (zählen nicht als 1. M), je 1 hStb in jd hStb bis zum Ende der Reihe, wenden.
Reihe 2 für das Muster wdh.

TIPP Überprüfen Sie in regelmäßigen Abständen, ob Ihre Maschenzahl korrekt bleibt, da es leicht passiert, dass man die letzte Masche einer Reihe auslässt.

Halbe Stäbchen
ins hintere Maschenglied

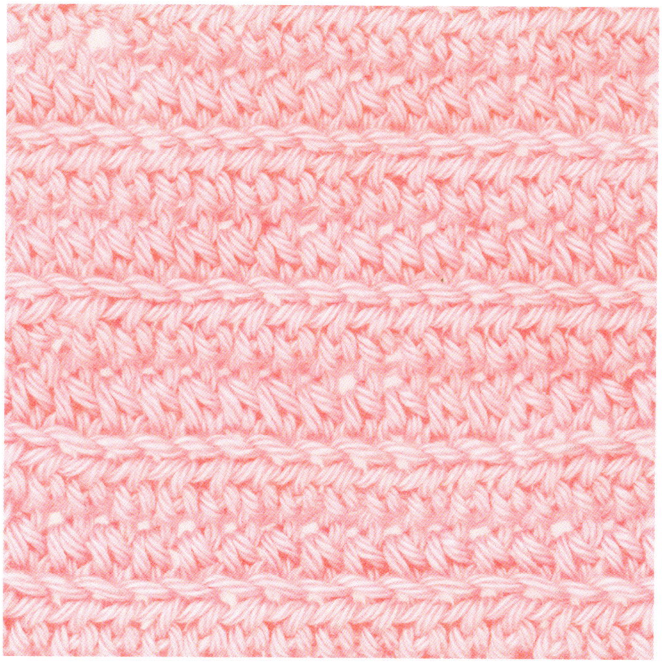

DIES IST EINE VARIANTE DES HALBEN STÄBCHENS, JEDOCH WIRD BEI JEDER MASCHE NUR INS HINTERE MASCHENGLIED GEHÄKELT. SO ENTSTEHT EIN EBENSO AKKURATES UND FESTES GEWEBE, JEDOCH MIT EINER RIPPE.

Anfangsluftmaschenkette: Beliebige Maschenanzahl

Ein halbes Stäbchen ins hintere Maschenglied häkeln:

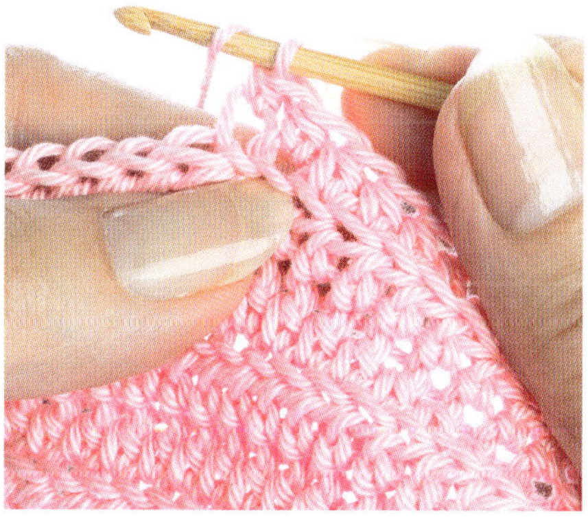

Schritt 1: Umschlag, die Nadel ins hMg der nächsten M stechen.

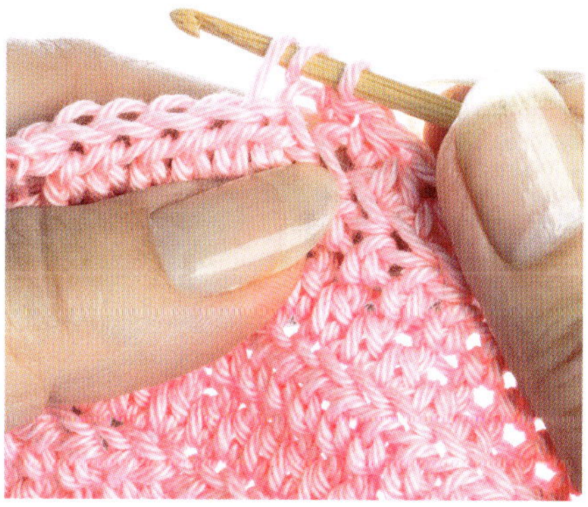

Schritt 2: Die Schlinge durchziehen.

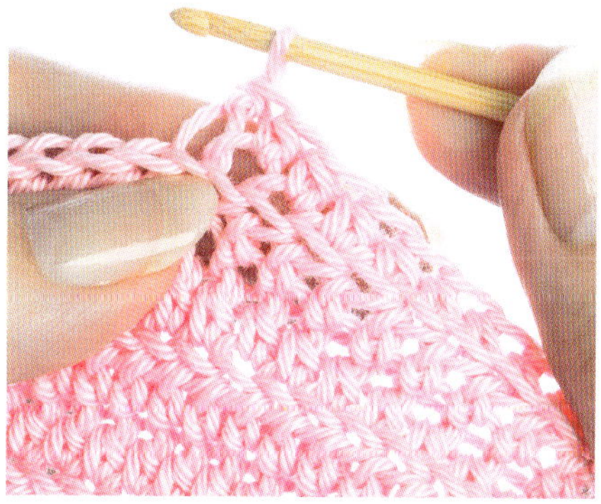

Schritt 3: Umschlag, Garn durch alle Schlingen auf der Nadel ziehen.

Anleitung für das Muster aus halben Stäbchen ins hintere Maschenglied:

Reihe 1: 1 hStb in die 3. Lm von der Nadel, je 1 hStb in jd Lm bis zum Ende der Reihe, wenden.

Reihe 2: 2 Lm, * 1 hStb in das nächste hStb (nur ins hMg häkeln); wdh ab * bis zum Ende der Reihe, wenden.
Reihe 2 für das Muster wdh.

TIPP **Die 2 Lm als Wm zählen als 1. M in jeder Reihe.**

7

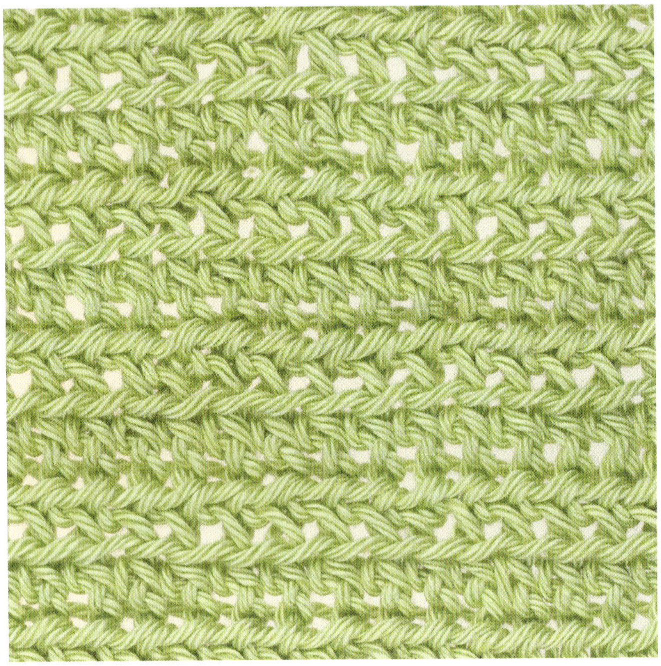

Halbe Stäbchen

ins vordere Maschenglied

EINE WEITERE VARIATION DES GRUNDMUSTERS AUS HALBEN STÄBCHEN, BEI DEM DIE MASCHEN NUR IN DIE VORDEREN MASCHENGLIEDER GEHÄKELT WERDEN. SO ENTSTEHT EIN ORDENTLICHES, FESTES GEWEBE, DAS EINE RIPPE AUFWEIST.

Anfangsluftmaschenkette: Beliebige Maschenanzahl

Ein halbes Stäbchen ins vordere Maschenglied häkeln:

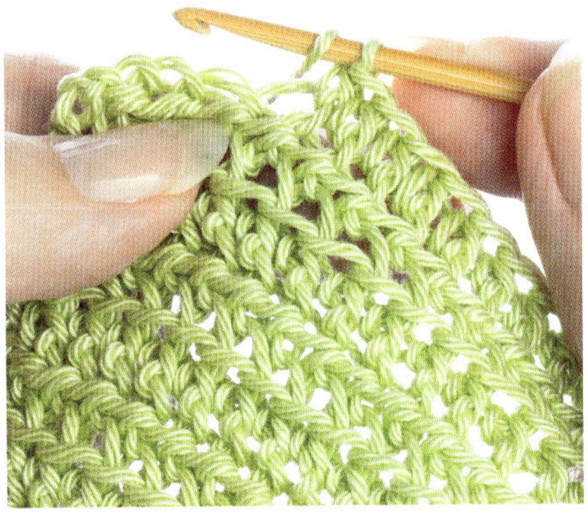

Schritt 1: Umschlag, die Nadel ins vMg der nächsten M stechen.

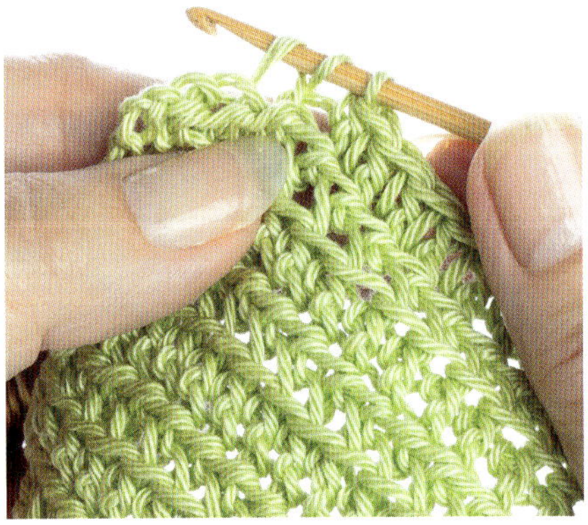

Schritt 2: Die Schlinge durchziehen.

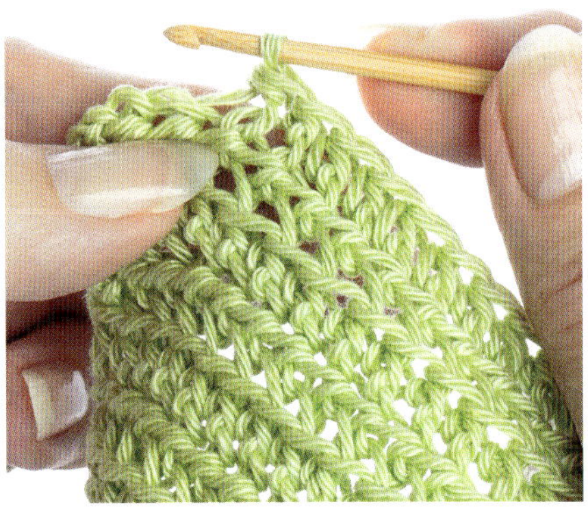

Schritt 3: Umschlag, Garn durch alle Schlingen auf der Nadel ziehen.

Anleitung für das Muster aus halben Stäbchen ins vordere Maschenglied:

Reihe 1: 1 hStb in die 3. Lm von der Nadel, je 1 hStb in jd Lm bis zum Ende der Reihe, wenden.

Reihe 2: 2 Lm, * 1 hStb in das nächste hStb (nur ins vMg häkeln); wdh ab * bis zum Ende der Reihe, wenden.
Reihe 2 für das Muster wdh.

TIPP **Die 2 Lm als Wm zählen als 1. hStb am Reihenanfang, denken Sie also daran, erst in die 2. M der neuen Reihe zu häkeln.**

Halbe Stäbchen
abwechselnd ins vordere und hintere Maschenglied

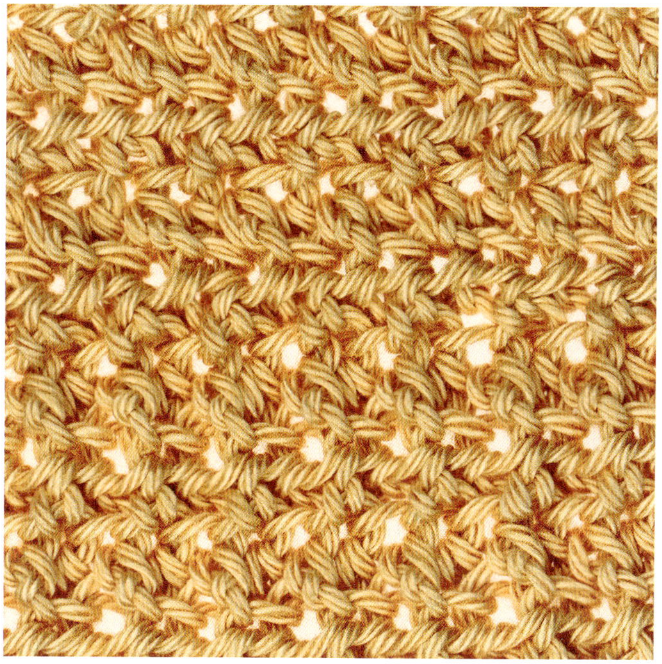

DIES IST EINE WEITERE VARIANTE AUS HALBEN STÄBCHEN, DIESES MAL WIRD JEDOCH ABWECHSELND INS VORDERE UND HINTERE MASCHENGLIED GEHÄKELT. ES ENTSTEHT EIN FESTES GEWEBE IN KNITTEROPTIK.

Anfangsluftmaschenkette: Beliebige Maschenanzahl

Ein halbes Stäbchen abwechselnd ins hintere und vordere Maschenglied häkeln:

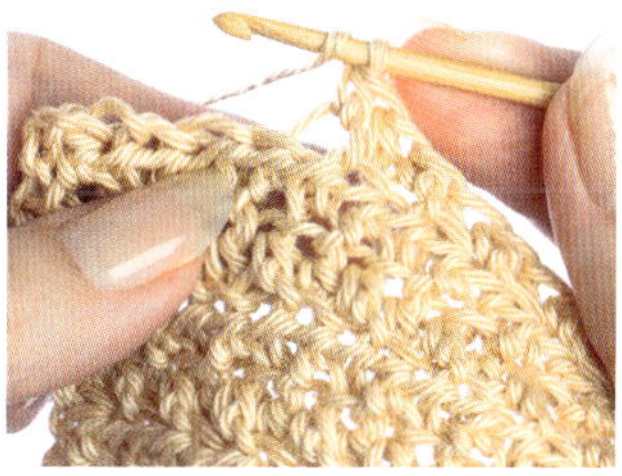

Schritt 1: Umschlag, die Nadel ins hMg der nächsten M stechen.

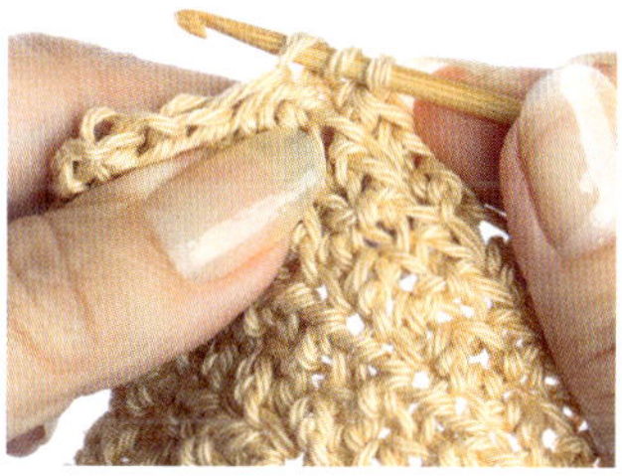

Schritt 2: Die Schlinge durchziehen.

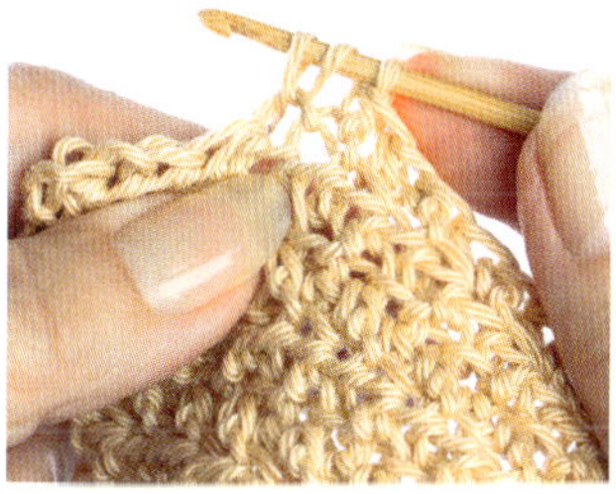

Schritt 3: Umschlag, Garn durch alle Schlingen auf der Nadel ziehen.

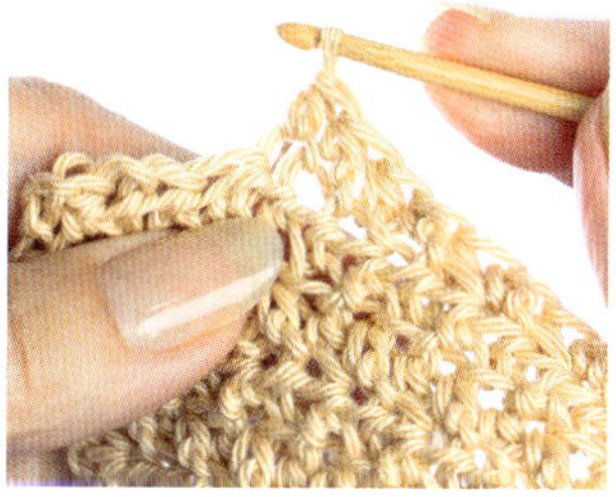

Schritt 4: Umschlag, die Nadel ins vMg der nächsten M stechen. Schritt 2 und 3 wiederholen.

Anleitung für das Muster aus halben Stäbchen abwechselnd ins vordere und hintere Maschenglied:

Reihe 1: 1 hStb in die 3. Lm von der Nadel, je 1 hStb in jd Lm bis zum Ende der Reihe, wenden.
Reihe 2: 2 Lm, * 1 hStb in das nächste hStb (nur ins hMg häkeln), 1 hStb in das nächste hStb (nur ins vMg häkeln); wdh ab * bis zum Ende der Reihe, wenden.
Reihe 2 für das Muster wdh.

TIPP **Achten Sie darauf, abwechselnd ins hMg und vMg zu häkeln, da man leicht vergisst, welche M man zuvor gehäkelt hat.**

9

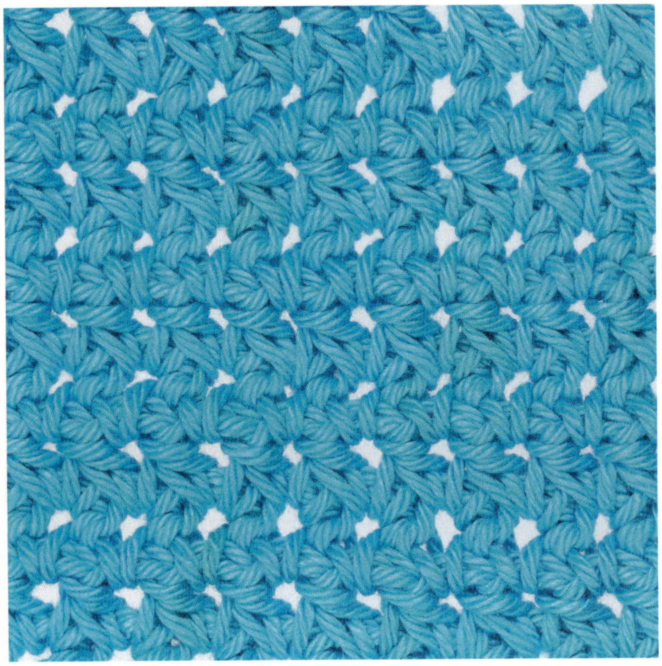

Zusammengehäkelte halbe Stäbchen

DIESES MUSTER IST EIN BISSCHEN HERAUSFORDERNDER UND WIRD GEHÄKELT, INDEM PAARE AUS HALBEN STÄBCHEN ZUSAMMENGEHÄKELT WERDEN. DAMIT DIE MASCHENZAHL GLEICH BLEIBT, HÄKELN SIE ZWEIMAL IN JEDE MASCHE ENTLANG DER REIHE, UM DAS ZUSAMMENHÄKELN ZU KOMPENSIEREN.

Abkürzungen: 2 hStb zus häkeln
Anfangsluftmaschenkette: Beliebige Maschenanzahl + 2

Ein zusammengehäkeltes halbes Stäbchen häkeln:

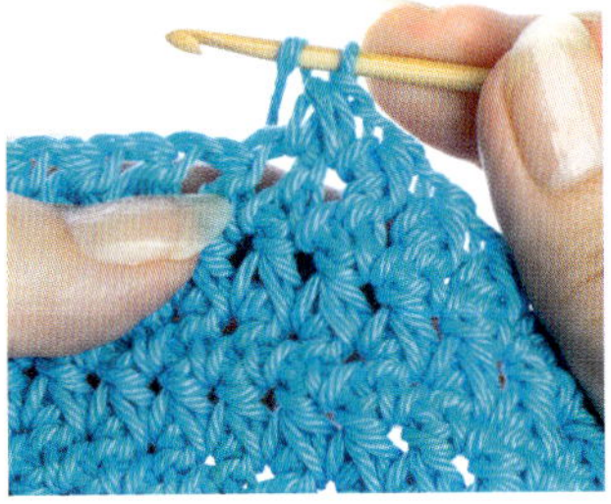

Schritt 1: Umschlag.

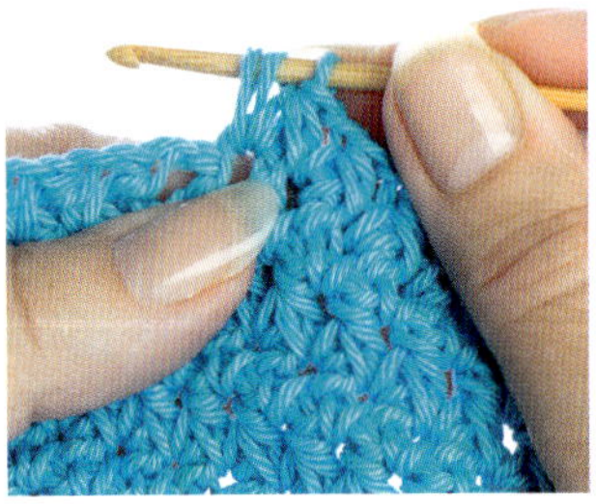

Schritt 2: Die Nadel in die angegebene M stechen, Schlinge durchziehen.

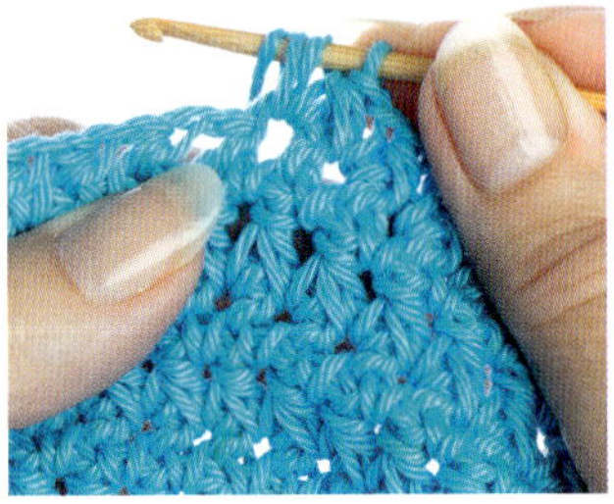

Schritt 3: Umschlag.

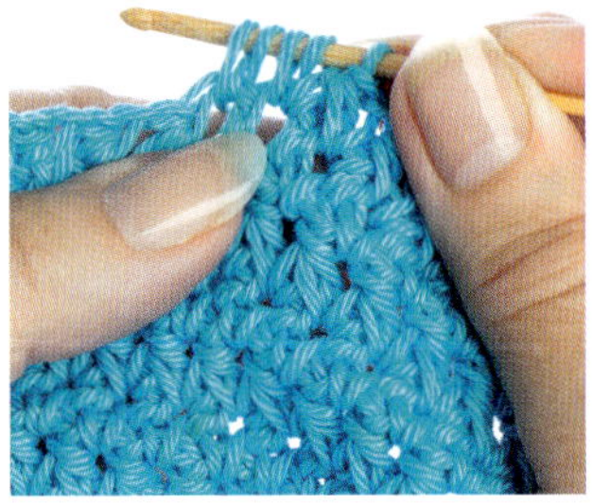

Schritt 4: Die Nadel in die nächste M stechen, Schlinge durchziehen.

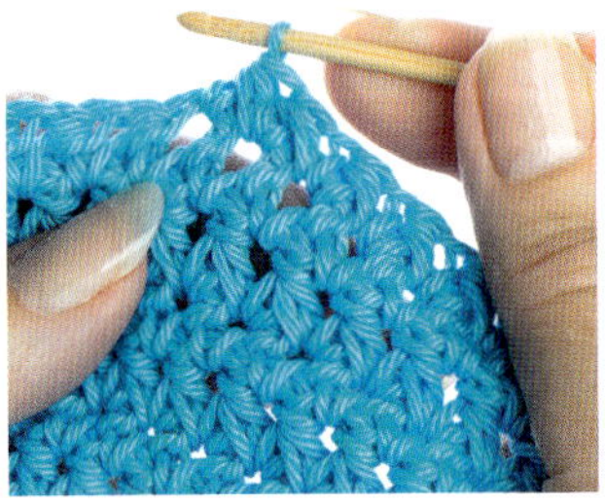

Schritt 5: Umschlag, das Garn durch alle Schlingen auf der Nadel ziehen.

Anleitung für das Muster aus zusammengehäkelten halben Stäbchen:

Reihe 1: 2 hStb zus häkeln in die 3. und 4. Lm von der Nadel, * 2 hStb zus häkeln indem Sie die Nadel in die letzte gehäkelte Lm und die nächste Lm stechen; wdh ab * bis zum Ende der Reihe, wenden.
Reihe 2: 2 Lm, 2 hStb zus häkeln im 1. und 2. zus gehäkelten hStb der Vorreihe, weiterarbeiten, dabei die nächsten 2 hStb zus häkeln durch Einstechen der Nadel in die gerade gehäkelte M und dann in die nächsten zus gehäkelten hStb aus der Vorreihe häkeln und die Reihe mit der letzten M in die Wm beenden, wenden.
Reihe 2 für das Muster wdh.

Halbe Büschelstäbchen

10

DIESE MASCHE KOMBINIERT MASCHEN MIT VERSCHIEDENEN HÖHEN MITEINANDER UND MAN MUSS SICH SCHON EIN BISSCHEN KONZENTRIEREN. SIE HÄKELN ABWECHSELND 1 HSTB UND 1 KM IN DER ERSTEN REIHE. IN DER FOLGENDEN REIHE MÜSSEN SIE DAS HSTB IN DIE KM UND DIE KM IN DAS HSTB DER VORREIHE HÄKELN. DAS SO ENTSTEHENDE GEWEBE HAT EINE ANGENEHME STRUKTUR UND IST RECHT FEST.

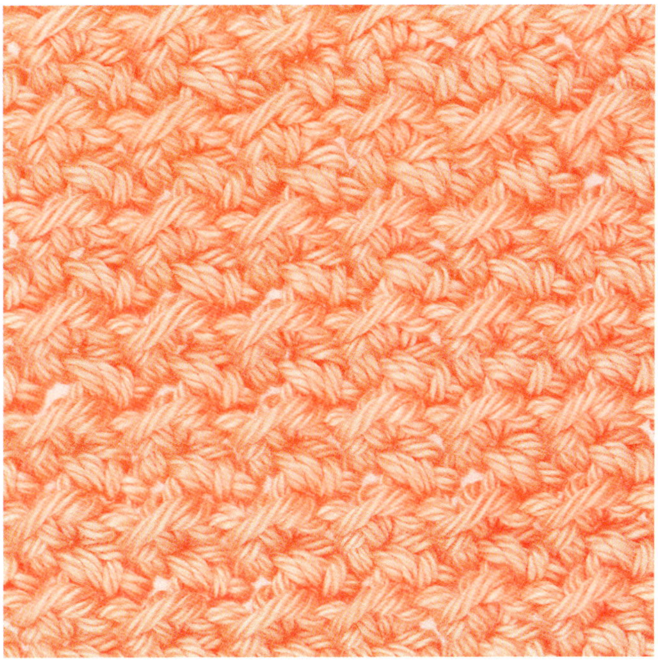

Anfangsluftmaschenkette: Vielfaches von 2 M + 1

Ein halbes Büschelstäbchen häkeln:

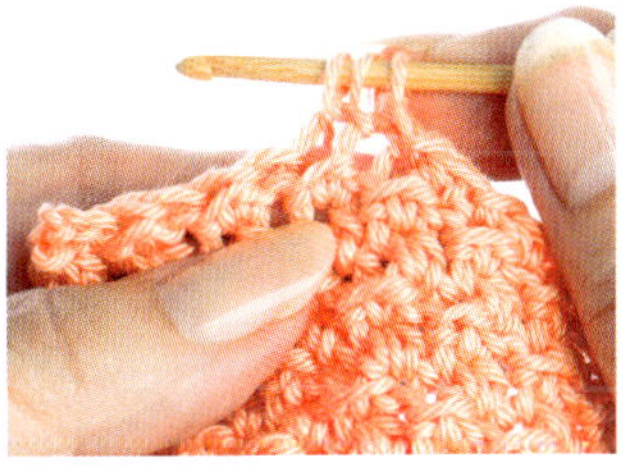

Schritt 1: Umschlag, die Nadel in die M stechen, Schlinge durchziehen.

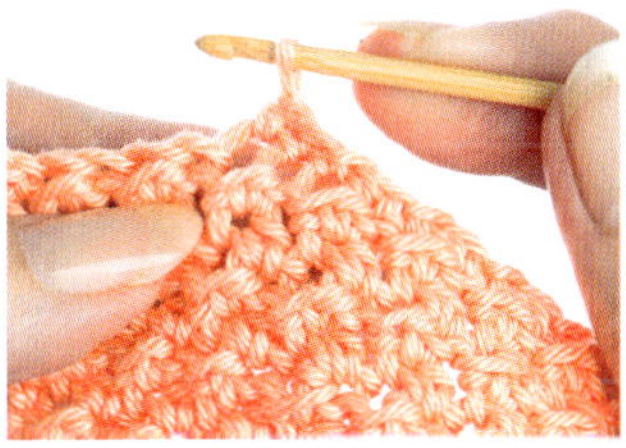

Schritt 2: Umschlag, das Garn durch alle Schlingen auf der Nadel ziehen.

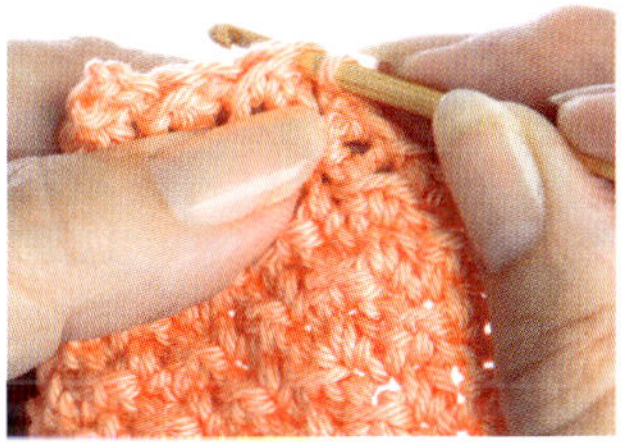

Schritt 3: Die Nadel in die nächste M stechen, Schlinge durchziehen.

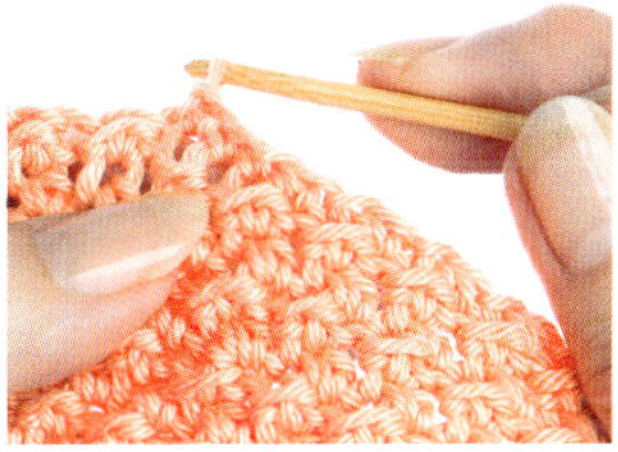

Schritt 4: Schlinge auf der Nadel durchziehen.

Anleitung für das Muster aus halben Büschelstäbchen:

Reihe 1: 1 Km in die 3. Lm von der Nadel, * 1 hStb in die nächste Lm, 1 Km in die nächste Lm; wdh ab * bis zum Ende der Reihe.

Reihe 2: 2 Lm, die 1. M ausl, * 1 Km in das hStb, 1 hStb in die Km; wdh ab * bis zum Ende der Reihe, die letzte Km in die Wm häkeln, wenden.
Reihe 2 für das Muster wdh.

TIPP **Überprüfen Sie regelmäßig, ob die Maschenabfolge stimmt.**

11

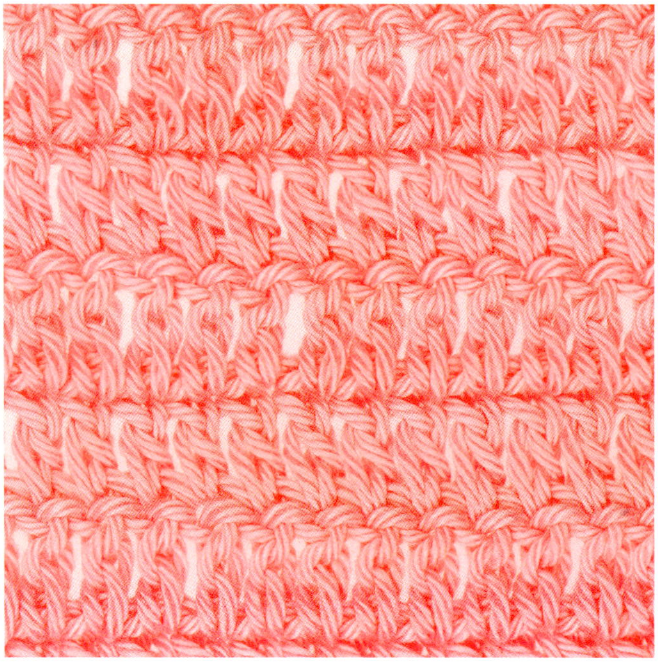

Stäbchen

GEMEINSAM MIT DER FESTEN MASCHE IST DAS STÄBCHEN EINE DER AM HÄUFIGSTEN VERWENDETEN MASCHEN. ES BILDET NICHT SO EINEN DICHTEN STOFF WIE DIE FESTE MASCHE, DAFÜR IST SEIN FALTENWURF ZIEMLICH HÜBSCH. DAS STÄBCHEN WIRD IN VIELEN ANDEREN HÄKELMUSTERN VERWENDET, UM LACE, MOTIVE, NOPPEN UND BÜSCHELMASCHEN ZU HÄKELN, UND FINDET AUCH IN DER FILETHÄKELEI ANWENDUNG.

Abkürzungen: Stb
Luftmaschenkette: Beliebige Maschenanzahl + 2

Ein Stäbchen häkeln:

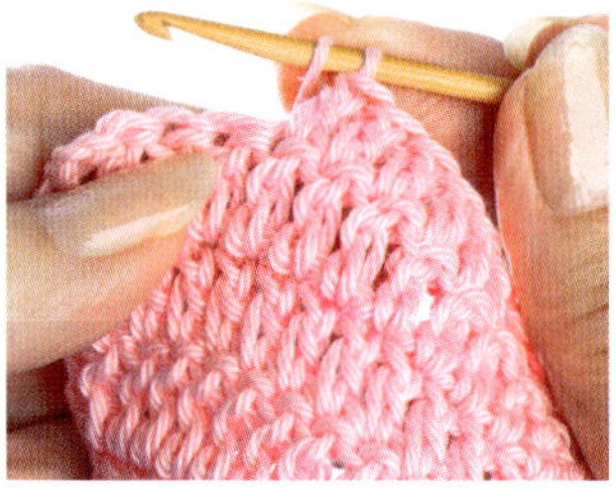

Schritt 1: Umschlag, die Nadel in die nächste Lm oder M stechen, Umschlag, Schlinge durchziehen.

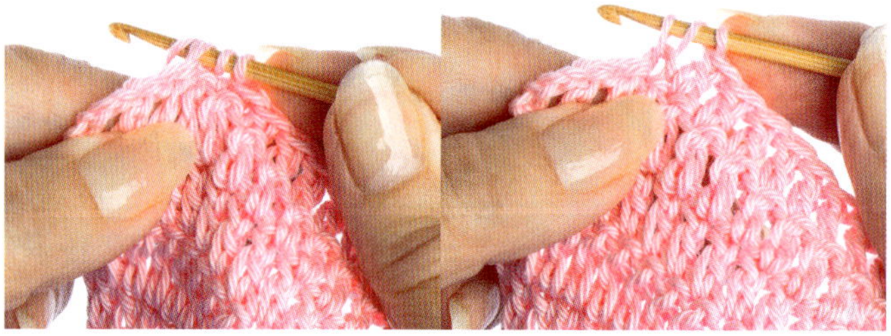

Schritt 2: Umschlag, das Garn durch 2 Schlingen auf der Nadel ziehen.

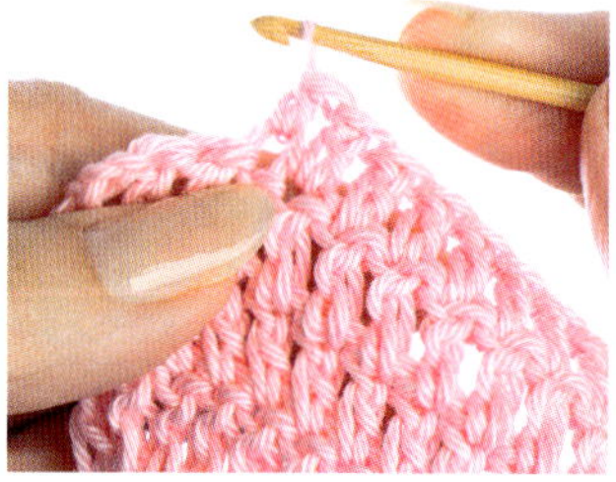

Schritt 3: Umschlag, die Nadel durch die restl Schlingen durchziehen.

Anleitung für das Muster aus Stäbchen:

Reihe 1: 1 Stb in die 4. Lm von der Nadel, je 1 Stb in jede Lm bis zum Ende der Reihe, wenden.

Reihe 2: 3 Lm (zählen als 1. Stb), die 1. M ausl, je 1 Stb in jedes Stb bis zum Ende der Reihe, wenden. Reihe 2 für das Muster wdh.

TIPP **Zählen Sie Ihre Maschen in regelmäßigen Intervallen nach, um sicherzugehen, dass Sie eine gerade Kante an Ihrer Arbeit bekommen.**

Stäbchen ins vordere Maschenglied

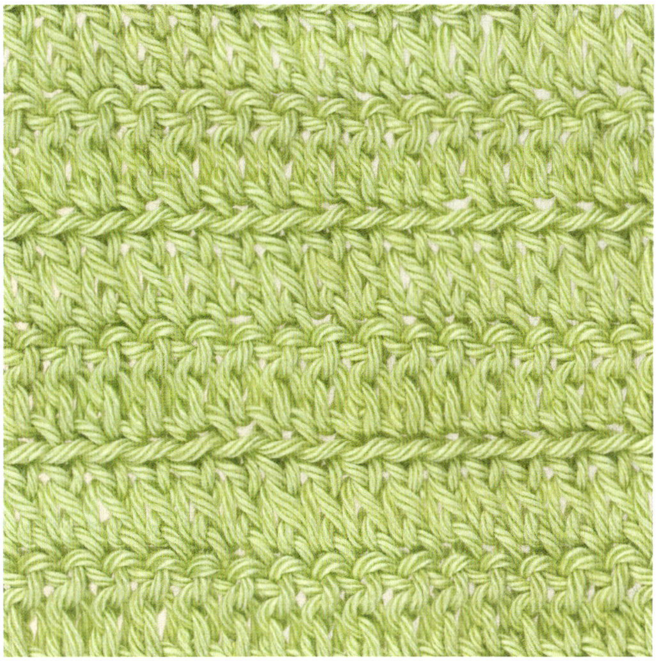

DIESES MUSTER IST EINE KLEINE ABWANDLUNG DES STÄBCHEN-GRUNDMUSTERS, DA ES NUR INS VORDERE MASCHENGLIED GEHÄKELT WIRD. SO ERGIBT SICH EINE RIPPE AUF DEM GEWEBE, WODURCH EINE SCHÖNE STRUKTUR ENTSTEHT.

Anfangsluftmaschenkette: Beliebige Maschenzahl + 2

Ein Stäbchen ins vordere Maschenglied häkeln:

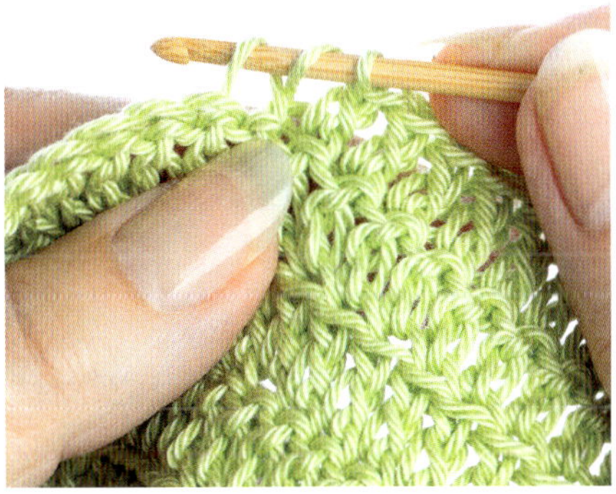

Schritt 1: Umschlag, die Nadel ins vMg der nächsten Lm oder M stechen, Umschlag, Schlinge durchziehen.

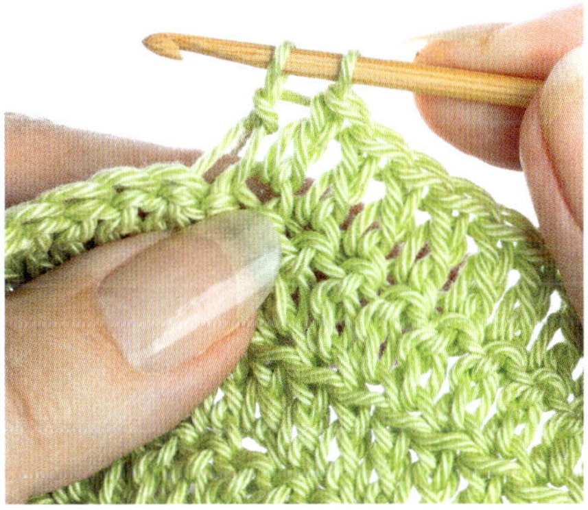

Schritt 2: Umschlag, das Garn durch 2 Schlingen auf der Nadel ziehen.

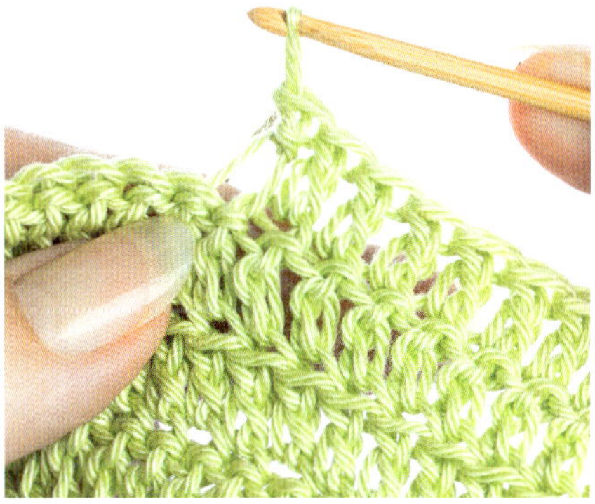

Schritt 3: Umschlag, die Nadel durch die restl Schlingen durchziehen.

Anleitung für das Muster aus Stäbchen ins vordere Maschenglied:

Reihe 1: 1 Stb in die 4. Lm von der Nadel, je 1 Stb ins vMg jeder Lm bis zum Ende der Reihe, wenden.

Reihe 2: 3 Lm (zählen als 1. Stb), die 1. M ausl, je 1 Stb ins vMg von jedem Stb bis zum Ende der Reihe, wenden.
Reihe 2 für das Muster wdh.

TIPP **Denken Sie daran, dass die 3 Wm in jeder Reihe als 1. M zählen und Sie in die 2. M häkeln, außer es wird im Muster anders angegeben.**

13

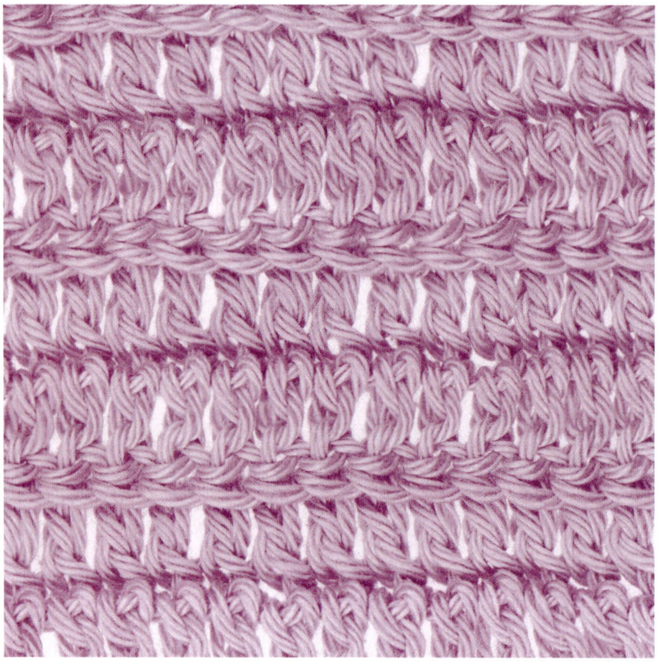

Stäbchen ins hintere Maschenglied

DIESES MUSTER IST EINE WEITERE VARIATION DES GRUNDMUSTERS AUS STÄBCHEN; DIESES MAL HÄKELN SIE IMMER NUR INS HINTERE MASCHENGLIED. DAS ERGEBNIS HAT EINE GUT DEFINIERTE RIPPE UND IST EIN BISSCHEN FESTER.

Anfangsluftmaschenkette: Beliebige Maschenzahl + 2

Ein Stäbchen ins hintere Maschenglied häkeln:

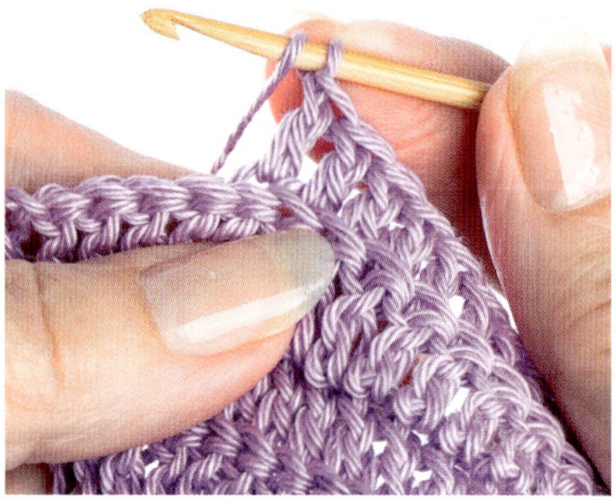

Schritt 1: Umschlag, die Nadel ins hMg der nächsten Lm oder M stechen, Umschlag, Schlinge durchziehen.

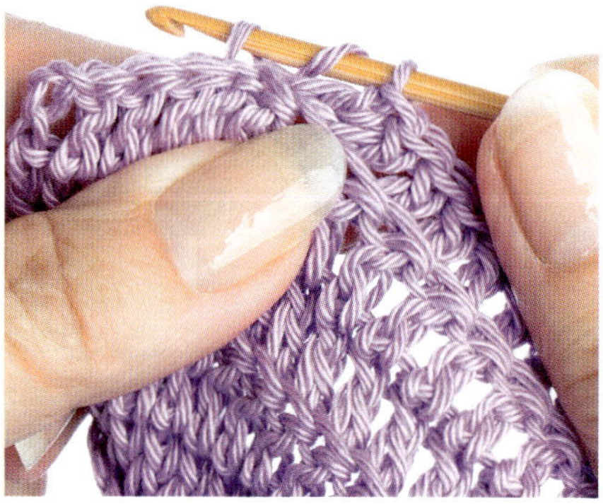

Schritt 2: Umschlag, das Garn durch 2 Schlingen auf der Nadel ziehen.

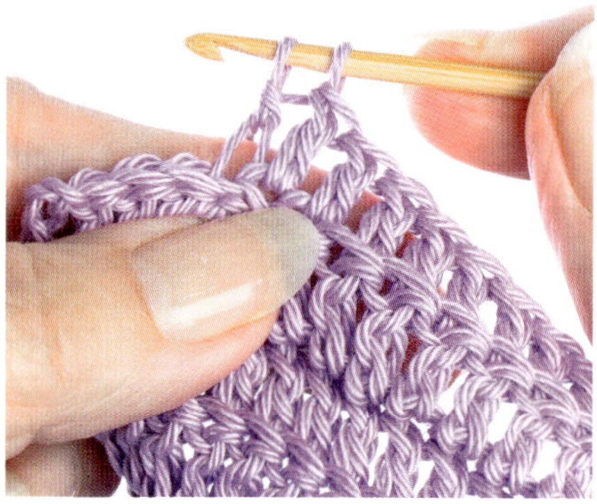

Schritt 3: Umschlag, die Nadel durch die restl Schlingen ziehen.

Anleitung für das Muster aus Stäbchen ins hintere Maschenglied:

Reihe 1: 1 Stb in die 4. Lm von der Nadel, je 1 Stb in jd Lm bis zum Ende der Reihe, wenden.

Reihe 2: 3 Lm (zählen als 1. Stb), die 1. M ausl, je 1 Stb ins hMg von jedem Stb bis zum Ende der Reihe, wenden.
Reihe 2 für das Muster wdh.

Stäbchen
abwechselnd ins vordere und hintere Maschenglied

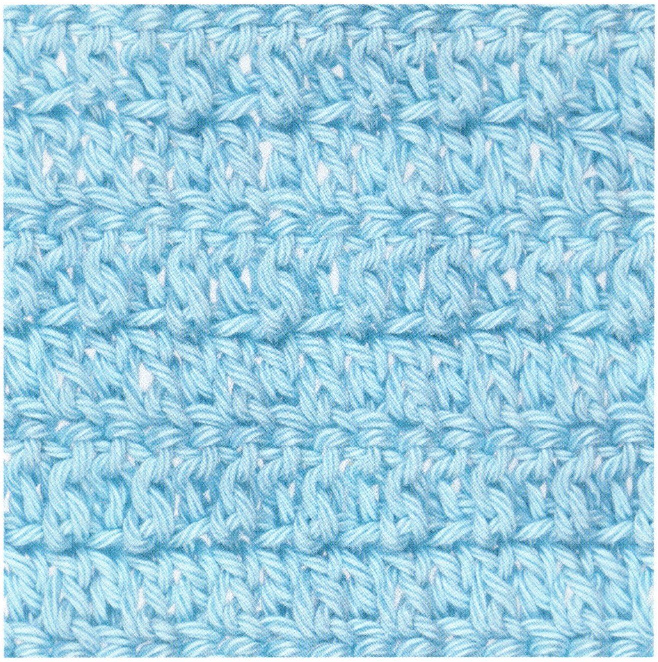

14

SIE HÄKELN NUN ABWECHSELND IN DAS VORDERE UND DAS HINTERE MASCHENGLIED DER MASCHEN IN JEDER REIHE. DIE KRAUSE OPTIK, DIE SO ENTSTEHT, IST SEHR ATTRAKTIV UND WIRKT TOLL BEI EINER BABYDECKE, EINER MÜTZE ODER EINEM SCHAL.

Anfangsluftmaschenkette: Beliebige Maschenzahl + 2

Stäbchen abwechselnd ins vordere und hintere Maschenglied häkeln:

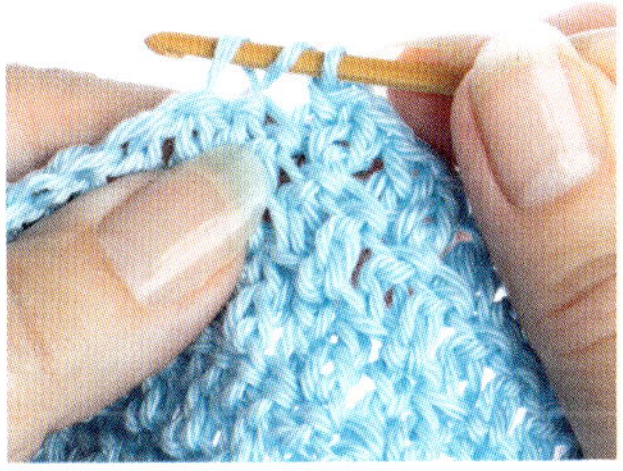

Schritt 1: Umschlag, die Nadel ins hMg der nächsten Lm oder M stechen, Umschlag, Schlinge durchziehen.

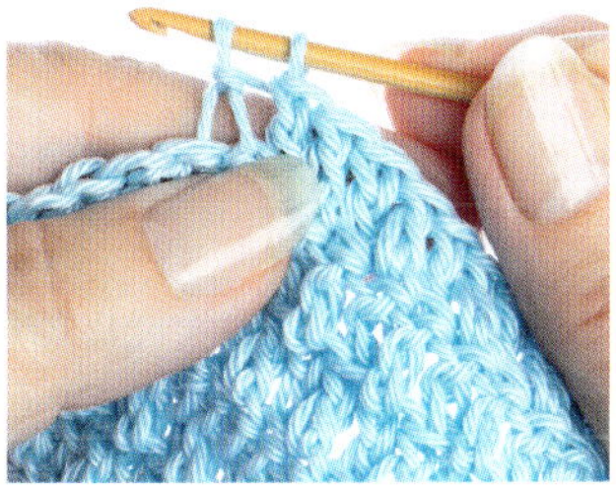

Schritt 2: Umschlag, das Garn durch 2 Schlingen auf der Nadel ziehen.

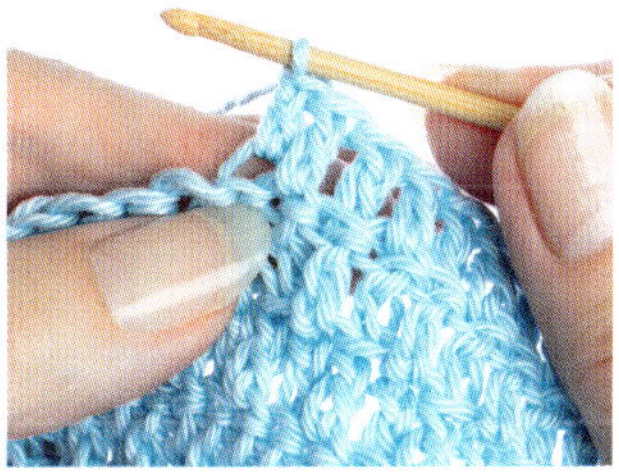

Schritt 3: Umschlag, die Nadel durch die restl Schlingen ziehen.

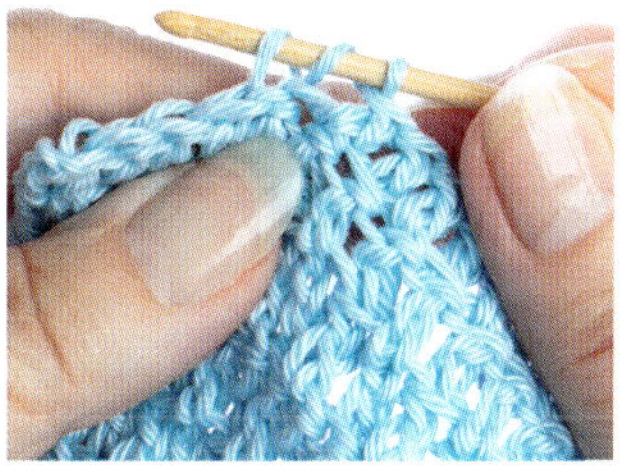

Schritt 4: Umschlag, die Nadel ins vMg der nächsten Lm oder M stechen, Umschlag, Schlinge durchziehen.
Für Schritt 5 und 6 Schritt 2 und 3 wdh.

Anleitung für das Muster aus Stäbchen abwechselnd ins vordere und hintere Maschenglied:

Reihe 1: 1 Stb in die 4. Lm von der Nadel, je 1 Stb in jd Lm bis zum Ende der Reihe, wenden.

Reihe 2: 3 Lm (zählen als 1. Stb), die 1. M ausl, * 1 Stb ins hMg des nächsten Stb, 1 Stb ins vMg des nächsten Stäbchens; wdh ab * bis zum Ende der Reihe, wenden.
Reihe 2 für das Muster wdh.

15

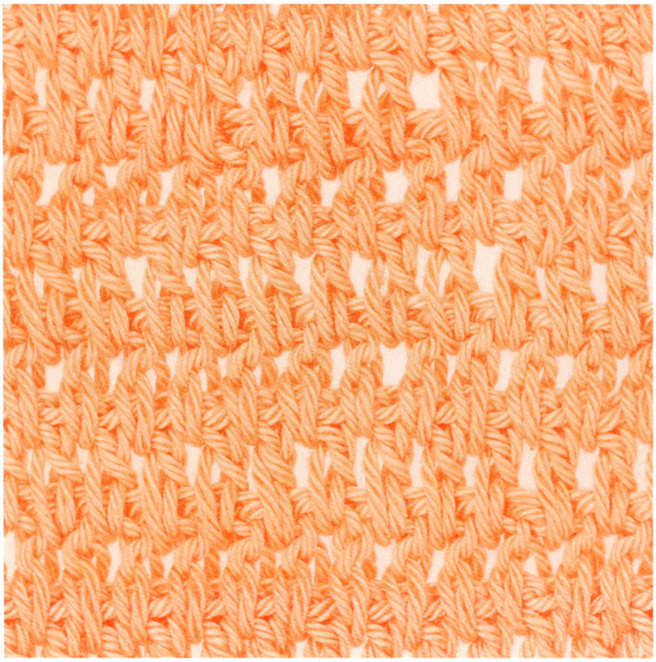

Breites Stäbchenmuster

EINE NETTE ALTERNATIVE ZU DEM NORMALEN STÄBCHENMUSTER, DA DIESE VARIANTE ZWISCHEN DIE MASCHEN DER VORREIHE GEARBEITET WIRD. ES ERZEUGT EIN FESTERES GEWEBE UND EIGNET SICH GUT FÜR SCHALS UND EINKAUFSBEUTEL.

Anfangsluftmaschenkette: Beliebige Maschenzahl + 2

Breites Stäbchenmuster häkeln:

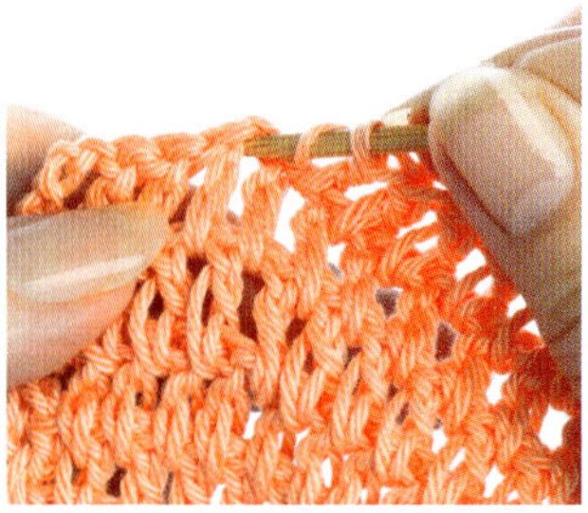

Schritt 1: Umschlag, die Nadel unter und zwischen die Stb aus der Vorreihe stechen.

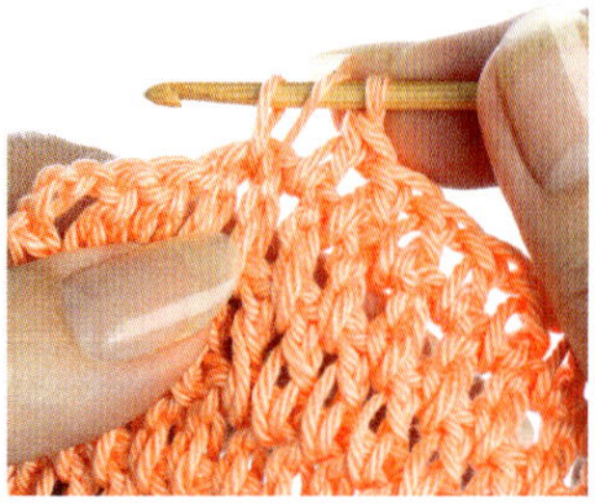

Schritt 2: Umschlag, die Schlinge durchziehen.

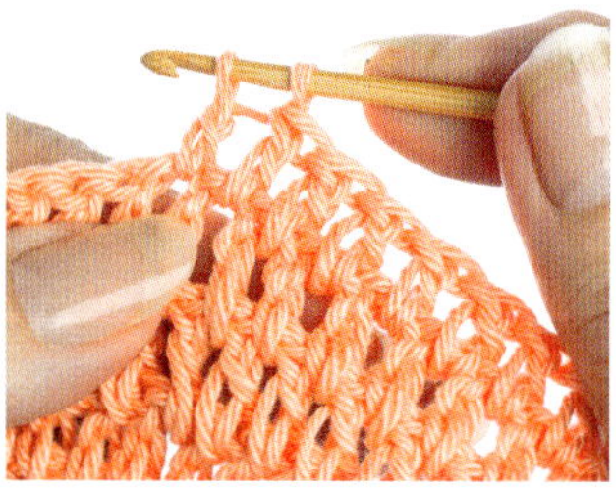

Schritt 3: Umschlag, die Nadel durch 2 Schlingen ziehen.

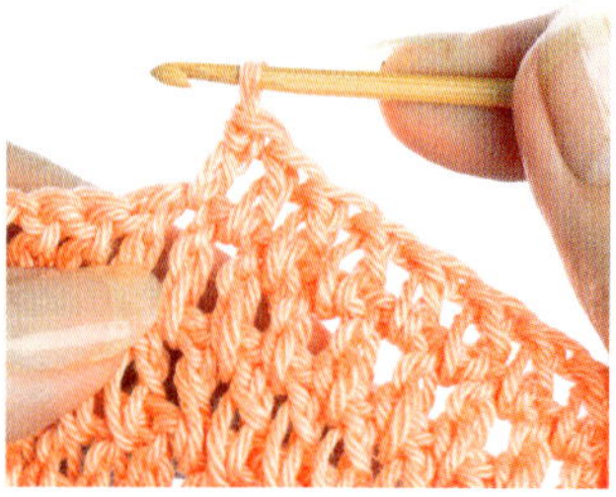

Schritt 4: Umschlag und die Nadel durch die restl Schlingen auf der Nadel ziehen.

Anleitung für das breite Stäbchenmuster:

Reihe 1: 1 Stb in die 4. Lm von der Nadel, je 1 Stb in jd Lm bis zum Ende der Reihe, wenden.

Reihe 2: 3 Lm (zählen als 1. Stb), * 1 Stb (Nadel unter und zw die nächsten 2 Stb aus der Vorreihe stechen) in das nächste Stb; wdh ab * bis zum Ende der Reihe, wenden.
Reihe 2 für das Muster wdh.

Alternatives Stäbchenmuster

16

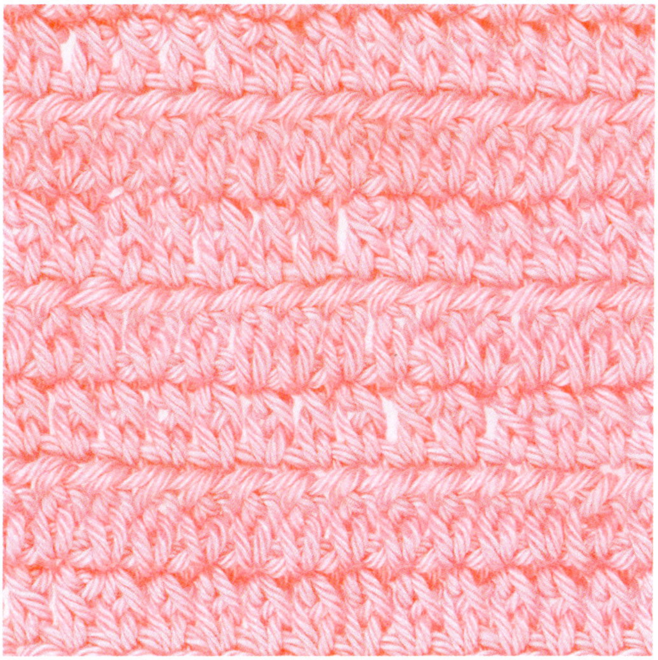

DIES IST EINE WEITERE ALTERNATIVE, STÄBCHEN ZU HÄKELN. DAS MUSTER ERGIBT EIN ETWAS ENGERES GEWEBE UND EINEN HÜBSCHEN, FESTEN FALTENWURF.

Anfangsluftmaschenkette: Beliebige Maschenzahl + 2

Alternatives Stäbchenmuster häkeln:

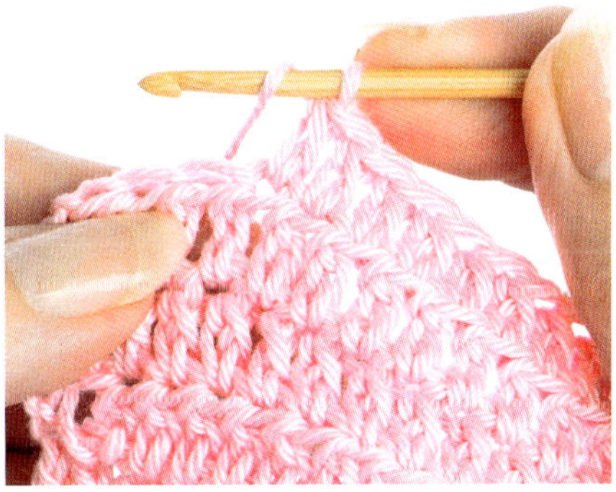

Schritt 1: Umschlag.

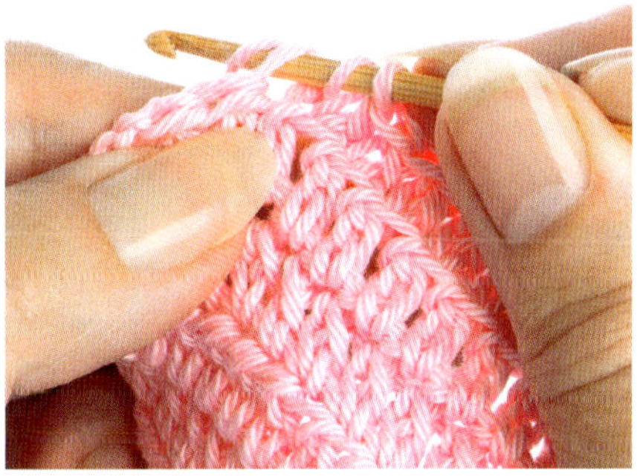

Schritt 2: Die Nadel in die nächste M stechen, die Schlinge durchziehen, Umschlag und nur durch 1 Schlinge ziehen.

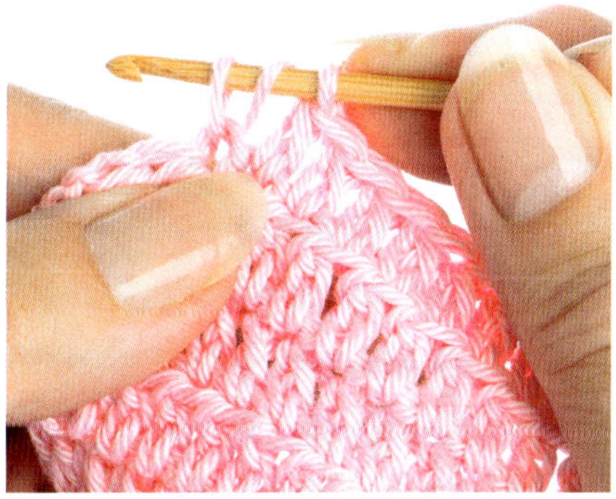

Schritt 3: Umschlag, die Nadel durch die restl 3 Schlingen auf der Nadel ziehen.

Anleitung für das alternative Stäbchenmuster:

Reihe 1: 1 Stb in die 4. Lm von der Nadel, je 1 Stb in jd Lm bis zum Ende der Reihe, wenden.
Reihe 2: 3 Lm (zählen als 1. Stb), * U, die Nadel in das nächste Stb stechen, U, Garn durch 1 Schlinge ziehen, U, Garn durch die restl 3 Schlingen ziehen; wdh ab * bis zum Ende der Reihe, wenden.
Reihe 2 für das Muster wdh.

17

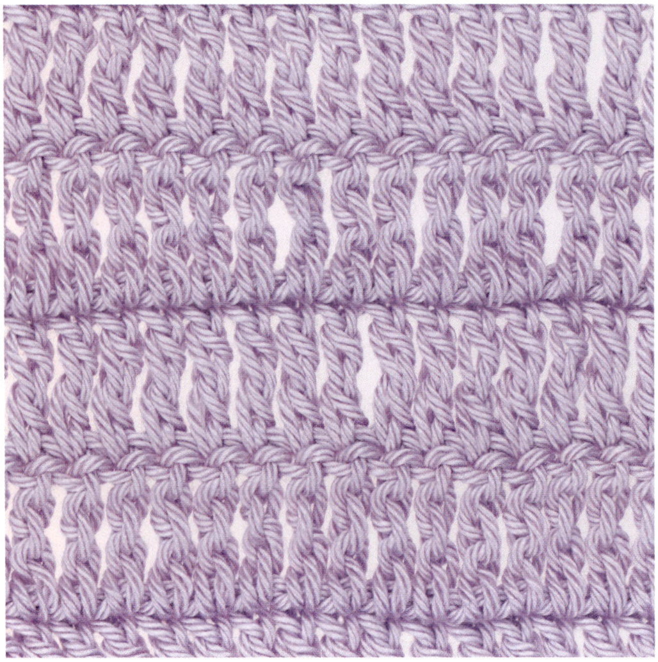

Doppelstäbchen

DIESE MASCHENART IST EINE DER HÖCHSTEN BEIM HÄKELN UND IST VON NATUR AUS WENIGER STABIL. DARUM WIRD SIE AUCH EHER GEMEINSAM MIT ANDEREN MASCHENARTEN VERWENDET, UM LACEMUSTER ZU HÄKELN, UND WENIGER, UM ALLEINE DAZUSTEHEN.

Anfangsluftmaschenkette: Beliebige Maschenzahl + 3

Ein Doppelstäbchen häkeln:

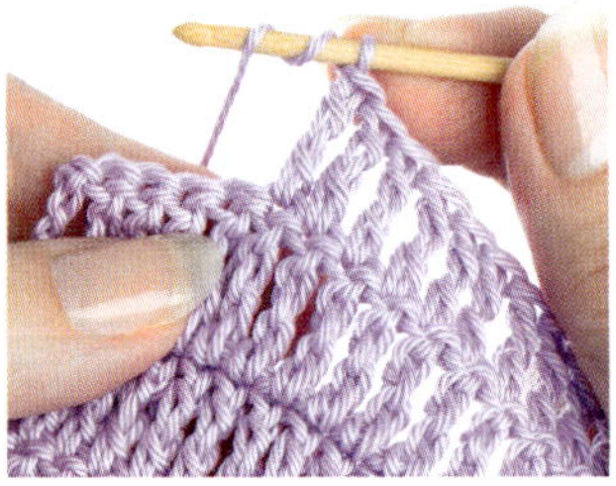

Schritt 1: Umschlag, 2-mal.

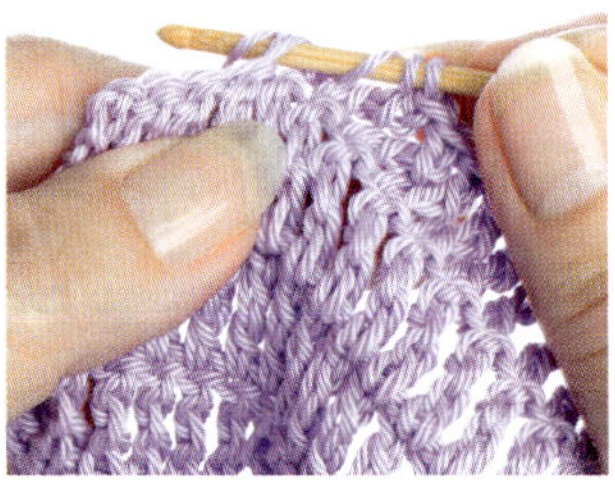

Schritt 2: Die Nadel in die nächste M stechen.

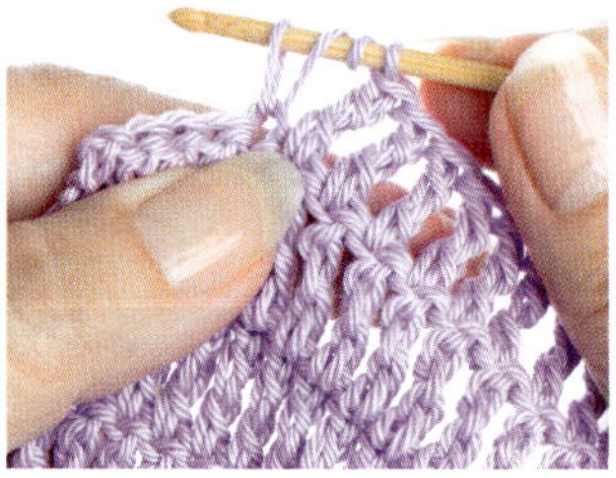

Schritt 3: Die Schlinge durchziehen (4 Schlingen auf der Nadel).

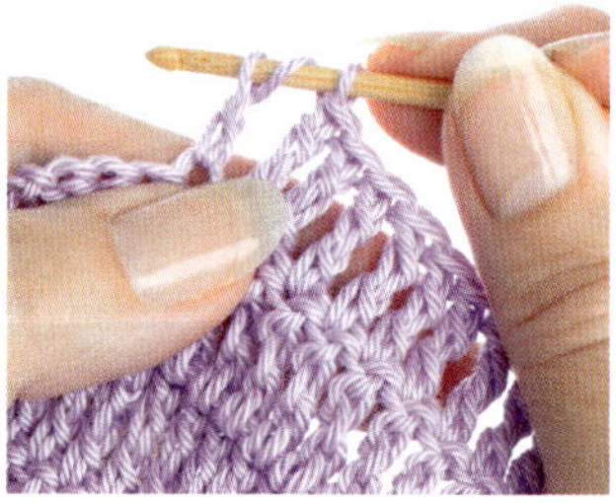

Schritt 4: Umschlag, das Garn durch 2 Schlingen ziehen.

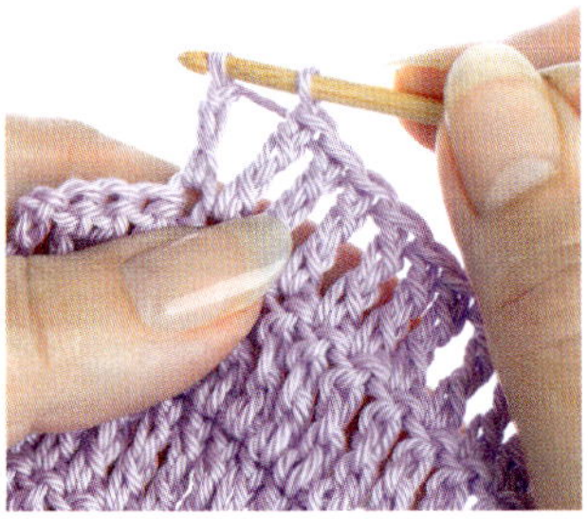

Schritt 5: Umschlag, das Garn durch 2 Schlingen ziehen.

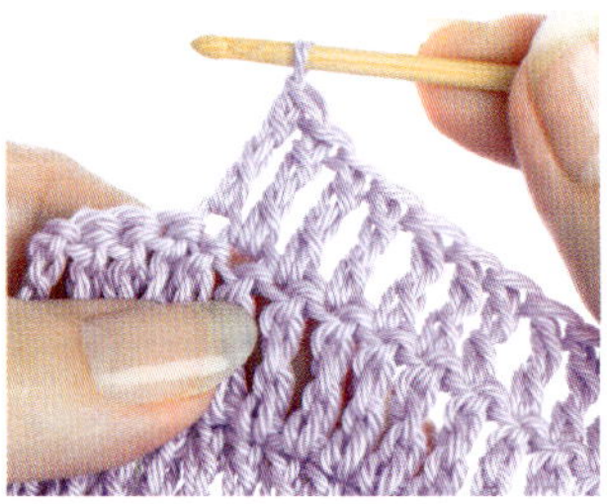

Schritt 6: Umschlag, das Garn durch die restl 2 Schlingen ziehen.

Anleitung für das Muster aus Doppelstäbchen:

Reihe 1: 1 DStb in die 5. Lm von der Nadel, je 1 DStb in jd Lm bis zum Ende der Reihe, wenden.

Reihe 2: 4 Lm (zählen als 1. Stb), je 1 DStb in jd DStb bis zum Ende der R, dabei das letzte DStb in die Wm der Vorreihe häkeln. Reihe 2 für das Muster wdh.

Doppelstäbchen ins vordere Maschenglied

18

IN DIESER VARIATION HÄKELN SIE DAS DOPPELSTÄBCHEN NUR INS VORDERE MASCHENGLIED JEDER MASCHE. DAS ERGEBNIS WEIST EINE HÜBSCH DEFINIERTE RIPPE AUF.

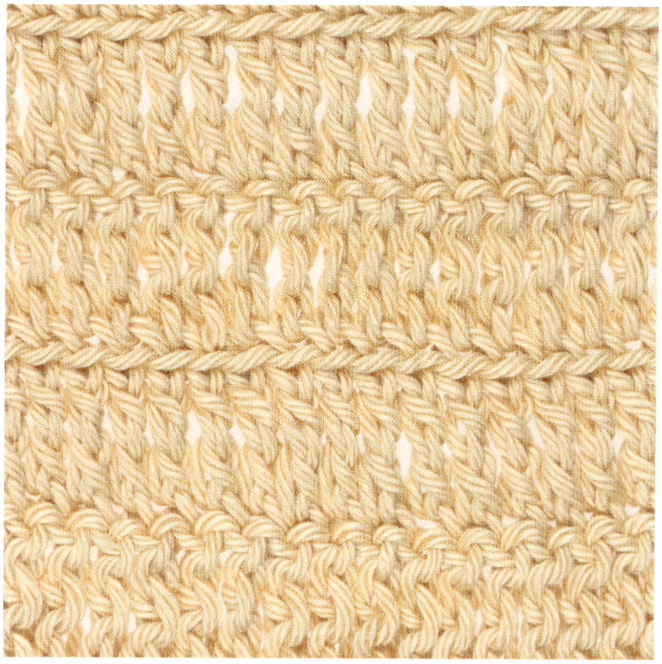

Anfangsluftmaschenkette: Beliebige Maschenzahl + 3

Doppelstäbchen ins vordere Maschenglied häkeln:

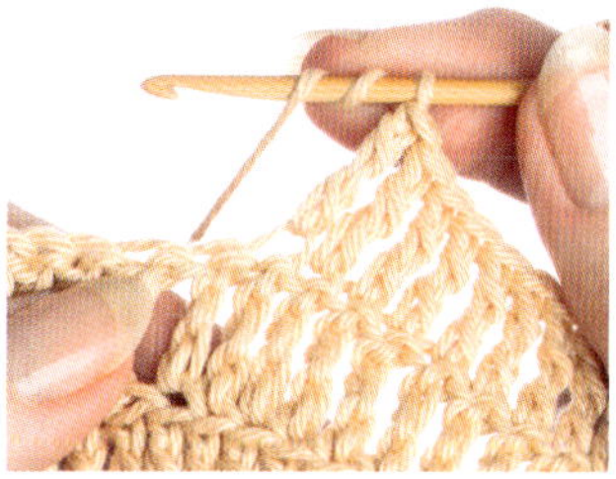

Schritt 1: Umschlag, 2-mal.

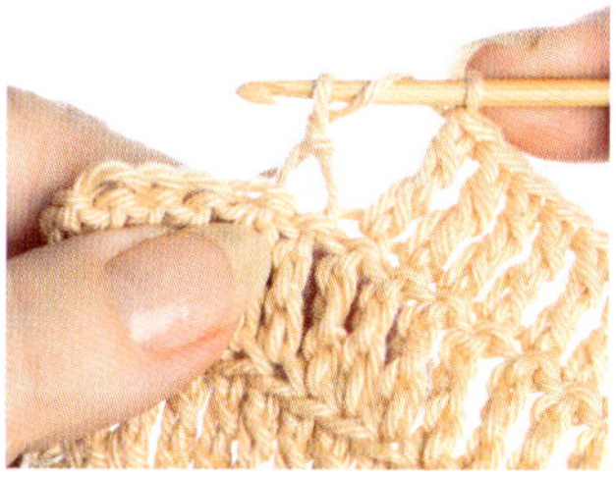

Schritt 2: Die Nadel in das vMg der nächsten M stechen.

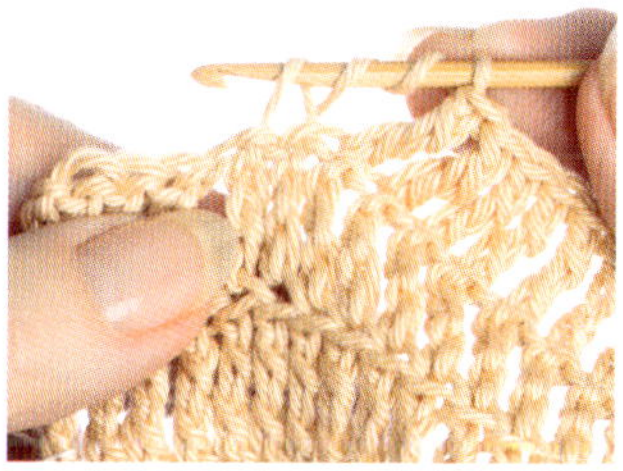

Schritt 3: Die Schlinge durchziehen (4 Schlingen auf der Nadel).

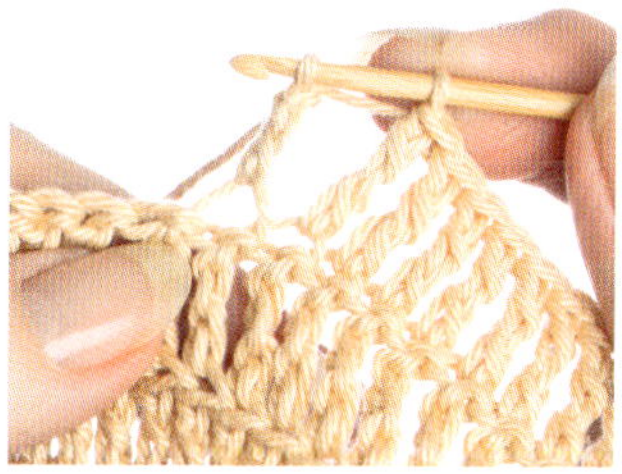

Schritt 4: Umschlag, das Garn durch 2 Schlingen ziehen. Umschlag, das Garn durch 2 Schlingen ziehen.

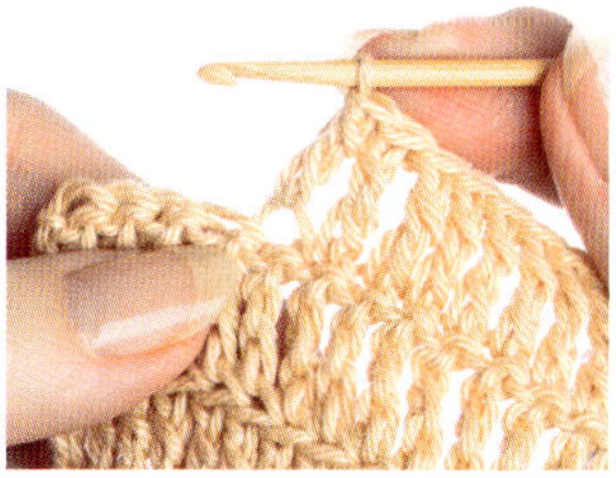

Schritt 5: Umschlag, das Garn nochmal durch 2 Schlingen ziehen.

Anleitung für das Muster aus Doppelstäbchen ins vordere Maschenglied:

Reihe 1: 1 DStb in die 5. Lm von der Nadel, je 1 DStb in jd Lm bis zum Ende der Reihe, wenden.

Reihe 2: 4 Lm (zählen als 1. Stb), je 1 DStb in das vMg jd DStb bis zum Ende der R, dabei das letzte DStb in die Wm der Vorreihe häkeln. Reihe 2 für das Muster wdh.

19

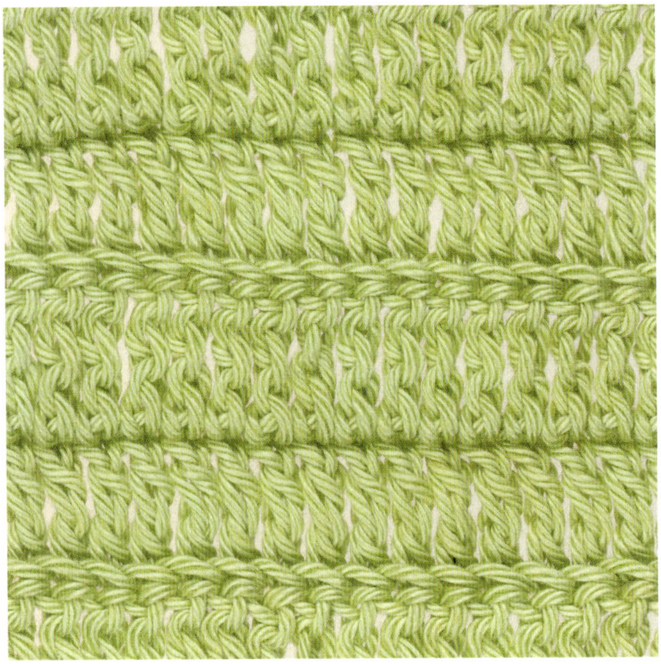

Doppelstäbchen ins hintere Maschenglied

ANDERS ALS BEIM INS VORDERE MASCHENGLIED GEHÄKELTEN DOPPELSTÄBCHEN WIRD DIESE MASCHE NUR INS HINTERE MASCHENGLIED JEDER MASCHE GEHÄKELT. DIE DARAUS RESULTIERENDE RIPPE ERSCHEINT AUF ETWAS ANDERE WEISE AUF DEM GEWEBE.

Anfangsluftmaschenkette: Beliebige Maschenzahl + 3

Doppelstäbchen ins hintere Maschenglied häkeln:

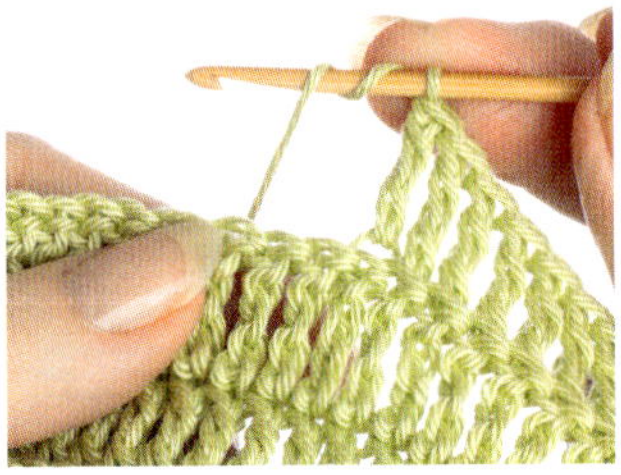

Schritt 1: Umschlag, 2-mal.

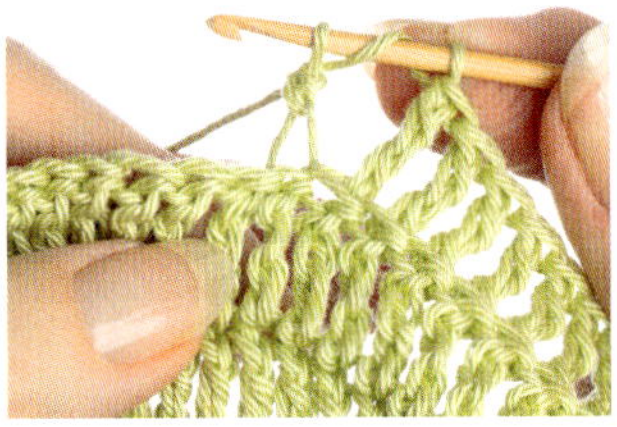

Schritt 2: Die Nadel in das hMg der nächsten M stechen.

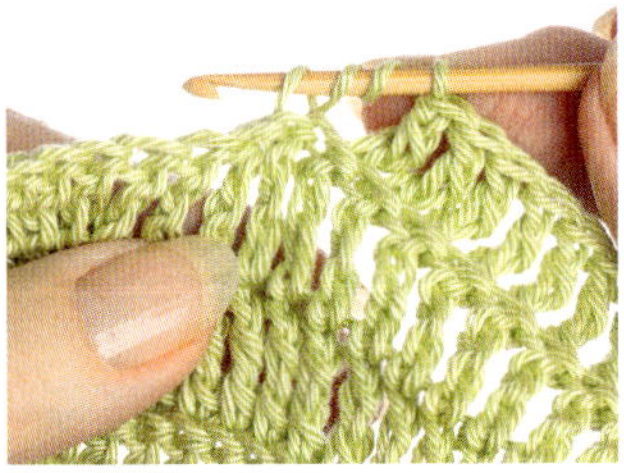

Schritt 3: Die Schlinge durchziehen (4 Schlingen auf der Nadel).

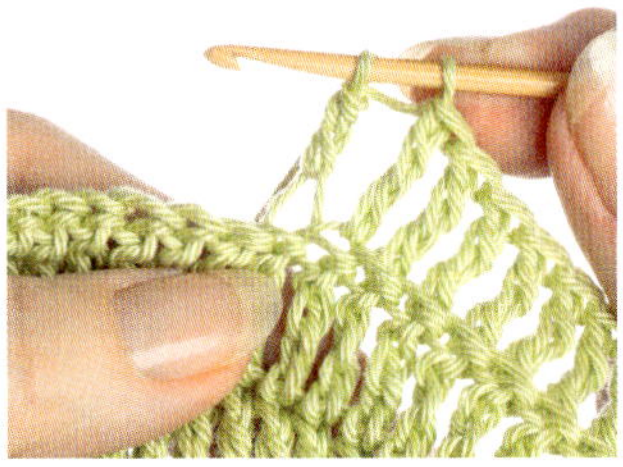

Schritt 4: Umschlag, das Garn durch 2 Schlingen ziehen. Umschlag, das Garn durch 2 Schlingen ziehen.

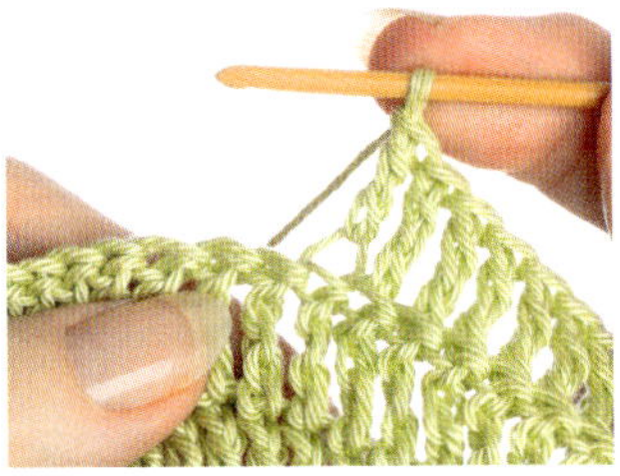

Schritt 5: Umschlag, das Garn durch die restl 2 Schlingen ziehen.

Anleitung für das Muster aus Doppelstäbchen ins hintere Maschenglied:

Reihe 1: 1 DStb in die 5. Lm von der Nadel, je 1 DStb in jd Lm bis zum Ende der Reihe, wenden.

Reihe 2: 4 Lm (zählen als 1. Stb), je 1 DStb in das hMg jd DStb bis zum Ende der R, dabei das letzte DStb in die Wm der Vorreihe häkeln, wenden.
Reihe 2 für das Muster wdh.

20

Doppelstäbchen
abwechselnd ins vordere und hintere Maschenglied

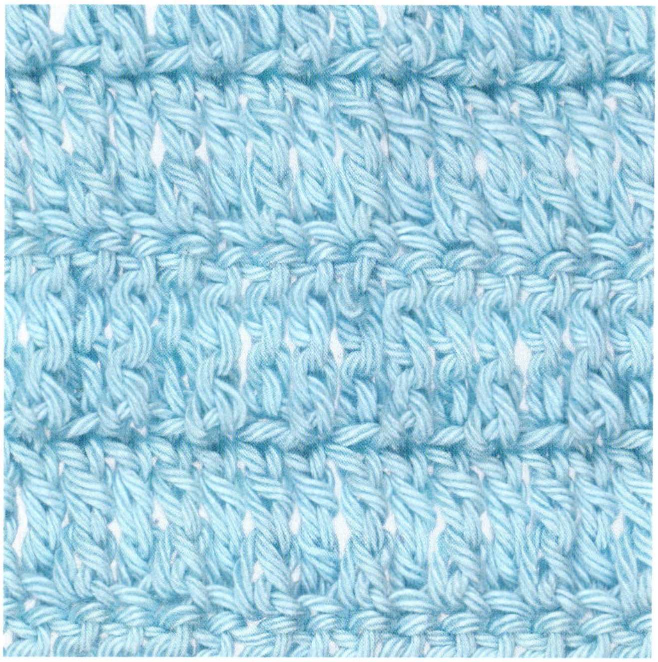

DIESES MUSTER KOMBINIERT DIE INS VORDERE UND HINTERE MASCHENGLIED GEHÄKELTEN DOPPELSTÄBCHEN ABWECHSELND IN EINER REIHE. DAS SO ENTSTEHENDE GEWEBE IST, OBWOHL ES OFFEN IST, RECHT GRIFFIG.

Anfangsluftmaschenkette: Beliebige Maschenzahl + 3

Doppelstäbchen ins vordere und hintere Maschenglied abwechselnd häkeln:

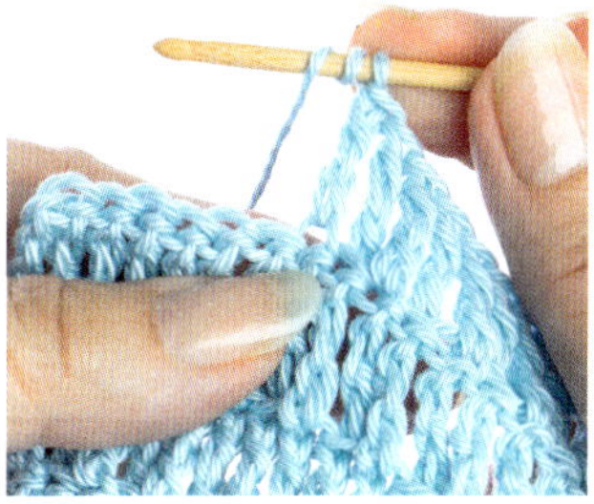

Schritt 1: Umschlag, 2 mal.

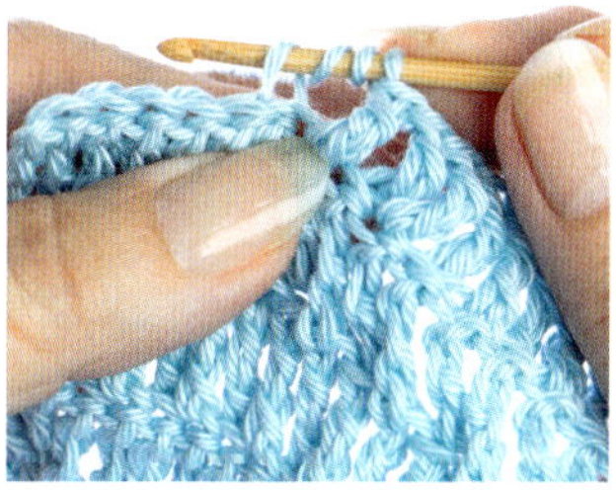

Schritt 2: Die Nadel in das hMg der nächsten M stechen.

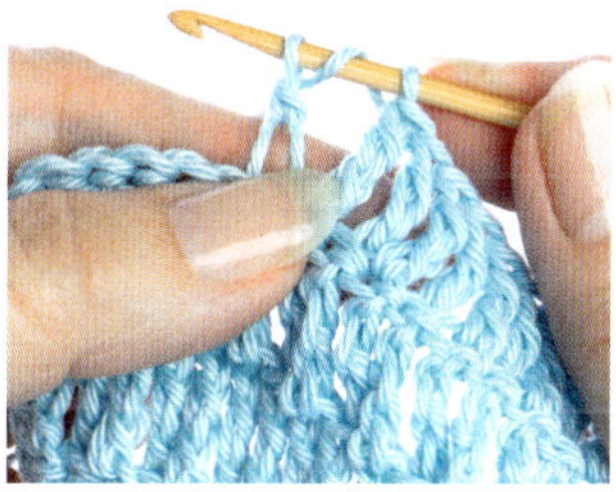

Schritt 3: Umschlag, das Garn durch 2 Schlingen ziehen.

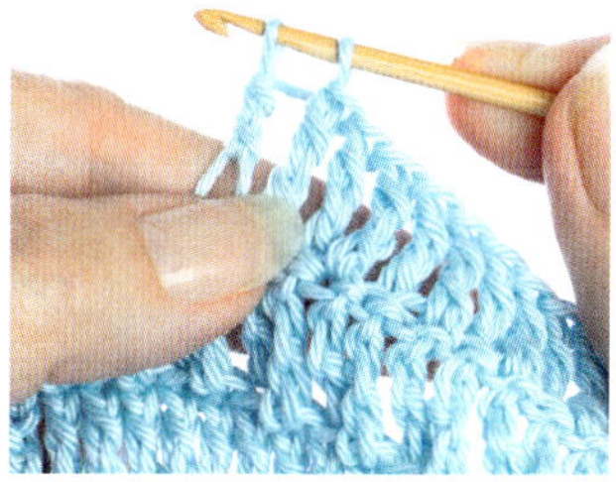

Schritt 4: Umschlag, das Garn durch 2 Schlingen ziehen.

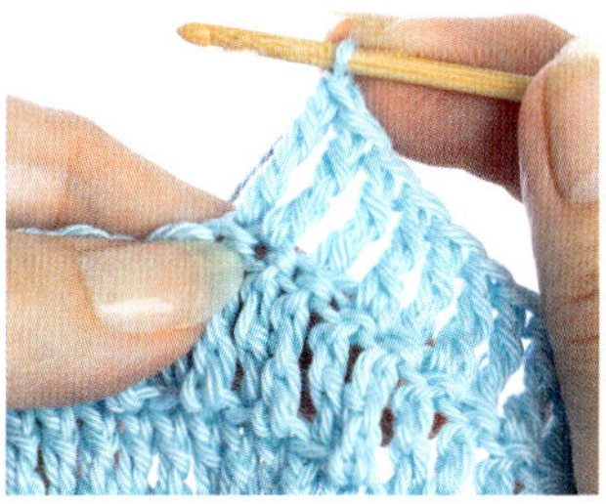

Schritt 5: Umschlag, das Garn durch die letzten 2 Schlingen ziehen. Schritt 1–5 wdh, dabei in Schritt 2 ins vMg häkeln.

Anleitung für das Muster aus Doppelstäbchen ins vordere und hintere Maschenglied abwechselnd:

Reihe 1: 1 DStb in die 5. Lm von der Nadel, je 1 DStb in jd Lm bis zum Ende der Reihe, wenden.

Reihe 2: 4 Lm (zählen als 1. Stb), 1 DStb in das hMg der nächsten M, 1 DStb in das vMg der nächsten M; wdh ab * bis zum Ende der R, dabei das letzte DStb in die Wm der Vorreihe häkeln, wenden.
Reihe 2 für das Muster wdh.

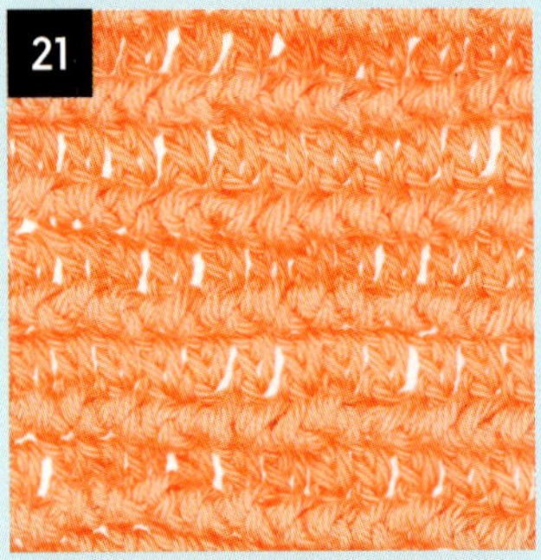
21

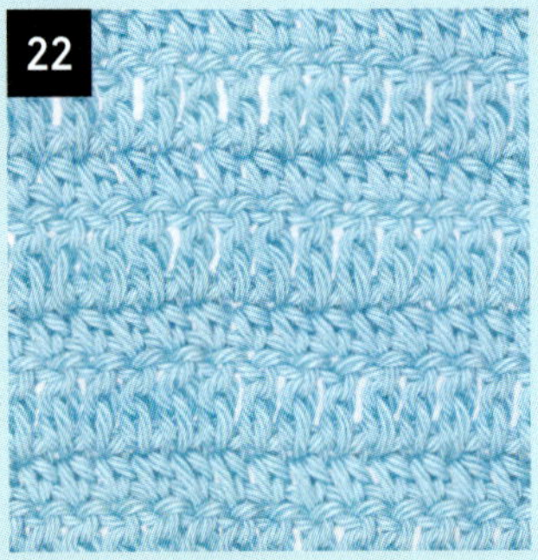
22

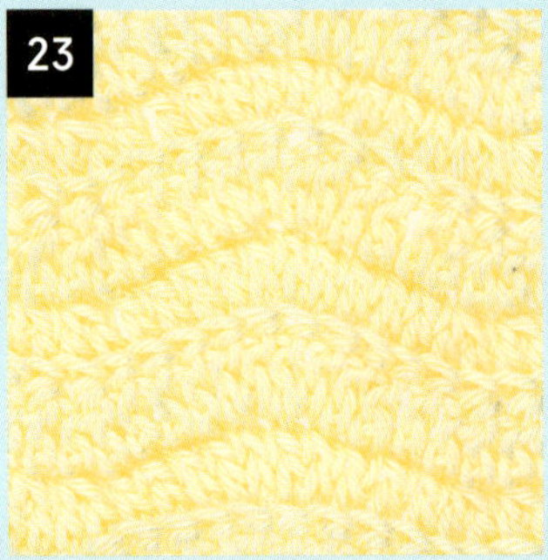
23

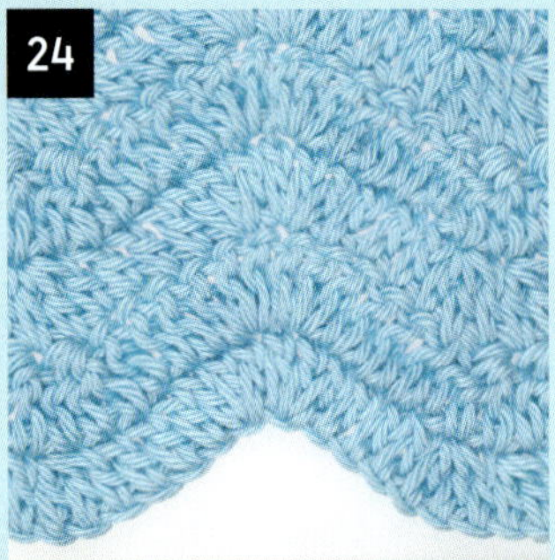
24

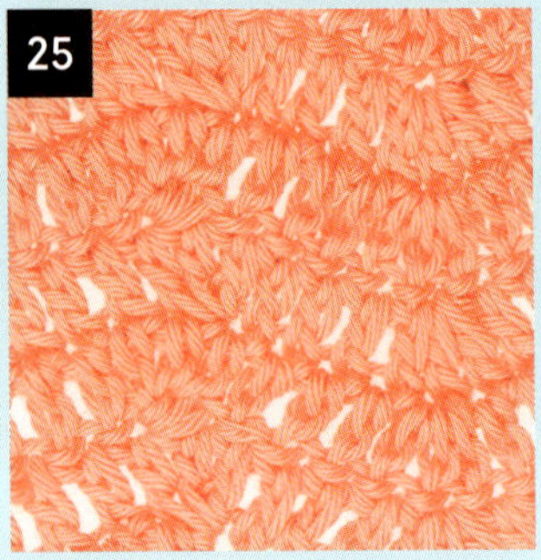
25

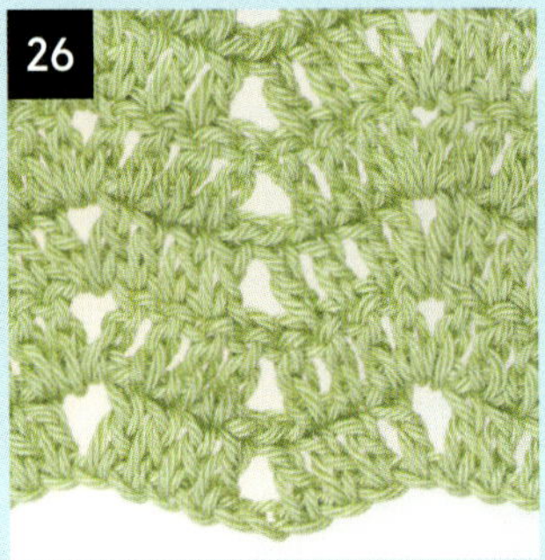
26

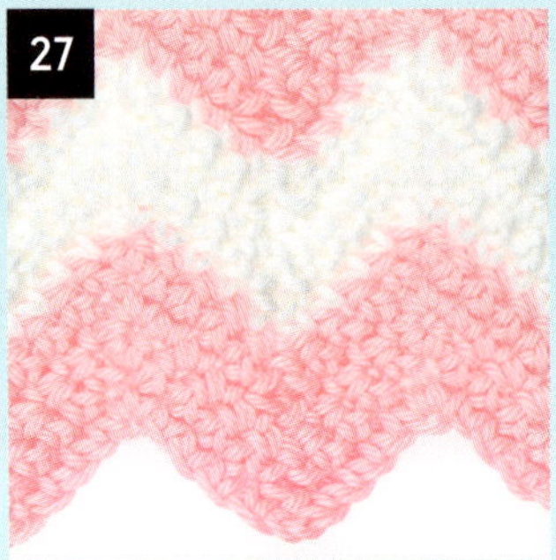
27

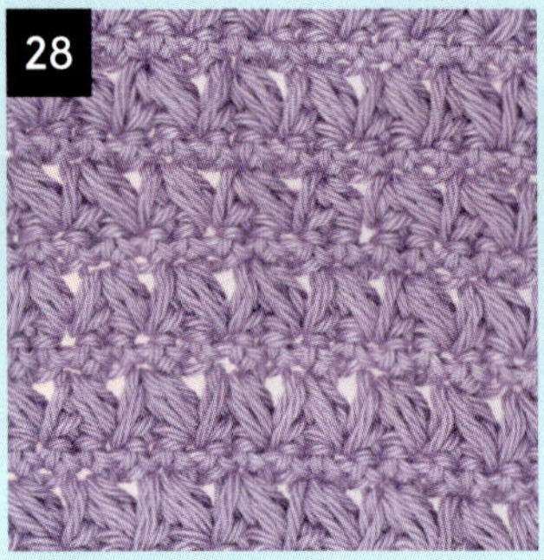
28

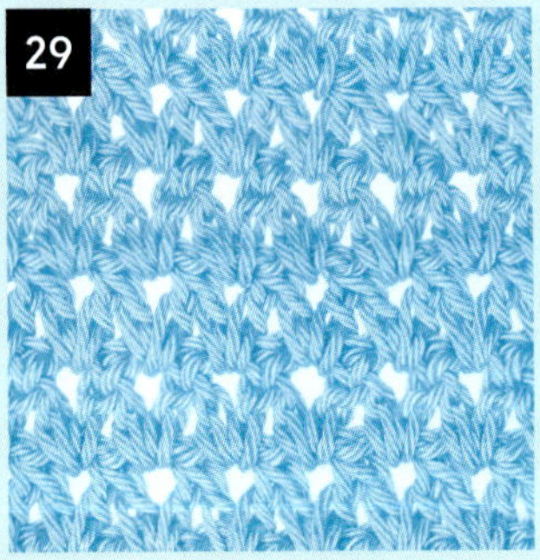
29

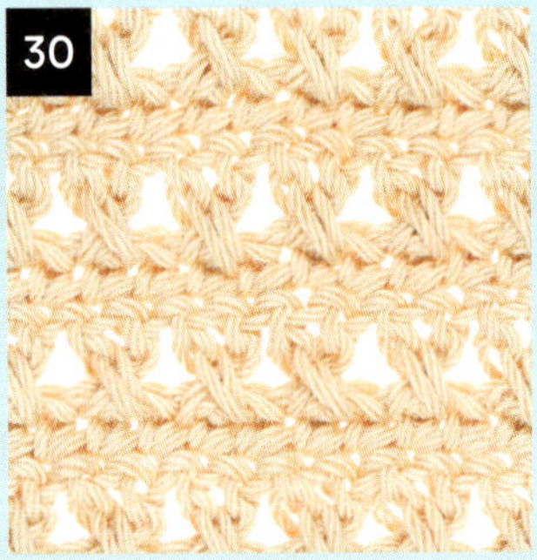
30

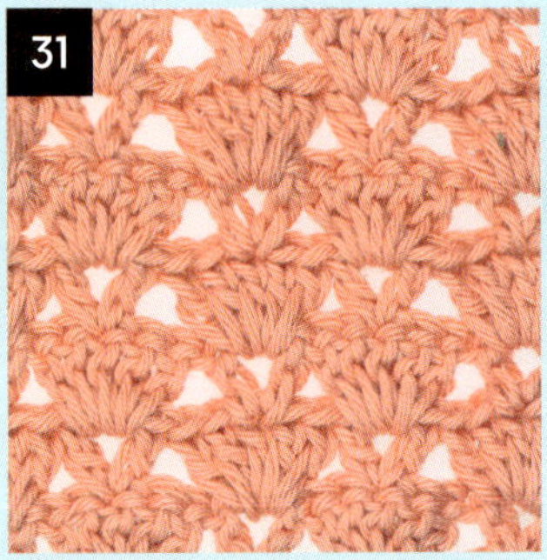
31

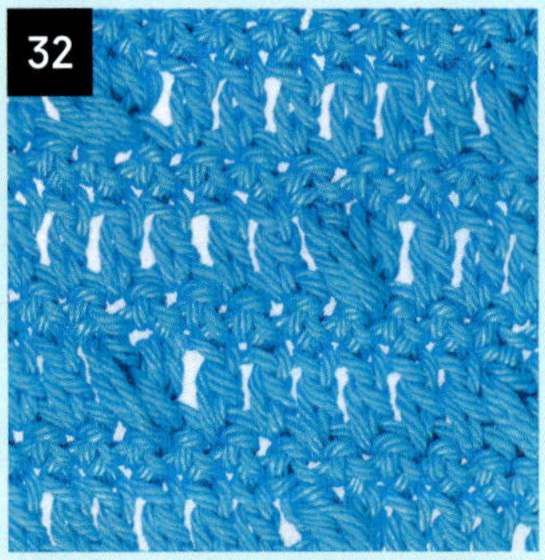
32

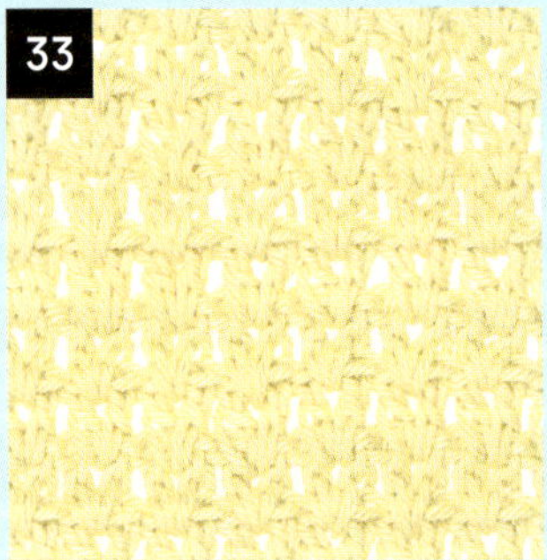
33

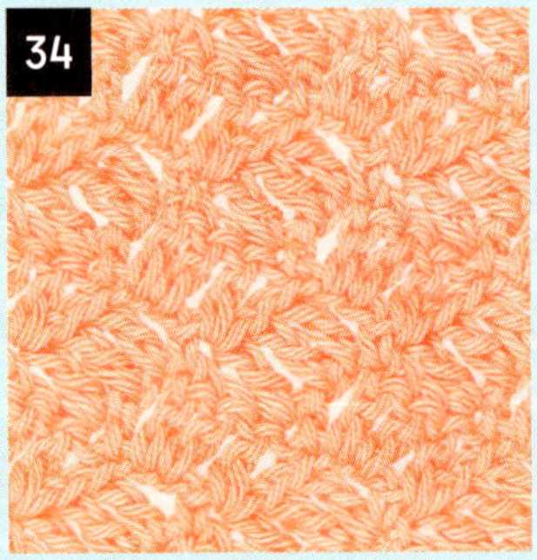
34

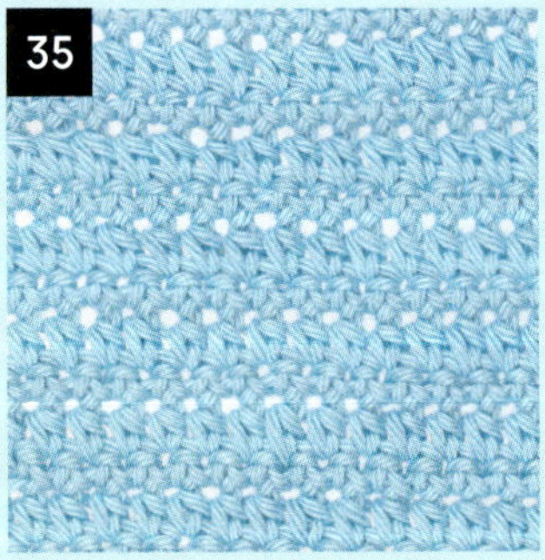
35

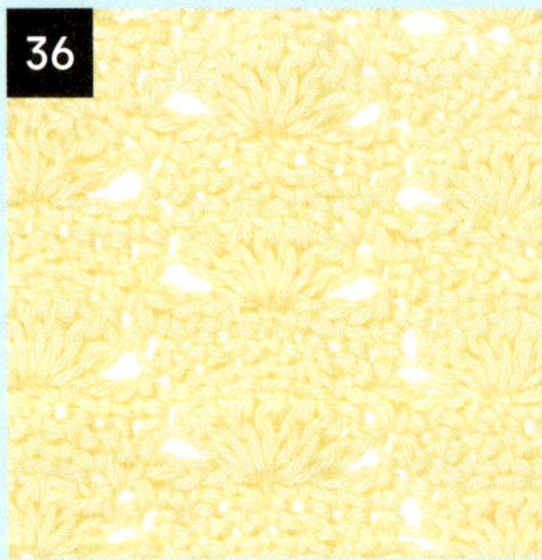
36

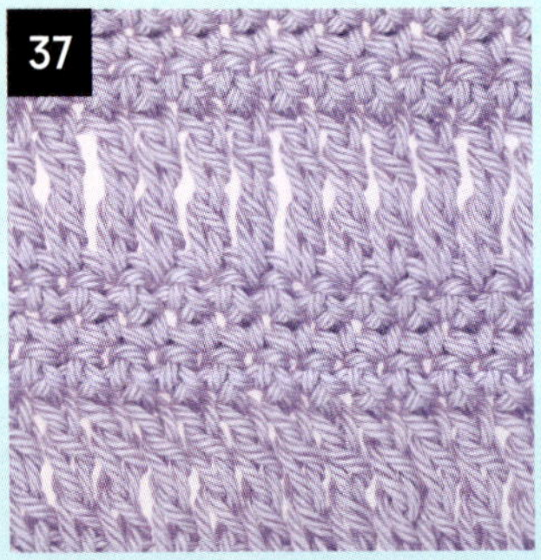
37

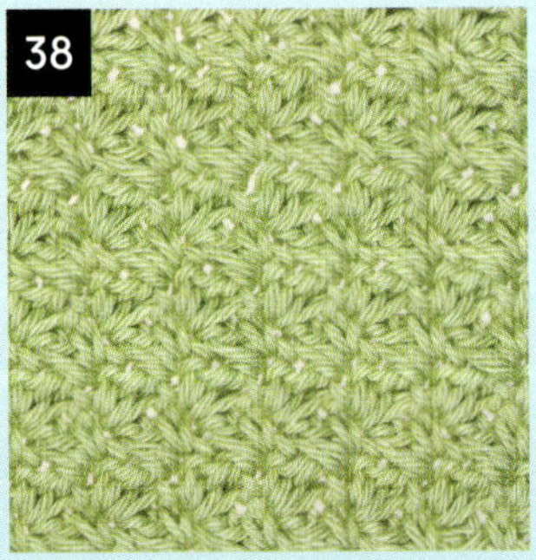
38

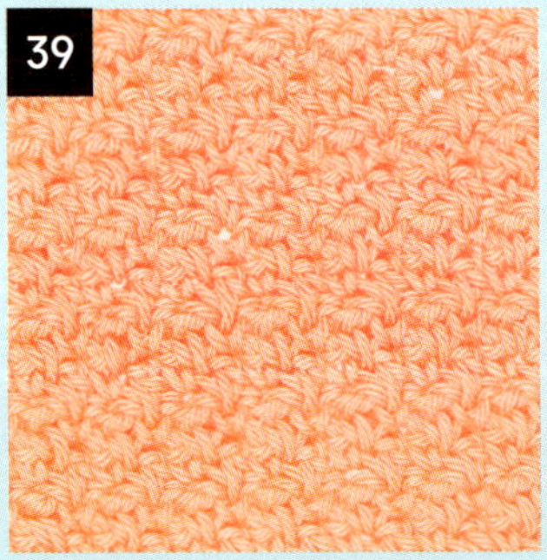
39

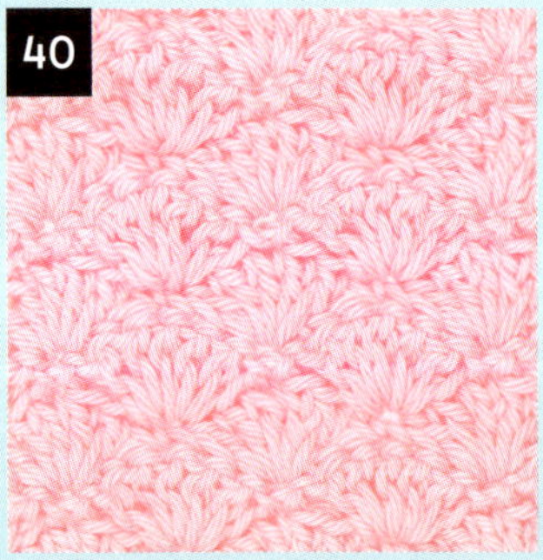
40

Strukturmuster

21

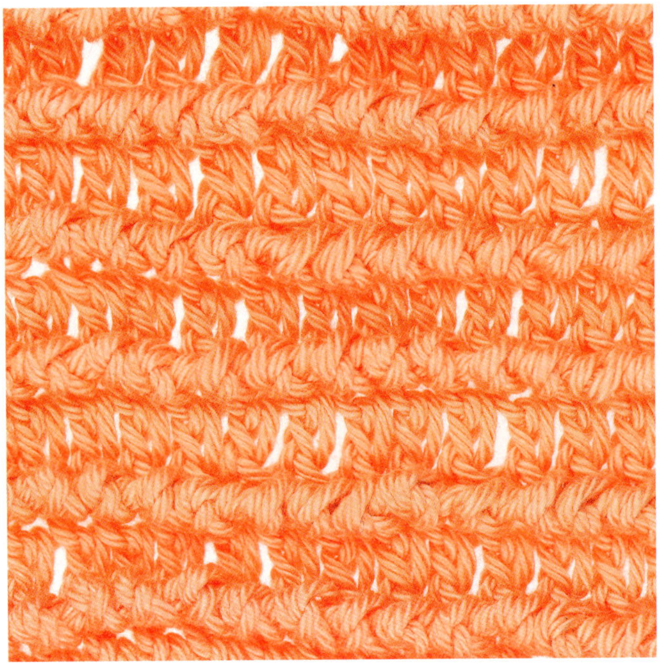

Rippenmuster aus Stäbchen

DIESES MUSTER KOMBINIERT REIHEN AUS STÄBCHEN UND FESTEN MASCHEN. SIE ARBEITEN JEDE REIHE MIT DER VORDERSEITE DES WERKSTÜCKS NACH OBEN. DAS ERGEBNIS IST EIN SAUBERES, GERIPPTES ERSCHEINUNGSBILD, DAS RECHT FEST IST UND BEI PULLOVERN ODER POLSTERBEZÜGEN GUT AUSSEHEN WÜRDE.

Anfangsluftmaschenkette: Beliebige Maschenzahl + 2

Anleitung für das Rippenmuster aus Stäbchen:

a

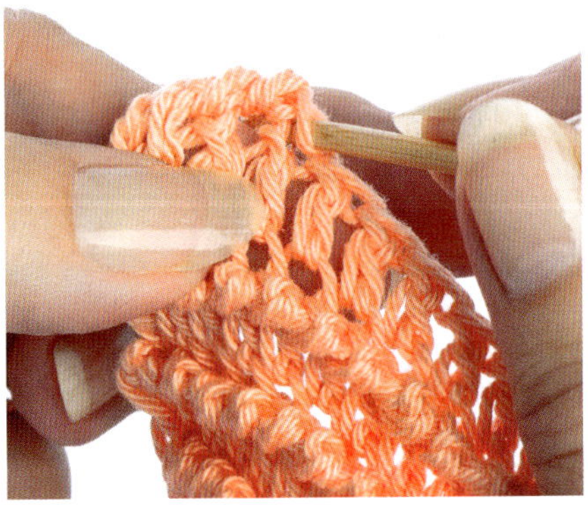

b

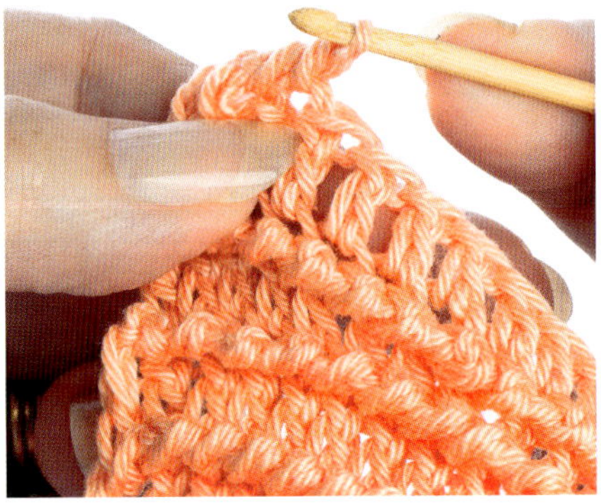

c

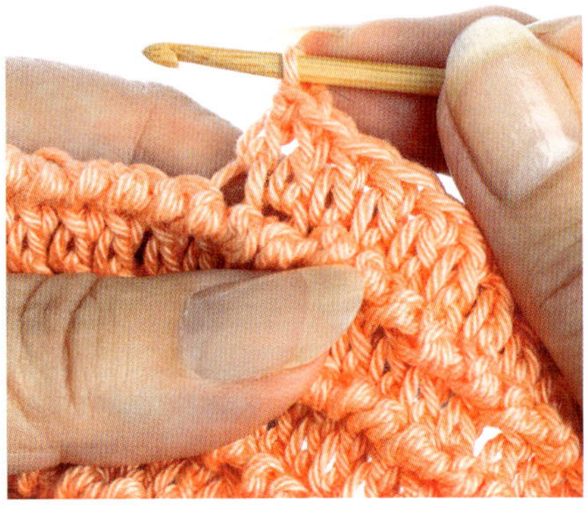

Reihe 1: 1 Stb in die 3. Lm von der Nadel, je 1 Stb in jd Lm bis zum Ende der R, nicht wenden.
Reihe 2: 1 Lm, * 1 fM ins vMg des nächsten, rechtsliegenden Stb; wdh ab *, dabei die letzte fM in die Wm der Vorrunde häkeln, nicht wenden. a b

Reihe 3: 3 Lm (zählen als 1 Stb), 1 M ausl, 1 Stb ins hMg der nächsten M und in jd weitere M aus der Vorreihe bis zum Ende der R, nicht wenden. c
Reihe 2–3 für das Muster wdh.

TIPP **Achten Sie darauf, dass Reihe 3 immer von links nach rechts gehäkelt wird, damit die Rippe entsteht.**

Webmuster

22

ABWECHSELNDE REIHEN AUS FESTEN MASCHEN UND STÄBCHEN WERDEN FÜR DIESES HÜBSCHE KLEINE MUSTER VERWENDET. ES BILDET EIN HORIZONTAL GERIPPTES GEWEBE, DAS ALS BABYDECKE, MÜTZE ODER SCHAL GUT WIRKEN WÜRDE.

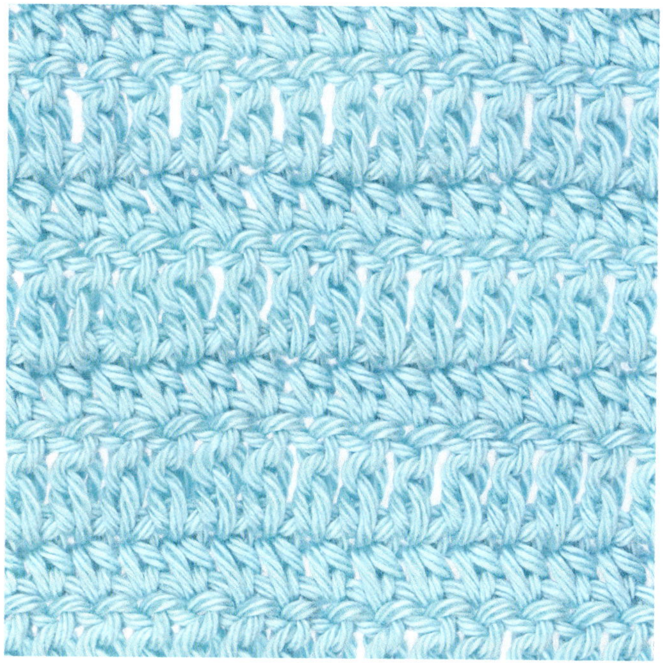

Anfangsluftmaschenkette: Beliebige Maschenzahl + 2

Anleitung für das Webmuster:

a

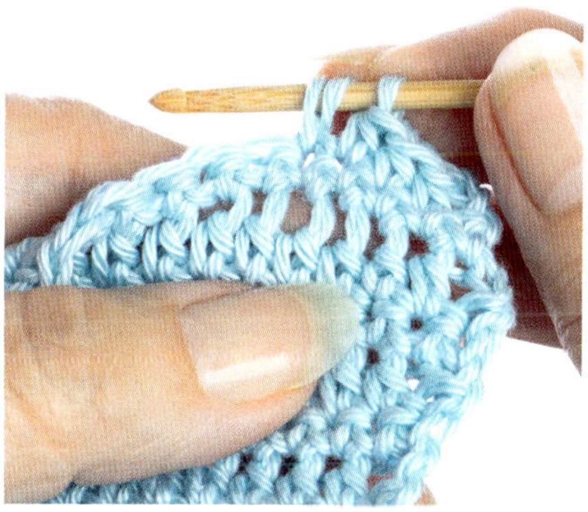

b

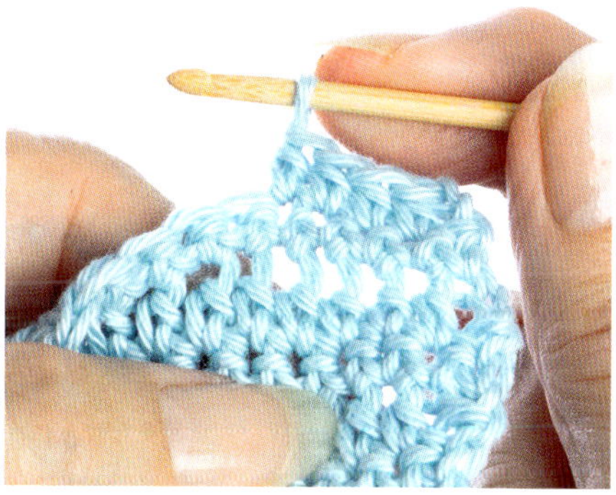

c

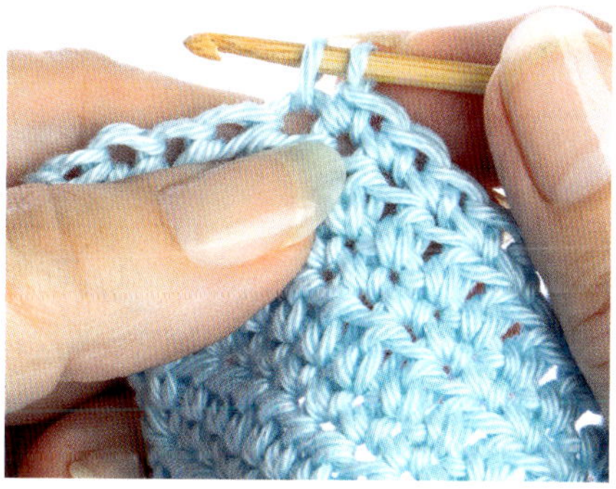

d

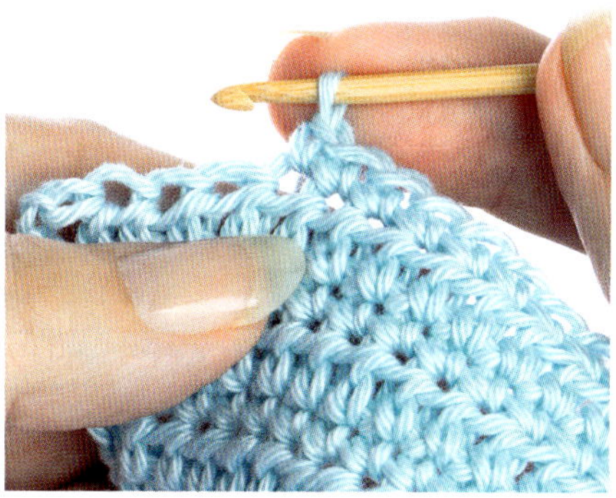

Reihe 1: 1 fM in die 2. Lm von der Nadel, je 1 fM in jede Lm bis zum Ende der Reihe, wenden.
Reihe 2: 2 Lm, je 1 Stb in jd fM bis zum Ende der Reihe, wenden. a b

Reihe 3: 1 Lm, 1 fM in jd Stb bis zum Ende der Reihe, wenden. c d
Reihe 2–3 für das Muster wdh.

23

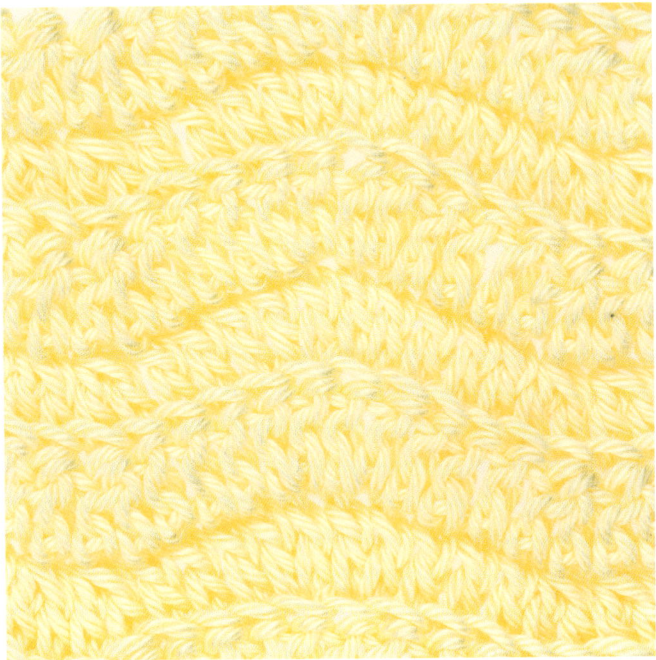

Chevronrippenmuster

CHEVRONMUSTER LASSEN SICH SEHR LEICHT HÄKELN; SIE WERDEN DURCH AB- UND ZUNAHMEN IN DERSELBEN REIHE GESTALTET, DIE ALLMÄHLICH AUF DIE RELEVANTEN MASCHEN VERTEILT IN JEDER REIHE GEHÄKELT WERDEN.

Anfangsluftmaschenkette: Vielfaches von 12 + 3

Anleitung für das Chevronrippenmuster:

a

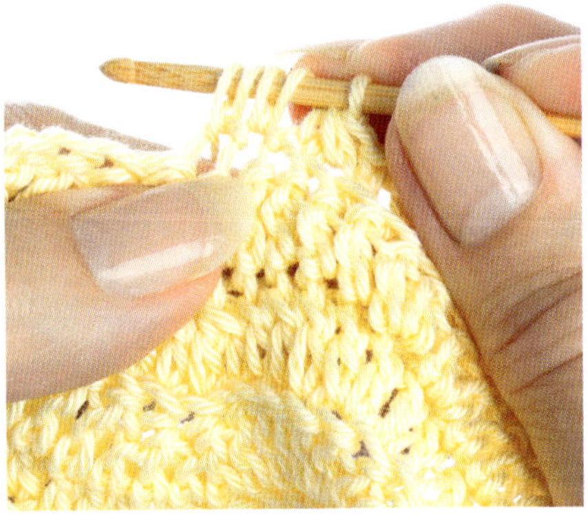

b

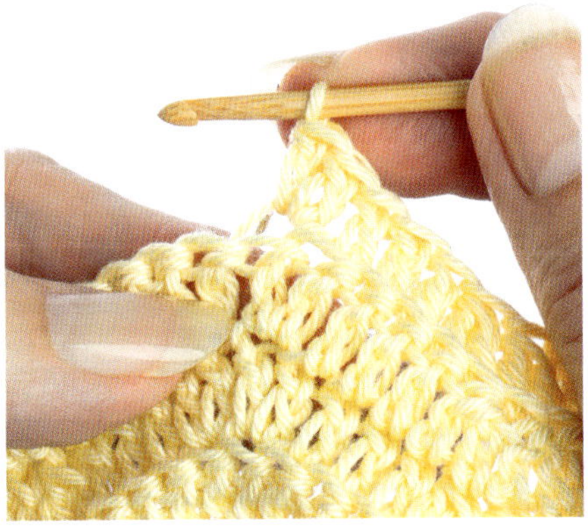

Reihe 1: 1 Stb in die 3. Lm von der Nadel (zählt als 1 Stb), 1 Stb in die nächste Lm, * je 1 Stb in jd der nächsten 3 Lm, (über die nächsten 2 Lm 2 Stb zus häkeln) 2-mal, je 1 Stb in jd der nächsten 3 Lm, (2 Stb in die nächste Lm) 2-mal; wdh ab *, dabei die letzte Wdh mit 2 Stb nur 1-mal in die letzte Lm, wenden. a b

Reihe 2: 3 Lm (zählen als 1 Stb), 1 Stb in die 1. M, immer nur in die hMg häkeln und * je 1 Stb in jd der nächsten 3 M, (über die nächsten 2 M 2 Stb zus häkeln) 2-mal; je 1 Stb in jd der nächsten 3 M, (2 Stb in die nächste M) 2-mal; wdh ab * und die letzte Wdh mit 2 Stb nur 1-mal in die letzte Lm der Vorreihe beenden, wenden.
Reihe 2 für das Muster wdh.

TIPP **Überprüfen Sie regelmäßig, dass Ihre Zu- und Abnahmen in jeder Reihe übereinstimmen und Ihre Maschenanzahl konstant bleibt.**

Starkes Chevronmuster

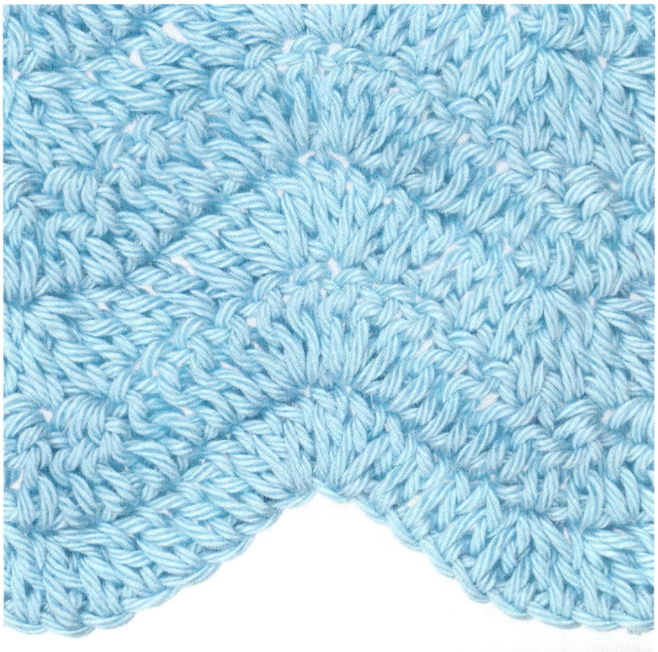

24

DIESE VARIANTE DES CHEVRONMUSTERS GLÄNZT DURCH EINE AUSGEPRÄGTERE SPITZE. AB- UND ZUNAHMEN WERDEN IMMER ÜBEREINANDER GEHÄKELT, WODURCH DIESE ENTSTEHT. STREIFEN IN ABSTUFENDEN FARBEN LASSEN EINEN HÜBSCHEN EFFEKT ENTSTEHEN.

Anfangsluftmaschenkette: Vielfaches von 14 M + 2
Spezielle Abkürzungen: 3 Stb zus häkeln (U, Nadel in die nächste Lm/M stechen, U, Garn durchziehen, U, durch 2 Schlingen auf der Nadel ziehen), 2-mal wdh, U und Garn durch alle Schlingen auf der Nadel ziehen.

Anleitung für das starke Chevronmuster:

a

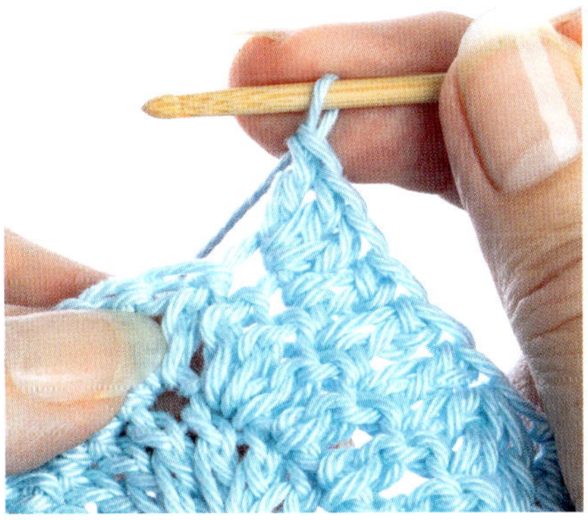

b

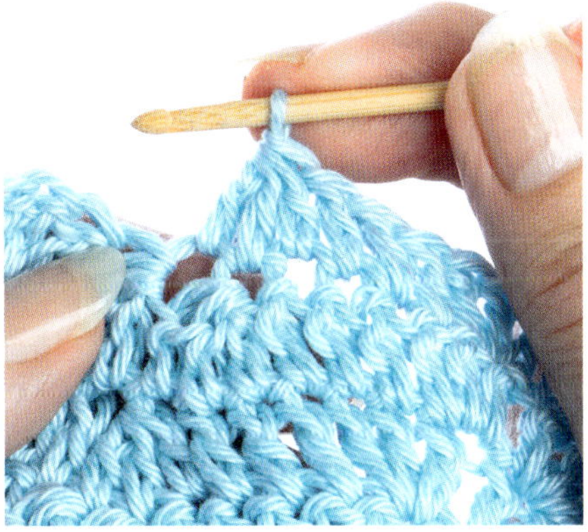

Reihe 1: 2 Stb in die 3. Lm von der Nadel, * je 1 Stb in jd der nächsten 3 Lm, (3 Stb zus häkeln über die nächsten 3 Lm) 2-mal, je 1 Stb in jd der nächsten 3 Lm, (3 Stb in die nächste Lm) 2-mal; wdh ab *, dabei die letzte Wdh mit 3 Stb in der letzten Lm enden lassen, wenden.

Reihe 2: 3 Lm (zählen als 1 Stb), 2 Stb in die 1. M, * je 1 Stb in jd der nächsten 3 M, (3 Stb zus häkeln über die nächsten 3 M) 2-mal, je 1 Stb in jd der nächsten 3 M, (3 Stb in die nächste M) 2-mal; wdh ab *, dabei die letzte Wdh mit 3 Stb auf die Wm beenden, wenden. **a** **b**
Reihe 2 für das Muster wdh.

TIPP **Wenn Sie dieses Muster mit bunten Streifen häkeln möchten, müssen Sie eine gerade Reihenanzahl häkeln. So können Sie Garne, die nicht in Verwendung sind, ordentlich entlang des Randes mitführen.**

25

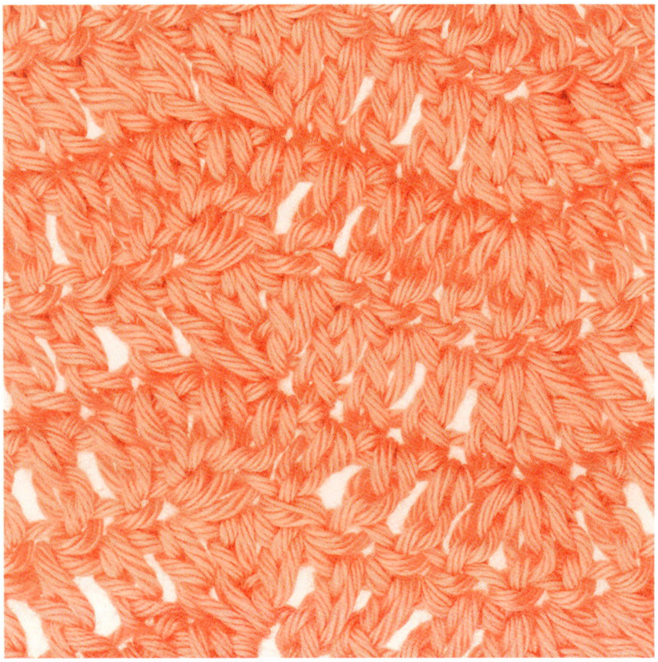

Leichtes Chevronmuster

DIES IST EINE WEITERE VARIANTE DES CHEVRONMUSTERS. DIESMAL ERHÄLT DAS WERKSTÜCK WENIGER AUSGEPRÄGTE SPITZEN, EHER EINE SANFTE KURVE. DAFÜR BEDIENT ES SICH EINER ÄHNLICHEN ART DES AB- UND ZUNEHMENS.

Anfangsluftmaschenkette: Vielfaches von 10 M + 3
Spezielle Abkürzungen: 3 Stb zu häkeln (U, Nadel in die nächste Lm oder M stechen, U und Garn durchziehen, U und durch 2 Schlingen auf der Nadel ziehen), 2-mal wdh, U und Garn durch alle Schlingen auf der Nadel ziehen.

Anleitung für das leichte Chevronmuster:

a

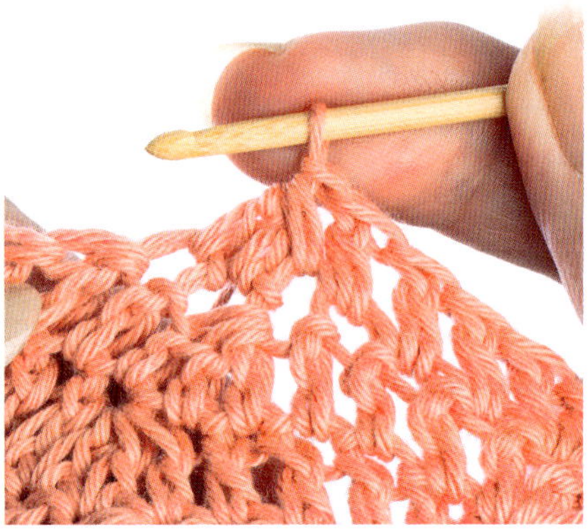

b

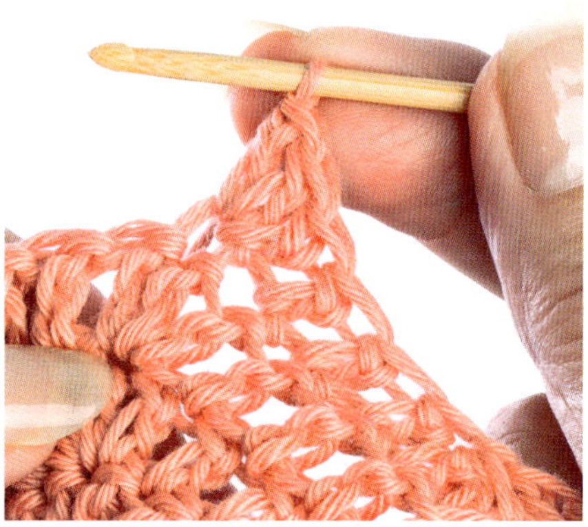

Reihe 1: 1 Stb in die 3. Lm von der Nadel * je 1 Stb in jd der nächsten 3 Lm, 3 Stb zus häkeln über die nächsten 3 Lm, je 1 Stb in jd der nächsten 3 Lm, 3 Stb in die nächste Lm; wdh ab *, dabei die letzte Wdh mit 2 Stb in der letzten Lm enden lassen, wenden.

Reihe 2: 3 Lm (zählen als 1 Stb), 1 Stb in die 1. M, * je 1 Stb in jd der nächsten 3 Stb, 3 Stb zus häkeln über die nächsten 3 M, je 1 Stb in jd der nächsten 3 Stb, 3 Stb in das nächste Stb; wdh ab *, dabei die letzte Wdh mit 2 Stb auf die Wm der Vorreihe beenden, wenden.
a b
Reihe 2 für das Muster wdh.

TIPP Überprüfen Sie Ihre Maschenzahl in regelmäßigen Abständen, um sicherzugehen, dass Sie die Kanten gerade halten.

Lochmuster mit Chevronoptik

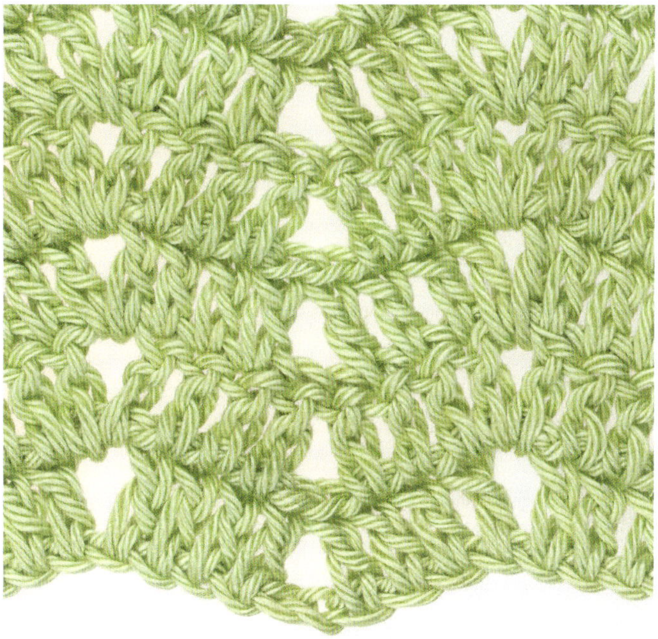

26

DIESES CHEVRONMUSTER UNTERSCHEIDET SICH VON DEN ANDEREN DURCH SEINE LÖCHER, DIE ES OFFENER UND WENIGER DICHT WIRKEN LASSEN. AUCH DIE ZU- UND ABNAHMEN SIND EIN BISSCHEN ANDERS. DAS MUSTER IST FÜR PULLOVER ODER OBERTEILE EBENSO GEEIGNET WIE FÜR EIN BABYTUCH AUS FEINEREM GARN.

Anfangsluftmaschenkette: Vielfaches von 10 M + 2

Anleitung für das Lochmuster mit Chevronoptik:

a

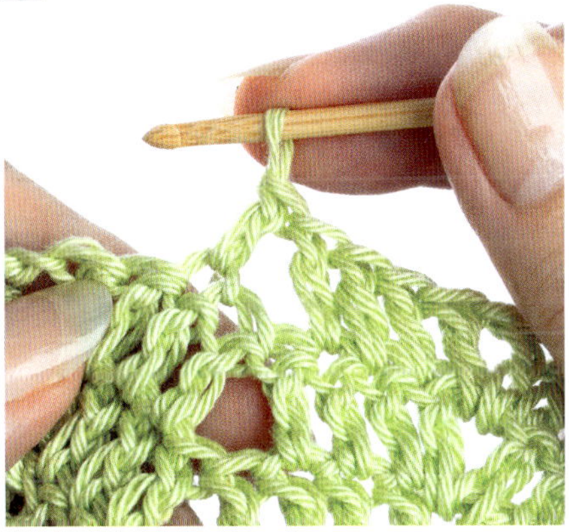

b

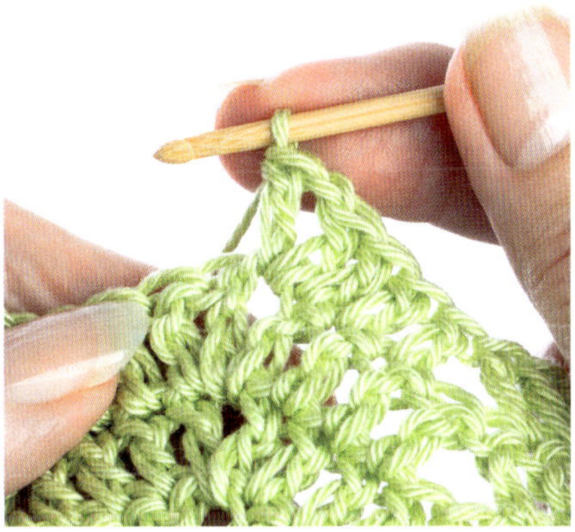

Reihe 1: 1 Stb in die 3. Lm von der Nadel, je 1 Stb in jd der nächsten 4 Lm, * 2 Lm ausl, je 1 Stb in jd der nächsten 4 Lm, 2 Lm, je 1 Stb in jd der nächsten 4 Lm; wdh ab * bis zu den letzten 6 M, 2 Lm ausl, je 1 Stb in jd der nächsten 3 Lm, 2 Stb in die letzte Lm, wenden.

Reihe 2: 3 Lm (zählen als 1. Stb), 1 Stb in die 1. M, je 1 Stb in jd der nächsten 3 M, * 2 M ausl, je 1 Stb in jd der nächsten 3 M, (1 Stb, 2 Lm, 1 Stb) in den Lm-Bg aus 2 Lm, je 1 Stb in jd der nächsten 3 M; wdh ab * bis zu den letzten 6 M, 2 M ausl, je 1 Stb in jd der nächsten 3 M, 2 Stb in die Wm aus der Vorreihe, wenden. a b
Reihe 2 für das Muster wdh.

TIPP **Achten Sie darauf, nur die angegebenen Maschen auszulassen, damit Ihre Maschenzahl gleichbleibt.**

27

Zickzackmuster

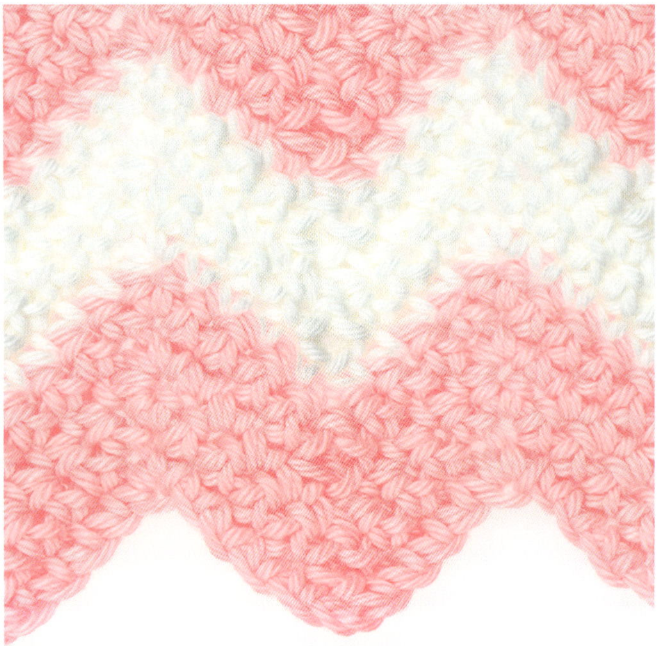

FESTE MASCHEN WERDEN VERWENDET, UM DIESES ZICKZACKMUSTER ZU HÄKELN. ES WIRD GRUNDSÄTZLICH GLEICH GEARBEITET WIE DIE CHEVRONMUSTER, NÄMLICH MIT DER ZU- UND ABNAHME VON MASCHEN, UM SPITZEN ZU FORMEN. DAS GEWEBE DES WERKSTÜCKS WIRD DICHT UND RECHT FEST UND BIETET SICH DAHER BESONDERS GUT FÜR POLSTERBEZÜGE AN.

Anfangsluftmaschenkette: Vielfaches von 11 M + 2

Anleitung für das Zickzackmuster:

a

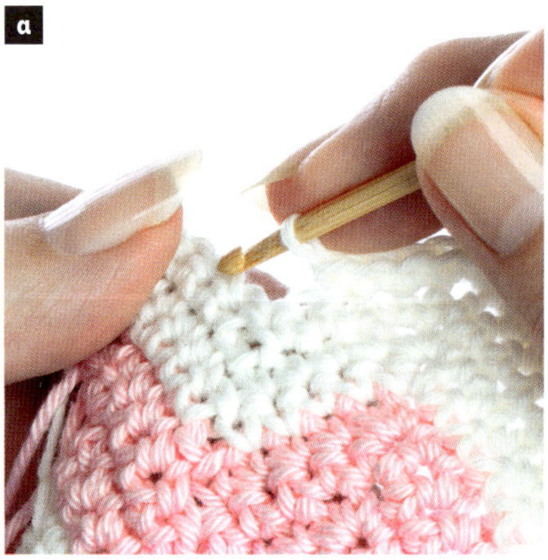

b

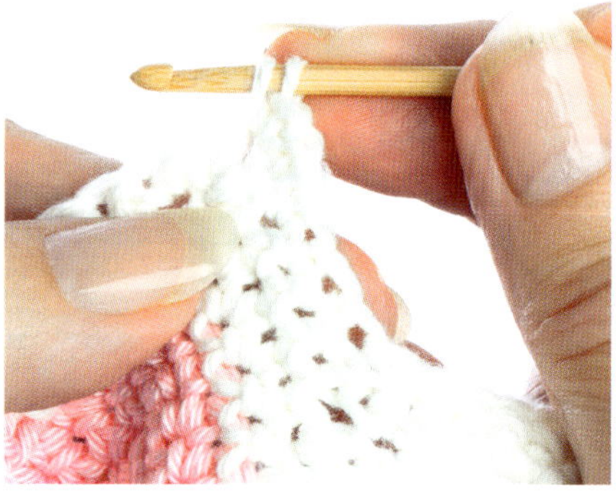

Um den gestreiften Effekt zu erhalten, häkeln Sie durchgehend 4 Reihen in Farbe A und 4 Reihen in Farbe B.

Reihe 1: 1 fM in die 2. Lm von der Nadel, * je 1 fM in jd der nächsten 4 Lm, 2 Lm ausl, je 1 fM in jd der nächsten 4 Lm, 3 fM in die nächste Lm; wdh ab *, bei der letzten Wdh 2 fM in die letzte Lm, wenden.

Reihe 2: 1 Lm, 2 fM in die 1. M, * je 1 fM in jd der nächsten 4 M, 2 M ausl, je 1 fM in jd der nächsten 4 M, 3 fM in die nächste M; wdh ab * und die letzte Wdh mit 2 fM in die letzte M beenden, wenden. a b

Reihe 2 für das Muster wdh.

TIPP **Überprüfen Sie Ihre Maschenzahl in regelmäßigen Abständen, um die Spitzen des Zickzackmusters beizubehalten.**

28

Büschel-maschenmix

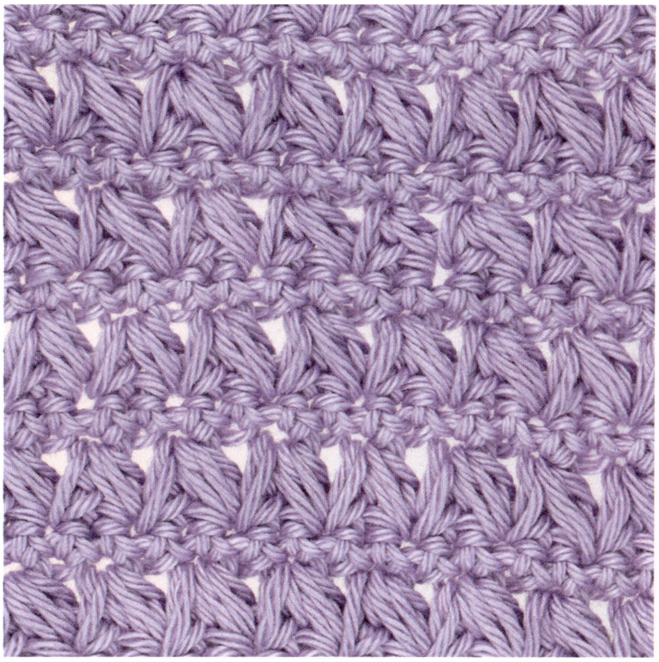

DIESES HÜBSCHE MUSTER KOMBINIERT ABWECHSELND REIHEN AUS FESTEN MASCHEN UND BÜSCHELMASCHEN AUS HALBEN STÄBCHEN MITEINANDER. DAS SO ENTSTEHENDE GEWEBE IST RECHT FEST UND DICHT. MIT EINEM FEINEN GARN GEHÄKELT, ERGIBT ES SCHÖNE OBERTEILE UND PULLOVER.

Anfangsluftmaschenkette: Vielfaches von 2 M + 2
Spezielle Abkürzung: Bm = U, Nadel in die 1. M einstechen, U und Garn durchziehen, U und durch 2 Schlingen ziehen, 1 M ausl, (U, Nadel in die nächste M stechen, U, Schlinge durchziehen) 2-mal in dieselbe M (6 Schlingen auf der Nadel), U, Garn durch alle Schlingen auf der Nadel ziehen.

Anleitung für den Büschelmaschenmix:

a

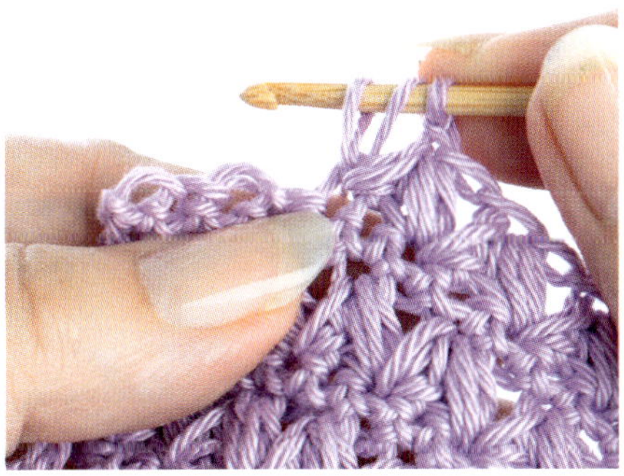

b

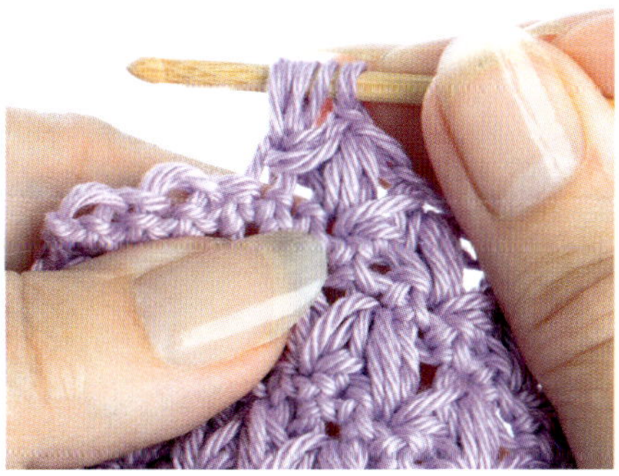

c

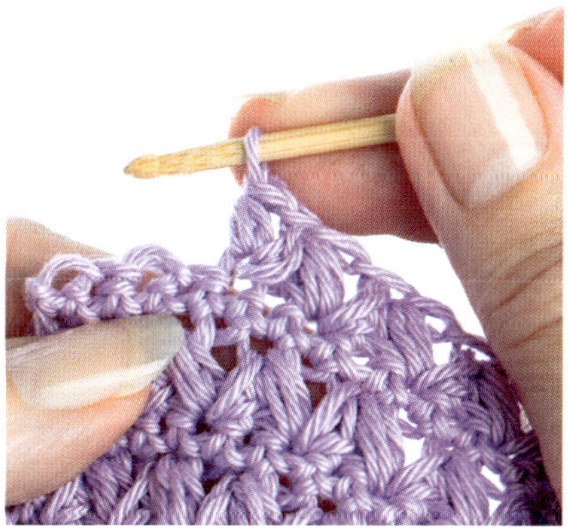

Reihe 1 (RS): 1 fM in die 2. Lm von der Nadel, je 1 fM in jd Lm bis zum Ende der Reihe, wenden.
Reihe 2: 2 Lm (zählen als 1 hStb), 1 Bm häkeln und dabei die Nadel in die 1. und die 3. M stechen, * 1 Lm, 1 Bm mit der Nadel in derselben M wie zuvor; wdh ab *, dabei die letzte Wdh in der Wm enden lassen, 1 hStb in dieselbe Stelle, wenden. a b c
Reihe 3: 1 Lm, je 1 fM bis zum Ende der Reihe, wenden.
Reihe 2–3 für das Muster wdh.

29

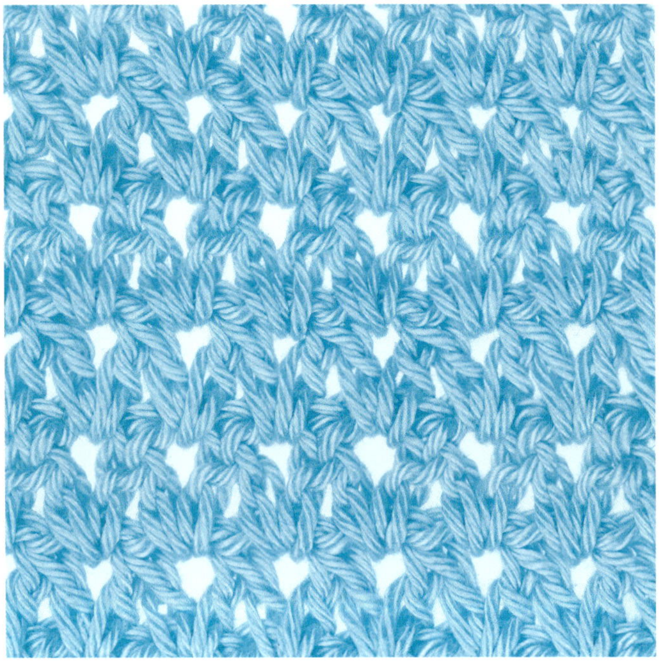

Lockere halbe Büschelstäbchen

DIES IST EIN WEITERES MUSTER, DAS EINE MASCHENGRUPPE BEINHALTET, DIE IN DIESELBE MASCHE GEHÄKELT WIRD. DIE STRUKTUR DES WERKSTÜCKS IST WENIGER FEST UND LEICHTER.

Anfangsluftmaschenkette: Vielfaches von 2 M + 1
Spezielle Abkürzung: 2 hStb zus häkeln = U, Nadel in dieselbe M oder denselben Lm-Bg wie zuvor einstechen, U und Garn durchziehen, U und die Nadel in die nächste angegebene M stechen, U und Garn durchziehen, U und das Garn durch alle Schlingen auf der Nadel ziehen.

Anleitung für das Muster aus lockeren halben Büschelstäbchen:

a

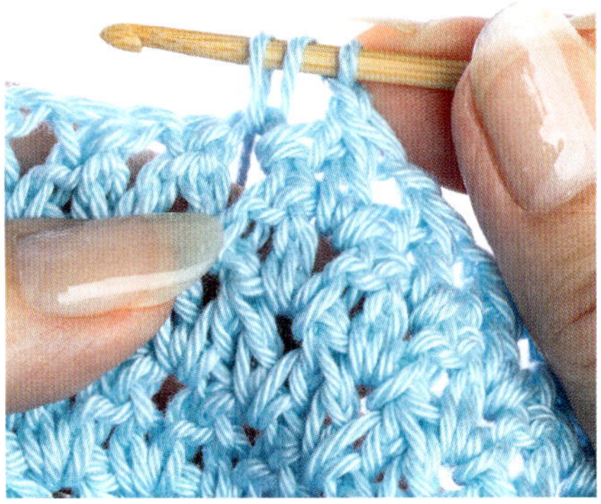

b

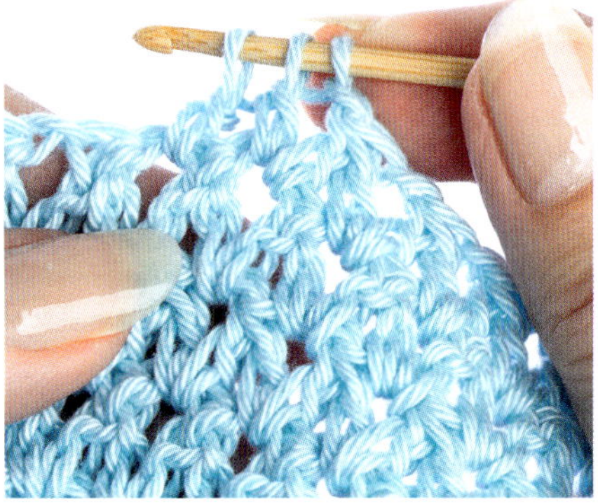

c

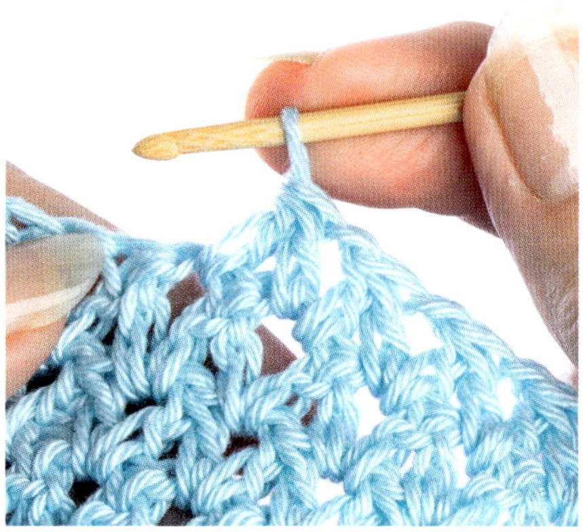

Reihe 1: Die ersten 2 Lm ausl, * 2 hStb zus häkeln, dabei die Nadel in jd der nächsten 2 Lm stechen, 1 Lm; wdh ab * und mit 1 hStb in die letzte Lm enden, wenden.
Reihe 2: 2 Lm (zählen als 1 hStb), 1 M ausl, * 2 hStb zus häkeln, dabei in jd der nächsten Lm-Bg aus 1 Lm stechen, 1 Lm; das Häkeln der 2 hStb zus häkeln ab * wdh und dabei die Nadel zuerst in den vorigen Lm-Bg und dann in den nächsten Lm-Bg stechen, 1 Lm, mit 1 hStb in die Wm der Vorreihe enden, wenden. a b c
Reihe 2 für das Muster wdh.

TIPP Überprüfen Sie Ihre Maschenzahl in regelmäßigen Abständen, um sicherzugehen, dass Sie die Kanten gerade halten.

Gekreuzte Stäbchen

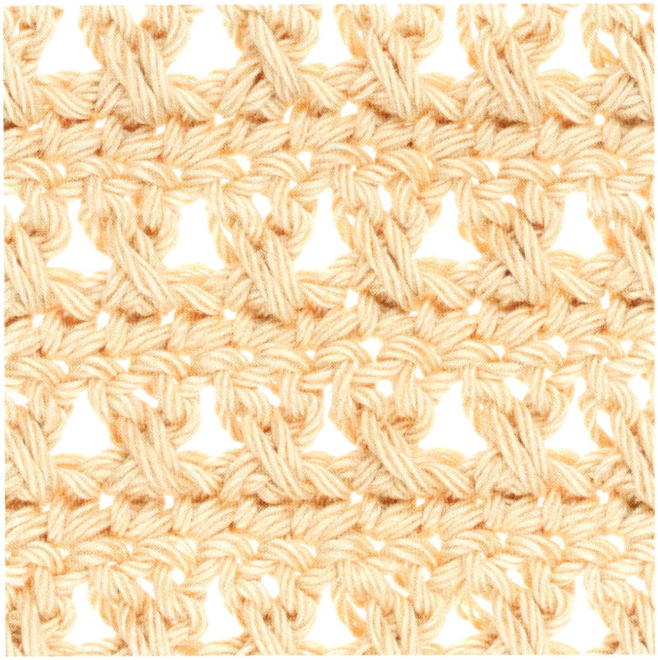

30

FÜR DIESES ATTRAKTIVE MUSTER WERDEN REIHEN AUS ÜBERKREUZTEN STÄBCHEN MIT FESTEN MASCHEN KOMBINIERT. SO ENTSTEHT EIN HÜBSCHES LACE-MUSTER FÜR PULLOVER, BABYKLEIDUNG UND DECKEN.

Anfangsluftmaschenkette: Vielfaches von 2 M + 2
Spezielle Abkürzung: 2 XStb (überkreuzte Stäbchen) = Die nächste M ausl, 1 Stb in die nächste M, 1 Stb in die ausgelassene M, dabei über das soeben gehäkelte Stb häkeln.

Anleitung für das Muster aus gekreuzten Stäbchen:

a

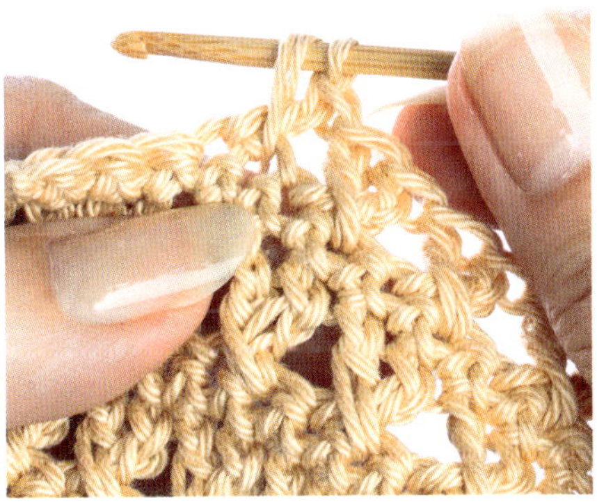

b

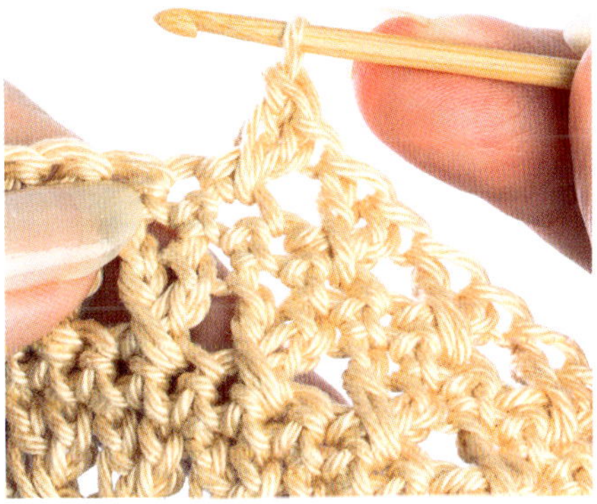

Reihe 1: 1 fM in die 2. Lm von der Nadel, je 1 fM in jd Lm bis zum Ende der Reihe, wenden.
Reihe 2: 3 Lm (zählen als 1 Stb), die 1. M ausl, * 1 XStb über die nächsten 2 fM, wdh ab * bis zur letzten M, 1 Stb in die letzte M, wenden. a b
Reihe 1–2 für das Muster wdh.

TIPP **Überprüfen Sie Ihre Arbeit in regelmäßigen Abständen, um sicherzugehen, dass die überkreuzten V-Stäbchen richtig ausgerichtet sind.**

31

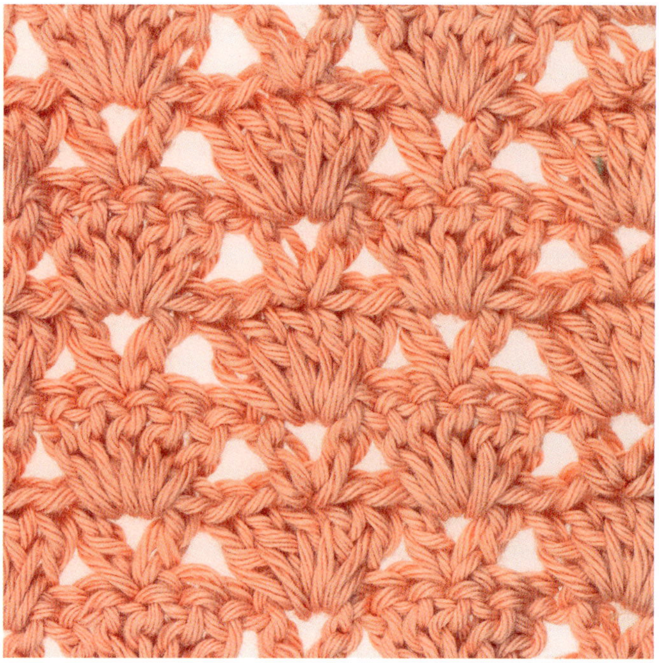

Muschelmuster mit V

DIESES HÜBSCHE MUSTER ERGIBT EINE SPITZENARTIGE, JEDOCH FESTE STRUKTUR. ES VERBINDET EINANDER ABWECHSELNDE MUSCHELN UND KLEINE V-MASCHEN MITEINANDER. BABYKLEIDUNG, TOPS IN SPITZENOPTIK UND DECKEN SEHEN ALLESAMT HERVORRAGEND IN DIESEM MUSTER AUS.

Anfangsluftmaschenkette: Vielfaches von 8 M + 3

Anleitung für das Muschelmuster mit V:

a

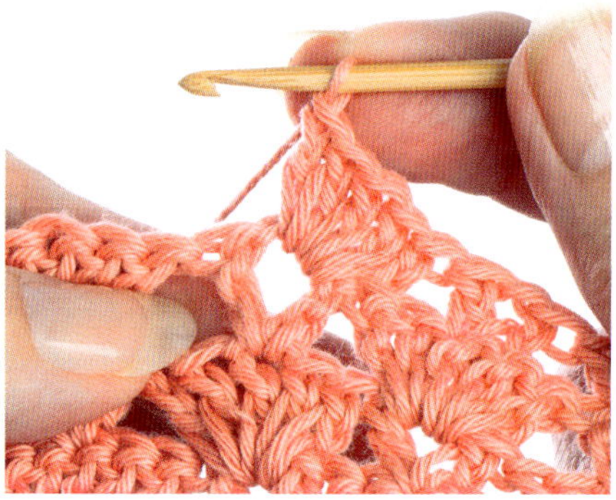

b

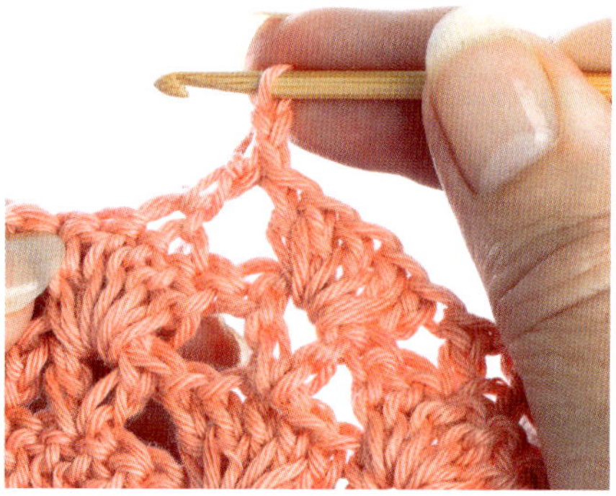

c

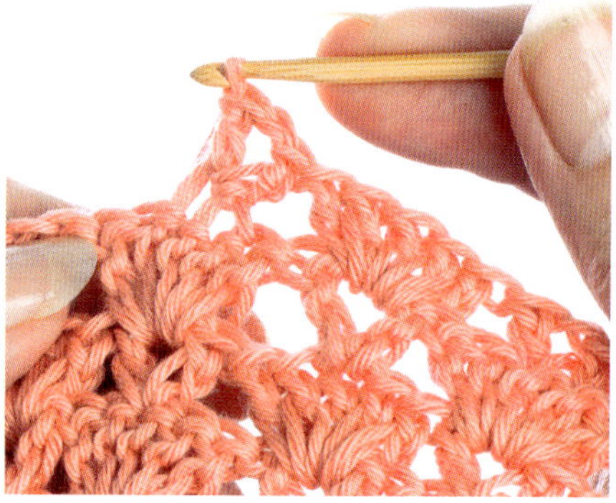

Reihe 1 (VS): 1 Stb in die 3. Lm von der Nadel, 2 Stb in die nächste Lm, * 3 Lm ausl, 1 V (1 Stb, 1 Lm, 1 Stb) in die nächste Lm, 3 Lm ausl, ** 5 Stb in die nächste Lm; wdh ab * und die letzte Wdh bei ** beenden, 3 Stb in die letzte Lm, wenden.

Reihe 2: 3 Lm (zählen als 1 Stb), 1 Stb in die 1. M, * 5 Stb in den Lm-Bg des nächsten V, ** V in das 3. der nächsten 5 Stb; wdh ab * und die letzte Wdh bei ** beenden, 2 Stb in die Wm aus der Vorrunde, wenden. a b c

Reihe 3: 3 Lm, 2 Stb in die Lücke des V, * V in das 3. der 5 Stb, ** 5 Stb in die mittlere Lücke des nächsten V; wdh ab *, dabei die letzte Wdh bei ** beenden, 2 Stb in die letzte Lücke, 1 Stb in die Wm, wenden.

Reihe 2–3 für das Muster wdh.

TIPP Häkeln Sie das V immer in die mittlere Masche der 5 Stb, um die Gleichmäßigkeit des Musters beizubehalten.

32

Gekreuzte Büschelmaschen

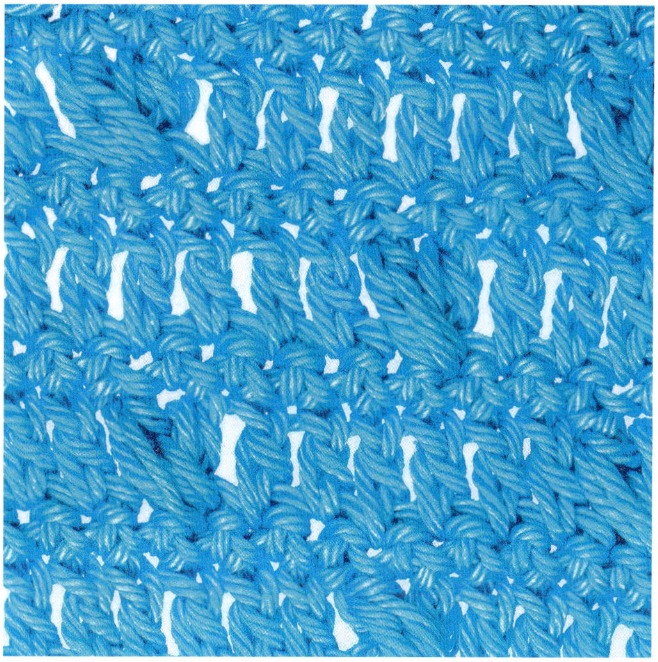

ERHABENE MASCHENGRUPPEN AUF GLATTEM HINTERGRUND SORGEN FÜR EINE HÜBSCHE, FESTE STRUKTUR, DIE SICH FÜR PÖLSTER UND DECKEN EIGNET.

Anfangsluftmaschenkette: Vielfaches von 8 M + 5
Spezielle Abkürzung: XBm (gekreuzte Büschelmasche) = 1 M ausl, * (U, die Nadel in die nächste M stechen, U, Schlinge durchziehen) 2-mal, U und Garn durch alle 5 Schlingen auf der Nadel ziehen; wdh ab * in die zuvor ausgelassene M, dabei über die vorige Mg häkeln.

Anleitung für das Muster aus gekreuzten Büschelmaschen:

a

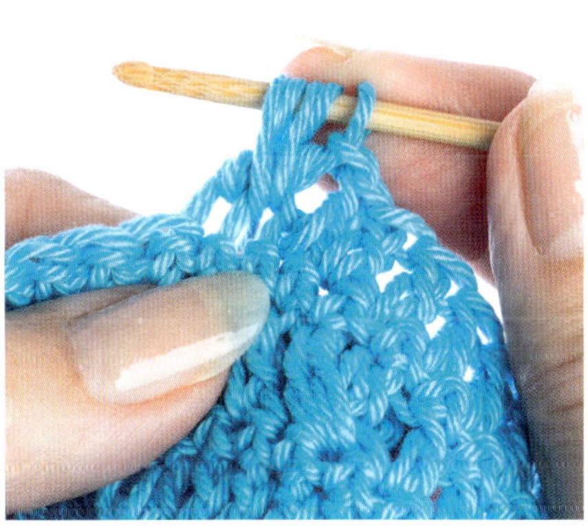

b

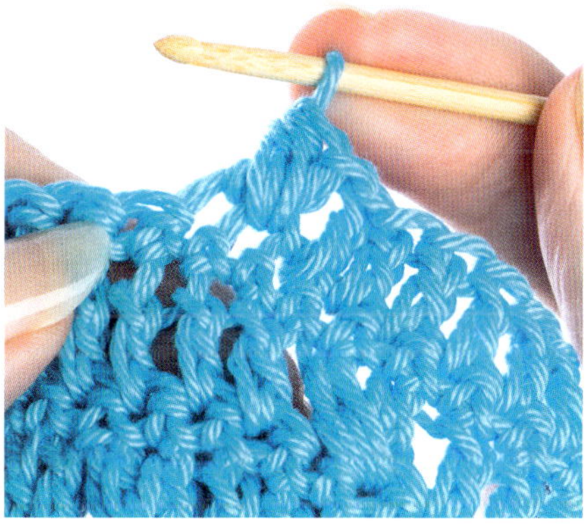

c

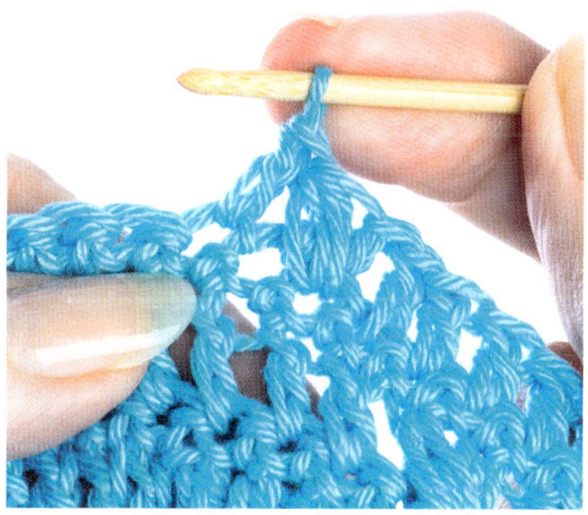

Reihe 1: 1 fM in die 2. Lm von der Nadel, je 1 fM in jd Lm bis zum Ende der Reihe, wenden.
Reihe 2: 3 Lm (zählen als 1 Stb), 1 M ausl, * 1 XBm über die nächsten 2 M, je 1 Stb in jd der nächsten 6 fM; wdh ab * bis zu den letzten 3 M, 1 XBm über die nächsten 2 M, 1 Stb in die Wm, wenden. a b c
Reihe 3: 1 Lm, je 1 fM in jd M bis zum Ende der Reihe, wenden.
Reihe 4: 3 Lm (zählen als 1 Stb), je 1 Stb in jd der nächsten 4 M, * 1 XBm über die nächsten 2 M, je 1 Stb in jd der nächsten 6 M; wdh ab * bis zu den letzten 7 M, 1 XBm über die nächsten 2 M, je 1 Stb in jd der nächsten 5 M, dabei die letzte M in die Wm, wenden.
Reihe 5: Häkeln wie Reihe 3.
Reihe 2–5 für das Muster wdh.

TIPP **Vergewissern Sie sich, dass jede Mgr über die mittleren 2 Stb der 6 Stb gehäkelt wird.**

33

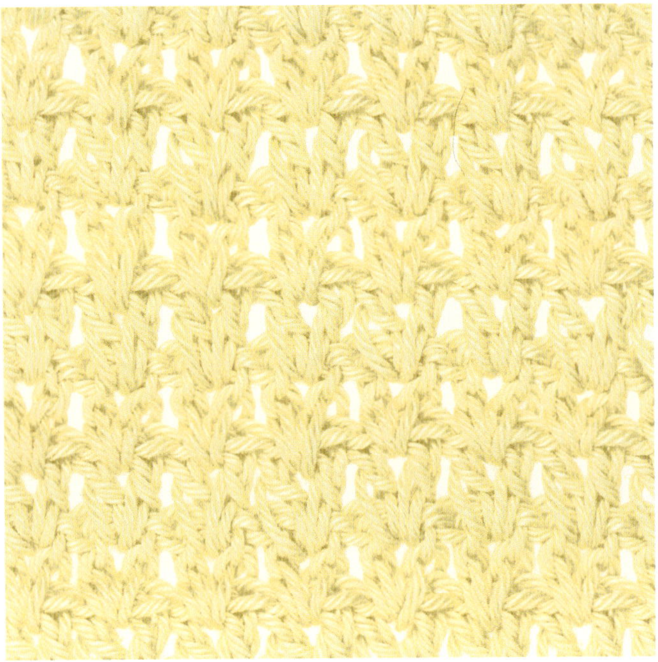

Doppel-V-Muster

DIESES ZIERLICHE KLEINE MUSTER MIT EINER WIEDERHOLUNG VON NUR EINER REIHE IST PERFEKT FÜR HÄKELEINSTEIGER GEEIGNET. WENN ES MIT EINEM RECHT FEINEN GARN GEHÄKELT WIRD, LÄSST ES SICH GUT FÜR BABYKLEIDUNG, TÜCHER ODER DECKEN EINSETZEN.

Anfangsluftmaschenkette: Vielfaches von 3 M + 2

Anleitung für das Doppel-V-Muster:

a

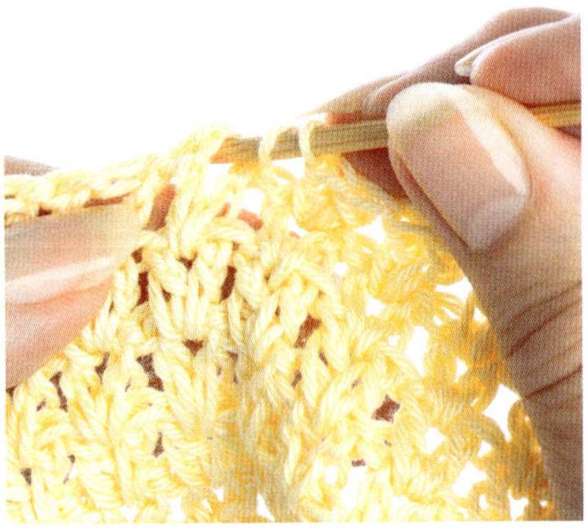

b

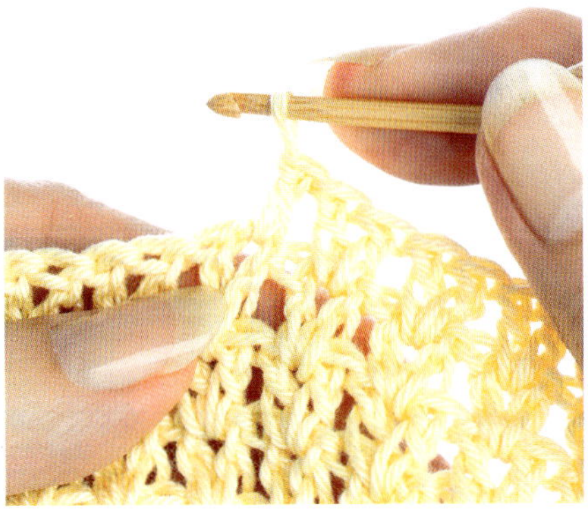

c

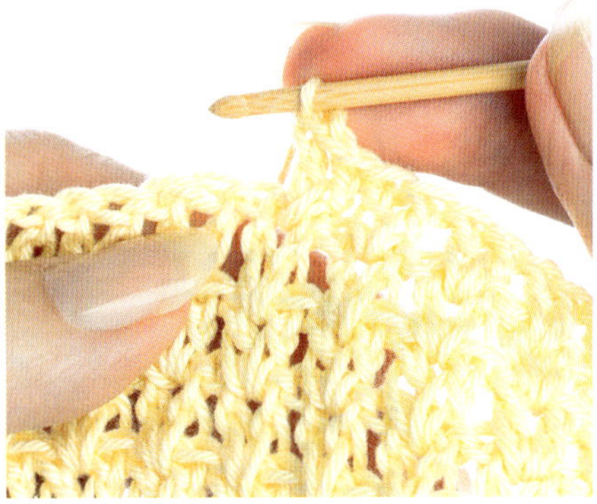

Reihe 1: 1 Stb in die 5. Lm von der Nadel, * 2 Lm ausl, (1 Stb, 1 Lm, 1 Stb) in die nächste Lm; wdh ab * bis zum Ende der Reihe, wenden.
Reihe 2: 4 Lm, 1 Stb in den 1. Lm-Bg (zählt als 1 Stb, 1 Lm, 1 Stb), * (1 Stb, 1 Lm, 1 Stb) in den nächsten Lm-Bg; wdh ab * bis zum Ende der Reihe, wenden. a b c
Reihe 2 für das Muster wdh.

TIPP **Achten Sie darauf, jede V-Masche in die Mitte des Lm-Bg der V-Masche aus der Vorreihe zu häkeln.**

Kreuzschraffur

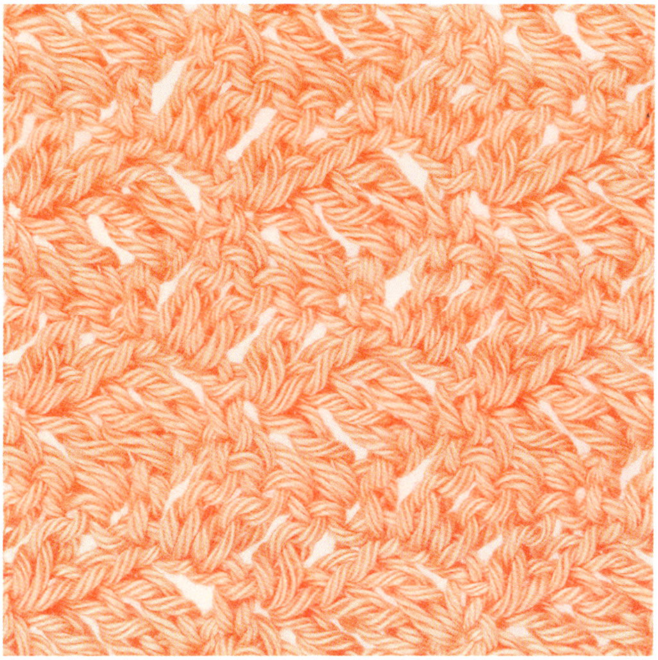

34

DIES IST EIN SEHR ATTRAKTIVES MUSTER, DAS AUS EINER EINREIHIGEN WIEDERHOLUNG BESTEHT UND AUCH UMKEHRBAR IST. DAS MUSTER ENTSTEHT DURCH DAS HÄKELN VON MASCHEN GLEICHER HÖHE IN LUFTMASCHENKETTEN. ABWECHSELNDE REIHEN LASSEN DIE MASCHEN IN UNTERSCHIEDLICHE RICHTUNGEN ZEIGEN. AUCH WENN DAS MUSTER EINFARBIG BEREITS HÜBSCH AUSSIEHT, SO PROFITIERT ES DOCH SEHR DAVON, IN MEHREREN FARBEN GEHÄKELT ZU WERDEN.

Anfangsluftmaschenkette: Vielfaches von 7 M + 5 + 3 für die Aufbaureihe

Anleitung für die Kreuzschraffur:

a

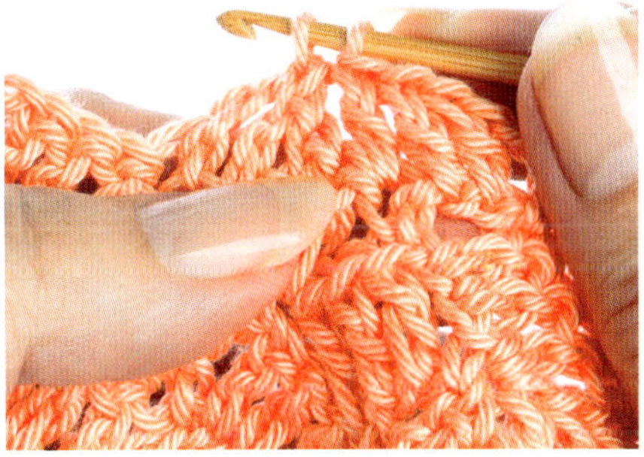

b

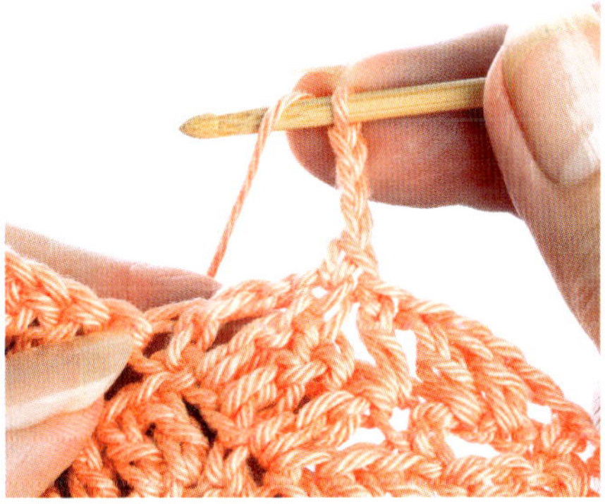

c

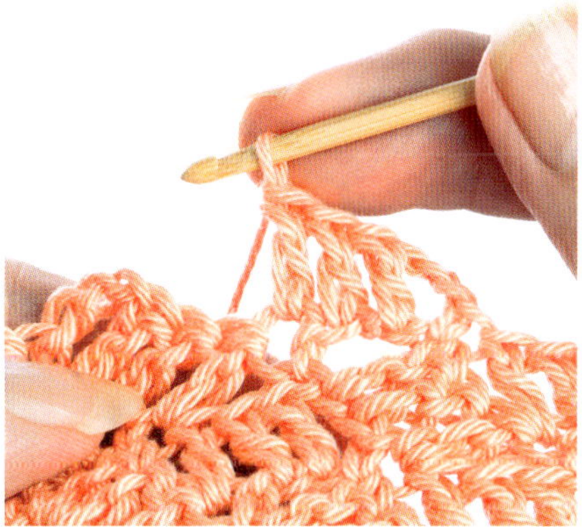

Reihe 1: 1 Stb in die 3. Lm von der Nadel (zählt als 1 Stb), 2 Stb in die nächste Lm, * 3 Lm ausl, 1 fM in die nächste Lm, 3 Lm, je 1 Stb in jd der nächsten 3 Lm; wdh ab * bis zu den letzten 4 Lm, 3 Lm ausl, 1 fM in die letzte Lm, wenden.

Reihe 2: 3 Lm (zählen als 1 Stb), 2 Stb in die 1. fM, * 3 Stb ausl, 1 fM in die 1. der nächsten 3 Lm, 3 Lm, je 1 Stb in jd der nächsten 2 Lm, 1 Stb in die nächste fM; wdh ab * bis zum vorletzten Stb, 2 Stb ausl, 1 fM in die Wm, wenden. a b c

Reihe 2 für das Muster wdh.

TIPP Seien Sie beim Arbeiten in die Luftmaschen vorsichtig, da es schwierig sein kann, die Nadel durch die Schlingen zu stechen.

35

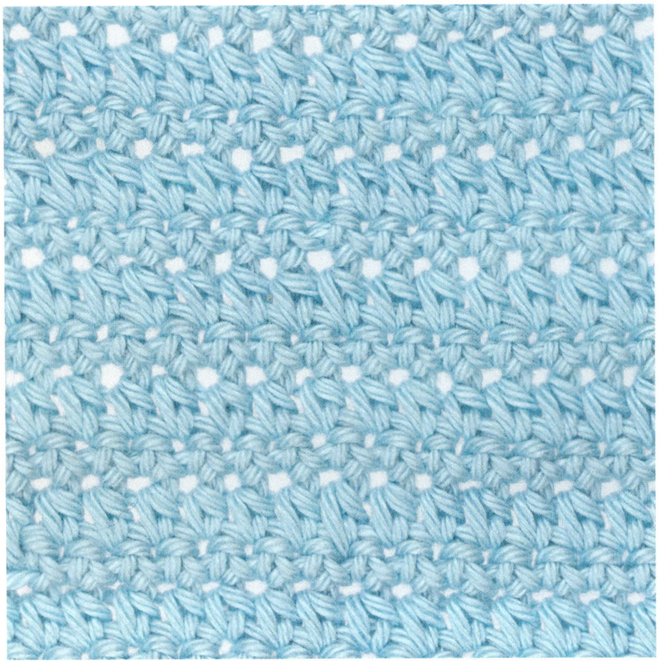

Kleine Spuren

ABWECHSELNDE REIHEN AUS STÄBCHEN UND HALBEN STÄBCHEN WERDEN HIER VERWENDET, UM DIESES HÜBSCHE KLEINE MUSTER ZU HÄKELN. ES ERGIBT EIN HORIZONTAL GERIPPTES GEWEBE, DAS NETT ALS BABYDECKE ODER POLSTERBEZUG AUSSIEHT.

Anfangsluftmaschenkette: Beliebige Maschenanzahl + 2

Anleitung für die kleinen Spuren:

a

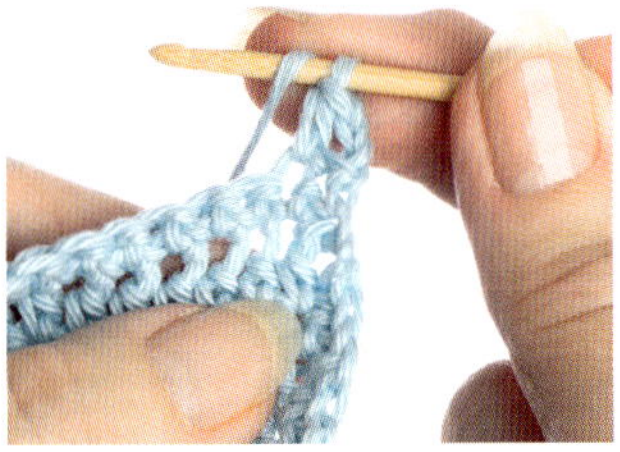

b

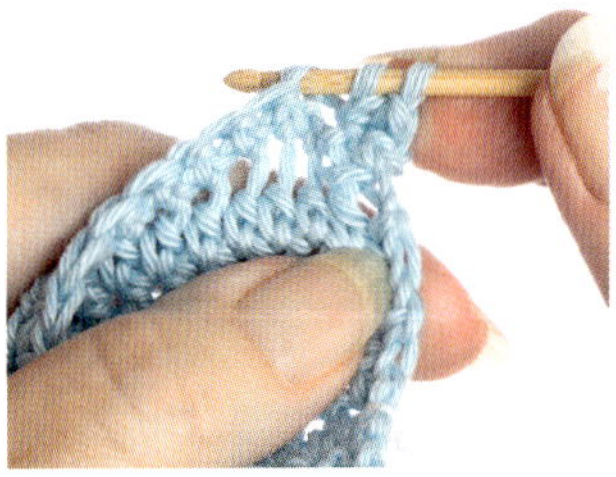

c

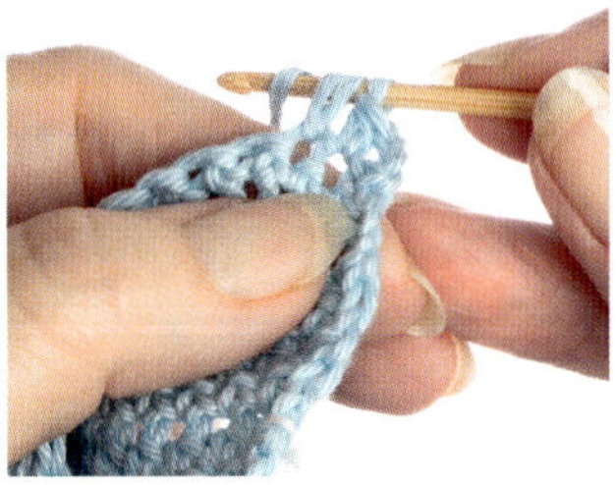

d

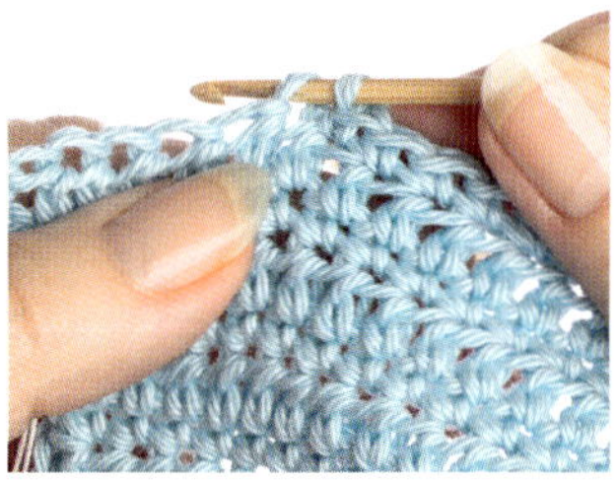

e

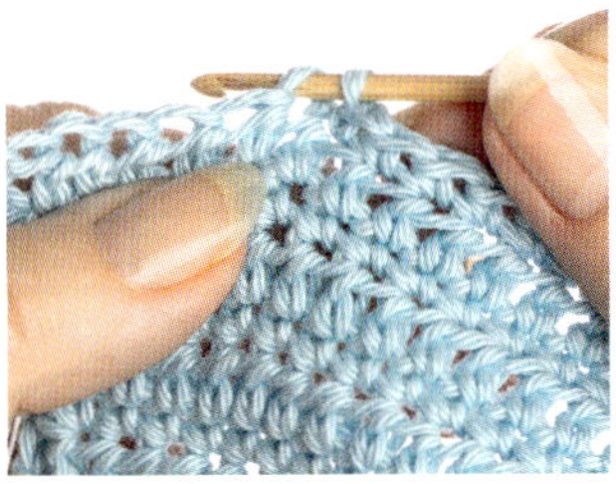

f

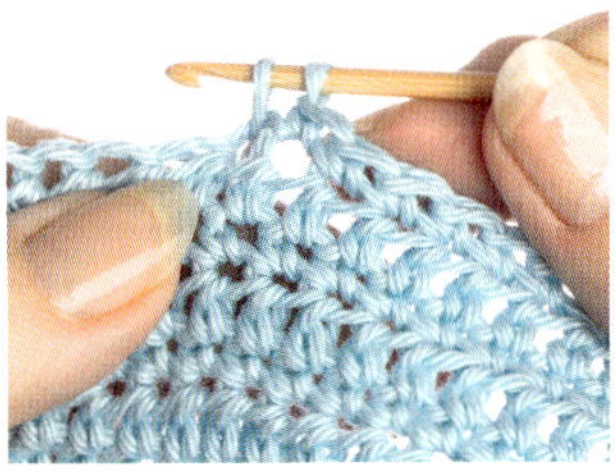

g

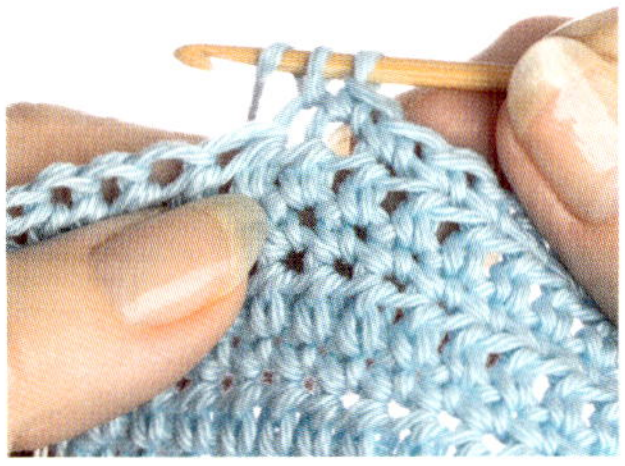

Reihe 1: 1 Stb in die 3. Lm von der Nadel, je 1 Stb in jd Lm bis zum Ende der Reihe, wenden.
Reihe 2: 2 Lm (zählen als 1. hStb), je 1 hStb in jd Stb bis zum Ende der Reihe, wenden. a b c
Reihe 3: 3 Lm (zählen als 1. Stb), je 1 Stb in jd hStb bis zum Ende der Reihe, wenden. d e f g
R 2–3 für das Muster wdh.

Muscheln in Wellen

36

DIESES MUSTER IST KOMPLEXER UND VERBINDET REIHEN MIT FESTEN MASCHEN MIT REIHEN AUS EINANDER ABWECHSELNDEN MUSCHELN. DAS ERGEBNIS WEIST EINE RECHT DICHTE STRUKTUR AUF.

Anfangsluftmaschenkette: Vielfaches von 14 M + 3

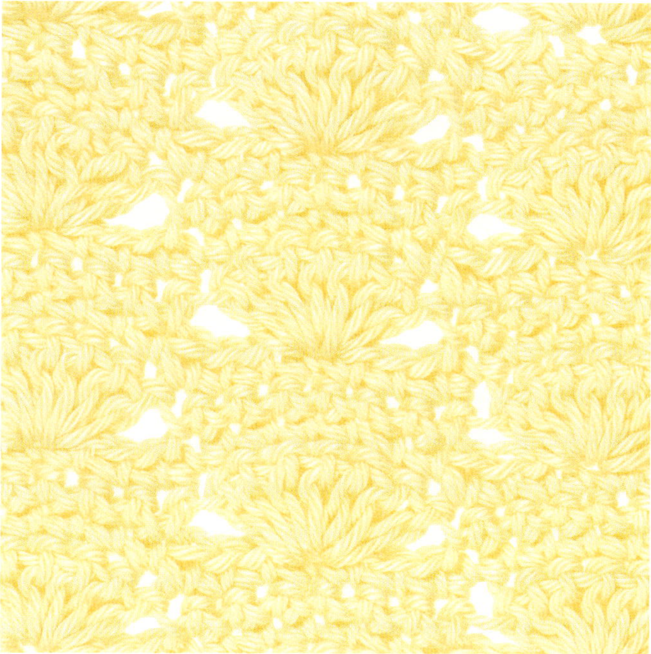

Anleitung für die Muscheln in Wellen:

a

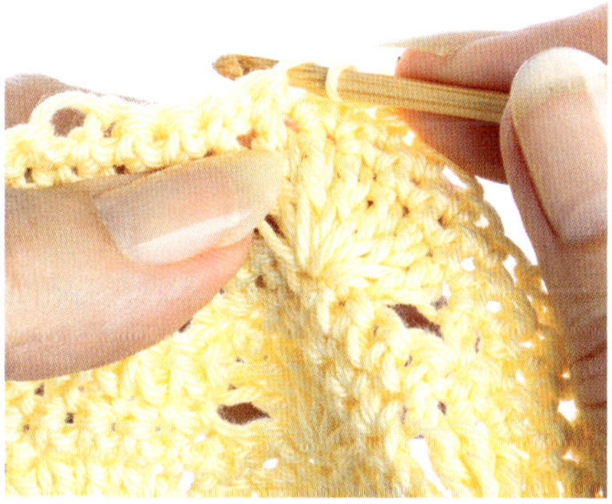

b

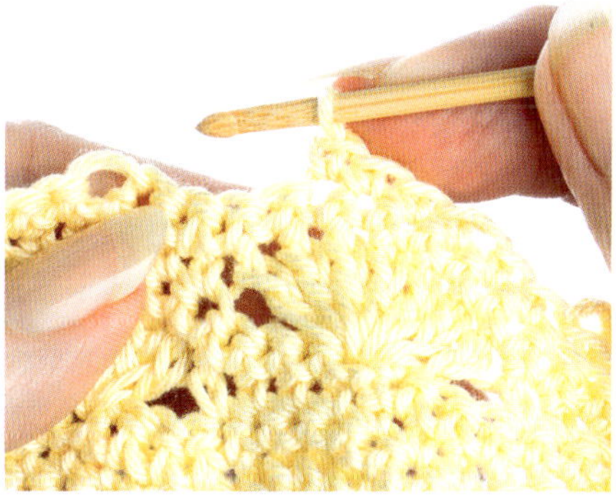

c

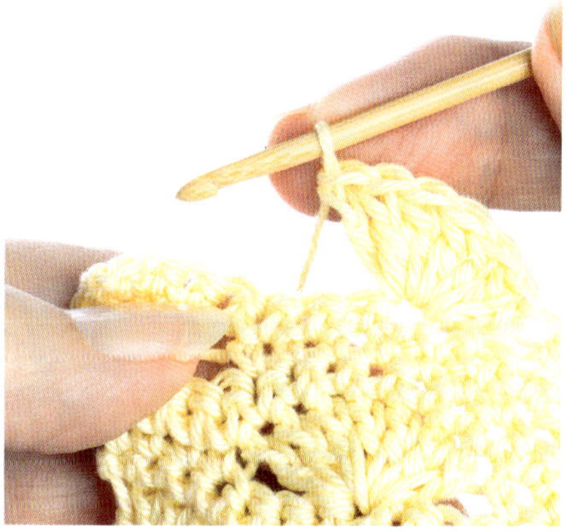

Reihe 1 (VS): 3 Stb in die 3. Lm von der Nadel, * 3 Lm ausl, je 1 fM in jd der nächsten 7 Lm, 3 Lm ausl, 7 Stb in die nächste Lm; wdh ab * und die letzte Wdh mit 4 Stb in die letzte Lm enden lassen.
Reihe 2: 1 Lm, 1 fM in die 1. M, je 1 fM in jd M bis zum Ende der Reihe, wenden. a
Reihe 3: 1 Lm, je 1 fM in jd der nächsten 4 M, * 3 M ausl, 7 Stb in die nächste M, 3 M ausl, je 1 fM in jd der nächsten 7 M; wdh ab * bis zu den letzten 11 M, 3 M ausl, 7 Stb in die nächste M, 3 M ausl, je 1 fM in jd der letzten 4 M, wenden. b c
Reihe 4: 1 Lm, je 1 fM in jd M bis zum Ende der Reihe, wenden.
Reihe 5: 3 Lm (zählen als 1 Stb), 3 Stb in die 1. M, * 3 M ausl, je 1 fM in jd der nächsten 7 M, 3 M ausl, 7 Stb in die nächste M; wdh ab * und die letzte Wdh mit 4 Stb in die letzte fM enden lassen, wenden.
Reihe 2–5 für das Muster wdh.

TIPP **Achten Sie darauf, in jede Muschel 7 Stb zu häkeln, damit die Regelmäßigkeit des Musters bestehen bleibt.**

37

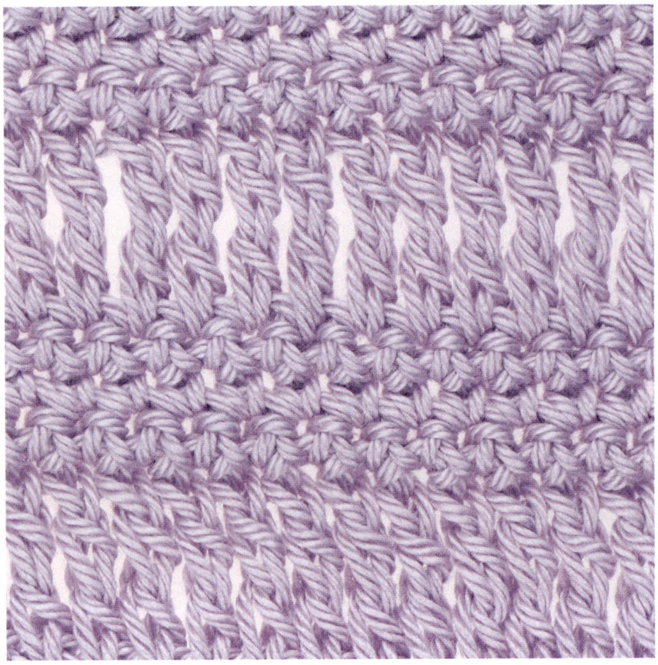

Eisenbahn-schienen

DIESES MUSTER KOMBINIERT DOPPELSTÄBCHEN UND FESTE MASCHEN. DIE HÄKELARBEIT WIRD RECHT OFFEN MIT EINER RIPPE AUS DOPPELSTÄBCHEN, DIE DIE VERSCHIEDENEN MASCHEN TRENNT. AUCH WENIGER ERFAHRENE HÄKLERINNEN KÖNNEN DIESEM MUSTER LEICHT FOLGEN.

Anfangsluftmaschenkette: Beliebige Maschenanzahl + 1

Anleitung für die Eisenbahnschienen:

a

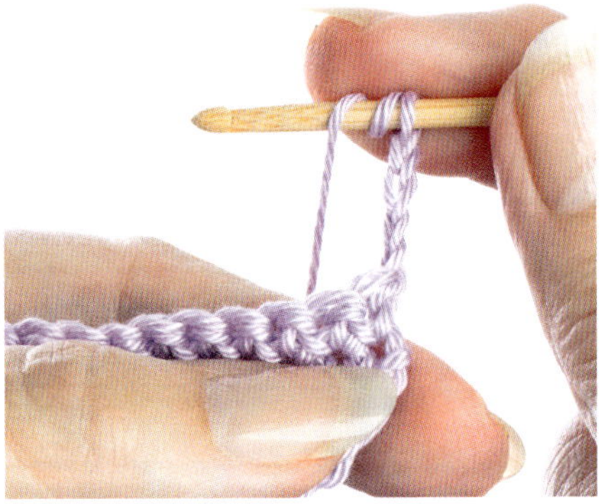

b

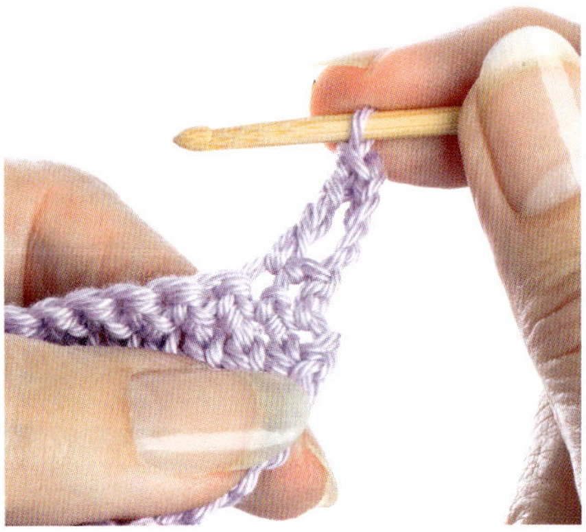

c

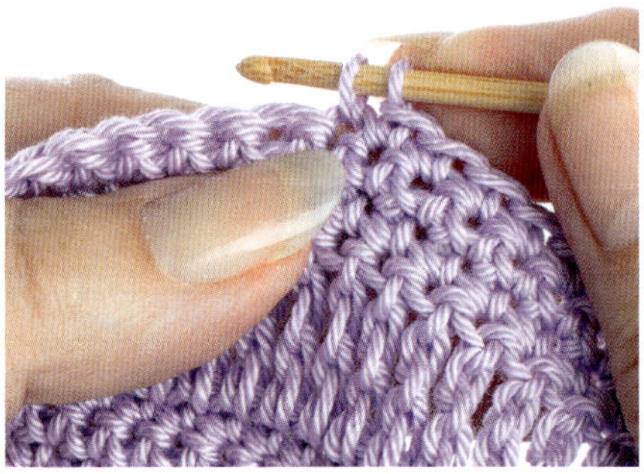

d

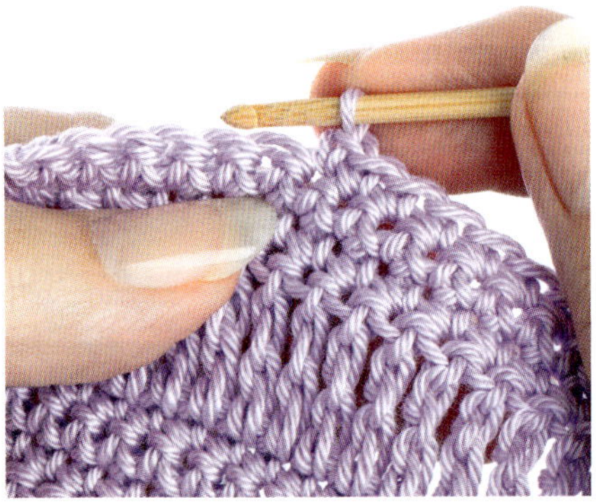

Reihe 1: 1 fM in die 2. Lm von der Nadel, je 1 fM in jd Lm bis zum Ende der Reihe, wenden.
Reihe 2: 4 Lm (zählen als 1 DStb), je 1 DStb in jd fM bis zum Ende der Reihe, wenden. a b

Reihe 3–5: 1 Lm, je 1 fM in jd M bis zum Ende der Reihe, wenden. c d
Reihe 2–5 für das Muster wdh.

Kiesmuster

38

DIES IST EIN ENTZÜCKENDES STRUKTURMUSTER, DAS SICH SEHR EINFACH HÄKELN LÄSST. MAN ERHÄLT ES, INDEM EIN STÄBCHEN UND EINE FESTE MASCHE IN DIESELBE MASCHE GEHÄKELT WERDEN. DAS SO ENTSTEHENDE KRAUSE WERKSTÜCK IST DICHT UND FEST UND IDEAL FÜR PÖLSTER ODER ANDERE WOHN-ACCESSOIRES GEEIGNET.

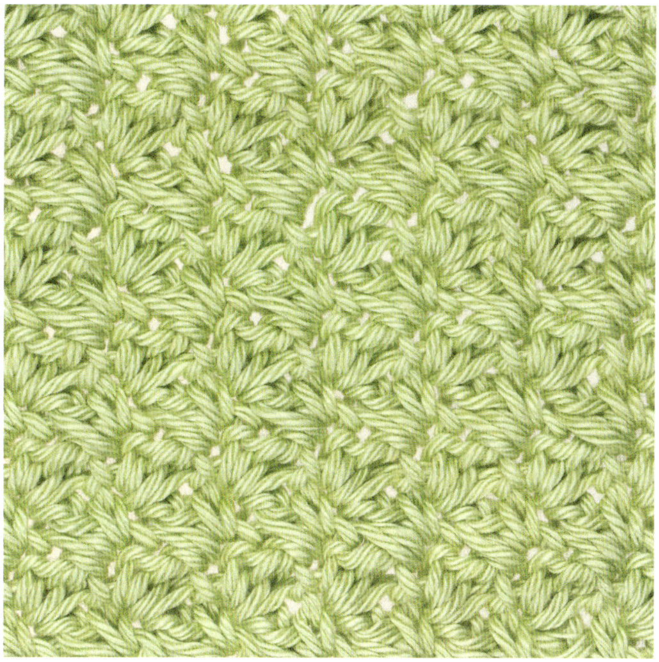

Anfangsluftmaschenkette: Vielfaches von 2 M + 3

Anleitung für das Kiesmuster:

a

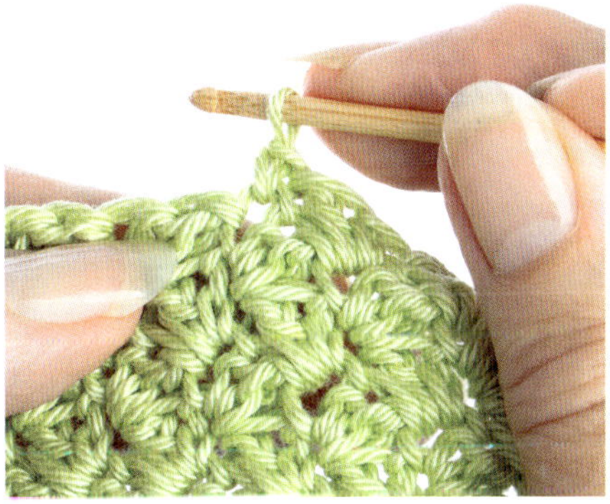

b

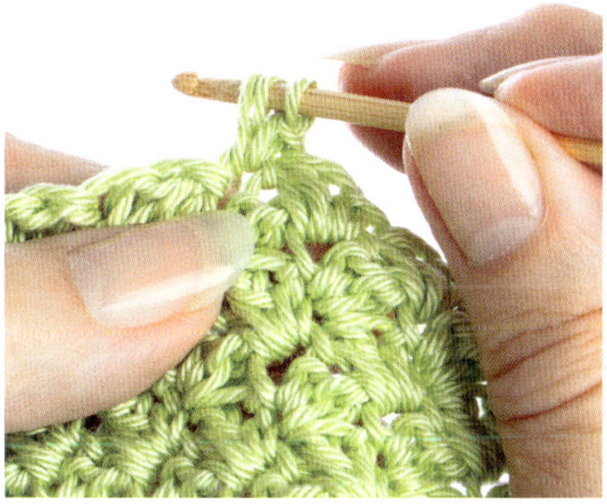

c

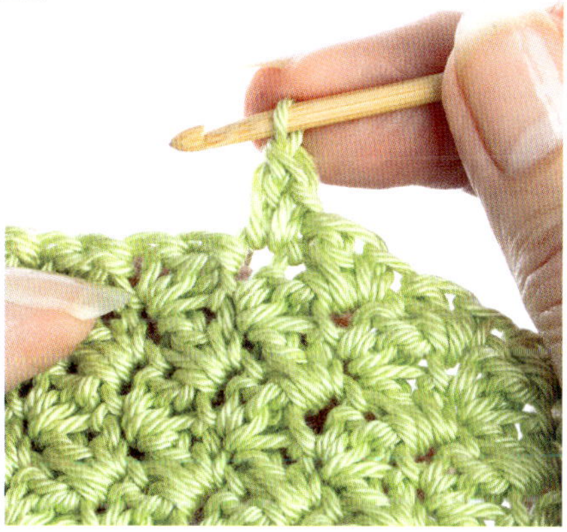

Reihe 1: 1 fM in die 2. Lm von der Nadel, 1 fM in die nächste Lm, * 1 Lm ausl, (1 fM, 1 Stb) in die nächste Lm; wdh ab * bis zur vorletzten Lm, 1 Lm ausl, 1 fM in die letzte Lm, wenden.

Reihe 2: 1 Lm, 1 Stb in die 1. M, * 1 Stb ausl, (1 fM, 1 Stb) in die nächste fM; wdh ab * bis zur vorletzten M, 1 Stb ausl, 1 fM in die Wm, wenden. a b c
Reihe 2 für das Muster wdh.

TIPP **Häkeln Sie die letzte Masche jeder Reihe immer in die Wendeluftmasche, um die Maschenzahl aufrecht und die Kante gerade zu halten.**

39

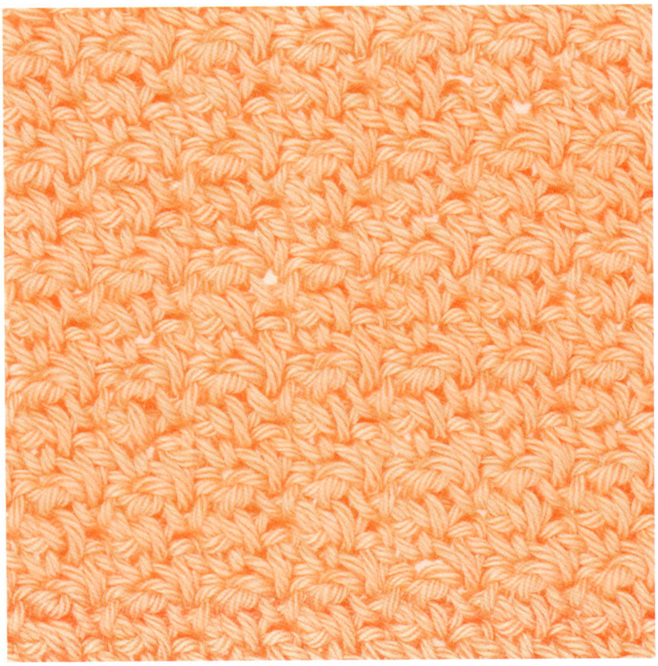

Bratpfannen-muster

DIESES EINFACHE EINREIHIGE MUSTER IST PERFEKT FÜR EINSTEIGER GEEIGNET: DIE FESTE, DICHTE STRUKTUR WIRD DURCH DAS HÄKELN VON MASCHEN UNTERSCHIEDLICHER LÄNGE IN DERSELBEN REIHE ERZIELT. DAS MUSTER EIGNET SICH GUT FÜR DECKEN, POLSTERBEZÜGE ODER SCHALS.

Anfangsluftmaschenkette: Vielfaches von 2 M + 2

Anleitung für das Bratpfannenmuster:

a

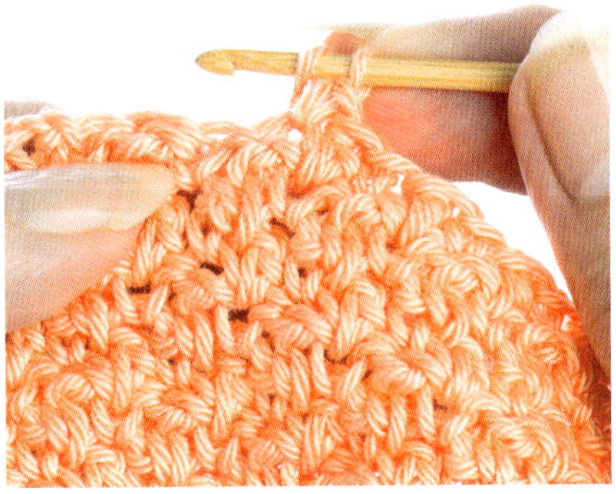

b

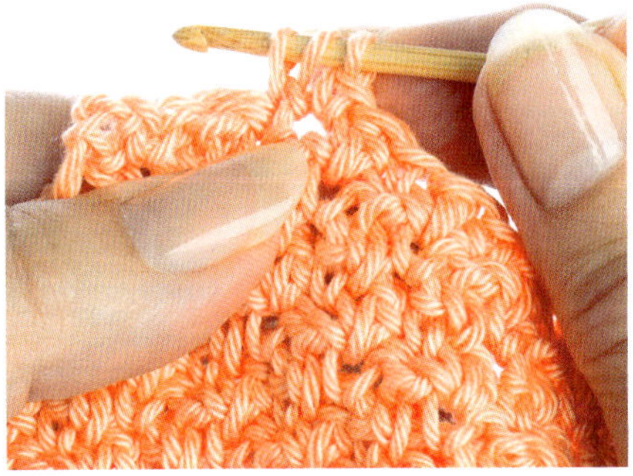

c

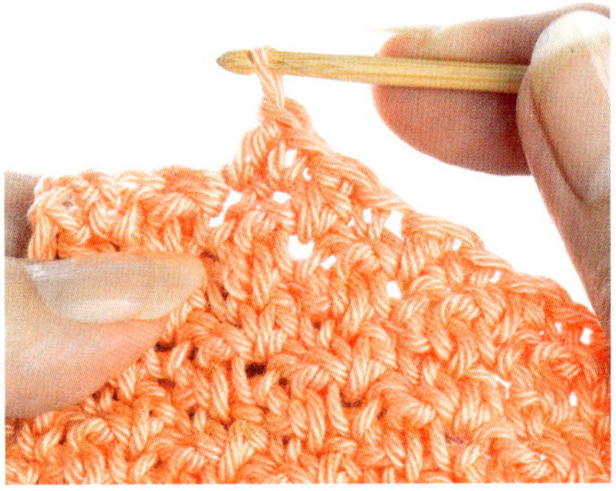

Reihe 1: 1 Stb in die 3. Lm von der Nadel, * 1 fM in die nächste Lm, 1 Stb in die nächste Lm; wdh ab * und mit 1 fM in die letzte Lm enden, wenden.

Reihe 2: 3 Lm (zählen als 1 Stb), 1 M ausl, 1 fM in das nächste Stb, 1 Stb in die nächste fM; wdh ab * und die letzte Wdh mit 1 fM in die Wm der Vorreihe beenden, wenden. **a** **b** **c**
Reihe 2 für das Muster wdh.

TIPP **Überprüfen Sie in regelmäßigen Abständen, dass Sie die richtige Masche in der Reihe gehäkelt haben, da Sie lange und kurze Maschen innerhalb einer Reihe abwechseln.**

Dichtes Muschelmuster

40

VERSETZTE REIHEN AUS MUSCHELN BILDEN DIESES HÜBSCHE MUSTER. ES IST NUR EINE ZWEIREIHIGE WIEDERHOLUNG UND SOMIT RECHT EINFACH. MIT EINEM FEINEN GARN GEHÄKELT KÖNNTE ES EIN SCHÖNES TUCH ERGEBEN, EIGNET SICH ABER AUCH PERFEKT FÜR SCHALS, HÜTE UND WOHNACCESSOIRES.

Anfangsluftmaschenkette: Vielfaches von 6 M + 2

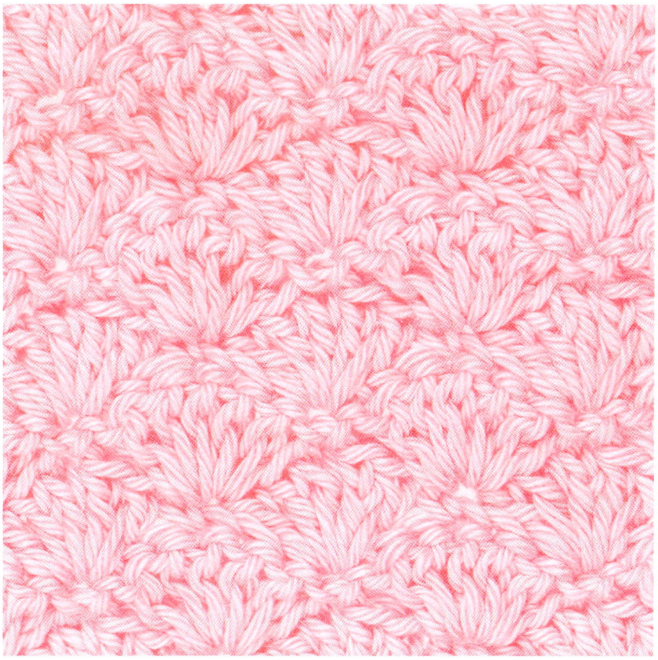

Anleitung für das dichte Muschelmuster:

a

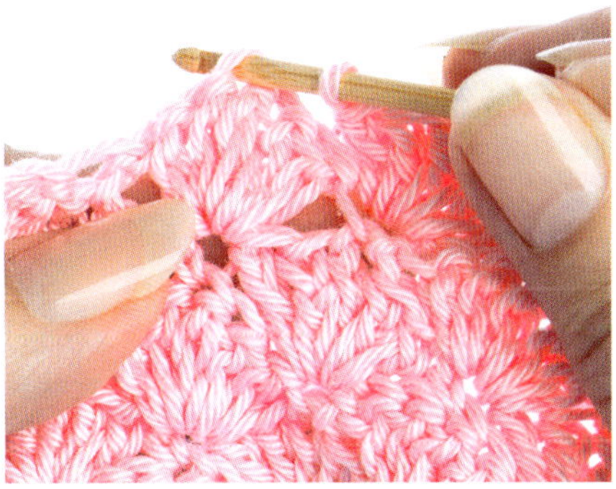

b

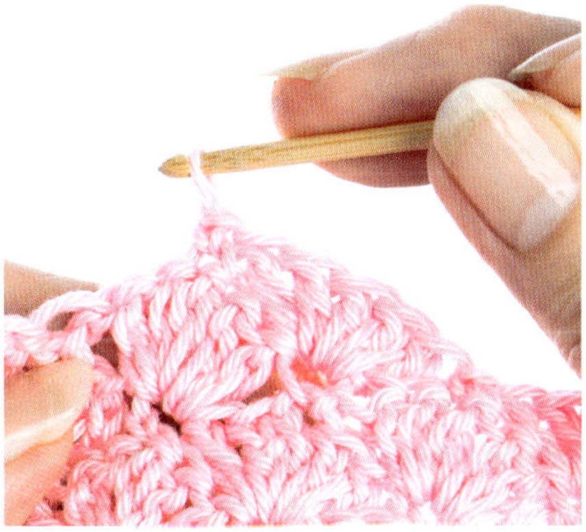

c

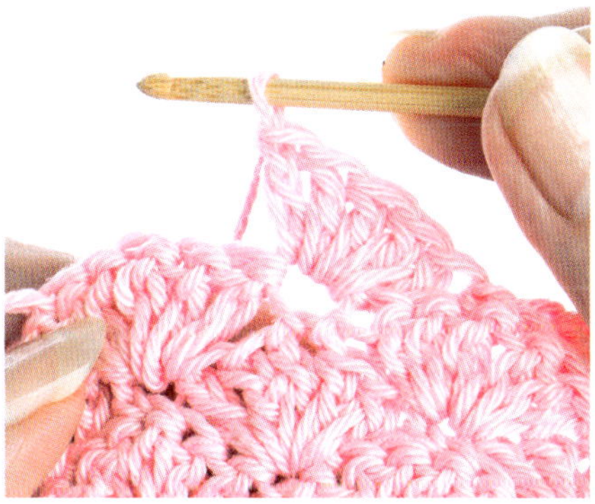

Reihe 1: 1 fM in die 2. Lm von der Nadel, * 2 Lm ausl, 5 Stb in die nächste Lm, 2 Lm ausl, 1 fM in die nächste Lm; wdh ab * bis zum Ende der Reihe, wenden.
Reihe 2: 3 Lm (zählt als 1 Stb), 2 Stb in die 1. M, * 2 Stb ausl, 1 fM in das nächste Stb, 2 Stb ausl, 5 Stb in die nächste fM; wdh ab *, dabei die letzte Wdh mit 3 Stb in die letzte fM beenden, wenden.
a b c

Reihe 3: 1 Lm, 1 fM in die 1. M, * 2 Stb ausl, 5 Stb in die nächste fM, 2 Stb ausl, 1 fM in das nächste Stb; wdh ab *, dabei die letzte Wdh mit 1 fM in die Wm beenden, wenden.
Reihe 2–3 für das Muster wdh.

TIPP **Achten Sie bei der ersten und letzten Masche jeder Reihe darauf, in die richtige Masche bzw. in die Wendeluftmasche zu häkeln.**

41
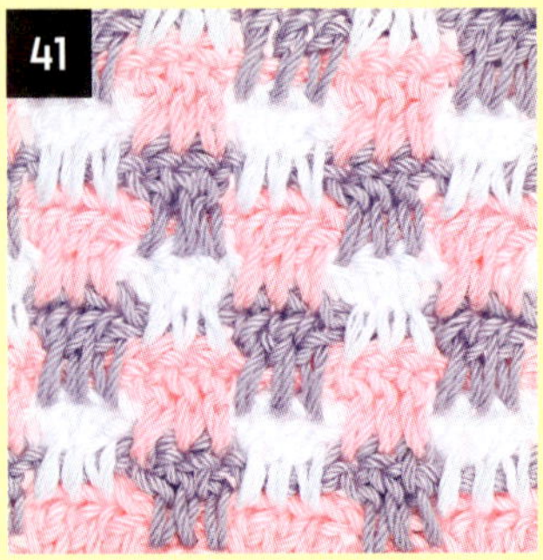

42
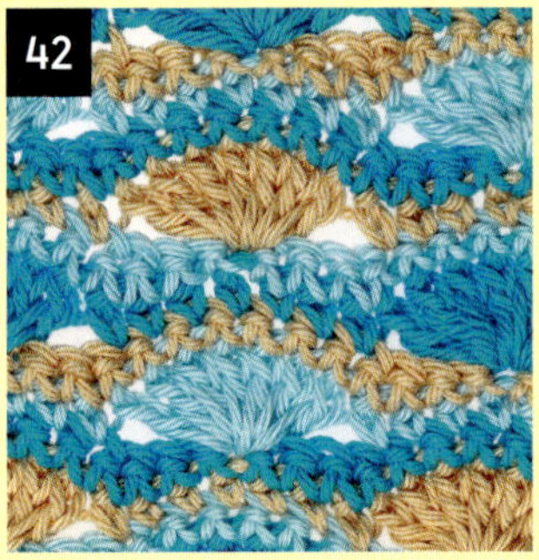

43
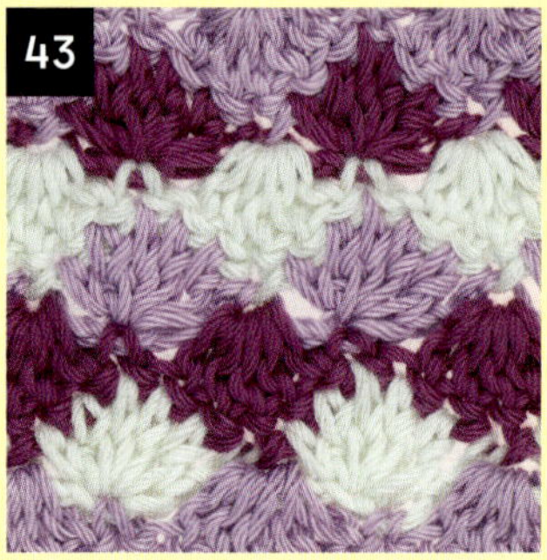

44
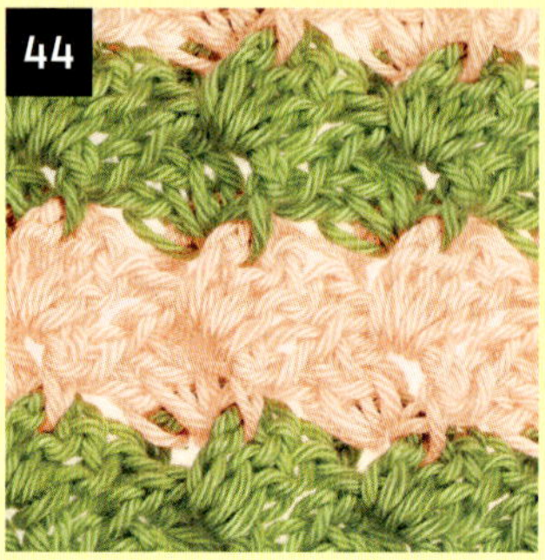

45
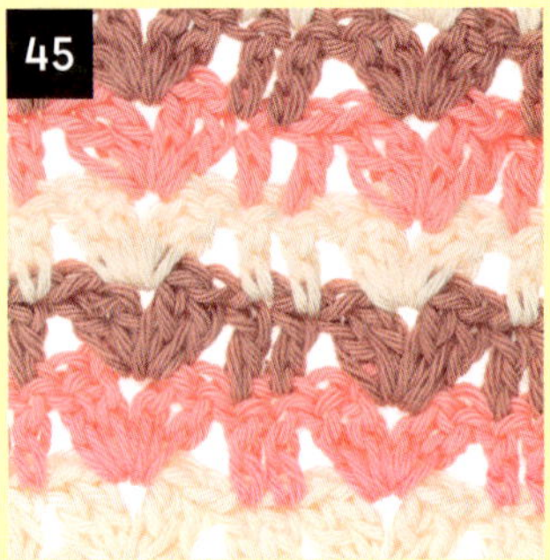

46
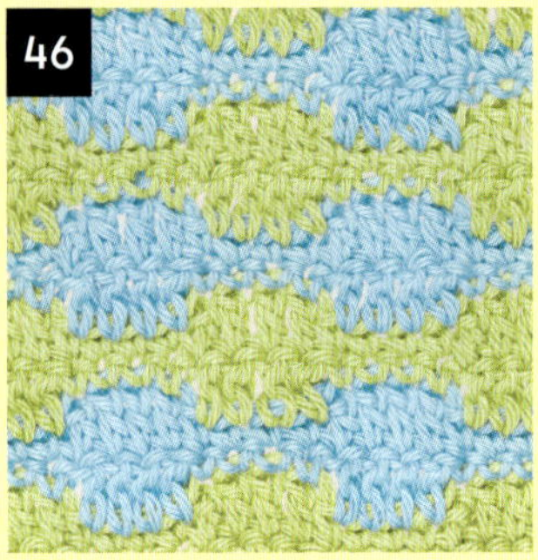

47
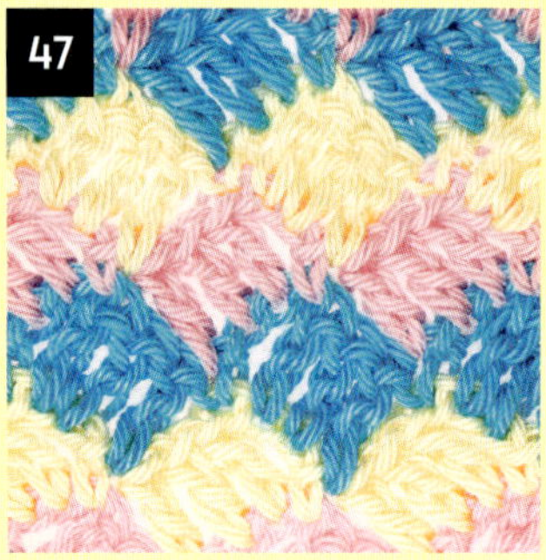

48
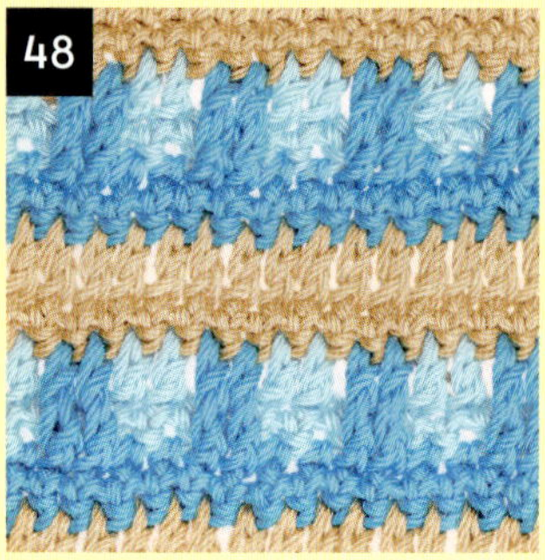

49
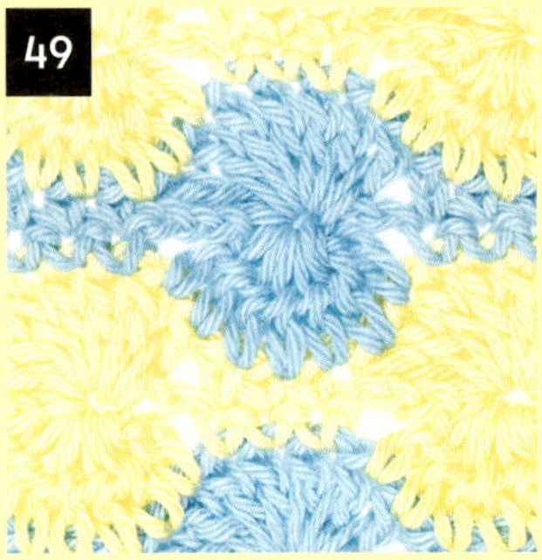

50
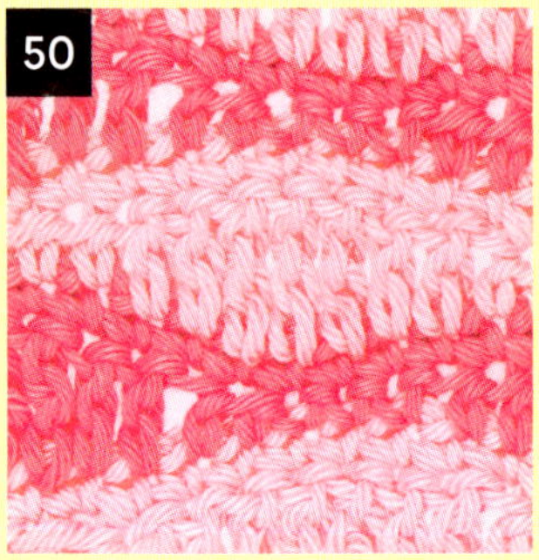

51
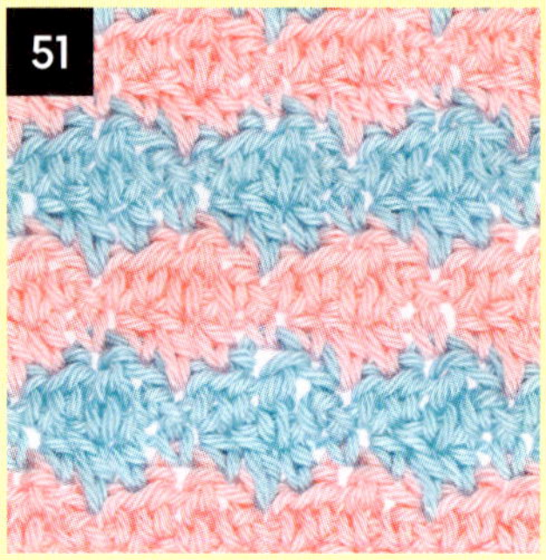

52
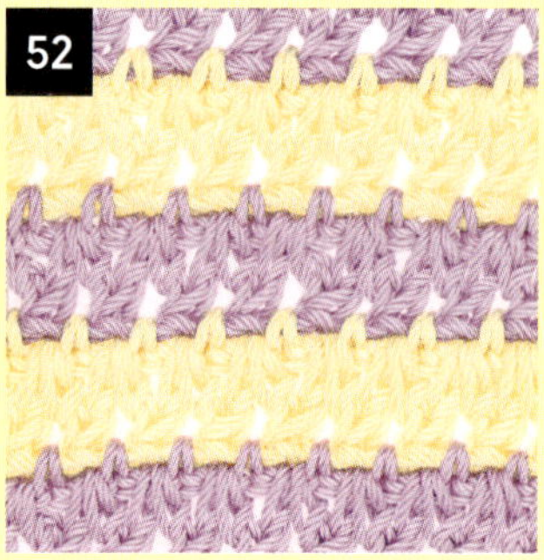

53
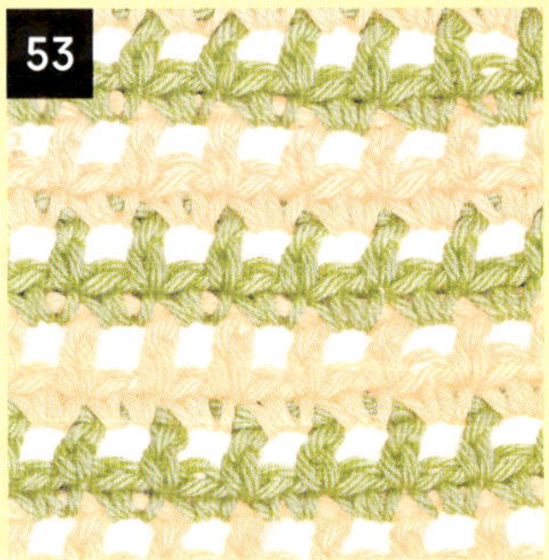

54
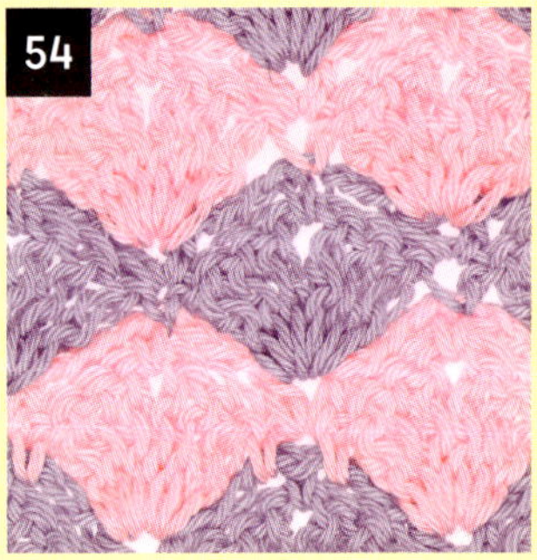

55
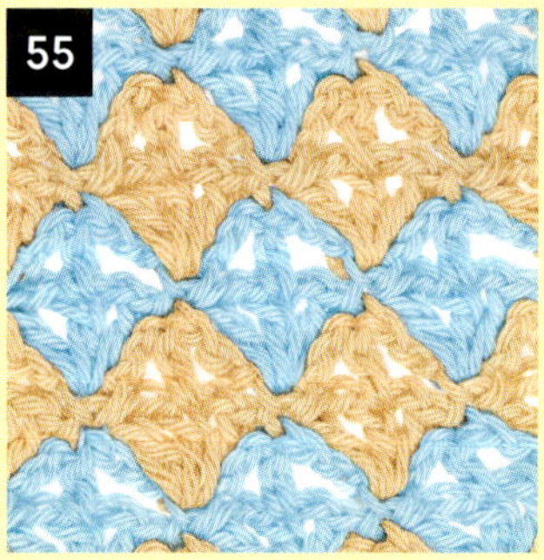

56
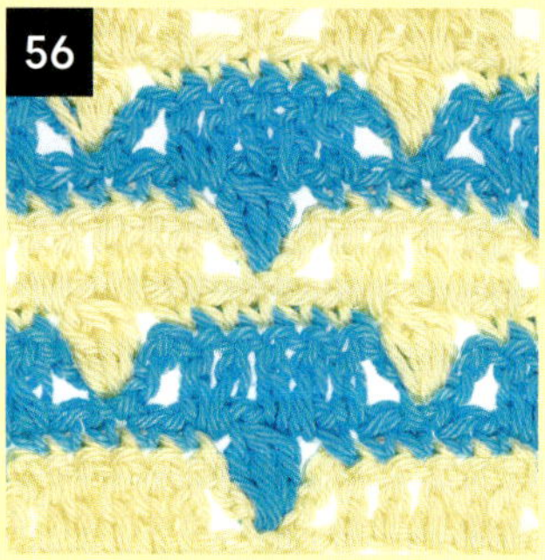

57
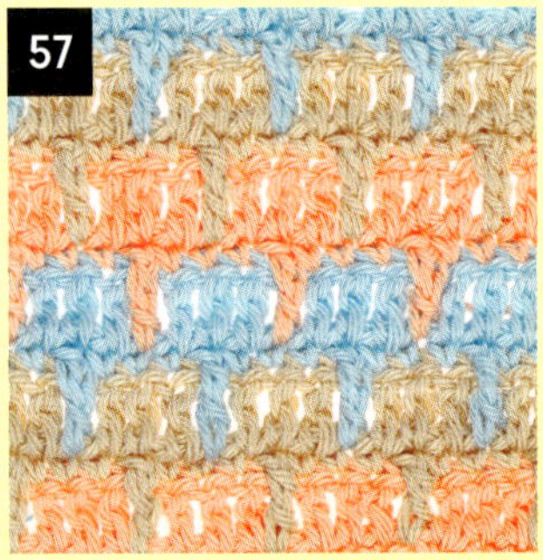

58
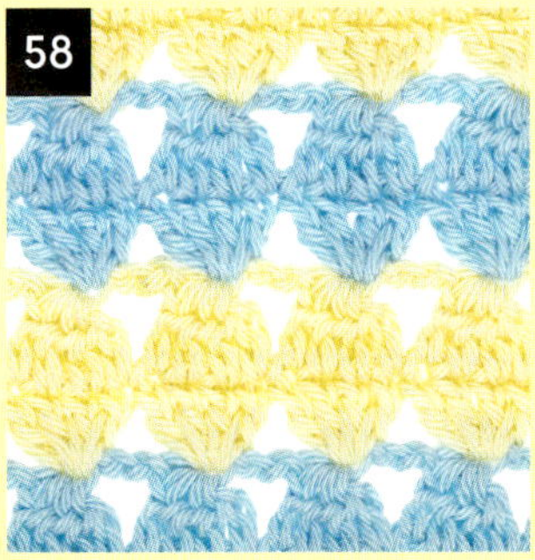

59
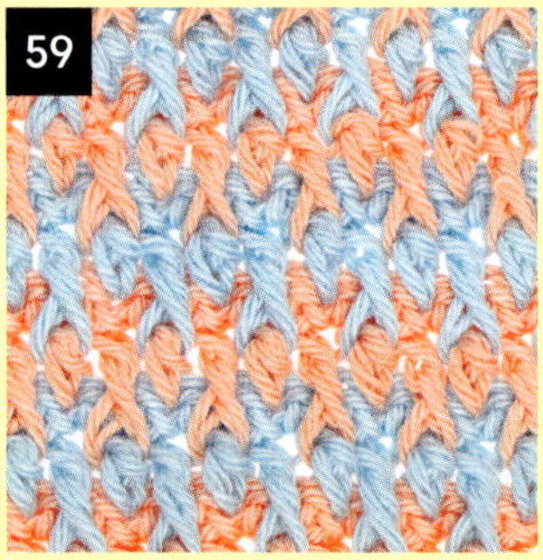

60
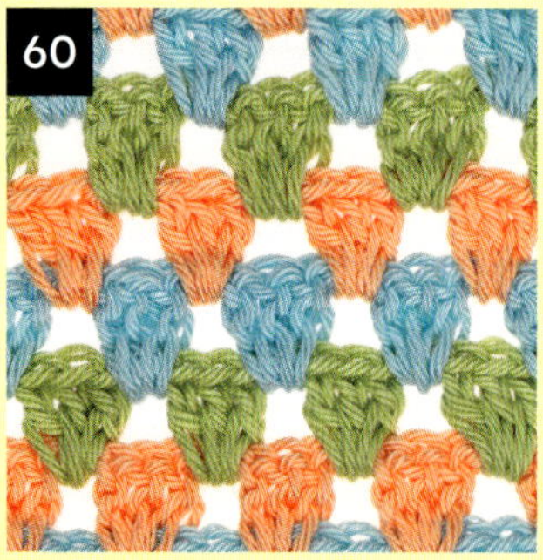

Mehrfarbige Muster

41

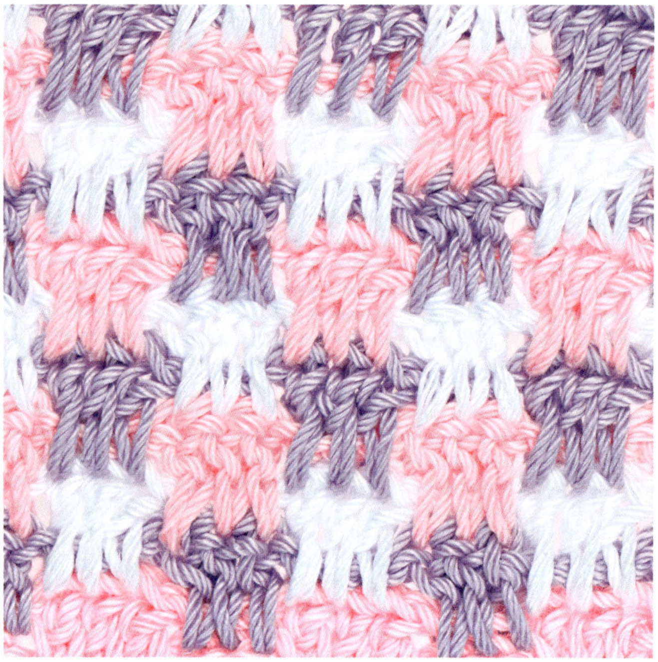

Buntes Schachbrettmuster

DIESES MUSTER IST EIN BISSCHEN HERAUSFORDERND, DA SIE IN DIE MASCHEN AUS DER VORLETZTEN REIHE HÄKELN. DIE VERWENDUNG DREIER VERSCHIEDENER FARBTÖNE ERZEUGT EINE HÜBSCHE, DICHTE HÄKELARBEIT, DIE SICH GUT ALS ÜBERWURF, BABYDECKE ODER KISSEN MACHEN WÜRDE.

Anfangsluftmaschenkette: Vielfaches von 6 M + 5
Spezielle Abkürzung: tStb (tiefes Stäbchen) = 1 Stb über den Lm-Bg häkeln, indem die Nadel in die Oberseite der nächsttieferliegenden Reihe (oder die Anfangsluftmaschenkette) gestochen wird.

Anleitung für das bunte Schachbrettmuster:

a

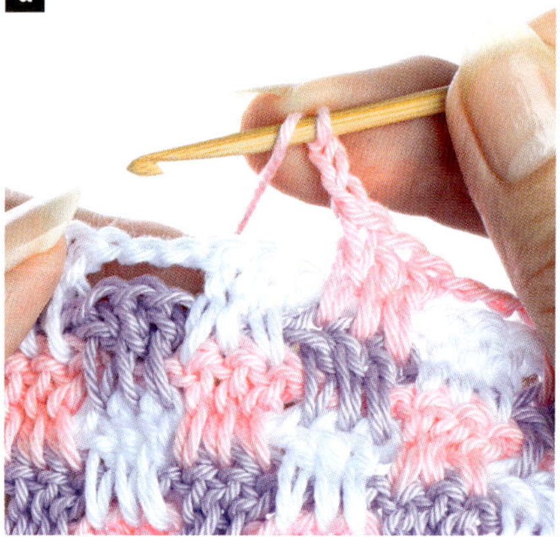

b

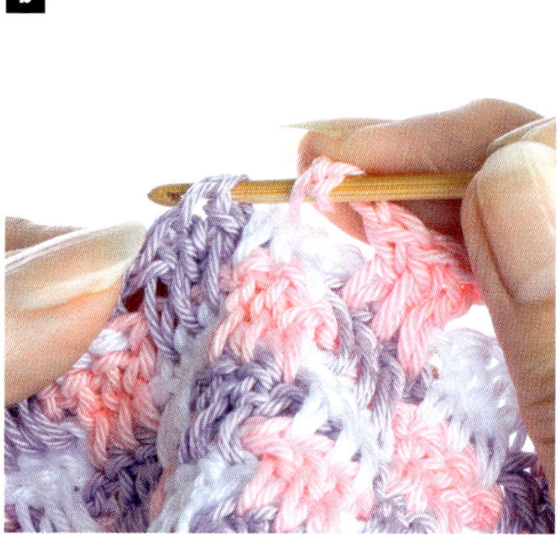

c

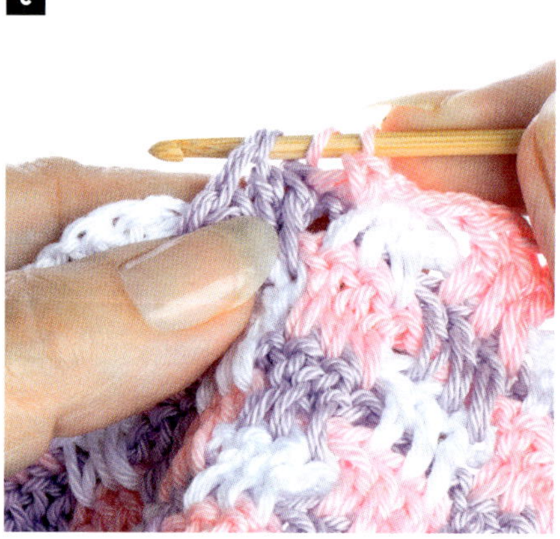

d

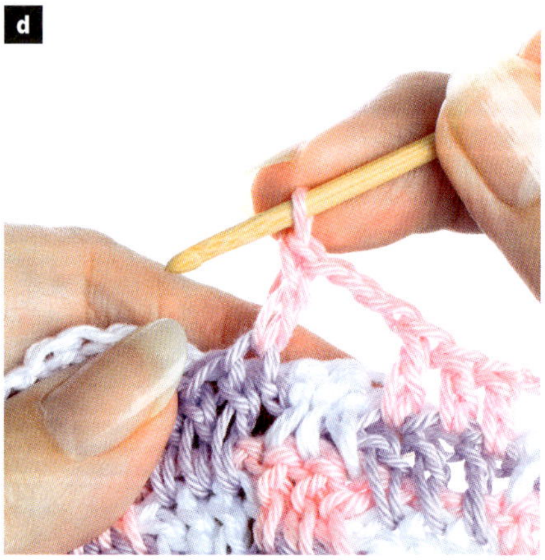

Häkeln Sie je eine Reihe durchgehend in Farbe A, B und C.

Reihe 1: 1 Stb in die 3. Lm von der Nadel, je 1 Stb in jd der nächsten 2 Lm, * 3 Lm, 3 Lm ausl, je 1 Stb in jd der nächsten 3 Lm; wdh ab * bis zum Ende der Reihe, wenden.

a b

Reihe 2: * 3 Lm, 3 M ausl, 1 tStb über die nächsten 3 M; wdh ab * bis zu den letzten 3 M, 2 Lm, 2 M ausl, 1 Km in die Wm, wenden.

c d

Reihe 3: 3 Lm (zählen als 1 tStb), 1 M ausl, je 1 tStb in jd der nächsten 2 M, * 3 Lm, 3 M ausl, 1 tStb in jd der nächsten 3 M; wdh ab * bis zum Ende der Reihe, wenden.

Reihe 2–3 für das Muster wdh.

Bunte Muscheln in Wellen

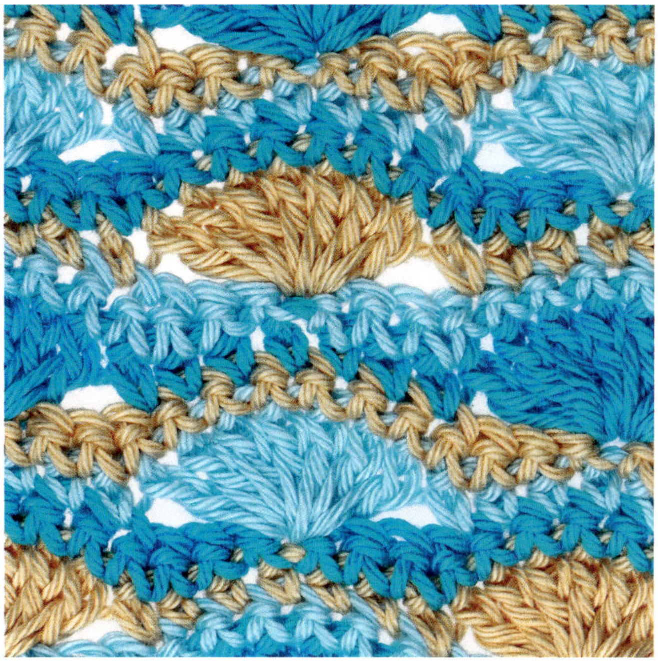

42

MIT DREI VERSCHIEDENEN FARBEN ERZEUGT DIESE VARIATION DER MUSCHELN IN WELLEN EIN SEHR ANZIEHENDES MUSTER. HÄKELN SIE EINE REIHE JEWEILS DURCHGEHEND IN FARBE A, B UND C. DIE GARNE KÖNNEN SÄUBERLICH ENTLANG DER SEITE DER ARBEIT MITGEFÜHRT WERDEN, WODURCH DIE NOTWENDIGKEIT WEGFÄLLT, DIE GARNE IN JEDER REIHE ABZUSCHNEIDEN UND NEU EINZUHÄKELN.

Anfangsluftmaschenkette: Vielfaches von 14 M + 3

Anleitung für die bunten Muscheln in Wellen:

a

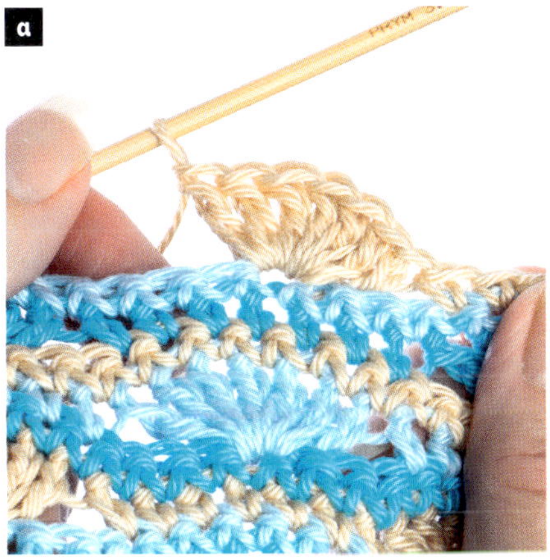

b

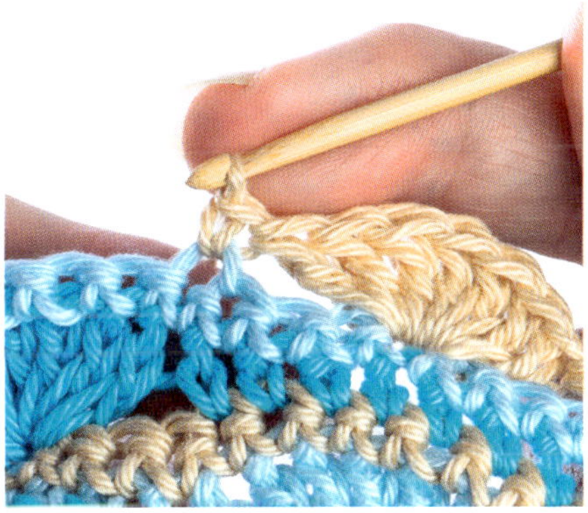

c

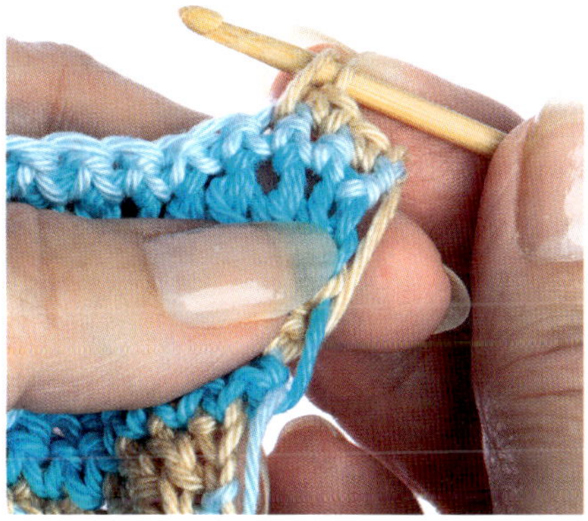

Reihe 1 (VS): 3 Stb in die 3. Lm von der Nadel, * 3 Lm ausl, je 1 fM in jd der nächsten 7 Lm, 3 Lm ausl, 7 Stb in die nächste Lm; wdh ab * und die letzte Wdh mit 4 Stb in die letzte Lm enden lassen, wenden. a b
Reihe 2: 1 Lm, 1 fM in die 1. M, je 1 fM in jd M bis zum Ende der Reihe, wenden.
Reihe 3: 1 Lm, je 1 fM in jd der nächsten 4 M, * 3 M ausl, 7 Stb in die nächste M, 3 M ausl, je 1 fM in jd der nächsten 7 M; wdh ab * bis zu den letzten 11 M, 3 M ausl, 7 Stb in die nächste M, 3 M ausl, je 1 fM in jd der nächsten 4 M, wenden.
Reihe 4: 1 Lm, je 1 fM in jd M bis zum Ende der Reihe, wenden.
Reihe 5: 3 Lm (zählen als 1 Stb), 3 Stb in die 1. M, * 3 M ausl, je 1 fM in jd der nächsten 7 M, 3 M ausl, 7 Stb in die nächste M, wdh ab * und die letzte Wdh mit 4 Stb in die letzte fM enden lassen, wenden. c
Reihe 2–5 für das Muster wdh.

TIPP **Führen Sie Garne, die Sie gerade nicht verwenden, an der Seite der Arbeit mit, um sich das Sichern der Enden zu ersparen.**

43

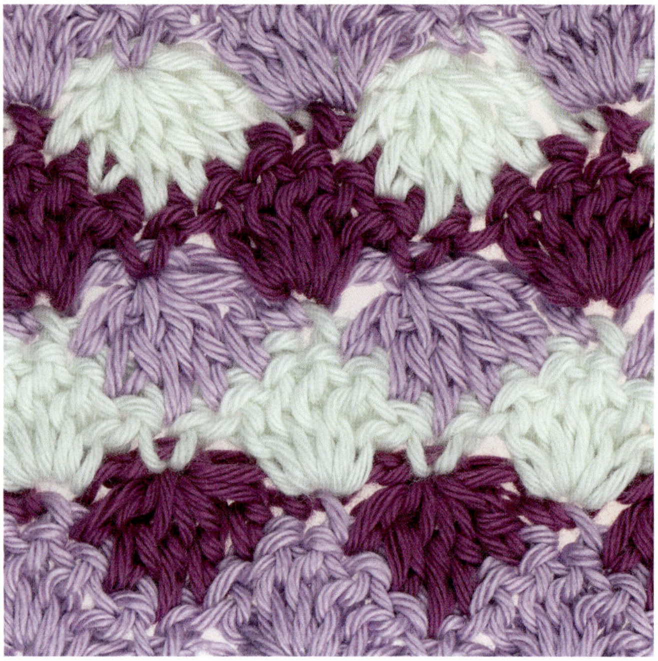

Verwobene Muscheln

DIE GESCHICKTE VERWENDUNG VON FARBEN FUNKTIONIERT BEI DIESEM MUSTER BESONDERS GUT. ES HANDELT SICH UM EIN EINFACHES MUSTER, DAS AUS ZWEI REIHEN BESTEHT UND AUCH LEICHT VON EINEM EINSTEIGER AUSPROBIERT WERDEN KANN. SIE KÖNNEN DIE GARNE ABSCHNEIDEN UND WIEDER EINHÄKELN ODER ENTLANG DER SEITEN DES WERKSTÜCKS MITFÜHREN. DAMIT ES SICH NICHT WELLT, ZIEHEN SIE DIE GARNE NICHT ZU FEST. HÄKELN SIE JE EINE REIHE MIT GARN A, B UND C.

Anfangsluftmaschenkette: Vielfaches von 14 M + 3

Anleitung für die verwobenen Muscheln:

a

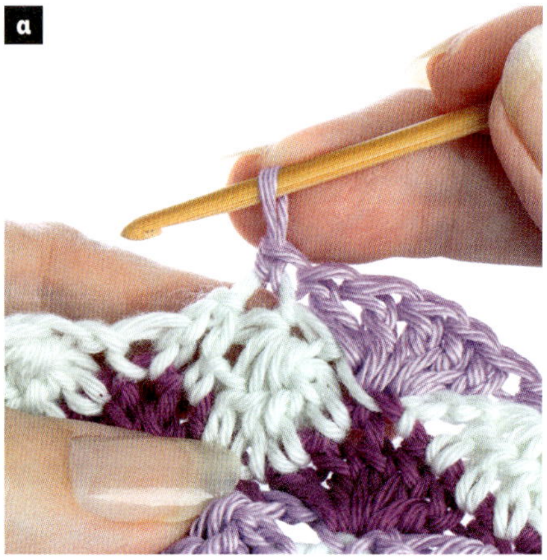

b

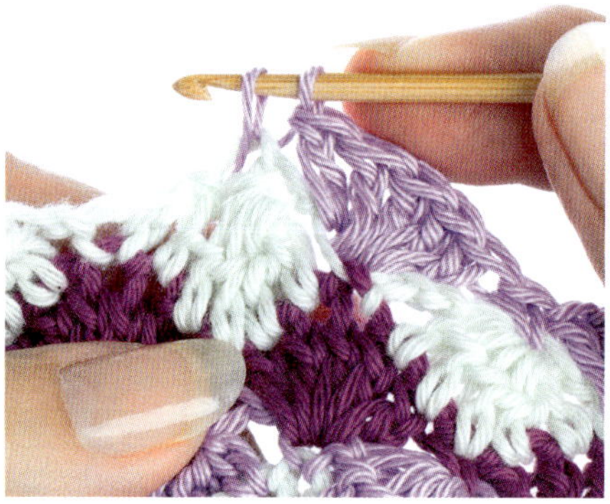

c

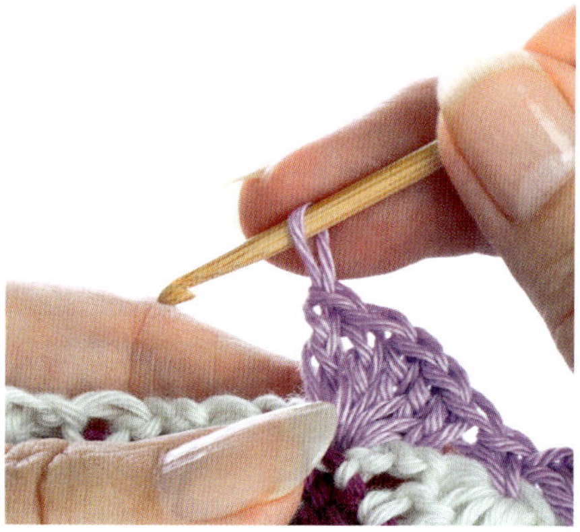

Reihe 1: Mit Garn A 1 fM in die 2. Lm von der Nadel, * 2 Lm ausl, 5 Stb in die nächste Lm, 2 Lm ausl, 1 fM in die nächste Lm; wdh ab * bis zum Ende der Reihe, zu Garn B wechseln und wenden.

Reihe 2: Mit Garn B 3 Lm (zählen als 1 Stb) häkeln, 2 Stb in die 1. fM, * 1 fM in das mittlere Stb der nächsten Muschel aus 5 Stb, ** 5 Stb in die nächste fM; wdh ab * und die letzte Wdh bei ** beenden, 3 Stb in die letzte fM, zu Garn C wechseln und wenden. a b c

Reihe 3: Mit Garn C 1 Lm häkeln, 1 fM in das 1. Stb, * 5 Stb in die nächste fM, 1 fM in das mittlere Stb der nächsten Muschel aus 5 Stb; wdh ab * und die letzte fM in die Wm häkeln, wenden. Reihe 2–3 für das Muster wdh., bei dem Sie die Farbfolge konsequent beibehalten müssen.

Kristallwellen

44

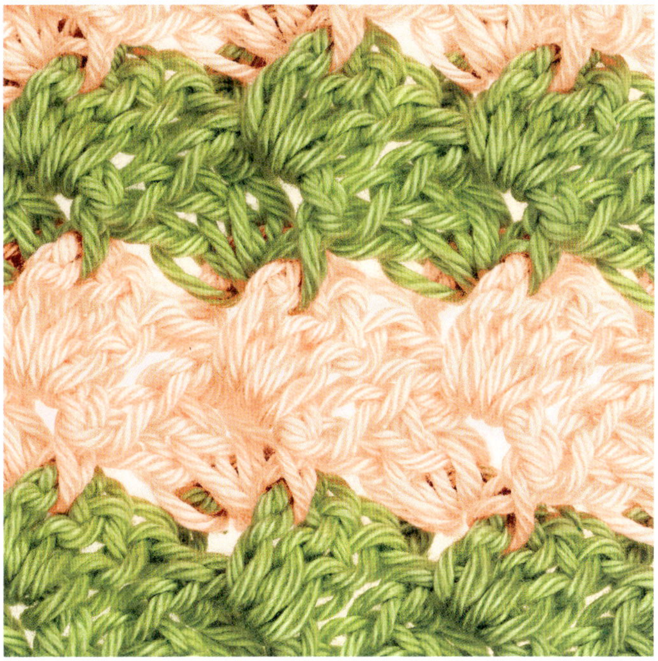

DIESES ATTRAKTIVE MUSTER ERZEUGT EINE STARKE STRUKTUR. DURCH DIE RELIEFMASCHEN UND DAS DAZUGEHÖRIGE HÄKELN UM DEN MASCHENKÖRPER IST ES HERAUSFORDERNDER, DAFÜR ABER SOWOHL EINFARBIG ALS AUCH IN STREIFEN EIN ECHTER HINGUCKER.

Anfangsluftmaschenkette: Vielfaches von 4 M
Spezielle Abkürzungen: fRM (feste Reliefmasche vorne) = die Nadel von vorne nach hinten und wieder nach vorne um den Maschenkörper (den vertikalen, stehenden Teil) der nächsten M einstechen, U, Garn durchziehen, U und fM fertigstellen.

Anleitung für die Kristallwellen:

a

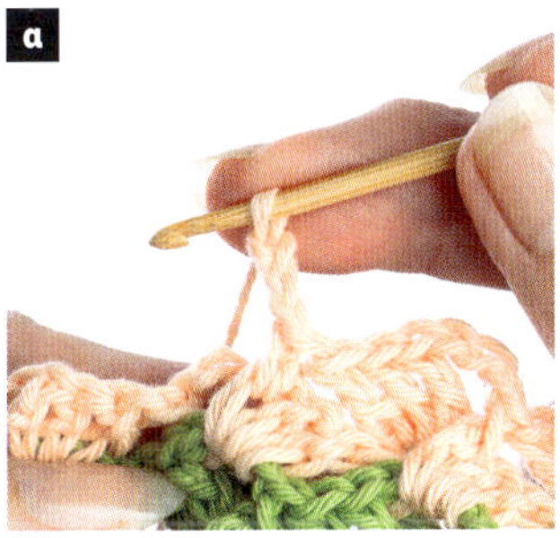

b

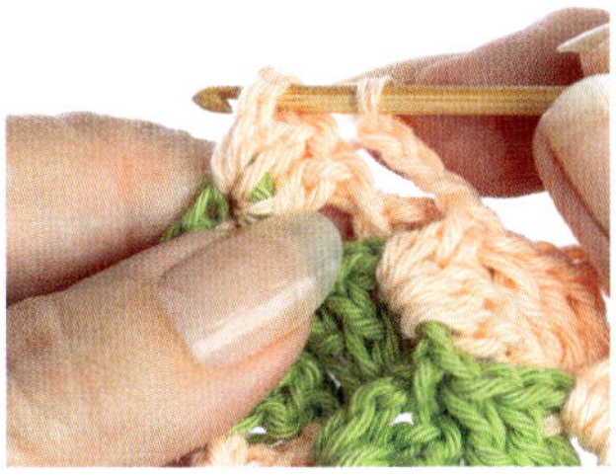

c

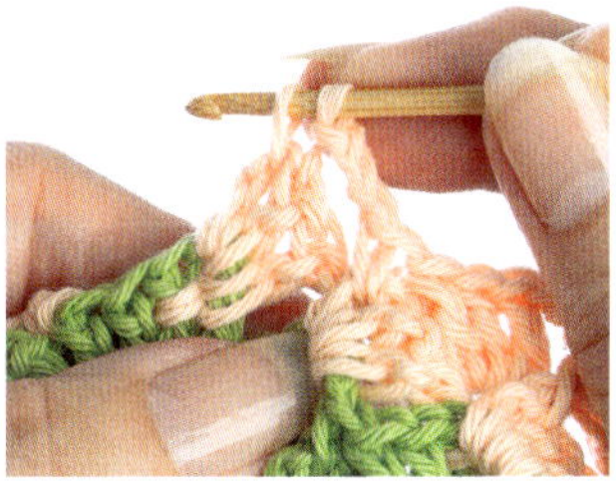

d

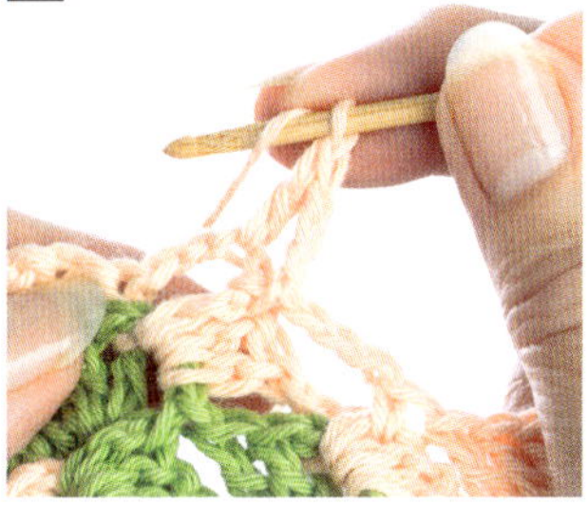

e

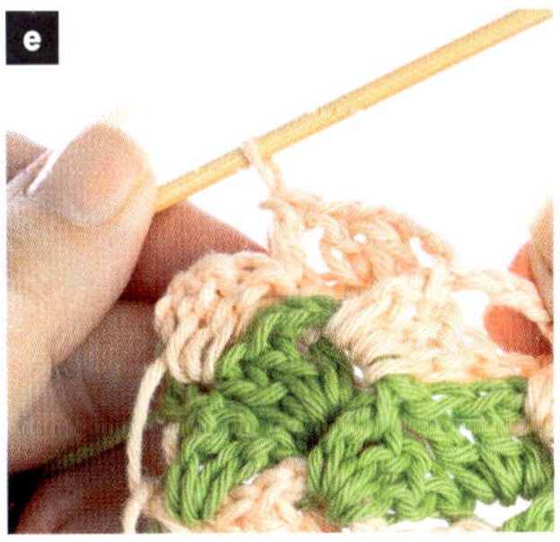

f

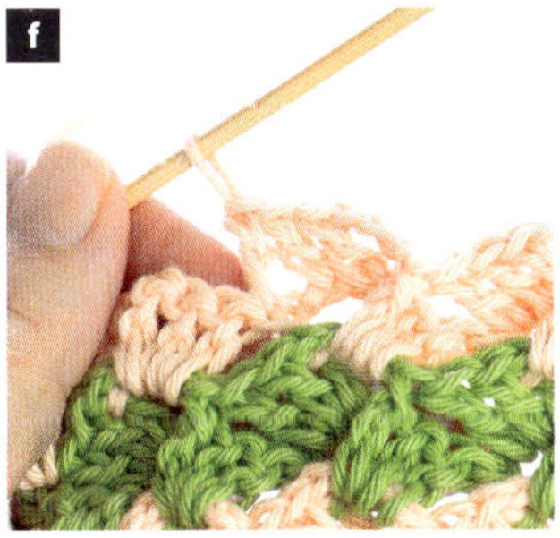

Reihe 1: 1 Stb in die 4. Lm von der Nadel, 1 Stb in dieselbe M, 3 Lm ausl, 1 fM in die nächste Lm, 3 Lm, 3 Stb in dieselbe Lm, * 3 Lm ausl, 1 fM in die nächste Lm, 3 Lm, 3 Stb in dieselbe Lm; wdh ab * und mit 1 fM in die letzte Lm enden, wenden.

Reihe 2: 3 Lm, 1 Stb in dieselbe M, * 1 fRM um das 3. Stb der Gruppe aus 3 Stb, 3 Lm, 3 Stb in den nächsten Lm-Bg aus 3 Lm; wdh ab * und mit 1 fM in das letzte Stb der Vorreihe enden, wenden. a b c d e f

Reihe 2 für das Muster wdh.

45

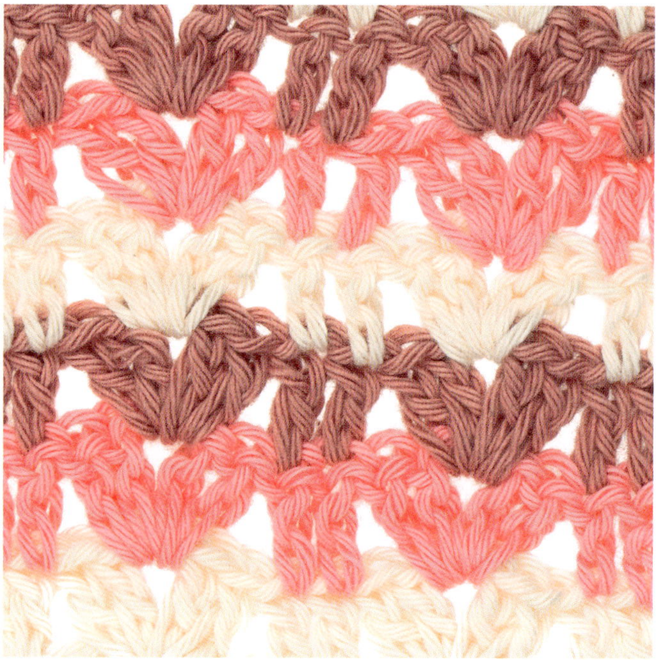

2:4-Muster

DIES IST EIN SEHR EINFACHES EINREIHIGES, SICH WIEDERHOLENDES MUSTER, WESHALB ES PERFEKT FÜR EINSTEIGER GEEIGNET IST. IN REIHEN MIT DREI VERSCHIEDENEN FARBEN ENTSTEHT SO EIN ANSEHNLICHES WERKSTÜCK.

Anfangsluftmaschenkette: Vielfaches von 7 M + 4 für die Aufbaureihe

Anleitung für das 2:4-Muster:

a

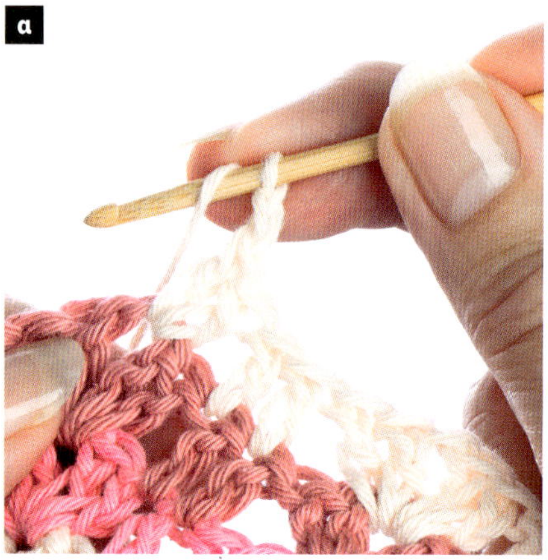

b

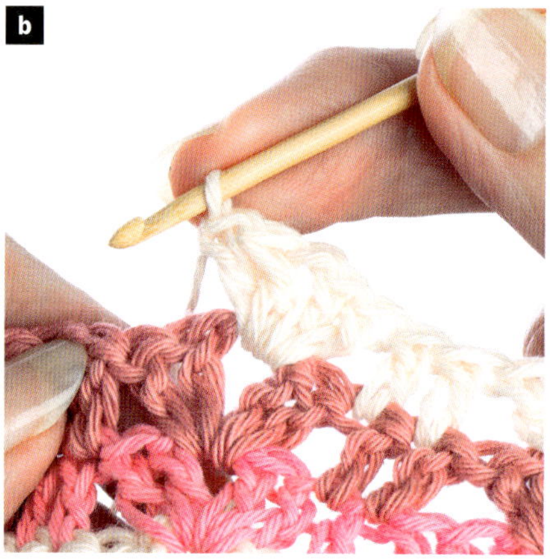

c

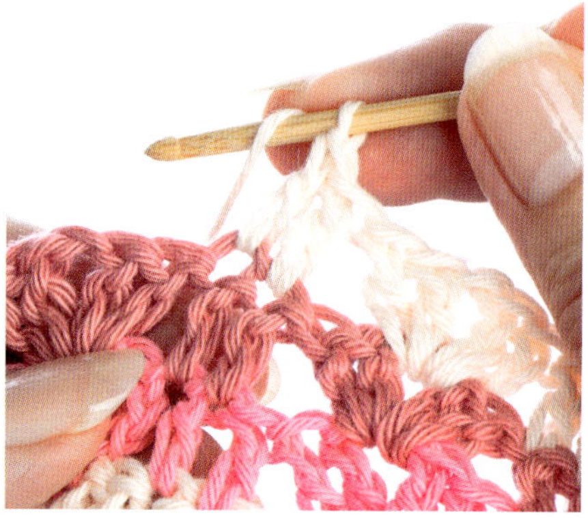

Reihe 1: Mit Garn A 1 Stb in die 4. Lm von der Nadel, * 2 Lm ausl, (2 Stb, 1 Lm, 2 Stb) in die nächste Lm, 2 Lm ausl, je 1 Stb in jd der nächsten 2 Lm; wdh ab * bis zum Ende der Reihe, zu Garn B wechseln, wenden.

Reihe 2: Mit Garn B 3 Lm, 1 Stb in das nächste Stb, * (2 Stb, 1 Lm, 2 Stb) in 1 Lm-Bg der nächsten Gruppe, je 1 Stb in jd der nächsten 2 Stb; wdh ab * bis zum Ende der Reihe, zu Garn C wechseln, wenden. a b c

Reihe 2 für das Muster wdh, denken Sie dabei daran, die Sequenzen mit Garn A, B und C fortzuführen.

TIPP **Führen Sie die Garne, die Sie gerade nicht verwenden, lose entlang der Seite der Arbeit mit, um das Abschneiden und Wiedereinhäkeln zu vermeiden.**

Weiche Wellen

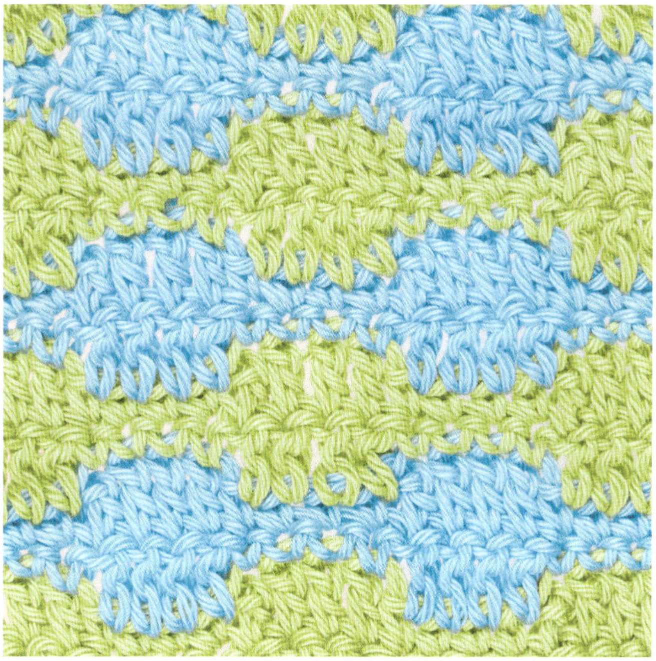

46

DIESES ATTRAKTIVE MUSTER ENTSTEHT DURCH VERSCHIEDEN LANGE MASCHEN IN DERSELBEN REIHE. SIE KÖNNEN KNALLIGE FARBEN VERWENDEN ODER AUCH AUF PASTELLTÖNE SETZEN.

Anfangsluftmaschenkette: Vielfaches von 8 M + 5

Anleitung für die weichen Wellen:

a

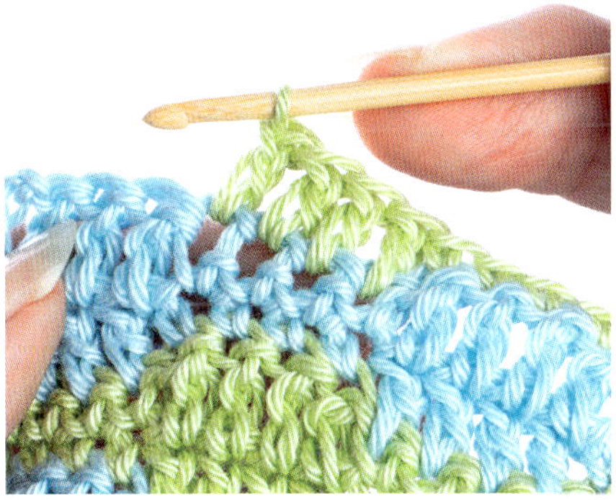

b

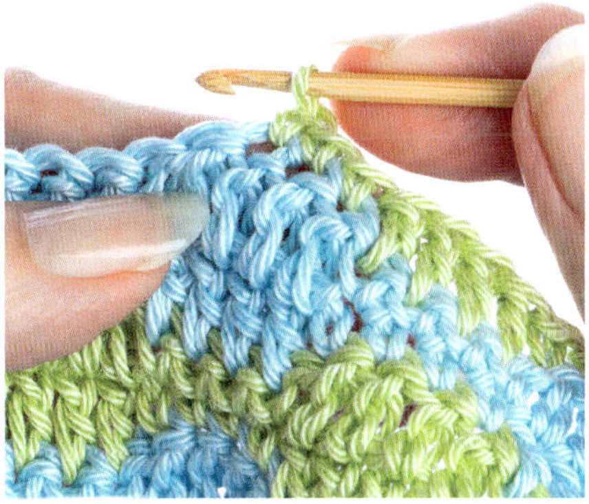

Häkeln Sie 2 Reihen in Farbe A und 2 Reihen in Farbe B.
Reihe 1: 1 fM in die 2. Lm von der Nadel, je 1 fM in jd der nächsten 2 Lm, * je 1 Stb in jd der nächsten 4 Lm, je 1 fM in jd der nächsten 4 Lm; wdh ab * bis zum Ende der Reihe, wenden.

Reihe 2: 1 Lm, 1 M ausl, je 1 fM in jd der nächsten 3 M, * je 1 Stb in jd der nächsten 4 M, je 1 fM in jd der nächsten 4 M; wdh ab * bis zum Ende der Reihe, dabei die letzte M in die Wm häkeln, wenden. **a**

Reihe 3: 3 Lm (zählen als 1 Stb), 1 M ausl, je 1 Stb in die nächsten 3 M, * je 1 fM in jd der nächsten 4 M, je 1 Stb in jd der nächsten 4 M; wdh ab *, dabei die letzte M in die Wm häkeln, wenden. **b**
Reihe 4: Wie Reihe 3 häkeln.
Reihe 5 und 6: Wie Reihe 2 häkeln.
Reihe 3–6 für das Muster wdh.

47

Bunte Kreuzschraffur

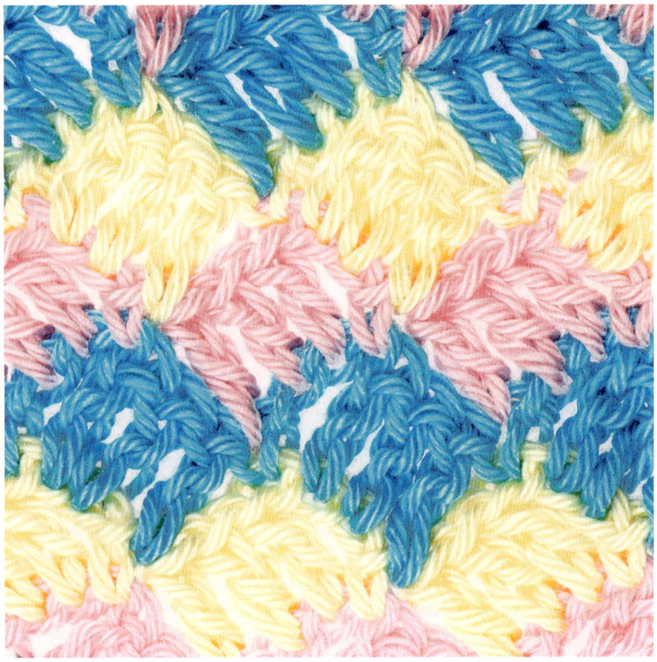

DIESES MUSTER WIRD GEBILDET, INDEM GLEICH LANGE MASCHEN IN EINE LUFTMASCHENKETTE GEHÄKELT WERDEN, WODURCH EINE WENDEARBEIT ENTSTEHT. HIN- UND RÜCKREIHEN ERGEBEN, DASS DIE MASCHEN SICH IN VERSCHIEDENE RICHTUNGEN NEIGEN. DIE GESCHICKTE VERWENDUNG VON FARBEN SORGT BEI DECKEN, ÜBERWÜRFEN, TÜCHERN UND WOHN-ACCESSOIRES FÜR DEN LETZTEN SCHLIFF.

Anfangsluftmaschenkette: Vielfaches von 7 M + 5 + 3 für die Aufbaureihe

Anleitung für die bunte Kreuzschraffur:

a

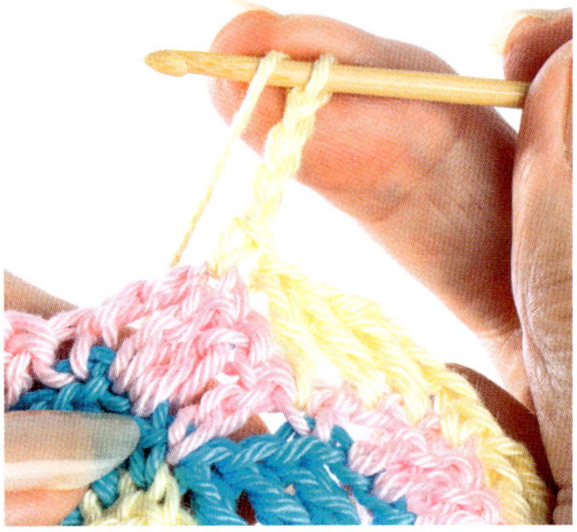

b

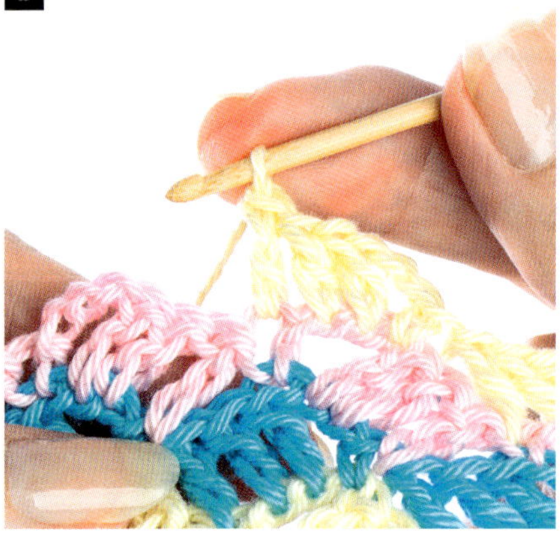

c

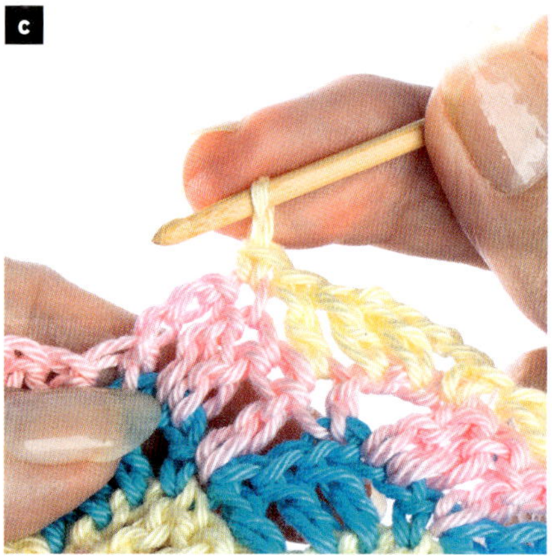

Häkeln Sie die Reihen jeweils mit Garn A, B und C.

Reihe 1: 1 Stb in die 3. Lm von der Nadel (zählt als 1 Stb), 2 Stb in die nächste Lm, * 3 Lm ausl, 1 fM in die nächste Lm, 3 Lm, je 1 Stb in die nächsten 3 Lm; wdh ab * bis zu den letzten 4 Lm, 3 Lm ausl, 1 fM in die letzte M, wenden.

Reihe 2: 3 Lm (zählen als 1 Stb), 2 Stb in die 1. fM, * 3 Stb ausl, 1 fM in die 1. der nächsten 3 Lm, 3 Lm, je 1 Stb in jd der nächsten 2 Lm, 1 Stb in die nächste fM; wdh ab * bis zum vorletzten Stb, 2 Stb ausl, 1 fM in die Wm, wenden.

a b c

Reihe 2 für das Muster wdh.

Raupenmuster

48

DIES IST EIN RECHT HERAUSFORDERNDES MUSTER, DAS AM BESTEN VON ERFAHRENEREN HÄKLERINNEN UND HÄKLERN ANGEFERTIGT WIRD. DAS SO ENTSTEHENDE WERKSTÜCK HAT HOCHGEZOGENE FARBSTREIFEN.

Anfangsluftmaschenkette: Vielfaches von 4 M + 4

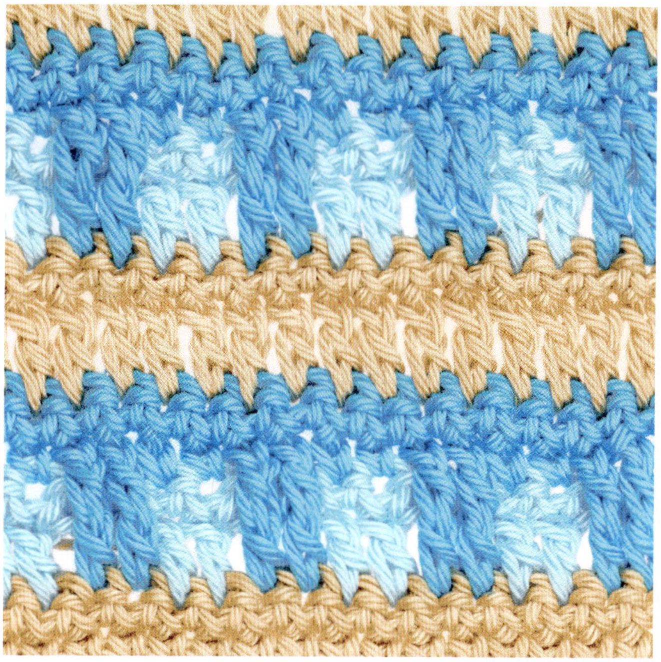

Anleitung für das Raupenmuster:

a

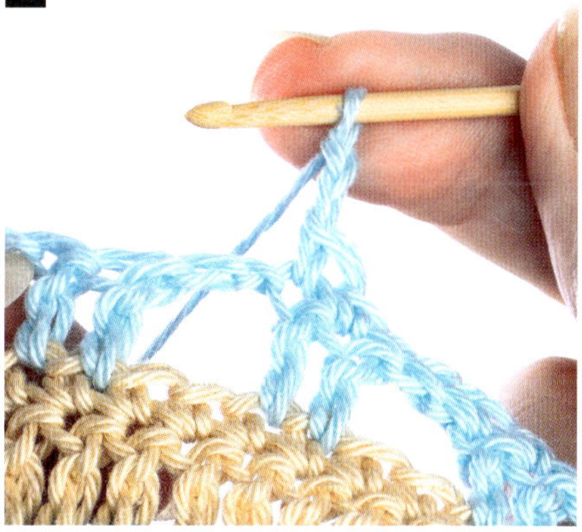

b

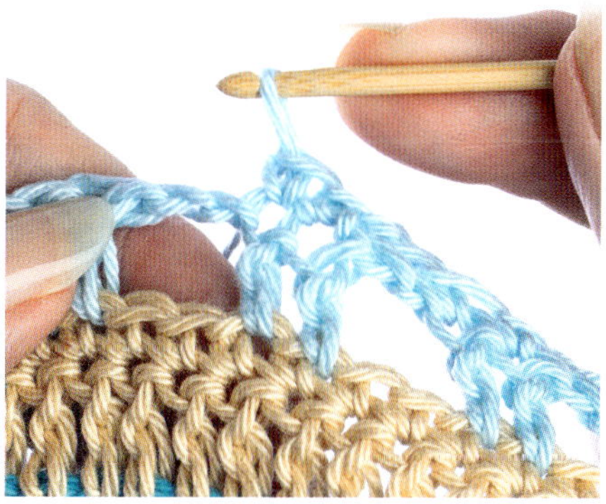

c

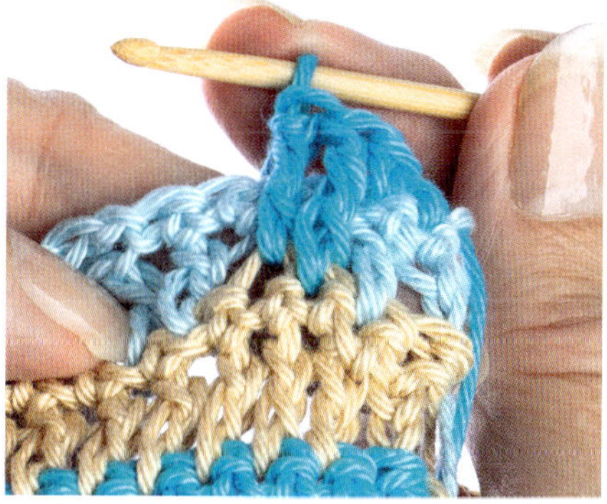

d

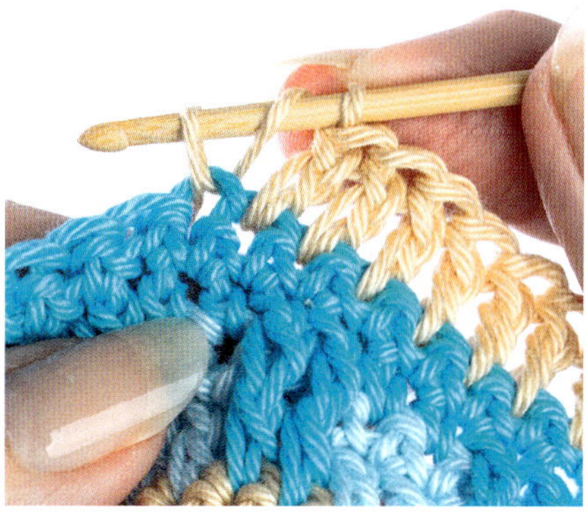

Reihe 1: 1 Stb in die 4. Lm von der Nadel, je 1 Stb in jd Lm bis zum Ende der Reihe, wenden.

Reihe 2: 1 Lm, je 1 fM in jd Stb bis zum Ende der Reihe, wenden.

Reihe 3: 3 Lm (zählen als 1 Stb), die 1. fM ausl, 1 Stb, * 2 Lm, 2 fM ausl, je 1 Stb in die nächsten 2 fM; wdh ab * bis zum Ende der Reihe, wenden. **a**

Reihe 4: 1 Lm, je 1 fM in jd der nächsten 2 Stb, * 2 Lm, je 1 fM in jd der nächsten 2 Stb; wdh ab * bis zum Ende der Reihe, dabei die letzte fM in die 3. der 3 Lm vom Beg der Vorreihe häkeln, wenden. **b**

Reihe 5: 1 Lm, je 1 fM in jd der nächsten 2 fM, * 1 DStb in jd der 2 ausgelassenen fM 3 Reihen zuvor, je 1 fM in jd der nächsten 2 fM; wdh ab * bis zum Ende der Reihe, wenden. **c**

Reihe 6: 1 Lm, je 1 fM in jd fM und DStb bis zum Ende der Reihe, wenden.

Reihe 7: 3 Lm, die 1. fM ausl, je 1 Stb in jd fM bis zum Ende der Reihe, wenden. **d**

Reihe 8: 1 Lm, je 1 fM in jd Stb bis zum Ende der Reihe, dabei die letzte fM in die 3. Lm der 3 Lm aus der Vorreihe häkeln, wenden.

Reihe 3–8 für das Muster wdh.

49

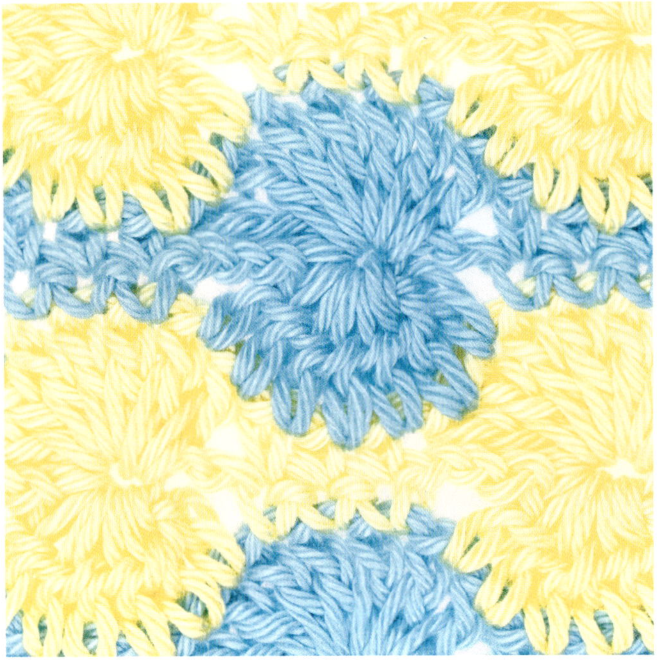

Catherine-Wheels-Muster

FÜR DIE RÄDER WERDEN REIHEN AUS ÜBEREINANDER GEHÄKELTEN, ABWECHSELNDEN MASCHENGRUPPEN UND MUSCHELN KOMBINIERT. JEDE RADHÄLFTE WIRD ENTWEDER DURCH EINE 7-MASCHIGE MASCHENGRUPPE ODER EINE MUSCHEL AUF EINE SOLCHE GEHÄKELT. DIE LETZTEN SCHLINGEN WERDEN NICHT FERTIGGEHÄKELT, SONDERN AUF DER NADEL BEHALTEN. MASCHENGRUPPEN WERDEN DURCH GLEICHZEITIGES DURCHZIEHEN ALLER SCHLINGEN AUF DER NADEL FERTIGGESTELLT.

Anfangsluftmaschenkette: Vielfaches von 10 M + 7
Spezielle Abkürzung: Bm (Büschelmasche) = Häkeln Sie (U, Nadel in die entsprechende M stechen, U, Schlinge durchziehen, U, Garn durch 2 Schlingen ziehen) über die angegebene Maschenanzahl, U, das Garn durch alle Schlingen auf der Nadel ziehen.

Anleitung für das Catherine-Wheels-Muster:

a
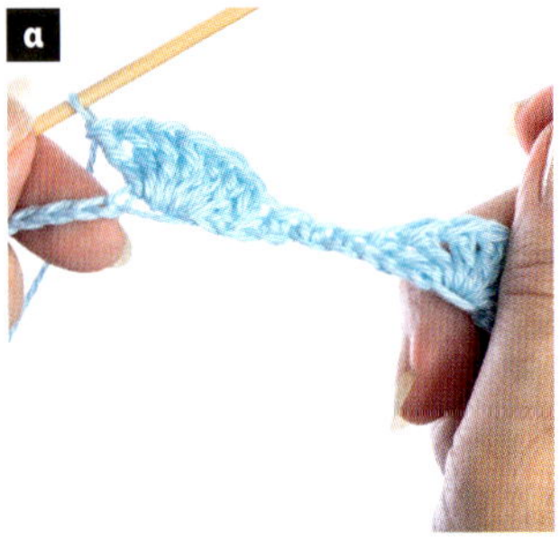

b
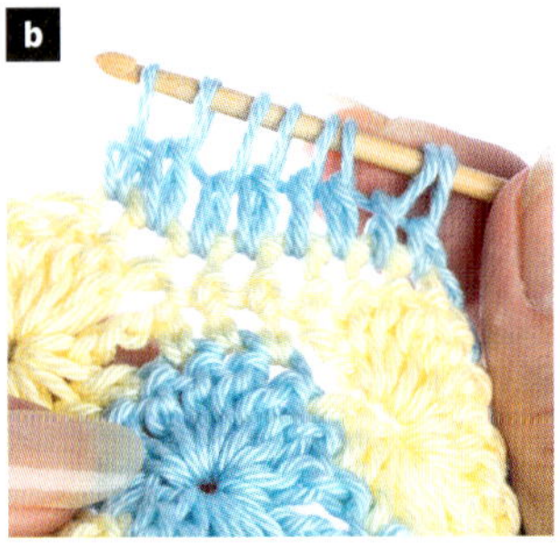

c
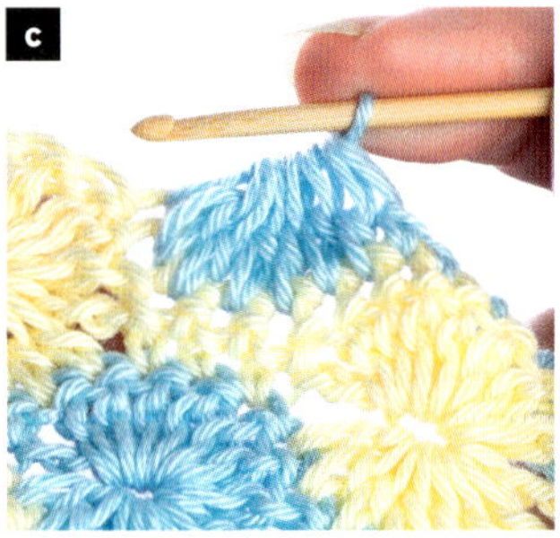

d
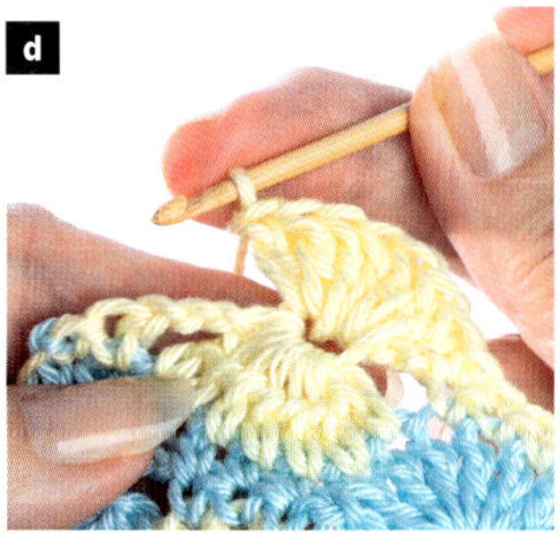

Reihe 1: 1 fM in die 2. Lm von der Nadel, 1 fM in die nächste Lm, * 3 Lm ausl, 7 Stb in die nächste Lm, 3 Lm ausl, je 1 fM in jd der nächsten 3 Lm; wdh ab * bis zu den letzten 4 Lm, 4 Stb in die letzte Lm, wenden. a
Reihe 2: 1 Lm, 1 fM in die 1. M, 1 fM in die nächste M, * 3 Lm, 1 Bm über die nächsten 7 M, 3 Lm, je 1 fM in jd der nächsten 3 Stb; wdh ab * bis zu den letzten 4 M, 3 Lm, 1 Bm über die nächsten 4 M, wenden. b c
Reihe 3: 3 Lm (zählen als 1 Stb), 3 Stb in die 1. M, * 3 Lm ausl, je 1 fM in jd der nächsten 3 fM, 3 Lm ausl, 7 Stb in die Schlinge, die die nächste Bm geschlossen hat; wdh ab * bis zum Ende der Reihe, dabei 3 Lm ausl und mit je 1 fM in jd der letzten 2 fM enden, wenden. d
Reihe 4: 3 Lm (zählen als 1 Stb), die 1. M ausl, 1 Bm über die nächsten 3 M, * 3 Lm, je 1 fM in jd der nächsten 3 M, 3 Lm, 1 Bm über die nächsten 7 M; wdh ab * und dabei mit 3 Lm, 1 fM in die nächsten M und 1 fM in die Wm enden, wenden.
Reihe 5: 1 Lm, je 1 fM in jd der ersten 2 fM, * 3 Lm ausl, 7 Stb in die Schlinge, die die nächste Bm geschlossen hat, 3 Lm ausl, je 1 fM in jd der nächsten 3 fM; wdh ab * und dabei 3 Lm ausl und 4 Stb in die Wm, wenden.
R 2-5 für das Muster wdh.

Langes Wellenmuster

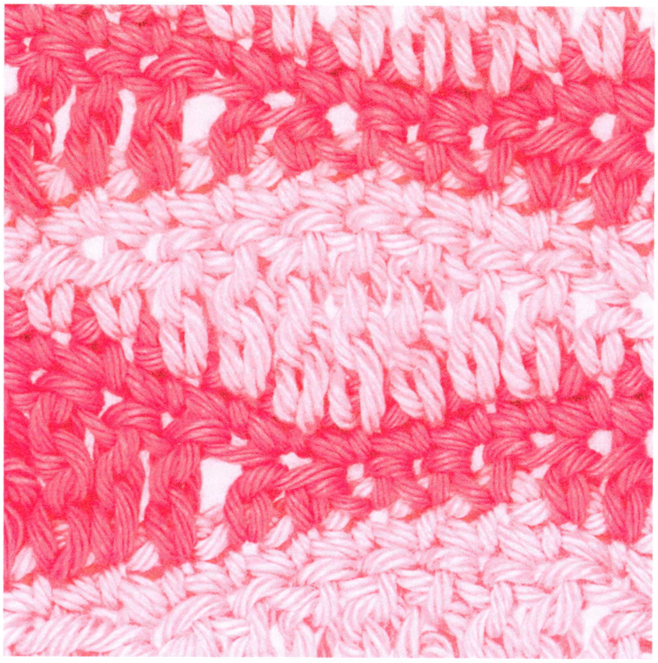

50

VERSCHIEDEN LANGE MASCHEN IN DERSELBEN REIHE ERZEUGEN DIESES WELLENMUSTER, DAS SICH HERVORRAGEND FÜR INEINANDER ÜBERGEHENDE FARBEN EIGNET.

Anfangsluftmaschenkette: Vielfaches von 14 M + 2
Spezielle Abkürzungen: Mgr (Maschengruppe) über 14 M = 1 fM in die nächste M, (1 hStb in die nächste M) 2-mal, (1 Stb in die nächste M) 2-mal, (1 DStb in die nächste M) 3-mal, (1 Stb in die nächste M) 2-mal, (1 hStb in die nächste M) 2-mal, (1 fM in die nächste M) 2-mal.
UMgr (umgekehrte Maschengruppe) über 14 M = 1 DStb in die nächste M, (1 Stb in die nächste M) 2-mal, (1 hStb in die nächste M) 2-mal, (1 fM in die nächste M) 3-mal (1 hStb in die nächste M) 2-mal (1 Stb in die nächste M) 2-mal, (1 DStb in die nächste M) 2-mal.

Anleitung für das lange Wellenmuster:

a
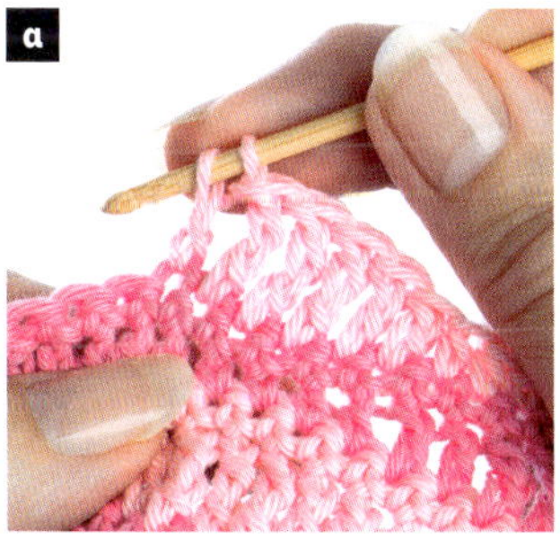

b
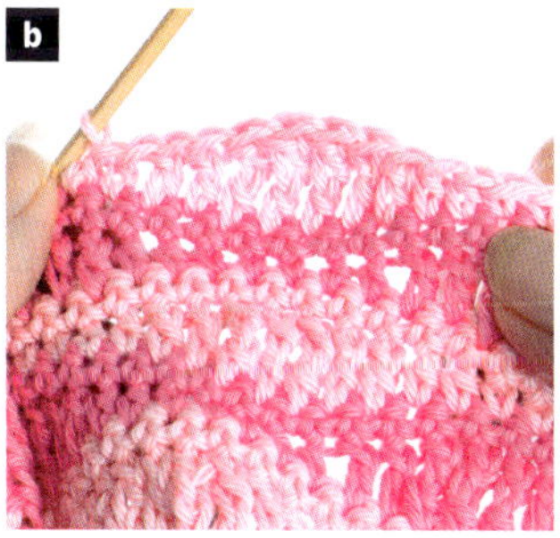

c
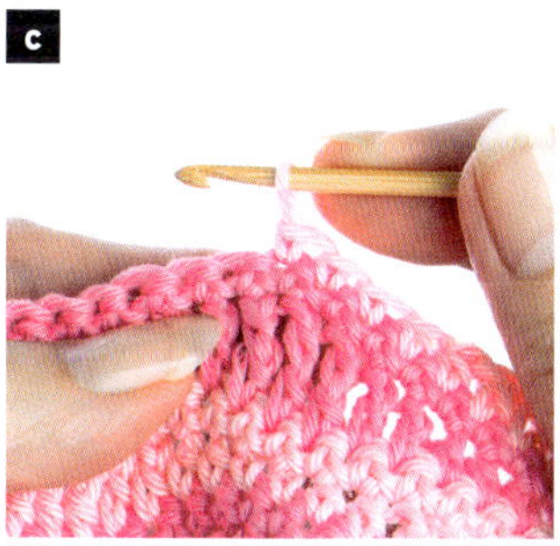

d
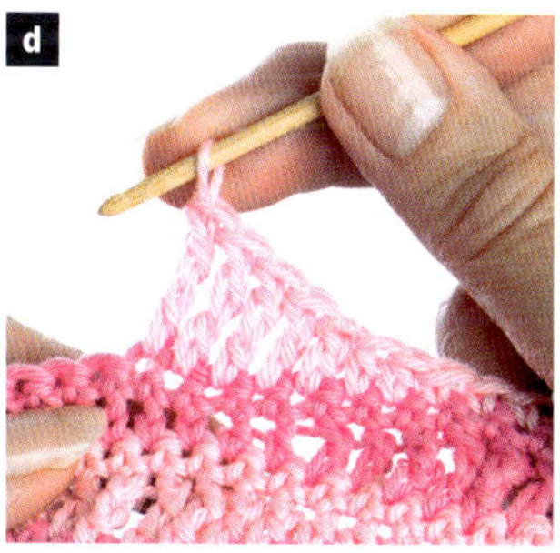

e
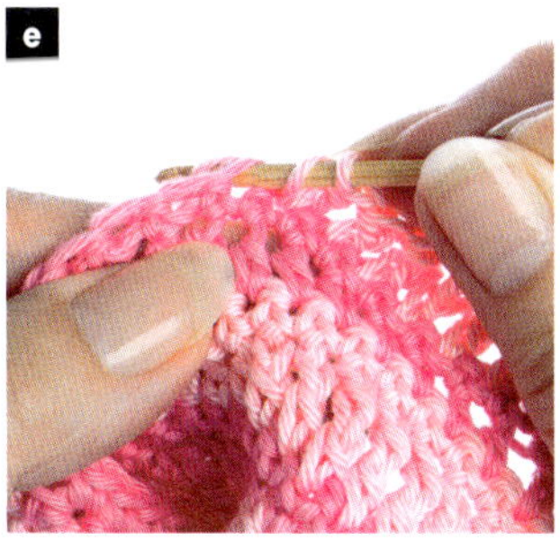

Häkeln Sie je 2 Reihen in Garn A und B.
Reihe 1: 2 Lm ausl, * 1 Mgr über die nächsten 14 Lm; wdh ab * bis zum Ende der Reihe, wenden. a b
Reihe 2: 1 Lm (zählt als 1 fM), 1 M ausl, je 1 fM bis zum Ende der Reihe, wenden.
Reihe 3: 4 Lm (zählen als 1 DStb), 1 M ausl, * UMgr über die nächsten 14 M; wdh ab * und die letzte Wdh in der Wm beenden, wenden.
Reihe 4: Häkeln Sie wie Reihe 2.
Reihe 5: 1 Lm (zählt als 1 fM), 1 M ausl, * 1 Mgr über die nächsten 14 M; wdh ab * und die letzte Wdh in der Wm beenden, wenden. c d e
Reihe 6: Häkeln Sie wie Reihe 2.
Reihe 3–6 für das Muster wdh.

51

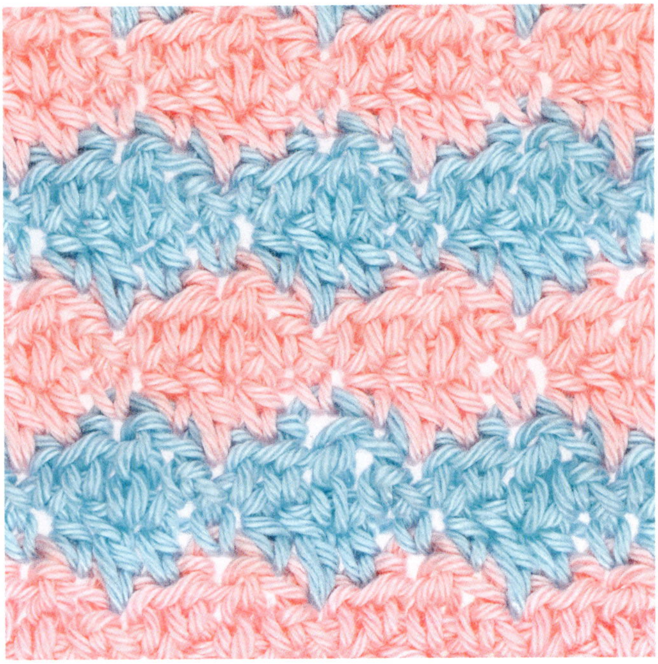

Kleines Wellenmuster

DIESES HÜBSCHE MUSTER ENTSTEHT DURCH DAS HÄKELN UNTERSCHIEDLICHER MASCHENLÄNGEN IN VERSCHIEDENEN REIHEN. DIE HÄKELARBEIT WIRD RECHT DICHT, JEDOCH MIT EINER NETTEN STRUKTUR.

Anfangsluftmaschenkette: Vielfaches von 4 M + 2

Anleitung für das kleine Wellenmuster:

a

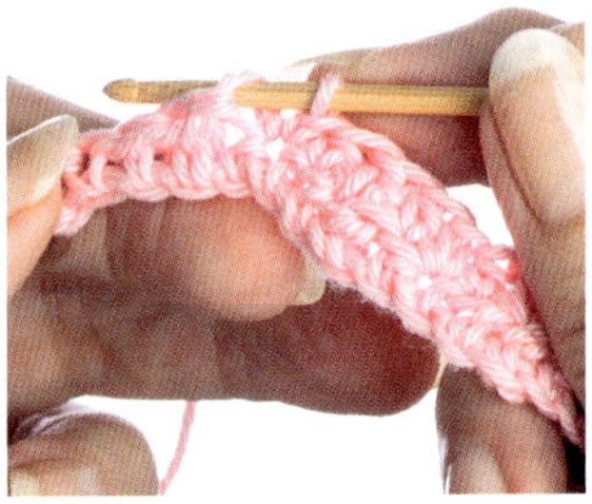

b

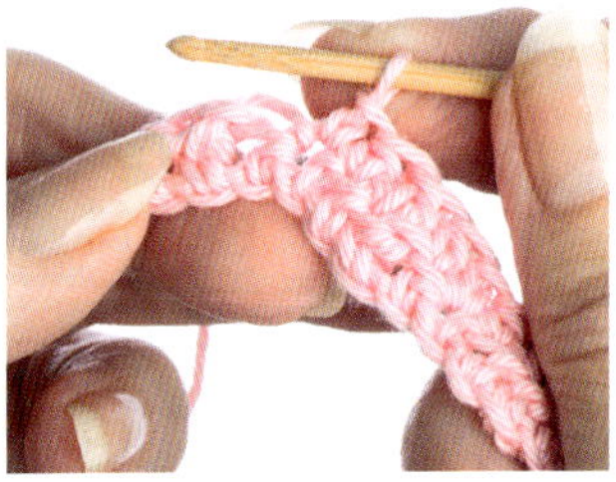

c

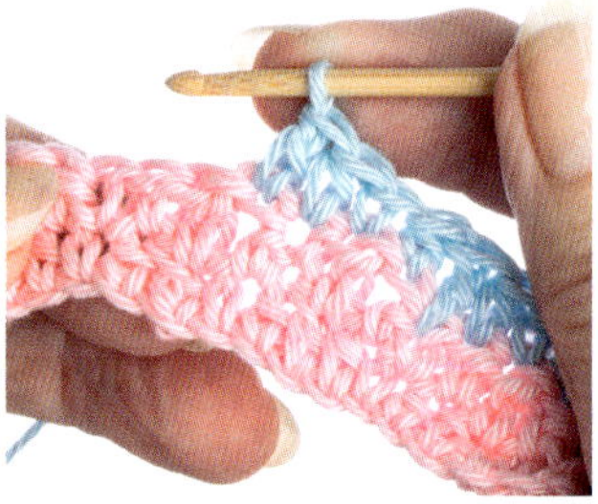

d

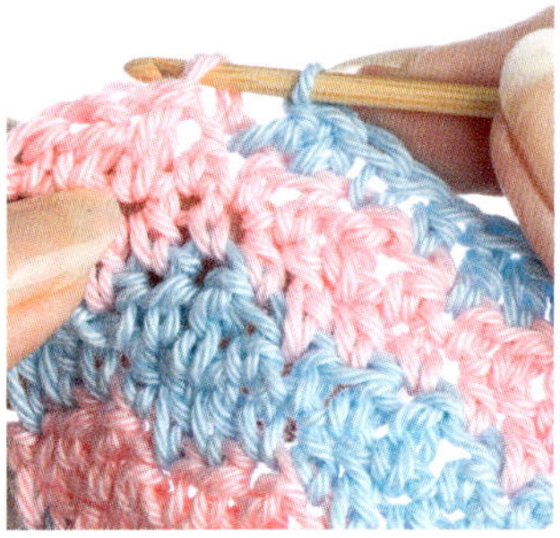

Häkeln Sie je 2 Reihen mit Garn A und B.

Reihe 1: 1 fM in die 2. Lm von der Nadel, * 1 hStb in die nächste Lm, 1 Stb in die nächste Lm; 1 hStb in die nächste Lm, 1 fM in die nächste Lm; wdh ab * bis zum Ende der Reihe, wenden.

Reihe 2: 1 Lm, 1 fM in die 1. M, * 1 hStb in das nächste hStb, 1 Stb in das nächste Stb, 1 hStb in das nächste hStb, 1 fM in die nächste fM; wdh ab * bis zum Ende der Reihe, wenden. a

Reihe 3: 3 LM (zählen als 1 Stb), die 1. M ausl, * 1 hStb in das nächste hStb, 1 fM in das nächste Stb, 1 hStb in das nächste hStb, 1 Stb in die nächste fM; wdh ab * bis zum Ende der Reihe, die Wm ausl, wenden. b

Reihe 4: 3 Lm (zählen als 1 Stb), die 1. M ausl, * 1 hStb in das nächste hStb, 1 fM in die nächste fM, 1 hStb in das nächste hStb, 1 Stb in das nächste Stb; wdh ab * und die letzte Wdh in der Wm enden lassen, wenden. c

Reihe 5: 1 Lm, 1 fM in die 1. M, * 1 hStb in das nächste hStb, 1 Stb in die nächste fM, 1 hStb in das nächste hStb, 1 fM in das nächste Stb; wdh ab * und die letzte Wdh in der Wm enden lassen, wenden. d

Reihe 2–5 für das Muster wdh.

Zickzack-webmuster

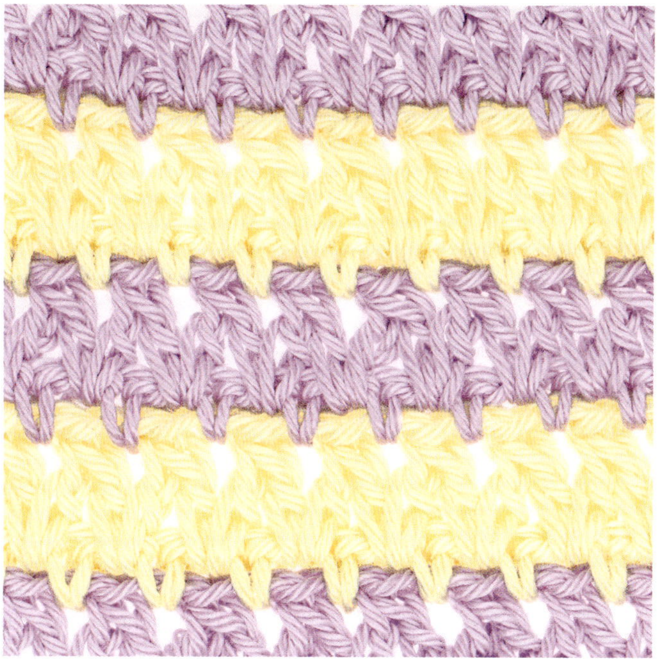

52

HIER FINDEN SIE EIN INTERESSANTES MUSTER, DAS EINANDER ABWECHSELNDE REIHEN ÜBERKREUZTER BÜSCHELMASCHEN UND DOPPELSTÄBCHEN KOMBINIERT. DADURCH ENTSTEHT EINE SCHÖNE, FESTE STRUKTUR. DIESE ART MUSTER EIGNET SICH GUT FÜR SCHALS, MÜTZEN UND WOHN-ACCESSOIRES.

Anfangsluftmaschenkette: Vielfaches von 4 M + 2

Anleitung für das Zickzackwebmuster:

a

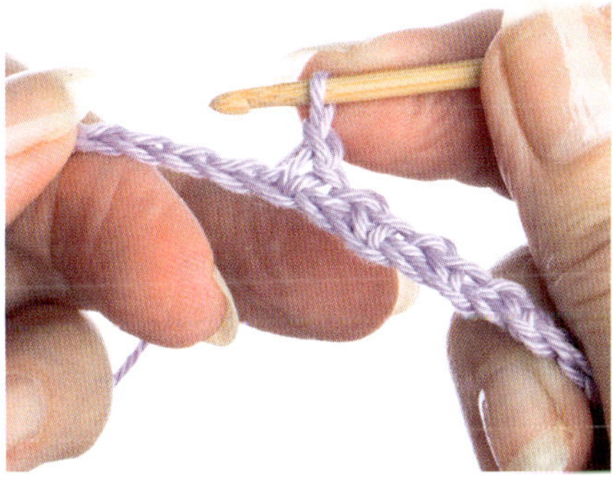

b

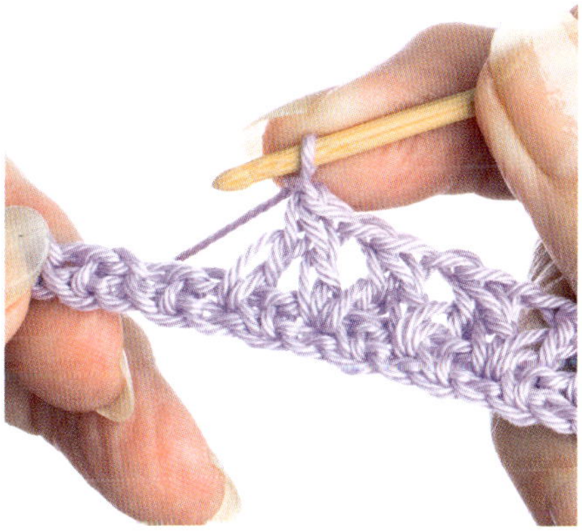

c

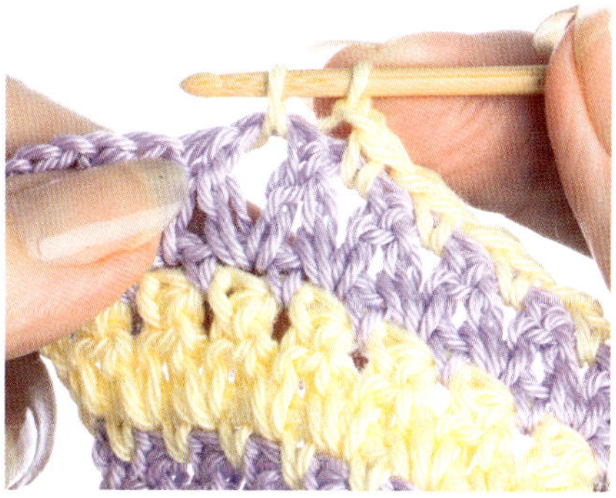

Häkeln Sie durchgehend 2 Reihen in Garn A und 2 Reihen in Garn B.
Reihe 1: 1 fM in die 2. Lm von der Nadel, * 1 Lm, 1 Lm ausl, * 1 fM in die nächste Lm; wdh ab * bis zum Ende der Reihe, wenden. **a**
Reihe 2: 3 Lm, 1 Stb in den Lm-Bg (zählt als 2 Stb zus häkeln), 1 Lm, 2 Stb zus häkeln und dabei die Nadel in dieselbe M wie zuvor für das 1. Bein und in die nächste Lücke für das 2. Bein stechen; wdh ab * bis zur letzten Lücke, dabei mit 1 Lm, 2 Stb zus häkeln über dieselbe Lücke und die letzte fM enden, die Wm ausl, wenden. **b**
Reihe 3: 1 Lm, 1 fM in die 1. M, * 1 fM in die nächste M, 1 Lm, die nächste Bm ausl; wdh ab * und mit 1 fM in die letzte M enden, wenden.
Reihe 4: 3 Lm (zählen als 1 Stb), 2 Stb zus häkeln und dabei die Nadel in die 1. M für das 1. Bein und in die nächste Lücke für das 1. Bein stechen, * 1 Lm, 2 Stb zus häkeln und dabei die Nadel in dieselbe M wie für das 2. Bein und in die nächste Lücke für das 2. Bein stechen; wdh ab * und mit dem 2. Bein der letzten Mgr in der letzten fM enden, 1 Stb an dieselbe Stelle, wenden.
Reihe 5: 1 Lm, 1 fM in die 1. M, * 1 Lm, die nächste Bm ausl, 1 fM in die nächste Lücke; wdh ab * und dabei die letzte fM in die Wm häkeln, wenden. **c**
Reihe 2–5 für das Muster wdh.

53

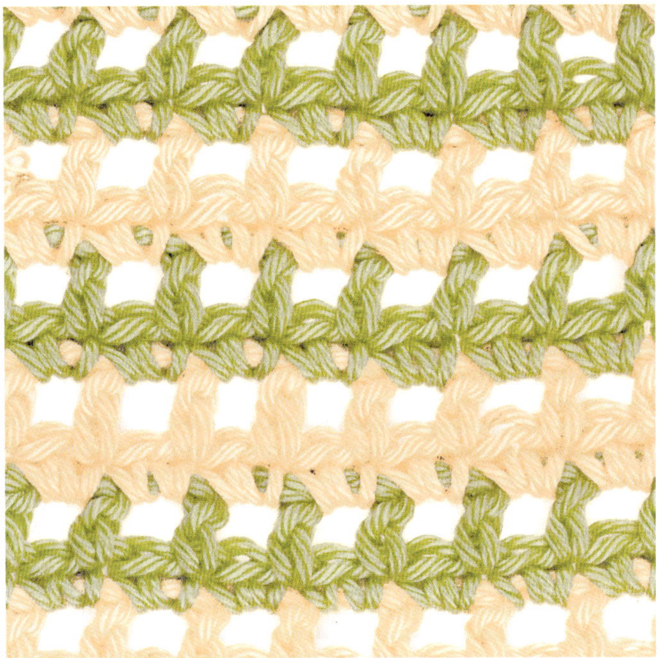

Gitterquadrate

DIES IST EIN EINFACHES, JEDOCH EFFEKTIVES MUSTER AUS EINER WIEDERHOLUNG VON NUR ZWEI REIHEN. ES IST IM STIL DES LOCHHÄKELNS GEHALTEN UND SIEHT HÜBSCH FÜR EINE BABYDECKE ODER EINEN ÜBERWURF AUS. ICH HABE HIER ZWEI FARBEN VERWENDET, SIE KÖNNEN JEDOCH SO VIELE VERWENDEN, WIE SIE MÖCHTEN.

Anfangsluftmaschenkette: Vielfaches von 2 M

Anleitung für die Gitterquadrate:

a

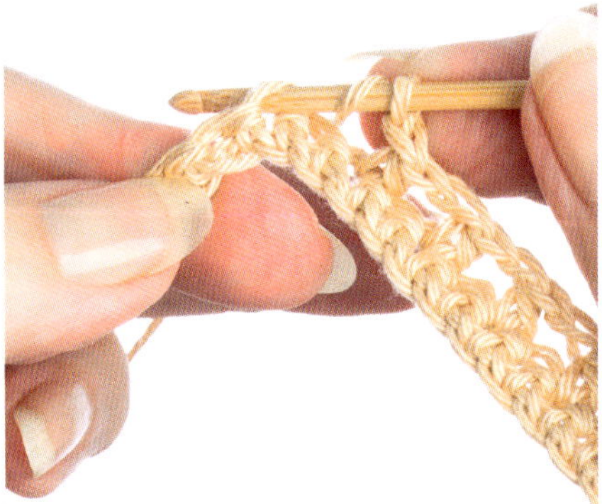

b

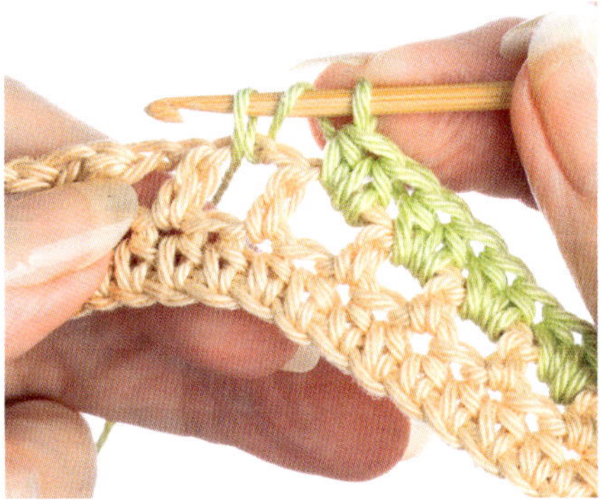

c

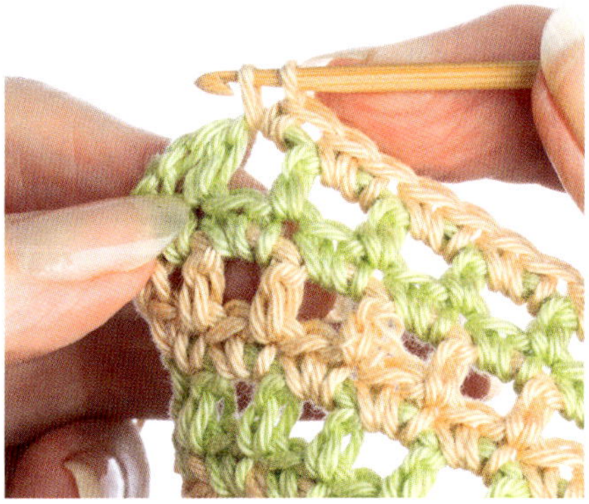

Häkeln Sie die Aufbaureihe in Farbe A, dann zwei Reihen in Farbe A und 2 Reihen in Farbe B.
Reihe 1: 1 fM in die 2. Lm von der Nadel, je 1 fM in jd Lm bis zum Ende der Reihe, wenden.

Reihe 2: 4 Lm (zählen als 1. hStb und 1 Lm), 1 fM ausl, * 1 hStb in die nächste fM, 1 Lm, 1 fM ausl; wdh ab * und mit einem letzten hStb in die letzte fM enden, wenden. a

Reihe 3: 1 Lm, * 2 fM in den nächsten Lm-Bg; wdh ab * bis zum Ende der Reihe, wenden. b c
Reihe 2–3 für das Muster wdh.

Fächer-schwanzmuster

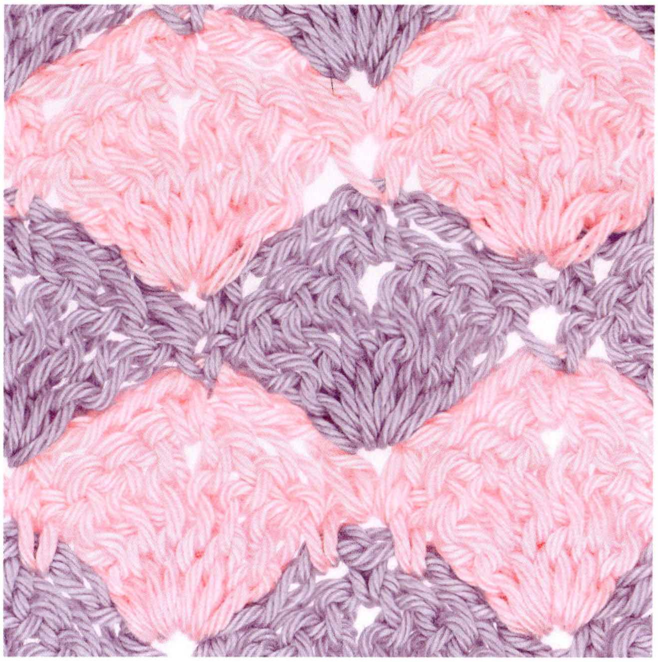

54

DIESES HÜBSCHE MUSTER BESTEHT AUS EINANDER ABWECHSELNDEN REIHEN AUS STÄBCHEN-MUSCHELN, DIE EINE DICHTE, FESTE HÄKELARBEIT ENTSTEHEN LASSEN. VERWENDEN SIE VERSCHIEDENE FARBSCHATTIERUNGEN ODER LEUCHTENDE KONTRASTE, UM IHRE PROJEKTE AUF VIELFÄLTIGE ART ZU GESTALTEN.

Anfangsluftmaschenkette: Vielfaches von 10 M + 2
Spezielle Abkürzungen: Fächer = 3 Stb, 1 Lm, 3 Stb
V-Masche (V) = 1 Stb, 1 Lm, 1 Stb.

Anleitung für das Fächerschwanzmuster:

a

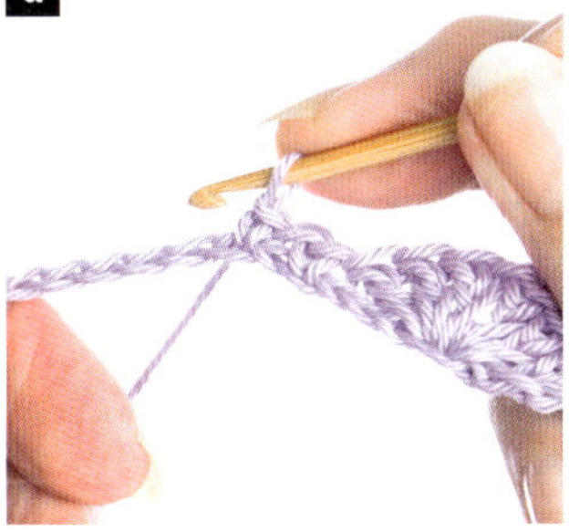

b

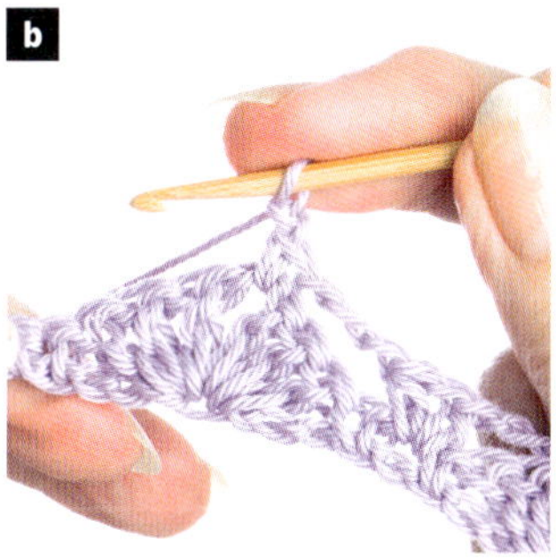

c

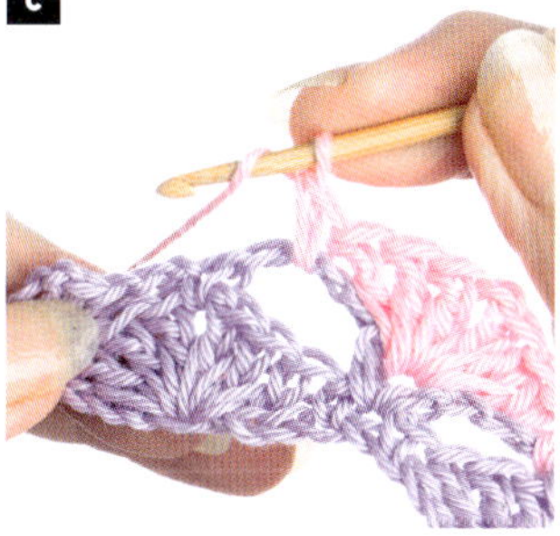

d

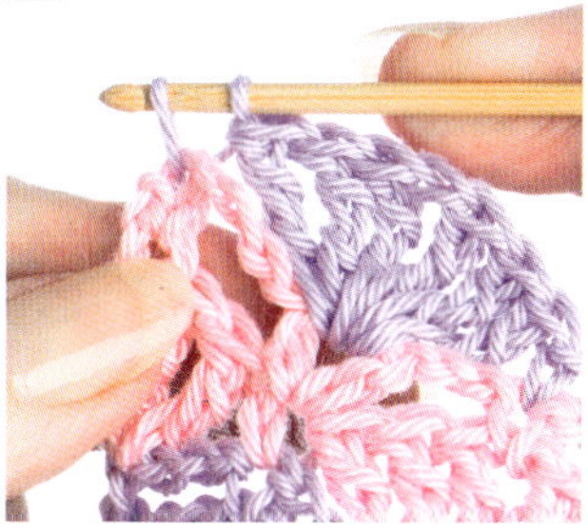

Häkeln Sie 2 Reihen in Garn A und 2 Reihen in Garn B.

Reihe 1: 1 fM in die 2. Lm von der Nadel, 1 fM in die nächste Lm, * 3 Lm ausl, 1 Fächer in die nächste Lm, 3 Lm ausl, 1 fM in die nächste Lm, ** 1 Lm, 1 Lm ausl, 1 fM in die nächste Lm; wdh ab * und die letzte Wdh mit ** beenden, 1 fM in die letzte Lm, wenden. **a**

Reihe 2: 2 Lm (zählen als 1 Stb), 1 Stb in die 1. M, * 3 Lm, 1 fM in den mittleren Lm-Bg des nächsten Fächers, 3 Lm, ** 1 V in den nächsten Lm-Bg; wdh ab * und die letzte Wdh bei ** beenden, 2 Stb in die letzte fM, wenden. **b**

Reihe 3: 3 Lm, 3 Stb in die 1. M, * 1 fM in den nächsten Lm-Bg aus 3 Lm, 1 Lm, 1 fM in den nächsten Lm-Bg, ** 1 Fächer in den Lm-Bg in der Mitte des nächsten V; wdh ab * und die letzte Wdh bei ** beenden, 4 Stb in die Wm, wenden. **c**

Reihe 4: 1 Lm, 1 fM in die 1. M, * 3 Lm, 1 V in den nächsten Lm-Bg, 3 Lm, 1 fM in den Lm-Bg in der Mitte des nächsten Fächers; wdh ab * und die letzte Wdh in 1 Lm beenden, wenden.

Reihe 5: 1 Lm, 1 fM in die 1. M, * 1 fM in den nächsten Bogen, 1 Fächer in den Lm-Bg in der Mitte des nächsten V, 1 fM in den nächsten Lm-Bg; wdh ab * und mit 1 fM in die letzte fM enden, die Wm ausl, wenden. **d**

Reihe 2–5 für das Muster wdh.

55

Verwobene Diamanten

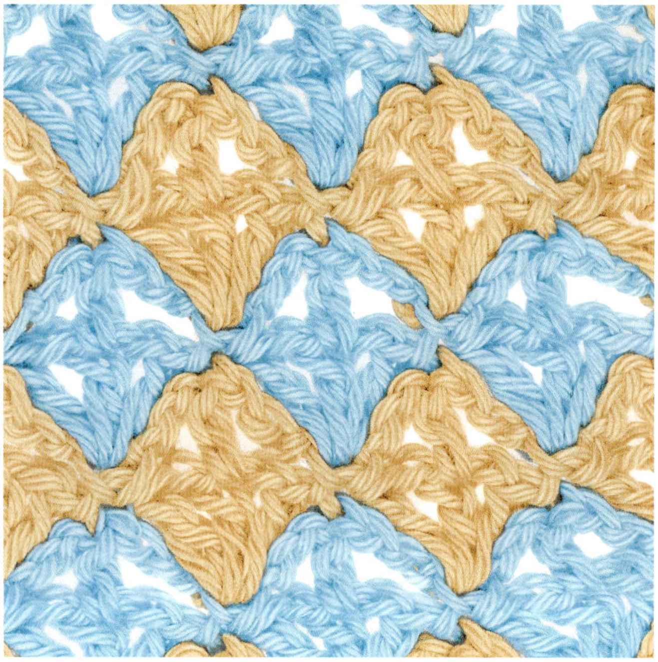

EIN SEHR HÜBSCHES ZWEIFARBIGES SPITZENMUSTER, DAS EHER FÜR ERFAHRENERE HÄKLERINNEN UND HÄKLER GEDACHT IST. DIE HÄKELARBEIT WIRD RECHT FEST UND DICHT. WIRD SIE MIT EINEM LEICHTEREN GARN GEHÄKELT, IST SIE PERFEKT FÜR EIN BABY-SCHMUSETUCH ODER EINE DECKE.

Anfangsluftmaschenkette: Vielfaches von 6 M + 2

Anleitung für die verwobenen Diamanten:

a

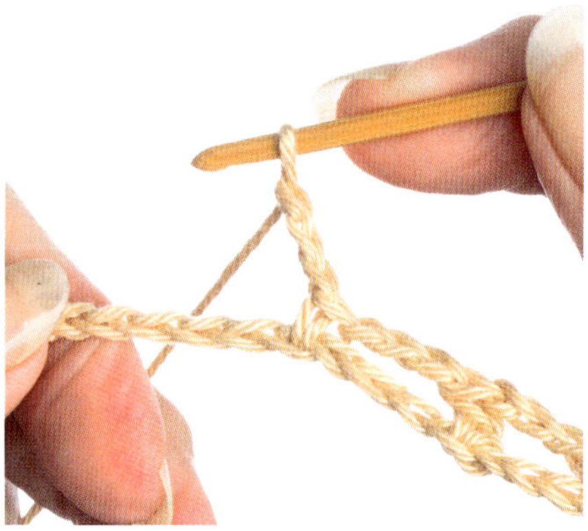

b

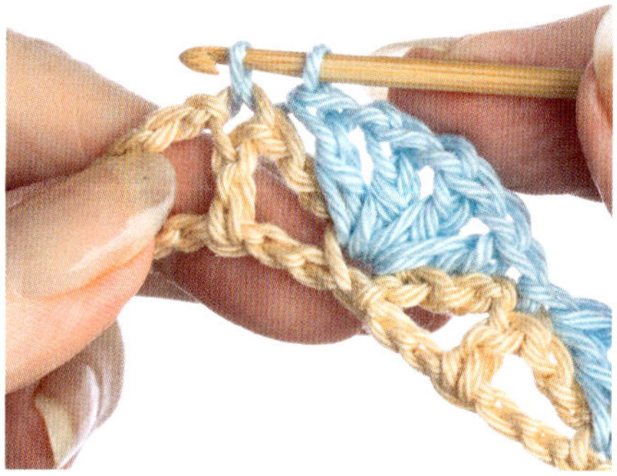

c

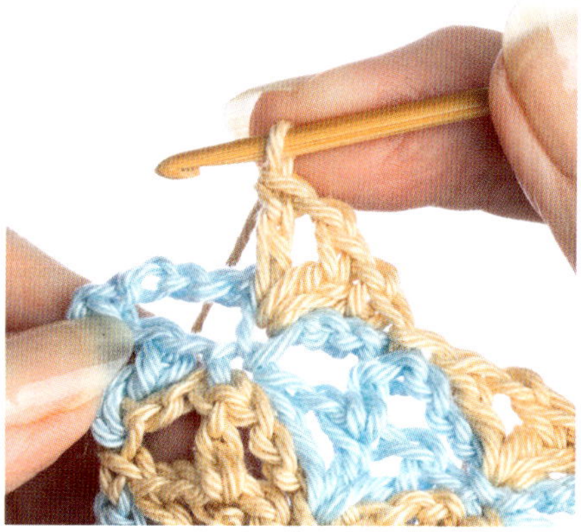

Häkeln Sie 2 Reihen mit Garn A und 2 Reihen mit Garn B.

Reihe 1: 1 Km in die 2. Lm von der Nadel, * 3 Lm, 2 Lm ausl, 1 Stb in die nächste Lm, 3 Lm, 2 Lm ausl, 1 Km in die nächste Lm; wdh ab * bis zum Ende der Reihe, wenden. a

Reihe 2: 4 Lm (zählen als 1 Stb und 1 Lm), 1 Stb in die Km, * 3 Lm ausl, 1 Km in das nächste Stb, ** 3 Lm ausl, (1 Stb, 1 Lm, 1 Stb, 1 Lm, 1 Stb) in die nächste Km; wdh ab * und die letzte Wdh bei ** im letzten Stb beenden, 3 Lm ausl, (1 Stb, 1 Lm, 1 Stb) in die letzte Km, wenden. b

Reihe 3: 6 Lm (zählen als 1 Stb und 3 Lm), (die 1. M, 1 Lm, 1 Stb) ausl, * 1 Km in die nächste Km, ** 3 Lm, 1 Stb und 1 Lm ausl, 1 Stb in das nächste Stb, 3 Lm, 1 Lm und 1 Stb ausl; wdh ab * und die letzte Wdh bei ** in der letzten Km beenden, 3 Lm, 1 Stb und 1 Lm ausl, 1 Stb in die nächste Lm, wenden. c

Reihe 4: 1 Km in die 1. M, * 3 Lm ausl, (1 Stb, 1 Lm, 1 Stb, 1 Lm, 1 Stb) in die nächste Km, 3 Lm ausl, 1 Km in das nächste Stb; wdh ab * und in der 3. Lm der Wm enden, wenden.

Reihe 5: * 3 Lm, 1 Lm und 1 Stb ausl, 1 Stb in das nächste Stb, 3 Lm, 1 Lm und 1 Stb ausl, 1 Km in die nächste Km; wdh ab * bis zum Ende der Reihe, wenden.

Reihe 2–5 für das Muster wdh.

Ineinander
wachsende Streifen

56

DIESES SCHWUNGVOLLE MUSTER MIT BÜSCHELMASCHEN ERWECKT BEI BUNTEN UND AUCH ÄHNLICHEN SCHATTIERUNGEN DEN EINDRUCK VON INEINANDERLAUFENDEN FARBEN UND EIGNET SICH GUT FÜR DECKEN UND ÜBERWÜRFE.

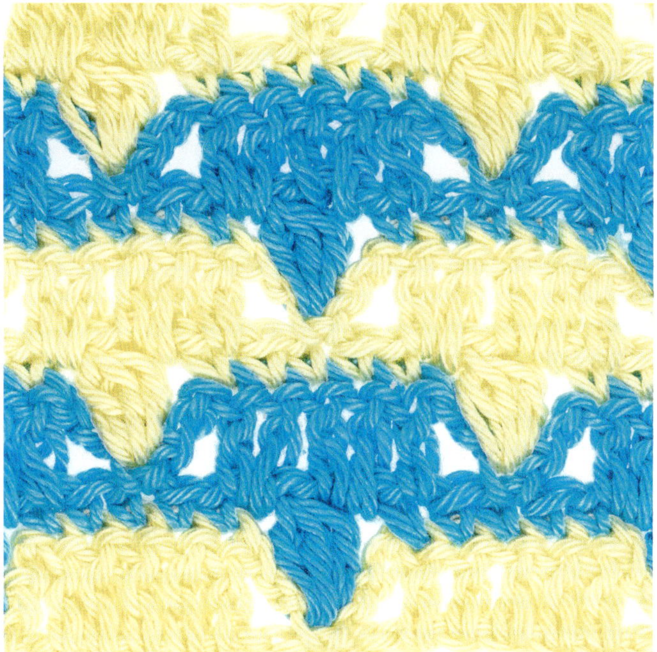

Anfangsluftmaschenkette: Vielfaches von 8 M + 7
Spezielle Abkürzung: Bm (Büschelmasche) = 3 Stb in die nächste M, dabei die letzte Schlinge jd Stb auf der Nadel lassen, U und Garn durch alle Schlingen auf der Nadel ziehen.

Anleitung für die ineinander wachsenden Streifen:

a

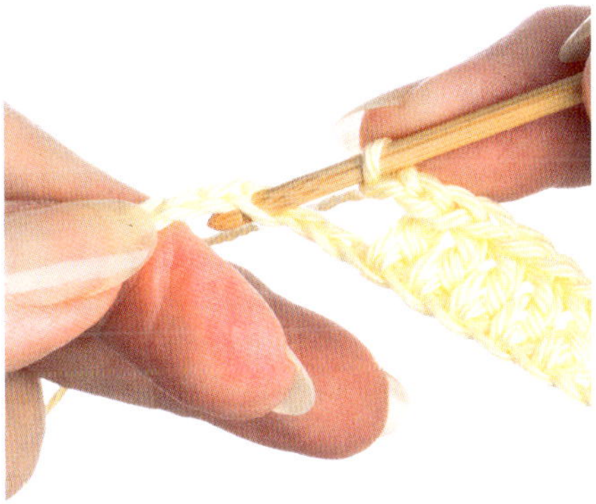

b

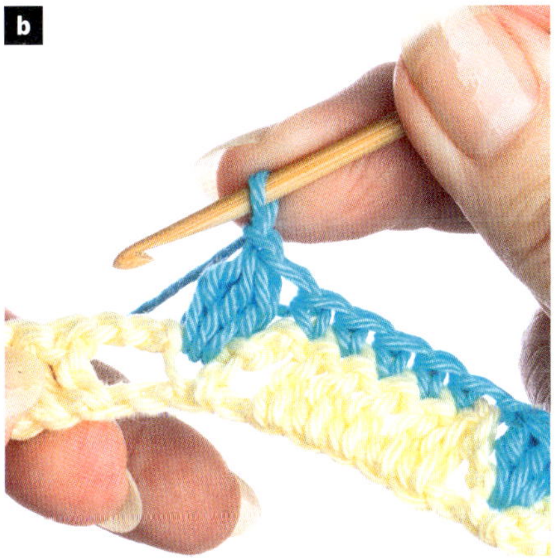

c

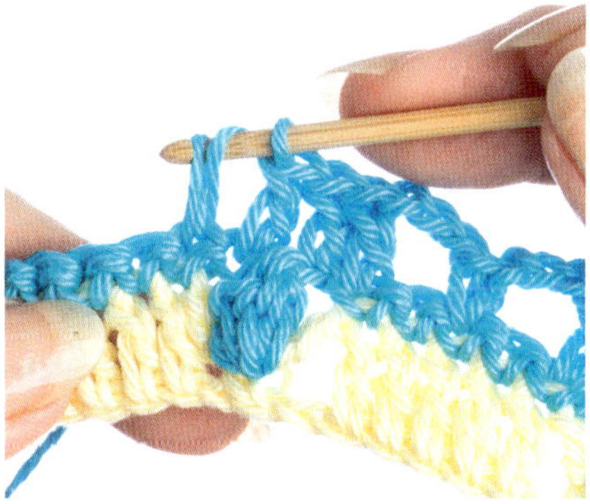

Beginnen Sie mit Farbe A, häkeln Sie dann durchgehend 2 Reihen in Farbe B und zwei Reihen in Farbe A.
Reihe 1: Mit Garn A 1 Stb in die 4. Lm von der Nadel, je 1 Stb in jd der nächsten 3 Lm, * 3 Lm, 1 Lm ausl, 1 fM in die nächste Lm, 3 Lm, 1 Lm ausl, je 1 Stb in jd der nächsten 5 Lm; wdh ab * bis zum Ende der Reihe, wenden. **a**
Reihe 2: Mit Garn B 1 Lm, je 1 fM in jd der nächsten 5 Stb, * 1 Lm, 1 Bm in die nächste fM, 1 Lm, je 1 fM in jd der nächsten 5 Stb, wdh ab * bis zum Ende der Reihe und die letzte fM in die Wm der Vorreihe häkeln, wenden. **b**
Reihe 3: Mit Garn B 6 Lm (zählen als 1 Stb, 3 Lm), die ersten 2 fM ausl, 1 fM in die nächste fM, 3 Lm, * 1 fM ausl, je 1 Stb in jd der nächsten 5 M, 3 Lm, 1 fM ausl, 1 fM in die nächste fM, 3 Lm, wdh ab * bis zur vorletzten fM, 1 fM ausl, 1 fM in die letzte fM, wenden. **c**
Reihe 4: Mit Garn A 1 Lm, 1 fM in die 1. fM, 1 Lm, 1 Bm in die nächste fM, 1 Lm, * je 1 fM in jd der nächsten 5 Stb, 1 Lm, 1 Bm in die nächste fM, 1 Lm; wdh ab * bis zum letzten Stb, 1 fM in die 3. der 6 Lm vom Reihenanfang der Vorreihe, wenden.
Reihe 5: Mit Garn A 3 Lm (zählen als 1 Stb), die 1. fM ausl, je 1 Stb in jd der nächsten 4 M, * 3 Lm, 1 fM ausl, 1 fM in die nächste fM, 3 Lm, 1 fM ausl, je 1 Stb in jd der nächsten 5 M; wdh ab * bis zum Ende der Reihe, wenden.
Reihe 2–5 für das Muster wdh.

57

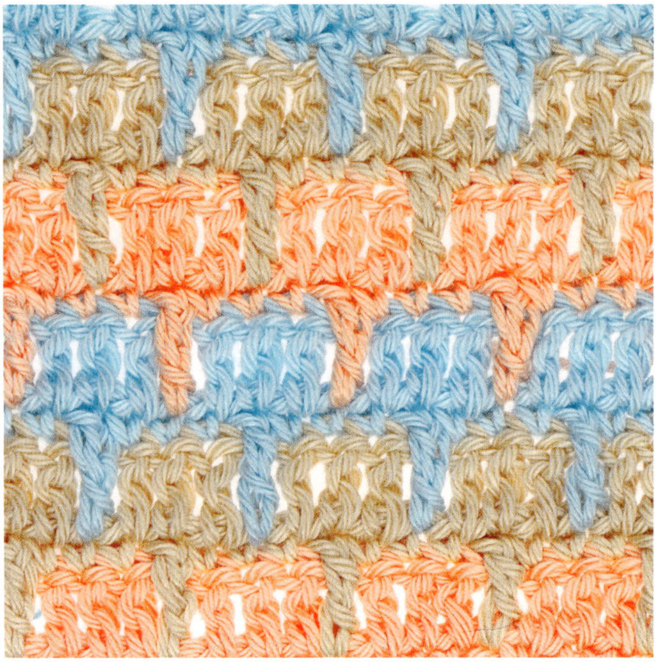

Kelchmuster

MIT GARN IN DREI SCHATTIERUNGEN ERZEUGT DIESES HÜBSCHE MUSTER EIN SEHR ANSPRECHENDES DESIGN. JEDE FARBE WIRD MIT EINEM IN DIE VORREIHE GEHÄKELTEN DOPPELSTÄBCHEN IN DIE NÄCHSTE FARBE EINGEBUNDEN. DAS MUSTER IST EIN BISSCHEN HERAUSFORDERNDER UND SOLLTE BESSER VON ERFAHRENEREN HÄKLERINNEN UND HÄKLERN VERSUCHT WERDEN. ES EIGNET SICH GUT FÜR PÖLSTER UND ÜBERWÜRFE.

Anfangsluftmaschenkette: Vielfaches von 4 M + 2

Anleitung für das Kelchmuster:

a

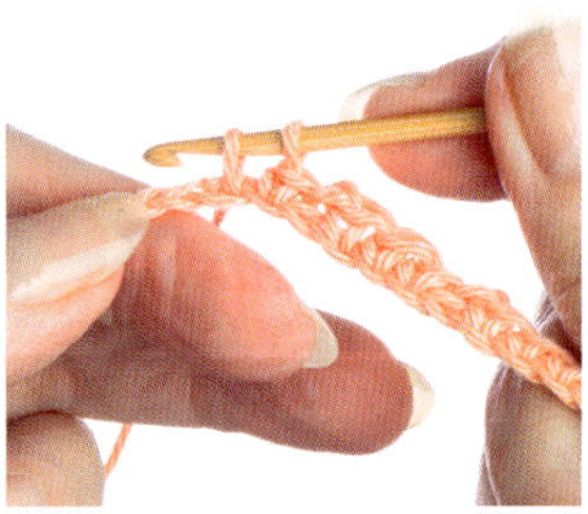

b

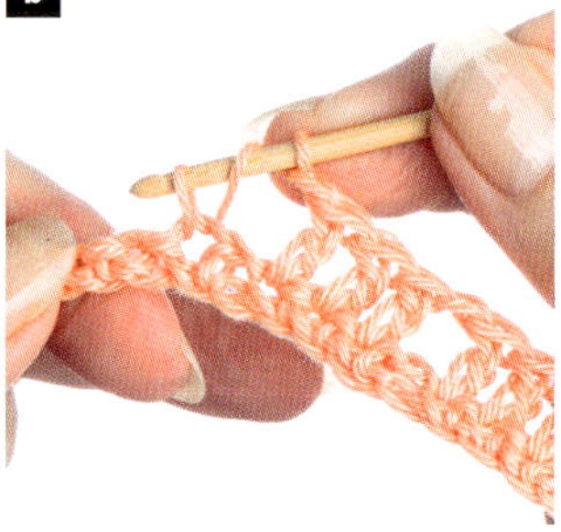

c

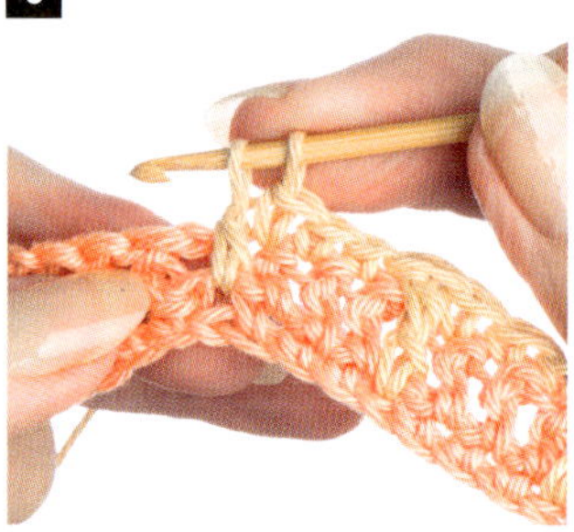

Reihe 1: Mit Garn A 1 fM in die 2. Lm von der Nadel häkeln, 1 fM in die nächste LM, * 1 Lm, 1 Lm ausl, je 1 fM in jd der nächsten 3 Lm; wdh ab * bis zum Ende der Reihe und dabei 1 fM am Ende der letzten Wdh weglassen, wenden. a

Reihe 2: Mit Garn A 3 Lm (zählen als 1 Stb) häkeln, die 1. fM ausl, 1 Stb in die nächste fM, * 1 Lm, 1 Lm ausl, je 1 Stb in jd der nächsten 3 fM; wdh ab * bis zum Ende der Reihe und dabei 1 Stb am Ende der letzten Wdh weglassen, wenden. b
Reihe 3: Mit Garn B 1 Lm häkeln, je 1 fM in die ersten 2 fM, 1 DStb in die 1. ausgelassene Anfangs-Lm, * 1 fM in die nächste M, 1 Lm, 1 fM ausl, 1 fM in das nächste Stb, 1 DStb in die nächste ausgelassene Anfangs-Lm; wdh ab * bis zum vorletzten Stb, 1 fM in das nächste Stb, 1 fM in die 3. der 3 Anfangs-Lm aus der Vorreihe, wenden. c
Reihe 4: Mit Garn B 3 Lm häkeln, die 1. fM ausl, je 1 Stb in jd der nächsten 3 M, * 1 Lm, 1 Lm ausl, je 1 Stb in jd der nächsten 3 M; wdh ab * bis zur letzten fM, 1 Stb in die letzte fM, wenden.
Reihe 5: Mit Garn C 1 Lm häkeln, je 1 fM in jd der ersten 2 Stb, * 1 Lm, 1 Stb ausl, 1 fM in das nächste Stb, 1 DStb in das nächste vor 3 Reihen ausgelassene Stb, 1 fM in die nächste fM; wdh ab * bis zum drittletzten Stb, 1 Lm, 1 fM ausl, 1 fM auf die Wm der Vorreihe, wenden.
Reihe 6: Mit Garn C 3 Lm häkeln, 1 fM ausl, 1 Stb in die nächste fM, * 1 Lm, je 1 Stb in jd der nächsten 3 M, * 1 Lm, 1 Stb in jd der nächsten 3 M; wdh ab * bis zum Ende der Reihe und dabei 1 Stb am Ende der letzten Wdh weglassen, wenden.
Reihe 7: Mit Garn A 1 Lm häkeln, je 1 fM In jd der ersten 2 Stb, 1 DStb in das nächste vor 3 Reihen ausgelassene Stb, * 1 fM in das nächste Stb, 1 Lm, 1 fM ausl, 1 DStb in das nächste vor 3 Reihen ausgelassene Stb; wdh ab * bis zum vorletzten Stb, je 1 fM in jd Stb, wenden.
Reihe 8: Häkeln Sie wie Reihe 4, verwenden Sie jedoch Garn A statt Garn B.
Reihe 5–8 für das Muster wdh, wobei weiterhin immer je 2 Reihen in Farbe B, C und A in der soeben aufgebauten Reihenfolge gehäkelt werden.

Kugelmuster

BÜSCHELMASCHEN UND MUSCHELN WERDEN IN ABWECHSELNDEN REIHEN GEHÄKELT, UM DIESES MUSTER ZU GESTALTEN. DIE SO GEHÄKELTE ARBEIT WIRD RECHT OFFEN UND LEICHT IN IHRER STRUKTUR.

Anfangsluftmaschenkette: Vielfaches von 4 M
Spezielle Abkürzung: Büschelmasche (Bm) aus 4 Stb häkeln: je 1 Stb in die nächsten 4 Stb, dabei jedoch die letzte Schlinge jeder M auf der Nadel lassen, U, das Garn durch alle M ziehen (Bm gehäkelt).

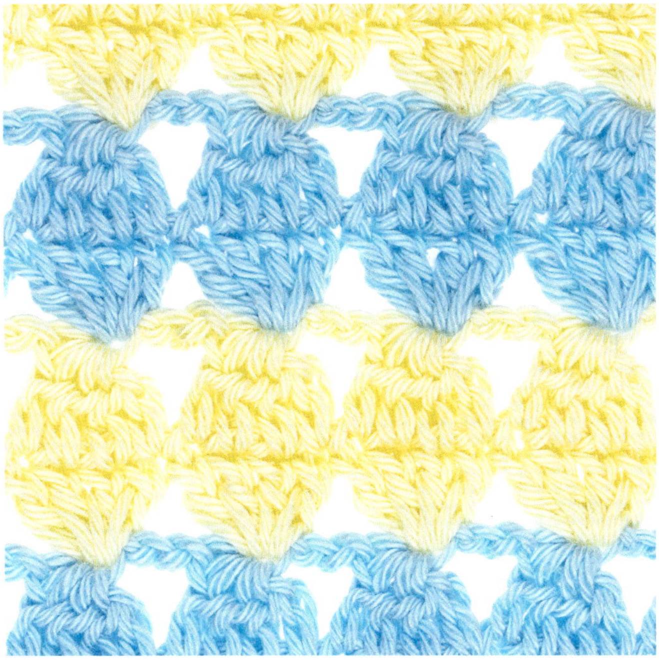

Anleitung für das Kugelmuster:

a

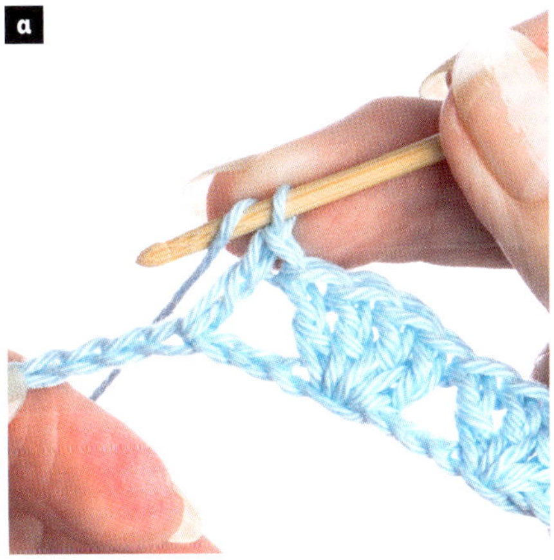

b

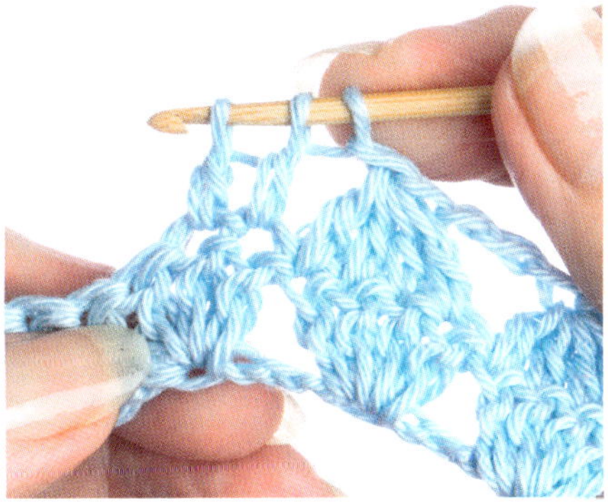

Häkeln Sie 2 Reihen mit Garn A und 2 Reihen mit Garn B.
Reihe 1: Häkeln Sie 4 Stb in die 4. Lm von der Nadel, * 3 Lm ausl, 4 Stb in die nächste Lm; wdh ab * bis zu den letzten 4 Lm, 3 Lm ausl, 4 Stb in die letzte Lm, wenden. a

Reihe 2: 3 Lm, * 3 Lm, 1 Bm über die nächsten 4 Stb; wdh ab * bis zum Ende der Reihe, wenden. b
Reihe 3: 5 Lm, * 4 Stb oben in die nächste Bm häkeln; wdh ab * bis zum Ende der Reihe, 1 Stb in die Wm der Vorreihe, wenden.
Reihe 2–3 für das Muster wdh.

TIPP **Da Sie immer 2 Reihen in einer Farbe häkeln, müssen Sie das Garn nicht abschneiden und wieder einhäkeln. Sie können das nicht verwendete Garn einfach sorgsam an der Seite der Arbeit mitführen.**

59

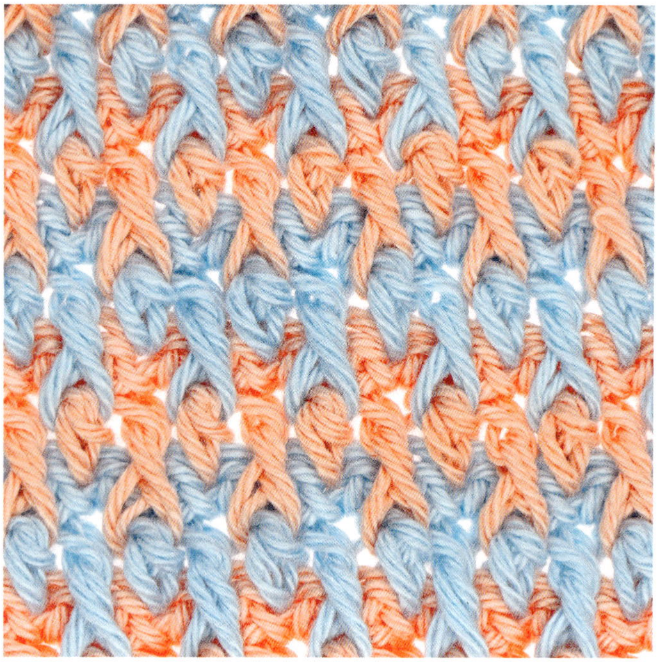

Hochgezogene Wellen

DIESES HÜBSCHE MUSTER IST HERAUSFORDERNDER, DA MAN DAFÜR RELIEFMASCHEN, ALSO MASCHEN UM DEN MASCHENKÖRPER VON MASCHEN AUS VORREIHEN HÄKELN KÖNNEN MUSS. DAS WERKSTÜCK IST STARK STRUKTURIERT UND FEST.

Anfangsluftmaschenkette: Vielfaches von 2 M + 1
Spezielle Abkürzung: RDStb (Reliefdoppelstäbchen) = U 2-mal, die Nadel um den Maschenkörper des nächsten 2 Reihen tiefer liegenden Stb, U, Schlinge durchziehen, (U, das Garn durch 2 Schlingen ziehen) 3-mal.

Anleitung für die hochgezogenen Wellen:

a

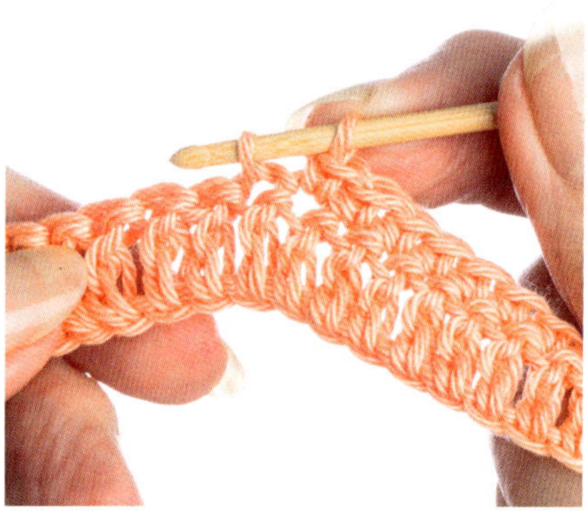

b

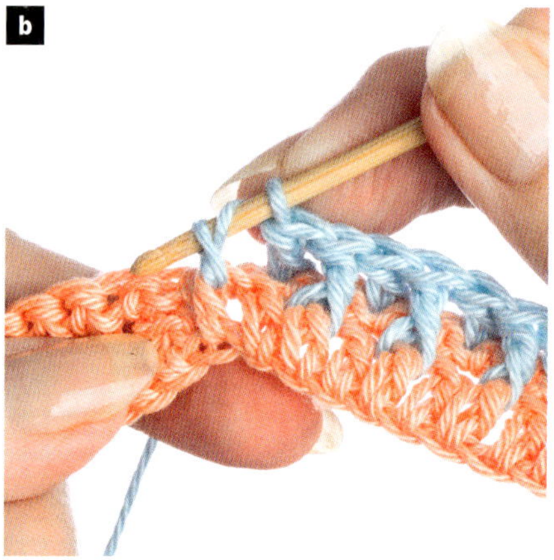

Häkeln Sie 2 Reihen mit Garn A und 2 Reihen mit Garn B.
Reihe 1: Mit Garn A 1 Stb in die 4. Lm von der Nadel häkeln, je 1 Stb in jd Lm bis zum Ende der Reihe, wenden.
Reihe 2: Mit Garn A 1 Lm häkeln, je 1 fM in jd Stb bis zum Ende der Reihe, wenden. a
Reihe 3: Mit Garn B 3 Lm häkeln (zählen als 1 Stb), die 1. fM ausl, * 1 RDStb um das nächste 2 R tiefer liegende Stb, 1 Stb in die nächste fM; wdh ab * bis zum Ende der Reihe, wenden. b
Reihe 4: Mit Garn B 1 Lm, je 1 fM in jd Stb und DStb bis zum Ende der Reihe, wenden.
Reihe 5: Mit Garn A 3 Lm (zählen als 1 Stb) häkeln, die 1. fM ausl, * 1 Stb in die nächste fM, 1 RDStb um das nächste 2 R tiefer liegende Stb; wdh ab * bis zur vorletzten fM, je 1 Stb in jd der letzten 2 fM, zu Garn B wechseln, wenden.
Reihe 2–5 für das Muster wdh.

Granny-Streifen

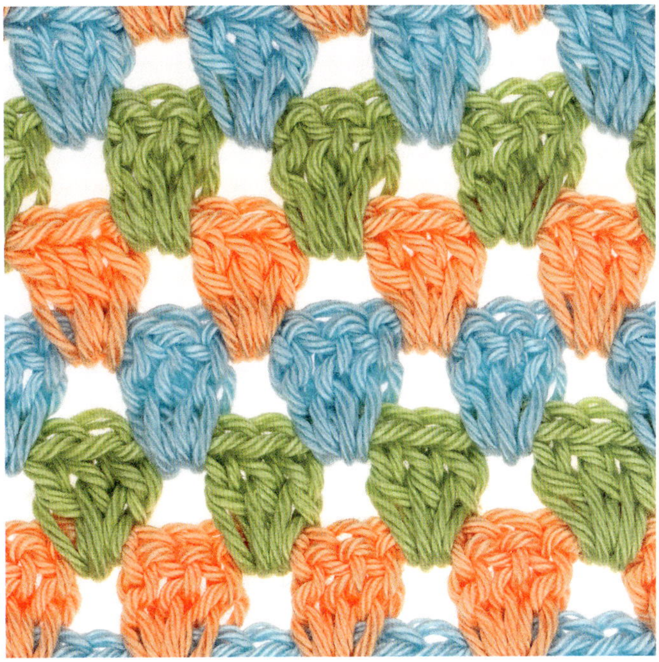

DIESES EINFACHE MUSTER BASIERT AUF DEN TRADITIONELLEN GRANNY-SQUARES UND BESTEHT AUS NUR ZWEI REIHEN, DIE IN EINER DREIFARBIGEN SEQUENZ AUS ZWEI REIHEN GEHÄKELT WERDEN. DAS HÄKELSTÜCK WIRD LEICHT UND WEICH UND IST PERFEKT FÜR ÜBERWÜRFE UND BABYDECKEN.

Anfangsluftmaschenkette: Vielfaches von 4 M + 3 + 1 für die Aufbaureihe

Anleitung für die Granny-Streifen:

a

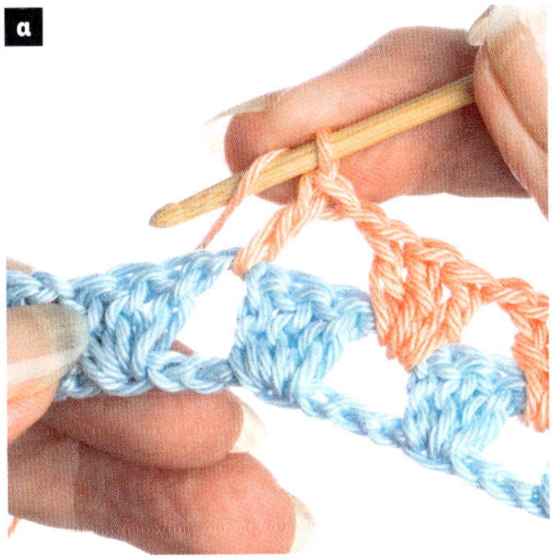

b

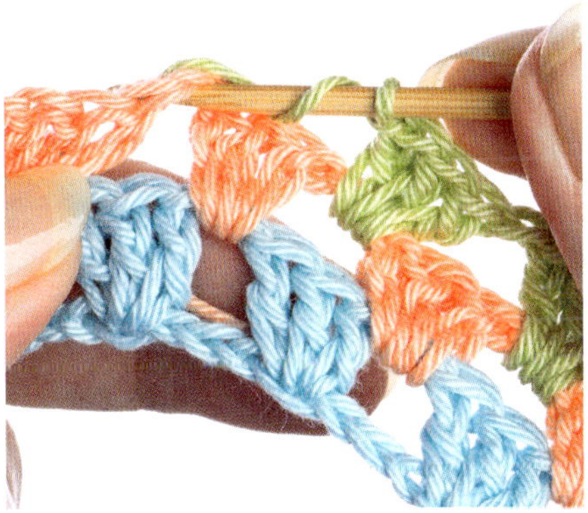

c

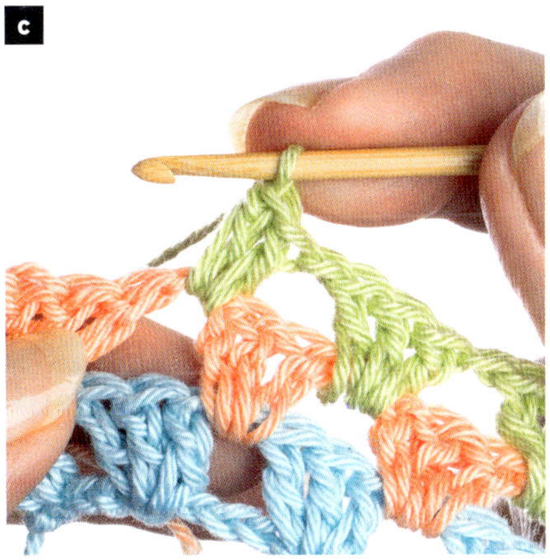

Reihe 1: Mit Garn A 2 Stb in die 4. Lm von der Nadel, * 1 Lm, 3 Lm ausl, 3 Stb in die nächste Lm; wdh ab * bis zum Ende der Reihe, zu Garn B wechseln, wenden.

Reihe 2: Mit Garn B 4 Lm (zählen als 1 Stb, 1 Lm) häkeln, * 3 Stb in den nächsten Lm-Bg, 1 Lm; wdh ab * bis zum Ende der Reihe und dabei 1 Stb in die Wm häkeln, wenden. **a**

Reihe 3: Mit Garn C 3 Lm (zählen als 1 Stb) häkeln, 2 Stb in den 1. Lm-Bg, 1 Lm, 3 Stb in den nächsten Lm-Bg, * 1 Lm, 3 Stb in den nächsten Lm-Bg; wdh ab * bis zum Ende der Reihe, dabei die letzten 3 Stb in den Lm-Bg der Wm häkeln, wenden. **b** **c**
Wiederholen Sie Reihe 2–3 für das Muster und achten Sie auf eine korrekte Farbfolge.

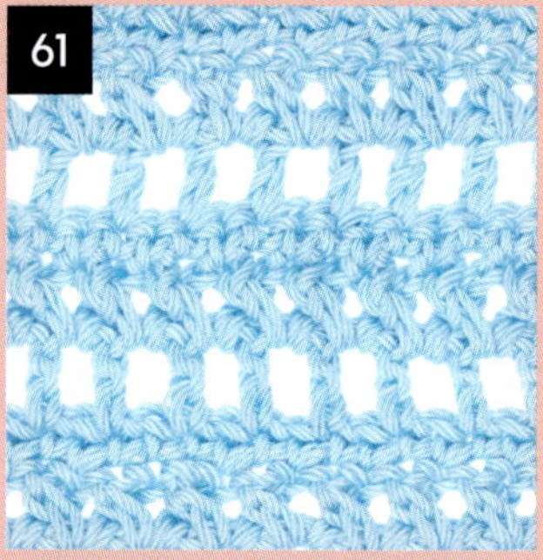
61

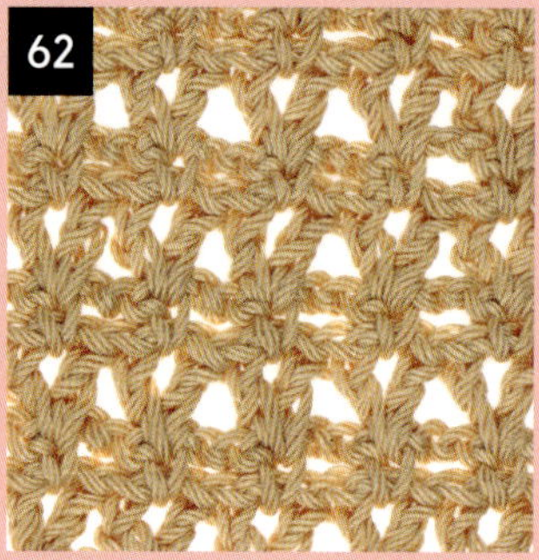
62

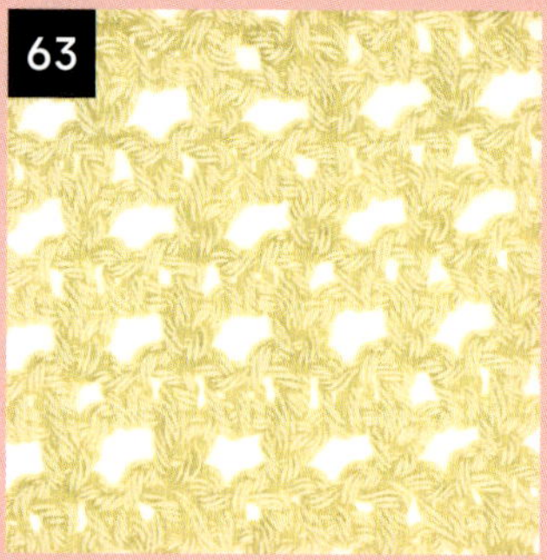
63

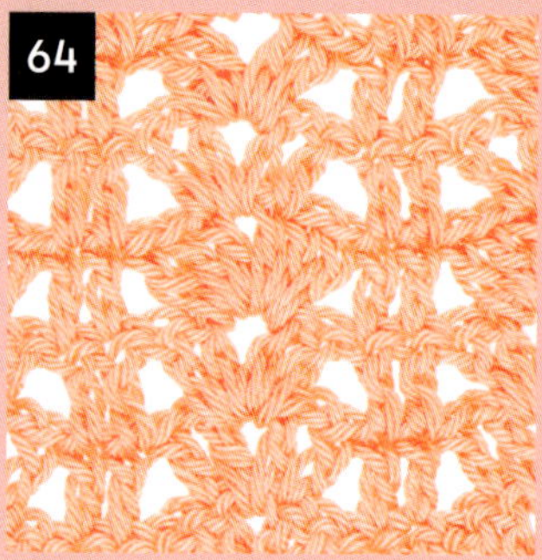
64

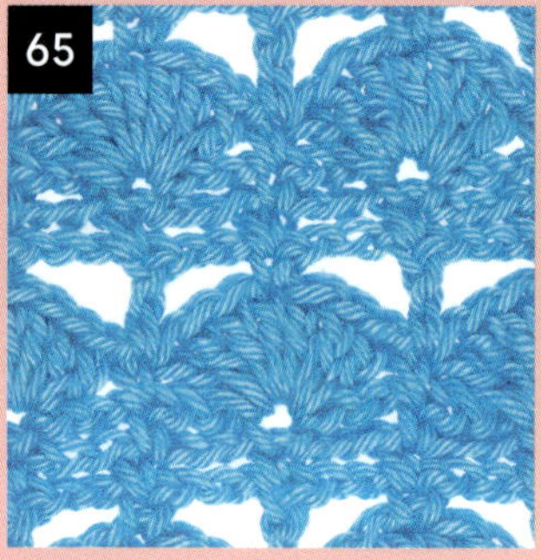
65

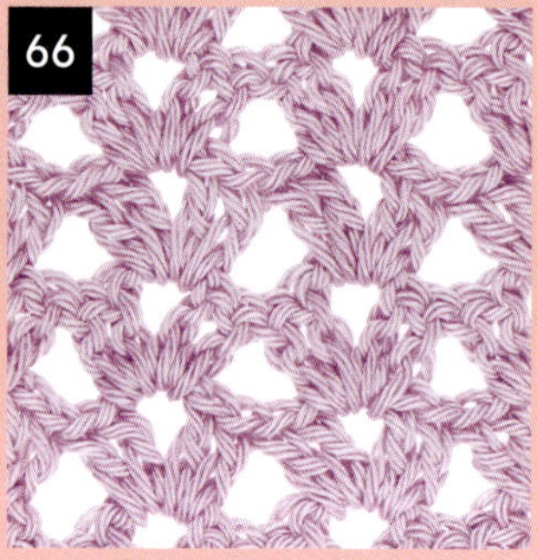
66

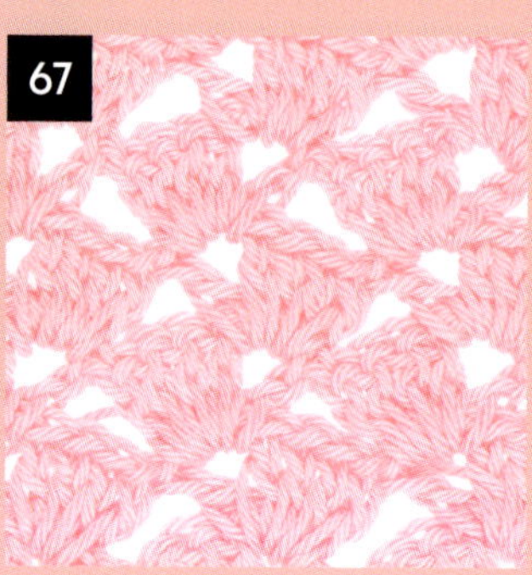
67

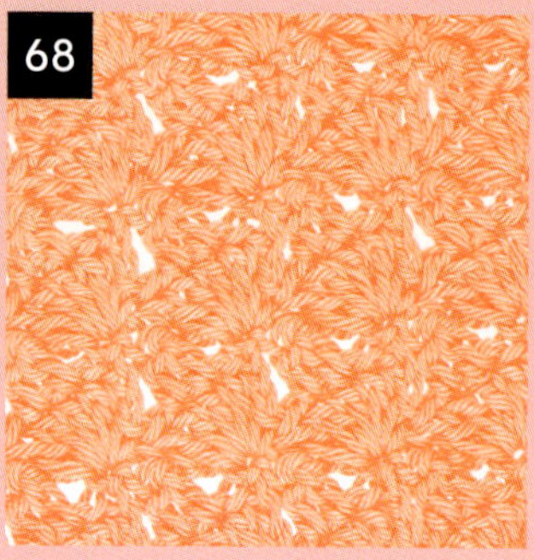
68

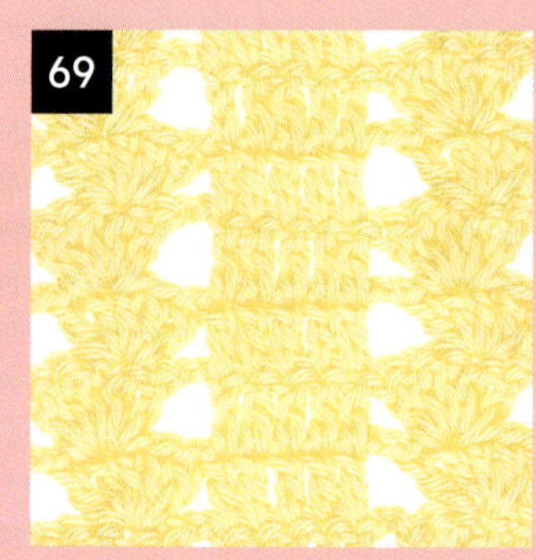
69

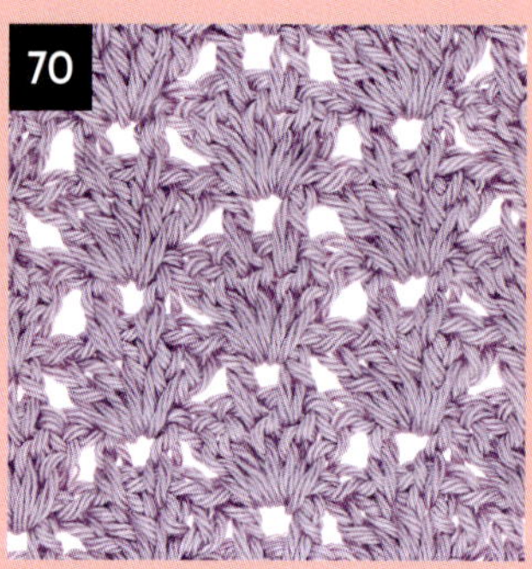
70

71

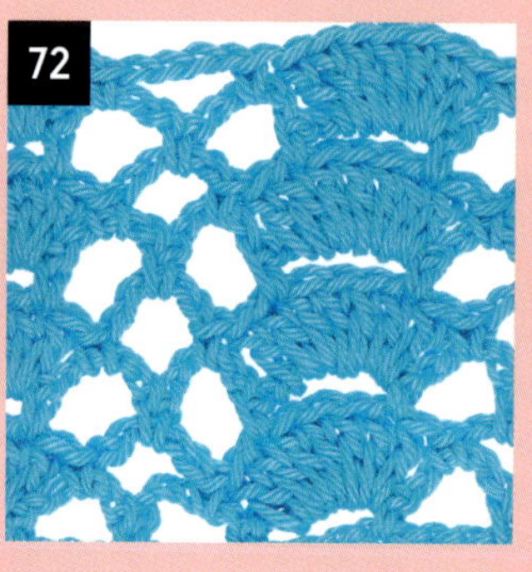
72

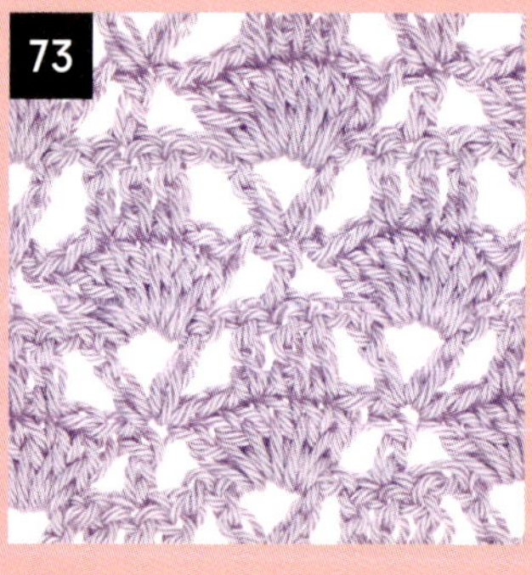
73

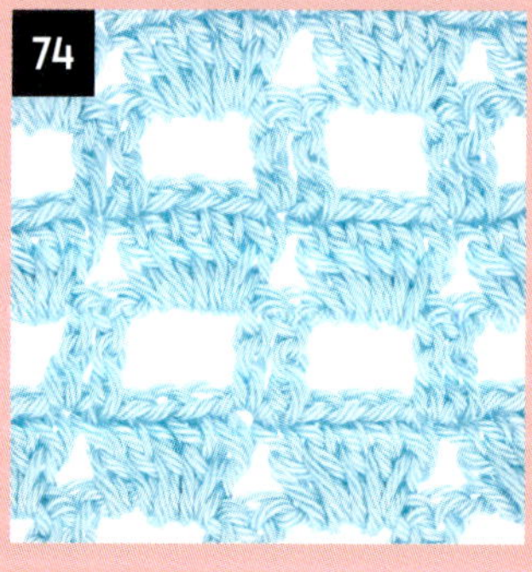
74

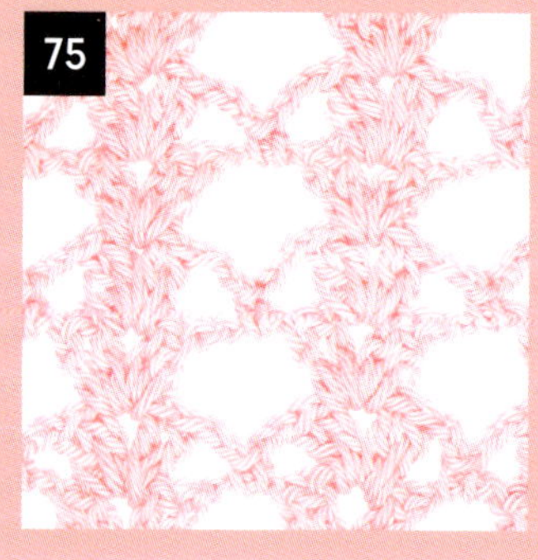
75

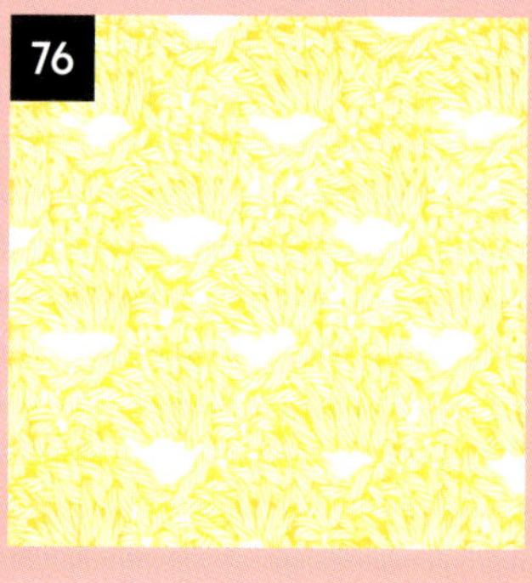
76

77

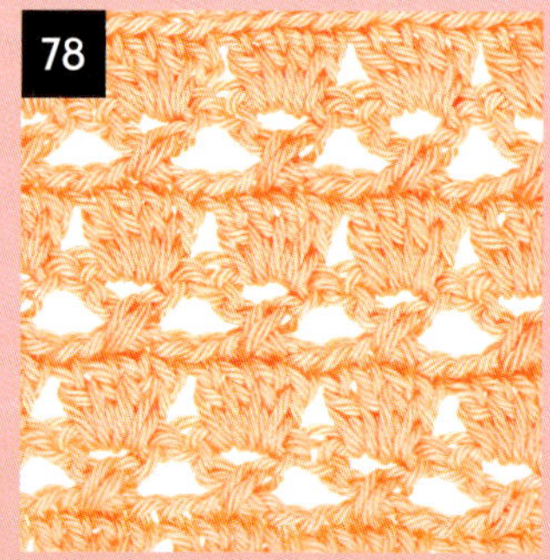
78

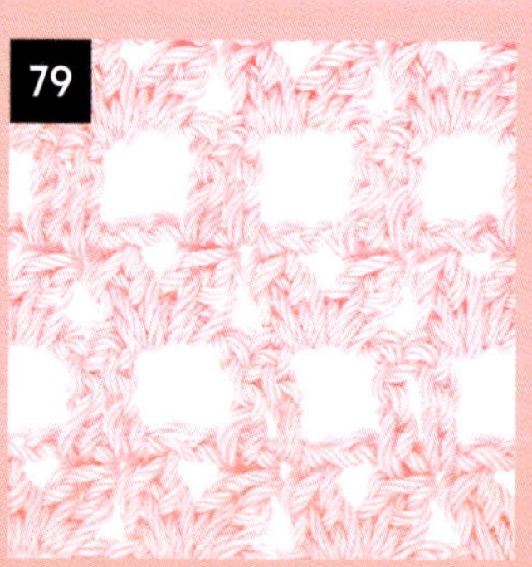
79

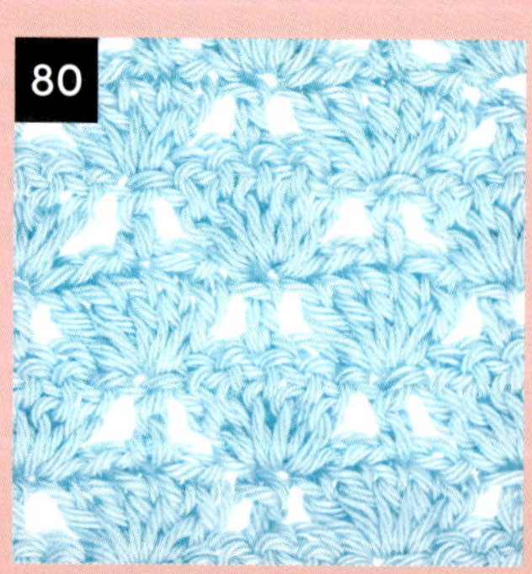
80

Häkelspitze

61

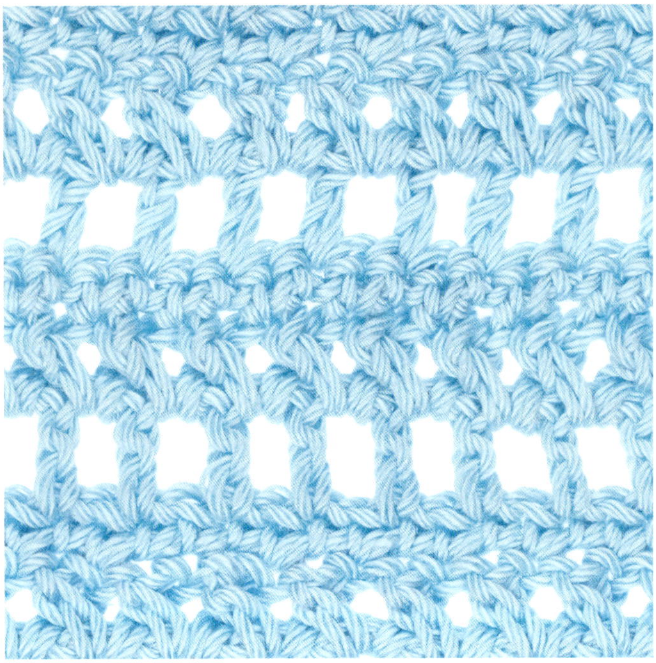

Nullen und Kreuze

DIESES MUSTER BASIERT AUF EINER WIEDERHOLUNG VON DREI REIHEN, WAS BEDEUTET, DASS DAS MUSTER UMKEHRBAR IST. DIE ÜBERKREUZTEN MASCHEN VERLEIHEN IHM EIN ATTRAKTIVES AUSSEHEN, SIE MÜSSEN JEDOCH AUFPASSEN, WENN SIE SIE HÄKELN. DIESES MUSTER EIGNET SICH GUT FÜR ÜBERWÜRFE, SCHALS UND DECKEN.

Anfangsluftmaschenkette: Vielfaches von 2 M + 1 + 3 für die Aufbaureihe

Anleitung für Nullen und Kreuze:

a

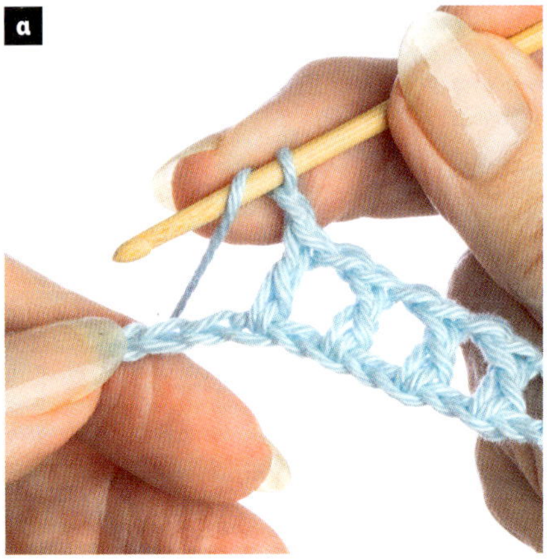

b

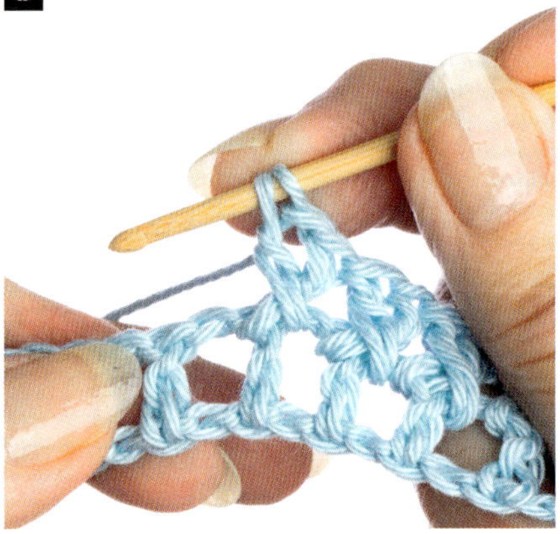

c

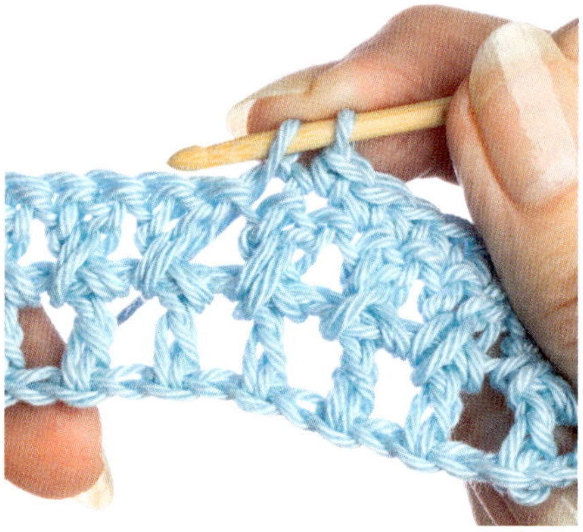

Reihe 1: 1 Stb in die 6. Lm von der Nadel, * 1 Lm, 1 Lm ausl, 1 Stb in die nächste Lm; wdh ab * bis zum Ende der Reihe, wenden. a

Reihe 2: 3 Lm, den nächsten Lm-Bg ausl, * 1 Stb in den nächsten Lm-Bg, U, die Nadel hinter dem zuletzt gehäkelten Stb einstechen und 1 Stb in die vorige Lücke; wdh ab * bis zum Ende der Reihe, und mit dem letzten Stb in die Wm der Vorreihe enden, wenden. b

TIPP **Achten Sie darauf, in Reihe 2 die Nadel hinter die eben gehäkelte M zu stechen, um die Gleichmäßigkeit des Musters aufrechtzuerhalten.**

Reihe 3: 1 Lm, 1 fM in die 1. M, je 1 fM in die nächste und jd M bis zum Ende der Reihe und mit 1 fM auf der Wm der Vorreihe enden, wenden. c

Reihe 4: 4 Lm (zählen als 1 Stb und 1 Lm), 2 M ausl, 1 Stb in die nächste M, * 1 Lm, 1 M ausl, 1 Stb in die nächste fM; wdh ab * bis zum Ende der Reihe und mit dem letzten Stb auf der Wm der Vorreihe enden, wenden.

Reihe 2–4 für das Muster wdh.

Spitzenperlen

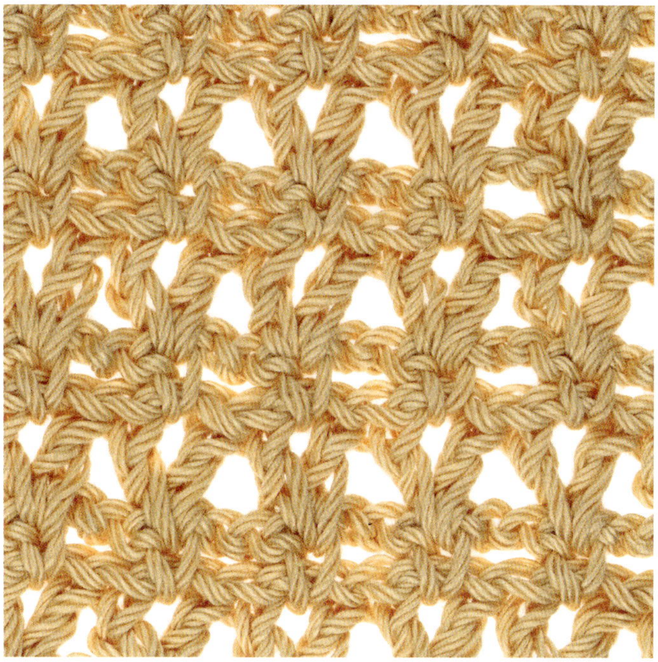

62

HIER PRÄSENTIERT SICH EIN ADRETTES KLEINES MUSTER AUS V-MASCHEN UND OFFENEN SPITZENSCHLINGEN. ES IST EINE WIEDERHOLUNG VON NUR ZWEI REIHEN UND PERFEKT FÜR EINSTEIGER GEEIGNET.

Anfangsluftmaschenkette: Vielfaches von 3 M + 2 für die Aufbaureihe

Anleitung für die Spitzenperlen:

a

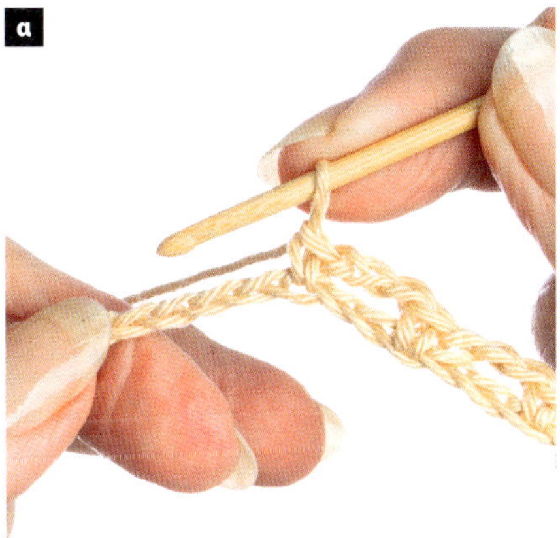

b

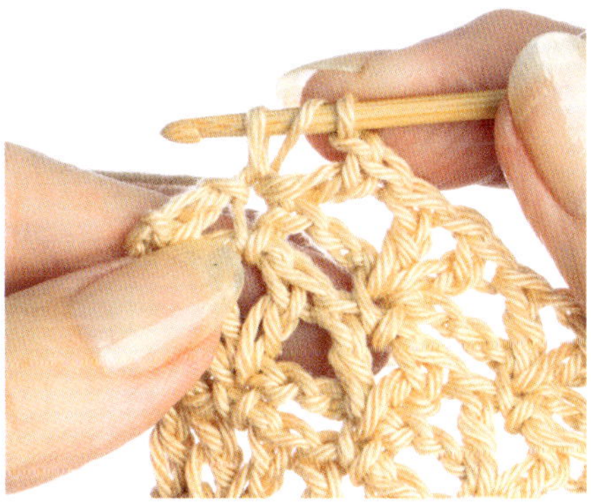

Reihe 1: 1 fM in die 2. Lm von der Nadel, * 3 Lm, 2 Lm ausl, 1 fM in die nächste Lm; wdh ab * bis zum Ende der Reihe, wenden. a

Reihe 2: 4 Lm, 1 Stb in die 1. M, * (1 Stb, 1 Lm, 1 Stb) in die nächste fM; wdh ab * bis zum Ende der Reihe, wenden. b

Reihe 3: 1 Lm, 1 fM in die 1. Lücke, * 3 Lm, 1 fM in den nächsten Lm-Bg aus 1 Lm; wdh ab * bis zum Ende der Reihe, wenden.

Reihe 2–3 für das Muster wdh.

TIPP **Überprüfen Sie Ihre Arbeit immer wieder, um sicherzugehen, dass die V-Maschen in jeder Reihe in einer Linie sind.**

63

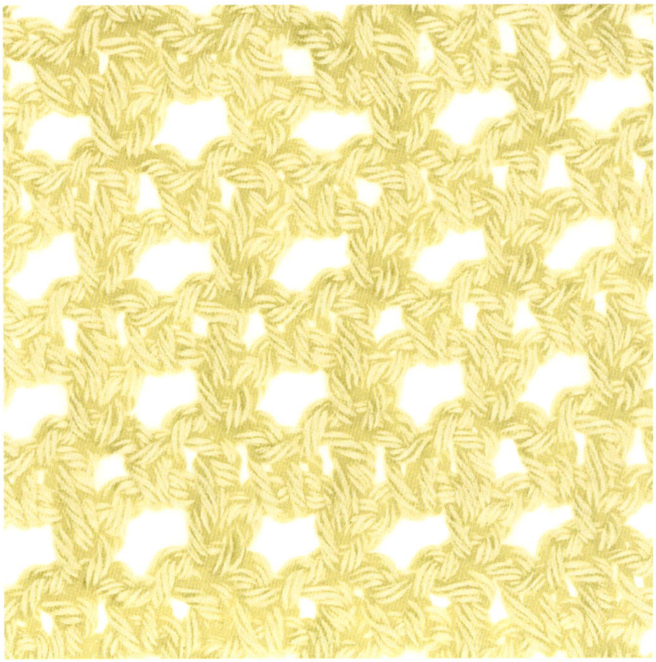

Spitzenleitern

NOCH EIN ZARTES HÄKELMUSTER, DAS DIESES MAL DURCH DIE VERWENDUNG VERSCHIEDEN HOHER MASCHEN IN JEDER ZWEITEN REIHE ENTSTEHT. SO ERGEBEN SICH KLEINE BÖGEN ZWISCHEN DEN REIHEN.

Anfangsluftmaschenkette: Vielfaches von 3 M + 2 für die Aufbaureihe

Anleitung für die Spitzenleitern:

a

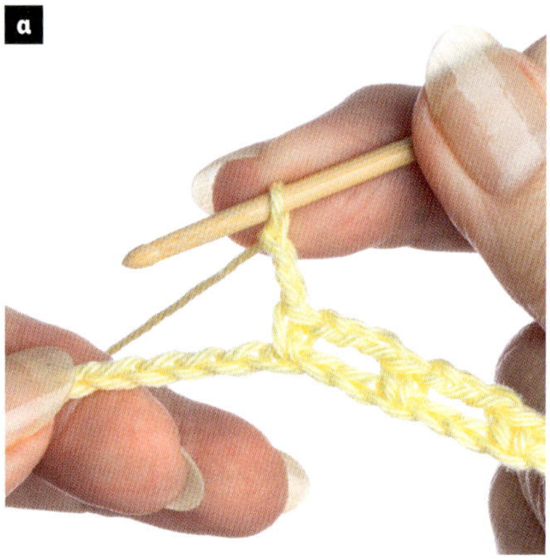

b

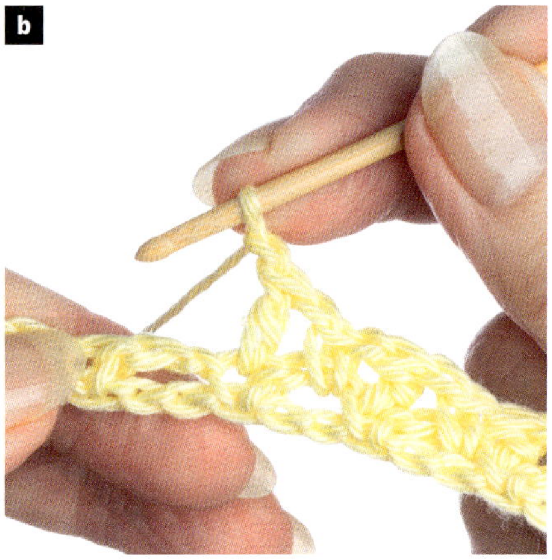

c

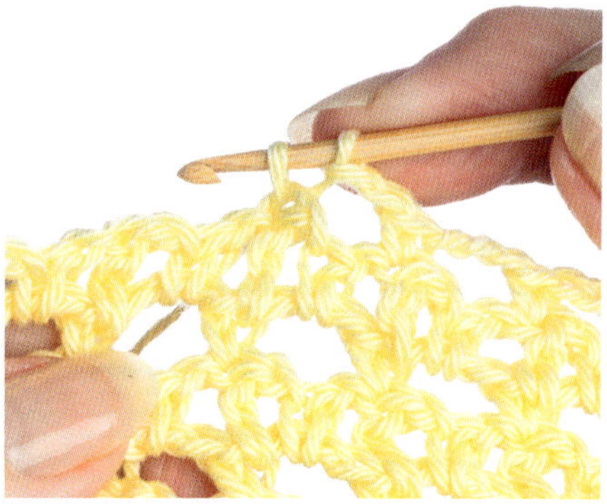

Reihe 1: 1 fM in die 2. Lm von der Nadel, * 2 Lm, 2 Lm ausl, 1 fM in die nächste Lm; wdh ab * bis zum Ende der Reihe, wenden. a
Reihe 2: 3 Lm, 1 fM in den nächsten Lm-Bg, * 2 Lm, 1 Stb in die nächste fM, 2 Lm, 1 fM in den nächsten Lm-Bg; wdh ab * und mit 2 Lm, 1 Stb in die letzte fM enden, wenden. b

Reihe 3: 1 Lm, 1 fM in das 1. Stb, * 2 Lm, 1 fM in das nächste Stb; wdh ab * und mit dem letzten Stb in die Wm der Vorreihe enden, wenden. c
Reihe 2–3 für das Muster wdh.

TIPP **Achten Sie darauf, die letzte M in Reihe 3 in die Wm der Vorreihe zu häkeln.**

Gemasertes Muster

VERSCHIEDENARTIGE MUSCHELN WERDEN IN DIESEM DREIREIHIGEN MUSTER VERWENDET, UM EIN SPITZENMUSTER ZU GESTALTEN. DIE SO ENTSTEHENDE HÄKELARBEIT IST SEHR HÜBSCH ANZUSEHEN UND IST PERFEKT FÜR BABYDECKEN, ÜBERWÜRFE ODER POLSTERBEZÜGE GEEIGNET.

Anfangsluftmaschenkette: Vielfaches von 7 M + 4

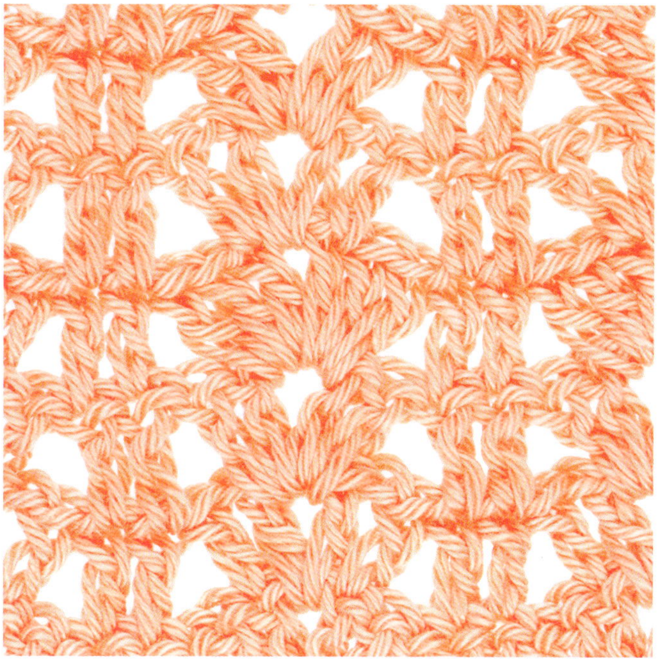

Anleitung für das gemaserte Muster:

a

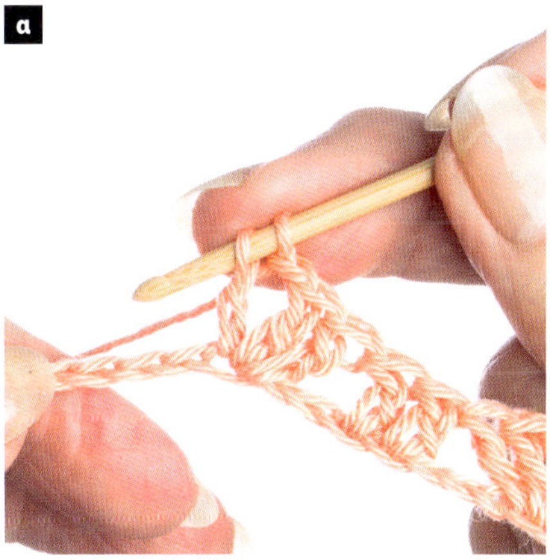

b

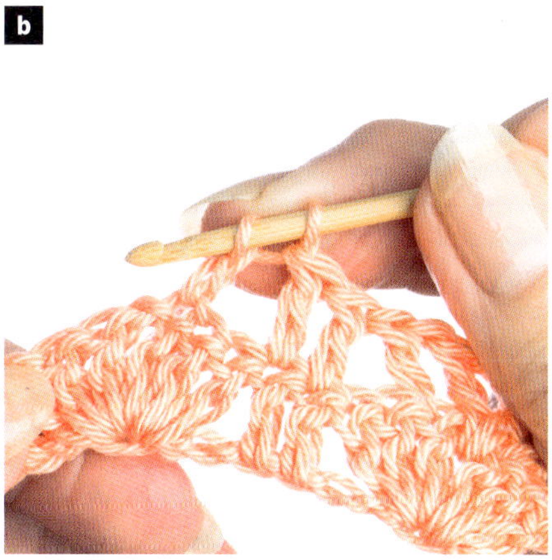

c

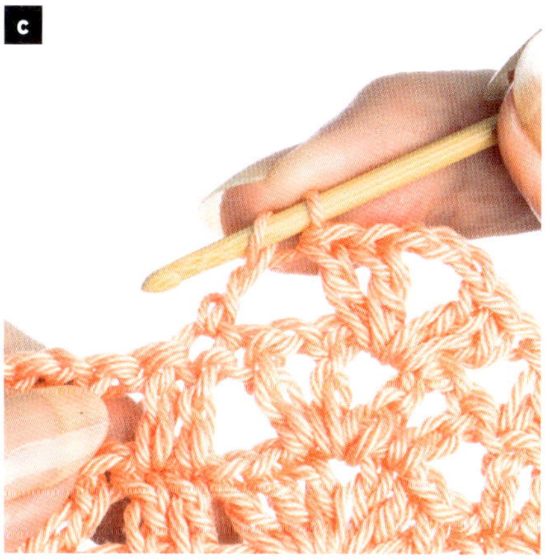

Reihe 1: 1 Stb in die 4. Lm von der Nadel, * 2 Lm ausl, (3 Stb, 1 Lm, 3 Stb) in die nächste Lm, 2 Lm ausl, je 1 Stb in die nächsten 2 Lm; wdh ab * bis zum Ende der Reihe, wenden. a

Reihe 2: 3 Lm (zählen als 1 Stb), das 1. Stb auslassen, 1 Stb in das nächste Stb, * 2 Stb ausl, 1 Stb in das nächste Stb, 1 Lm, (1 Stb, 1 Lm, 1 Stb) in den nächsten Lm-Bg, 1 Lm, 1 Stb in das nächste Stb, 2 Stb ausl, je 1 Stb in jd der nächsten 2 Stb; wdh ab * bis zum Ende der Reihe und mit dem letzten Stb in die Wm der Vorreihe enden, wenden. b

Reihe 3: 3 Lm, das 1. Stb ausl, 1 Stb in das nächste Stb, * den nächsten Lm-Bg ausl, (2 Stb, 3 Lm, 2 Stb) in den nächsten Lm-Bg, 2 Stb ausl, je 1 Stb in jd der nächsten 2 Stb; wdh ab * bis zum Ende der Reihe und mit dem letzten Stb in die 3. Lm der 3 Anfangs-Lm der Vorreihe enden, wenden. c

Reihe 4: 3 Lm, das 1. Stb ausl, 1 Stb in das nächste Stb, * (3 Stb, 1 Lm, 3 Stb) in den nächsten Lm-Bg aus 3 Lm, 2 Stb ausl, je 1 Stb in jd der nächsten 2 Stb; wdh ab * bis zum Ende der Reihe und mit dem letzten Stb in die 3. Lm der 3 Anfangs-Lm der Vorreihe enden, wenden. Reihe 2–4 für das Muster wdh.

65

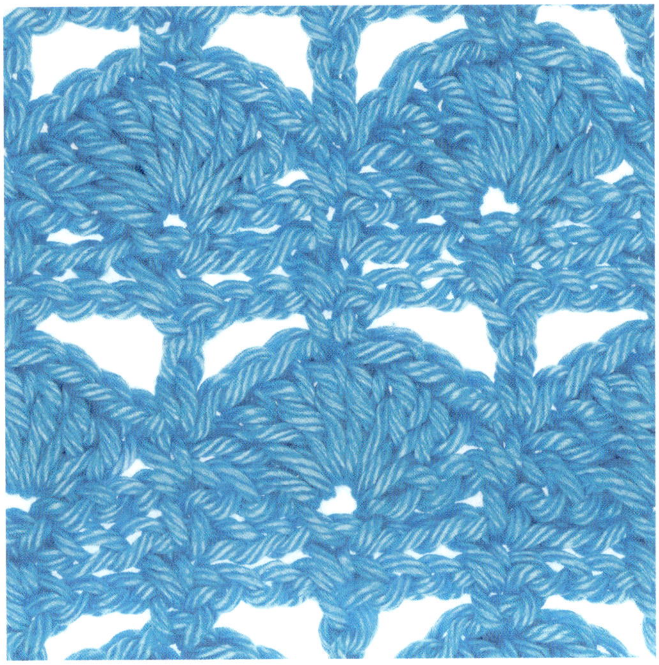

Ampferblatt-muster

DIESES HERAUSFORDERNDE MUSTER IST BESSER FÜR ERFAHRENERE HÄKELPROFIS GEDACHT. ES WIRD MIT REIHEN AUS LUFTMASCHENBÖGEN, SCHLINGEN UND FÄCHERN AUS STÄBCHENGRUPPEN GESTALTET. DIE HIERDURCH ENTSTEHENDE HÄKELSPITZE IST HÖCHST REIZVOLL UND BIETET SICH AUF WUNDERSCHÖNE WEISE FÜR STOLEN, SCHALS UND SOGAR POLSTERBEZÜGE AN.

Anfangsluftmaschenkette: Vielfaches von 8 M + 4

Anleitung für das Ampferblattmuster:

a

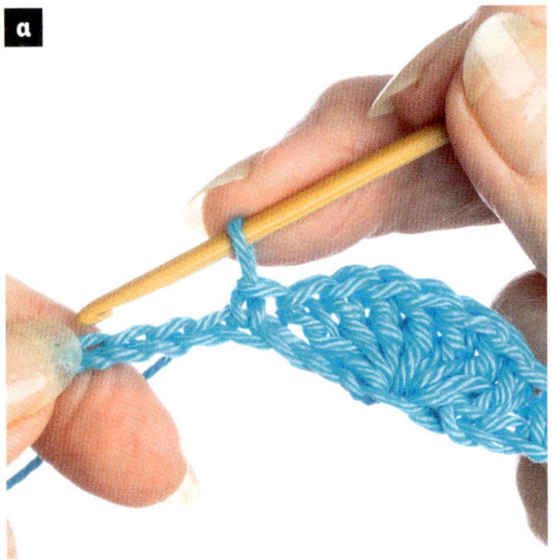

b

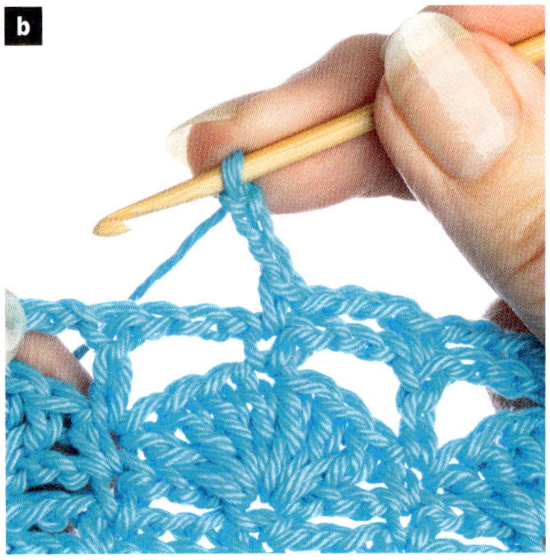

Reihe 1: 3 Stb in die 4. Lm von der Nadel, 3 Lm ausl, 1 fM in die nächste Lm, * 3 Lm ausl, 7 Stb in die nächste Lm, 3 Lm ausl, 1 fM in die nächste Lm; wdh ab * bis zu den letzten 4 Lm, 3 Lm ausl, 4 Stb in die letzte Lm, wenden. a
Reihe 2: 6 Lm (zählen als 1 Stb, 3 Lm), 1 Stb in die nächste fM, * 3 Lm, die nächsten 3 Stb ausl, 1 Stb in das nächste Stb, 3 Lm, 1 Stb in die nächste fM; wdh ab * bis zu den letzten 4 M, 3 Lm, 1 Stb in die Wm der Vorreihe, wenden.
Reihe 3: 1 Lm, * 1 fM in das nächste Stb, 3 Lm; wdh ab * bis zur letzten M, 1 fM in die 3. der 6 Lm aus der Vorreihe, wenden. b
Reihe 4: 1 Lm, 1 fM in die 1. fM, * 3 Lm, 1 fM in die nächste fM; wdh ab * bis zum Ende der Reihe, wenden.
Reihe 5: 1 Lm, 1 fM in die 1. fM, * 7 Stb in die nächste fM, 1 fM in die nächste fM; wdh ab * bis zum Ende der Reihe, wenden.
Reihe 6: 6 Lm (zählen als 1 Stb, 3 Lm), 3 Stb ausl, 1 Stb in das nächste Stb, * 3 Lm, 3 Stb ausl, 1 Stb in die nächste fM, 3 Lm, 3 Stb ausl, 1 Stb in das nächste Stb; wdh ab * bis zum Ende der Reihe, wenden.
Reihe 7 und 8: Häkeln Sie wie Reihe 3 und 4.
Reihe 9: 3 Lm (zählen als 1 Stb), 3 Stb in die 1. fM, 1 fM in die nächste fM, * 7 Stb in die nächste fM, 1 fM in die nächste fM; wdh ab * bis zur letzten fM, 4 Stb in die letzte fM, wenden.
Reihe 2–9 für das Muster wdh.

Geteilte Muscheln

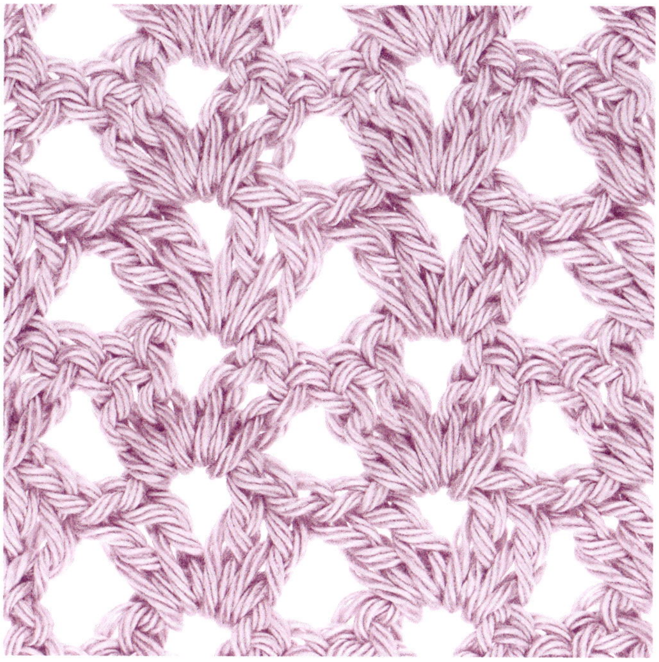

66

DIESES HÜBSCHE UND EINFACHE MUSTER BESTEHT AUS DER WIEDERHOLUNG VON NUR EINER REIHE, WODURCH ES SICH PERFEKT ZUM ÜBEN UND VERBESSERN DER FÄHIGKEITEN EIGNET. STÄBCHENGRUPPEN, DIE IN DER MITTE DURCH LUFTMASCHENBÖGEN GETRENNT WERDEN, BILDEN DAS MUSTER UND FORMEN EIN RECHT OFFENES SPITZENMUSTER. SCHALS, MÜTZEN ODER SOGAR DECKEN SEHEN SO HERVORRAGEND AUS!

Anfangsluftmaschenkette: Vielfaches von 4 M + 2

Anleitung für die geteilten Muscheln:

a

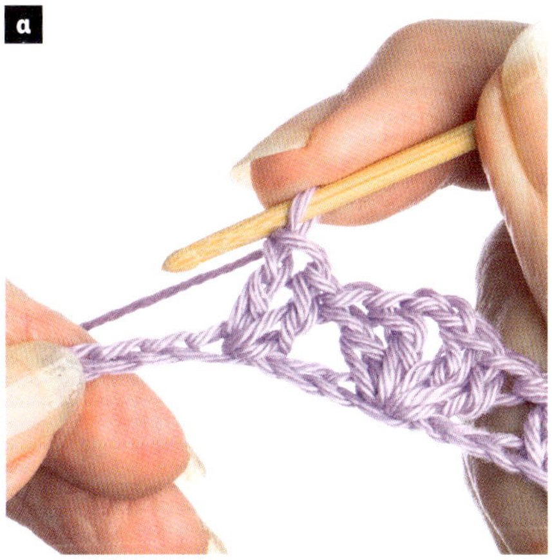

b

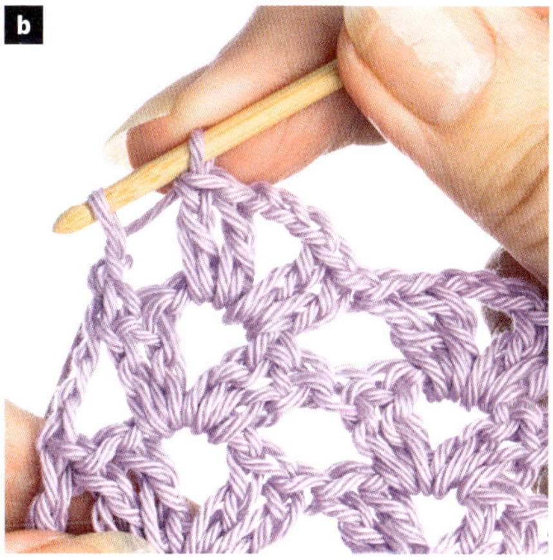

Reihe 1: 2 Stb, 1 Lm, 2 Stb in die 6. Lm von der Nadel, * 3 Lm ausl, (2 Stb, 1 Lm, 2 Stb) in die nächste Lm; wdh ab * bis zu den letzten 4 Lm, 3 Lm ausl, 1 Stb in die letzte Lm, wenden. a

Reihe 2: 3 Lm, * (2 Stb, 1 Lm, 2 Stb) in den Lm-Bg der nächsten Gruppe, wdh ab * und die Reihe mit dem letzten Stb in die Wm der Vorreihe beenden, wenden. b
Reihe 2 für das Muster wdh.

TIPP **Achten Sie darauf, die letzte Masche jeder Reihe in die Wendeluftmasche zu häkeln.**

67

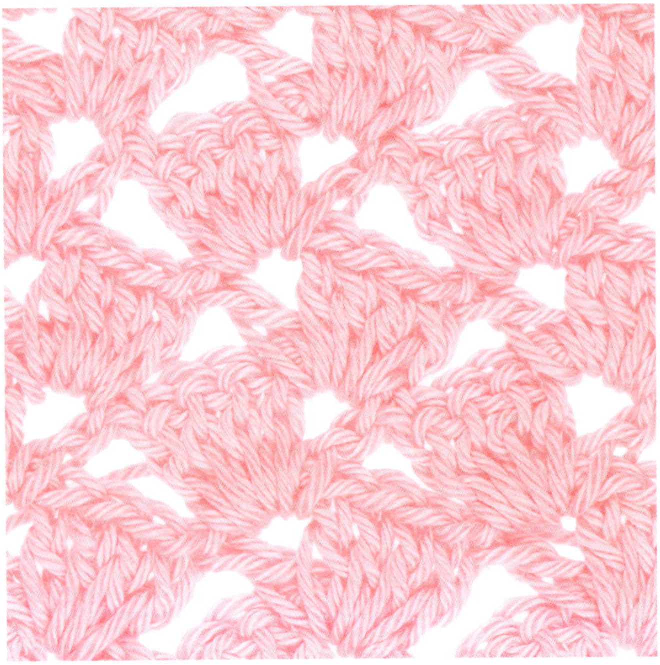

Netzspitze

DIES IST EIN SEHR HÜBSCHES, WENIGER OFFENES SPITZENMUSTER, DAS EINE RECHT FESTE HÄKELARBEIT ERGIBT. AUCH WENN ES ETWAS KOMPLIZIERT AUSSIEHT, BESTEHT DIESES MUSTER AUS NUR EINER WIEDERHOLUNG, SODASS ES LEICHT VON FORTGESCHRITTENEN HÄKLERINNEN UND HÄKLERN AUSGEARBEITET WERDEN KANN. DAS MUSTER SIEHT BEI DECKEN, MÜTZEN ODER SCHALS BEZAUBERND AUS.

Anfangsluftmaschenkette: Vielfaches von 7 M + 4

Anleitung für die Netzspitze:

a

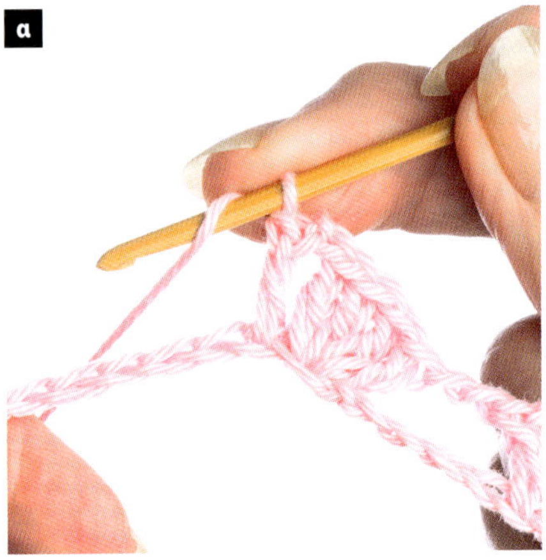

b

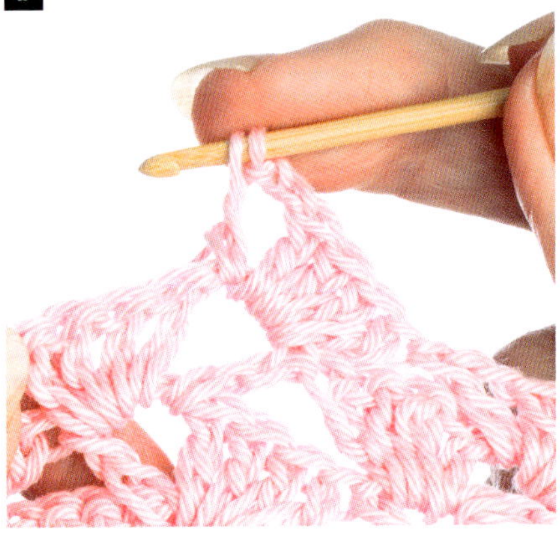

Reihe 1: 1 Stb in die 5. Lm von der Nadel, * 2 Lm, 5 Lm ausl, 4 Stb in die nächste Lm, ** 2 Lm, 1 Stb in die nächste Lm; wdh ab * und die letzte Wdh bei ** in die letzte Lm beenden, wenden. a

Reihe 2: 4 Lm, 1 Stb in die 1. M, * 2 Lm, (3 Stb, 2 Lm, 1 Stb) ausl, ** (4 Stb, 2 Lm, 1 Stb) in den nächsten Lm-Bg aus 2 Lm; wdh ab * und die letzte Wdh bei ** beenden; 4 Stb in die Wm der Vorreihe, wenden.
Reihe 2 für das Muster wdh. b

TIPP **Achten Sie darauf, 4 Stb in die letzte Wm jeder Reihe zu häkeln, damit die Kanten gerade bleiben.**

Diagonale Muscheln

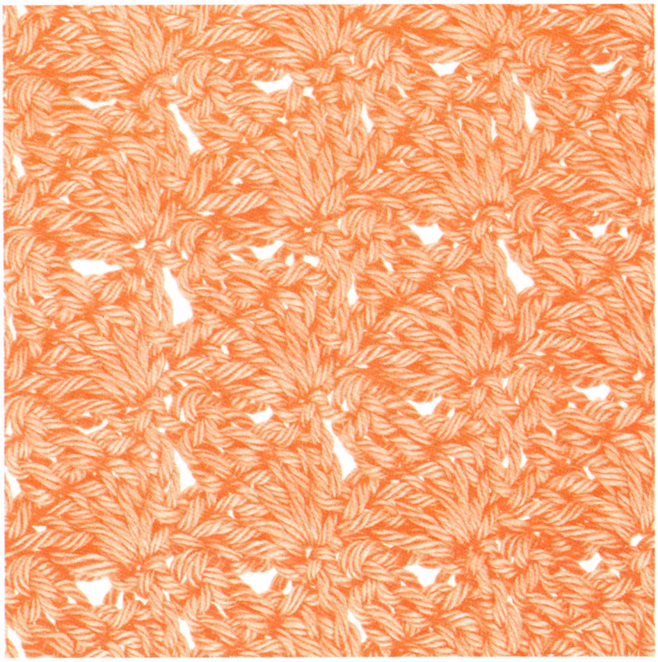

68

DIES IST EIN RECHT KNIFFELIGES MUSTER AUS ASYMMETRISCHEN MUSCHELN. DIE VERWENDETEN MASCHEN SORGEN DAFÜR, DASS DIE MUSCHELN EINE DIAGONALE NEIGUNG AUFWEISEN. DIE HÄKELARBEIT WIRD MIT DIESEM MUSTER RECHT DICHT.

Anfangsluftmaschenkette: Vielfaches von 4 M + 1 + 1 für die Aufbaureihe
Spezielle Abkürzung: Muschel = (1 fM, 3 Lm, 4 Stb) in dieselbe M.

Anleitung für die diagonalen Muscheln:

a

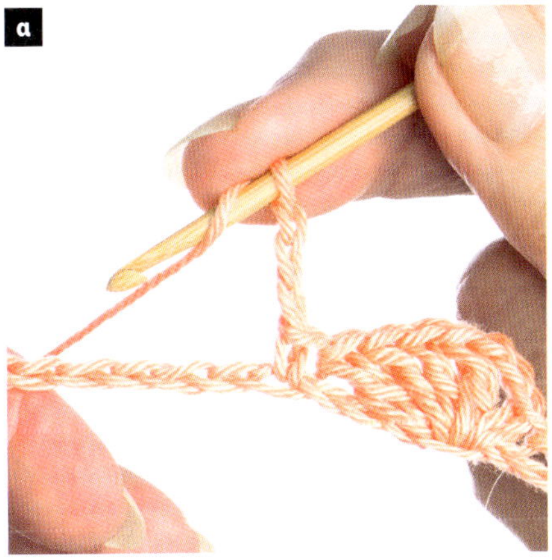

b

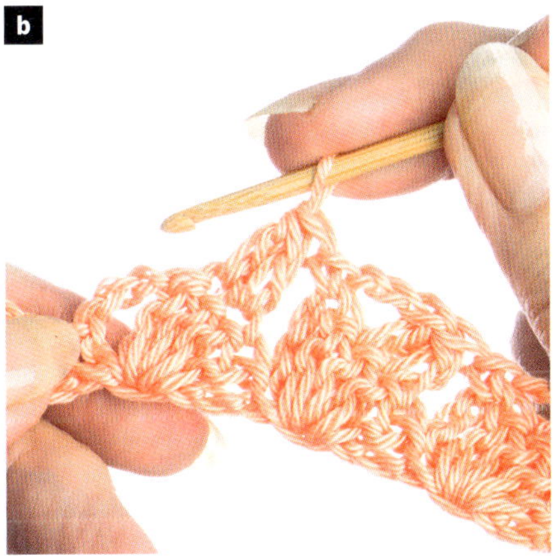

c

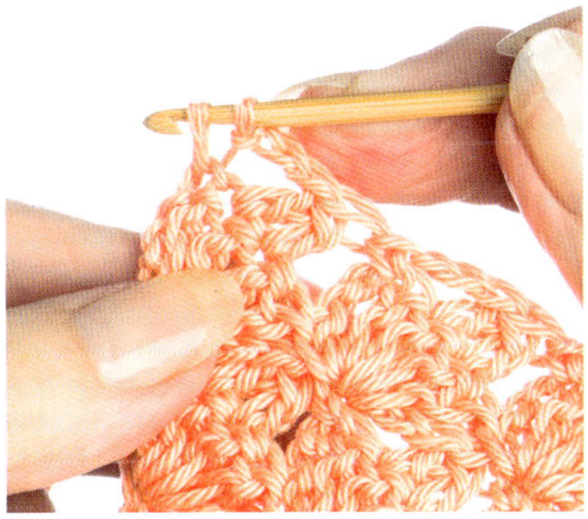

Reihe 1: (1 fM, 3 Lm, 4 Stb) in die 2. Lm von der Nadel (Muschel gehäkelt), * 3 Lm ausl, 1 Muschel in die nächste Lm; wdh ab * bis zu den letzten 4 Lm, 3 Lm ausl, 1 Stb in die letzte Lm, wenden. a

Reihe 2: 3 Lm (zählen als 1 Stb), die 1. M ausl, * 1 Stb ausl, 2 Stb zus häkeln über die nächsten 2 M, 3 Lm, 1 Stb ausl, 1 fM in den Lm-Bg aus 3 Lm; wdh ab * bis zum Ende der Reihe, wenden. b

Reihe 3: 1 Lm, 1 Muschel in die 1. M, * (3 Lm und die nächste M) ausl, 1 Muschel in die nächste fM; wdh ab *, dabei mit (3 Lm und die nächste M ausl), mit 1 fM in die Wm enden, wenden. c
Reihe 2–3 für das Muster wdh.

69

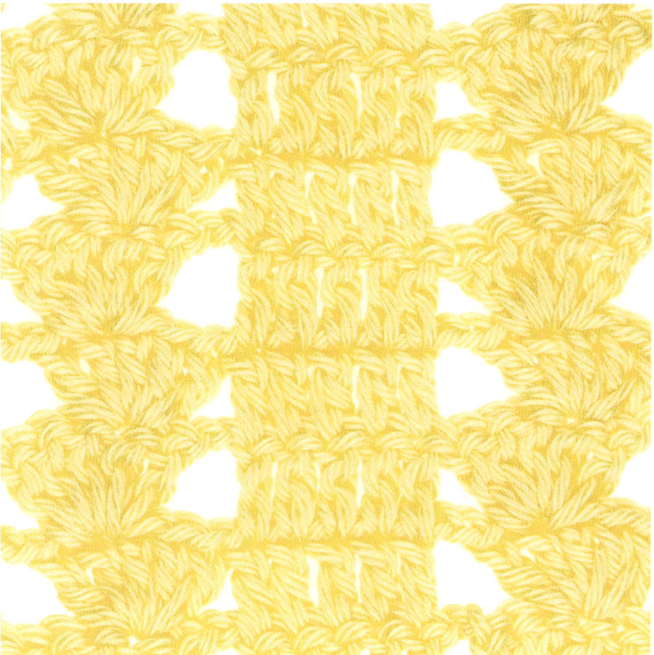

Karree und Muscheln

DIES IST EIN HÜBSCHES OFFENES MUSTER, DAS SICH BLÖCKEN AUS STÄBCHEN UND MUSCHELN BEDIENT, UM DIE HÄKELARBEIT ZU GESTALTEN. ES SIEHT ZWAR RECHT KOMPLIZIERT AUS, IST IN WAHRHEIT JEDOCH SEHR EINFACH UND BESTEHT NUR AUS EINER EINREIHIGEN MUSTERWIEDERHOLUNG.

Anfangsluftmaschenkette: Vielfaches von 11 M + 5 + 2 für die Aufbaureihe
Spezielle Abkürzung: Mgr = 5 Stb in die nächste M.

Anleitung für Karree und Muscheln:

a

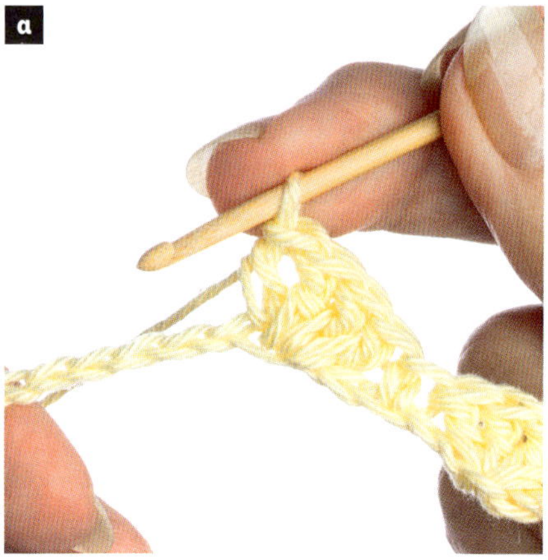

b

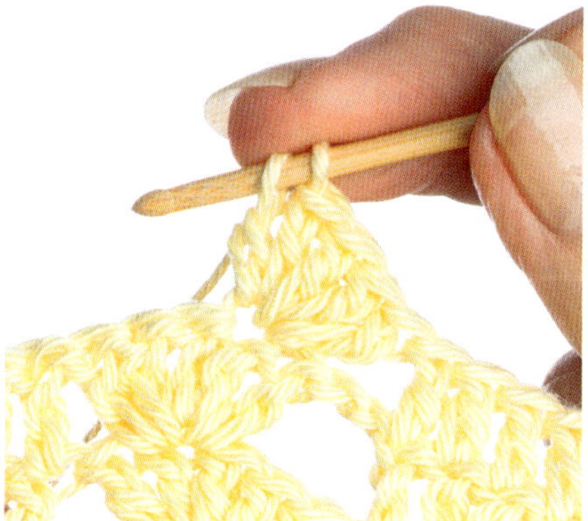

Reihe 1: 1 Stb in die 4. Lm von der Nadel, je 1 Stb in jd der nächsten 3 Lm, * 2 Lm ausl, 5 Stb in die nächste Lm, 2 Lm, 3 Lm ausl, je 1 Stb in jd der nächsten 5 Lm; wdh ab * bis zum Ende der Reihe, wenden. a

Reihe 2: 3 Lm (zählen als 1 Stb), das 1. Stb ausl, je 1 Stb in jd der nächsten 4 Stb, * 5 Stb in das 1. Stb der nächsten Mgr, 2 Lm, die letzten 4 Stb derselben Mgr ausl, je 1 Stb in jd der nächsten 5 Stb; wdh ab * bis zum Ende der Reihe, dabei das letzte Stb in die Wm der Vorreihe häkeln, wenden. b
Reihe 2 für das Muster wdh.

Verbundene Muscheln

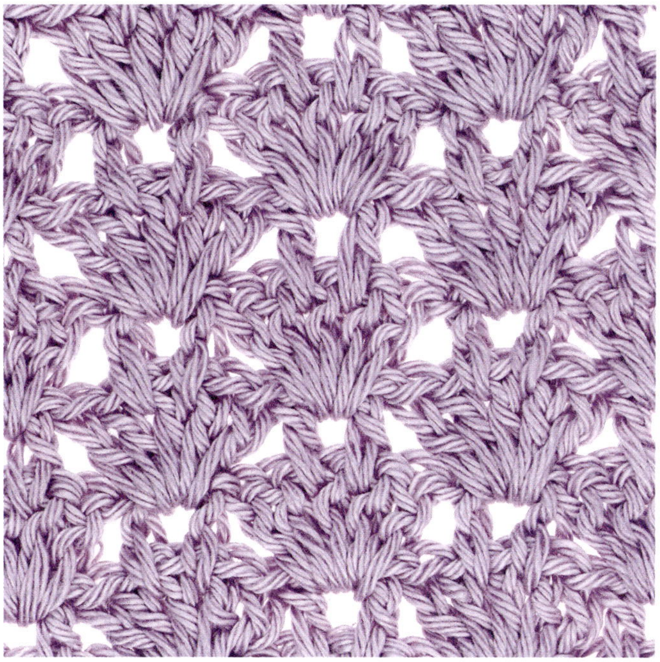

70

REIHEN AUS SICH ABWECHSELNDEN MUSCHELN BILDEN DIESES AUFFALLENDE MUSTER. DIE HÄKELARBEIT IST RECHT FEST UND DICHT IN IHRER ERSCHEINUNG UND GUT GEEIGNET FÜR POLSTERBEZÜGE UND WOHN-ACCESSOIRES.

Anfangsluftmaschenkette: Vielfaches von 7 M + 2 + 2 für die Aufbaureihe

Anleitung für die verbundenen Muscheln:

a

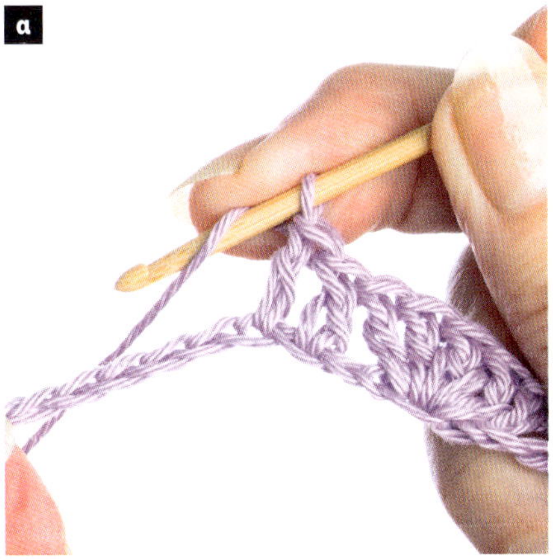

b

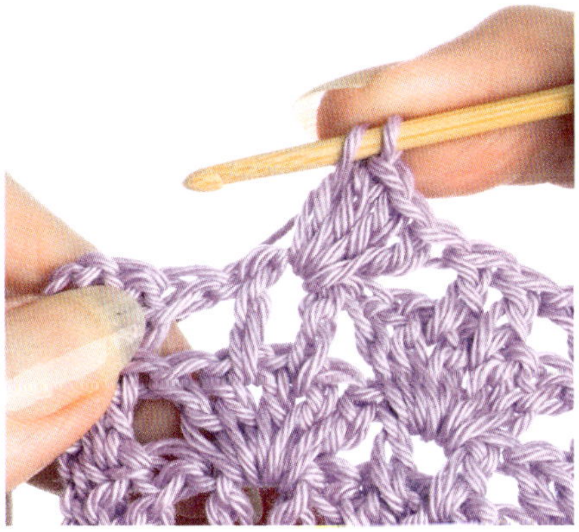

Reihe 1: 1 Stb in die 4. Lm von der Nadel, * 2 Lm ausl, 5 Stb in die nächste Lm, 2 Lm ausl, je 1 Stb in jd der nächsten 2 Lm; wdh ab * bis zum Ende der Reihe, wenden. a

Reihe 2: 3 Lm, 2 Stb in die 1. M, die nächsten 3 Stb ausl, * 1 Stb in die Lücke zw 2. und 3. und 3. und 4. Stb der Mgr aus 5 Stb, 3 Stb ausl, 5 Stb in die Lücke zw den nächsten 2 Stb, 3 Stb ausl; wdh ab * und mit 3 Stb in die Lücke zw dem letzten Stb und der Wm enden, wenden. b

Reihe 3: 3 Lm, 1 Stb zw die ersten 2 Stb, 3 Stb ausl, 5 Stb in die Lücke zw den nächsten 2 Stb, * 3 Stb ausl, je 1 Stb in jd der Lücken zw 2. und 3. und 3. und 4. Stb der Mgr aus 5 Stb; wdh ab * und mit dem letzten Stb in die Wm der Vorreihe enden, wenden.
Reihe 2–3 für das Muster wdh.

71

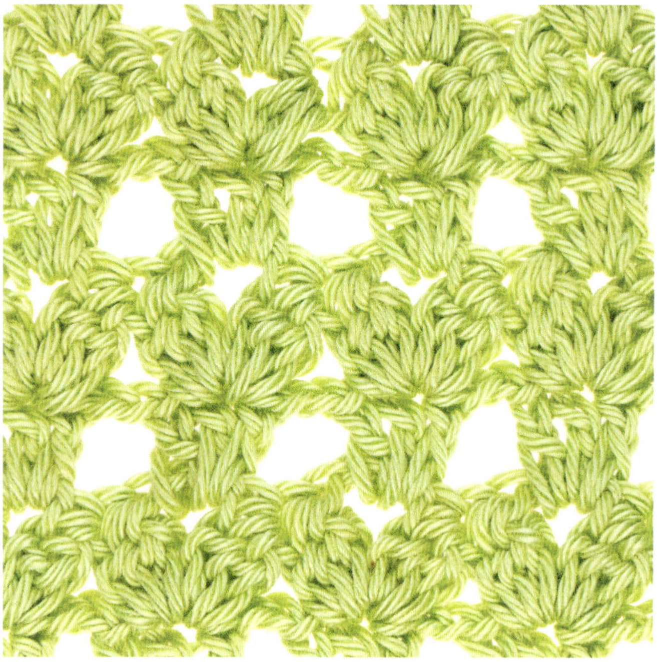

Distelmuster

KLEINE BÜSCHELMASCHEN KOMBINIERT MIT LUFTMASCHENBÖGEN ERZEUGEN EIN HÜBSCHES BLÜTENMUSTER. DIESES MUSTER IST FÜR TÜCHER, SCHALS UND WOHN-ACCESSOIRES GUT GEEIGNET.

Anfangsluftmaschenkette: Vielfaches von 4 M + 2
Spezielle Abkürzung: Büschelmasche (Bm) = (U, Nadel in die angegebene M stechen, U, die Schlinge durchziehen, U, durch 2 Schlingen ziehen), noch 2-mal wiederholen, U, das Garn durch alle Schlingen auf der Nadel ziehen.

Anleitung für das Distelmuster:

a

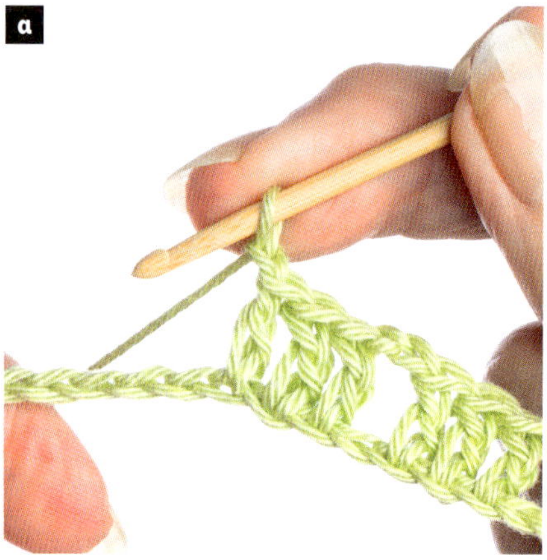

b

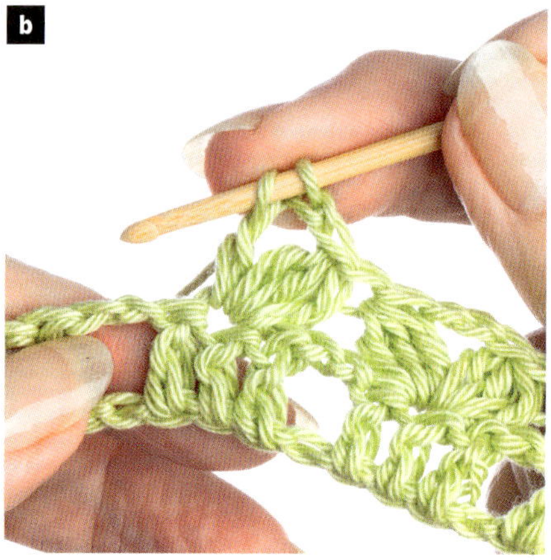

c

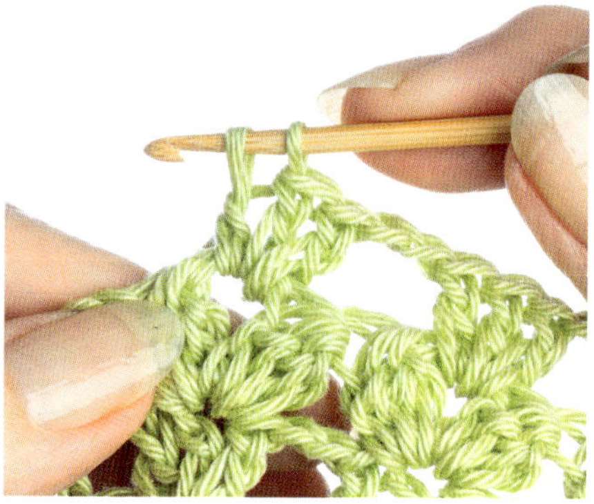

Reihe 1: 1 Stb in die 4. Lm von der Nadel, je 1 Stb in jd der nächsten 2 Lm, * 1 Lm, 1 Lm ausl, je 1 Stb in jd der nächsten 3 Lm; wdh ab * bis zum Ende der Reihe, wenden. a

Reihe 2: 4 Lm, 1 Bm in das nächste Stb, * (1 Stb, 1 Lm, 1 Stb) ausl, (1 Bm, 1 Lm, 1 Bm) in das nächste Stb; wdh ab * bis zum vorletzten Stb und der Wm, 1 Bm in das 2. Stb, 1 Lm, 1 Stb in die Wm, wenden. b

Reihe 3: 3 Lm, 2 Stb in den Lm-Bg, * 1 Lm, 3 Stb in die Lücke zwischen den nächsten 2 Bm; wdh ab * und mit 2 Stb in der Lücke zwischen der letzten Bm und der Wm enden, 1 Stb in die Wm, wenden. c
Reihe 2–3 für das Muster wdh.

Fächer und Gitter

DIESES SEHR ANSPRECHENDE MUSTER KOMBINIERT STÄBCHENFÄCHER UND LUFTMASCHENGITTER MITEINANDER. ES BESTEHT AUS EINER NUR ZWEIREIHIGEN WIEDERHOLUNG, SODASS ES WIRKLICH ZIEMLICH EINFACH ZU HÄKELN IST – AUCH WENN ES KOMPLIZIERT AUSSIEHT.

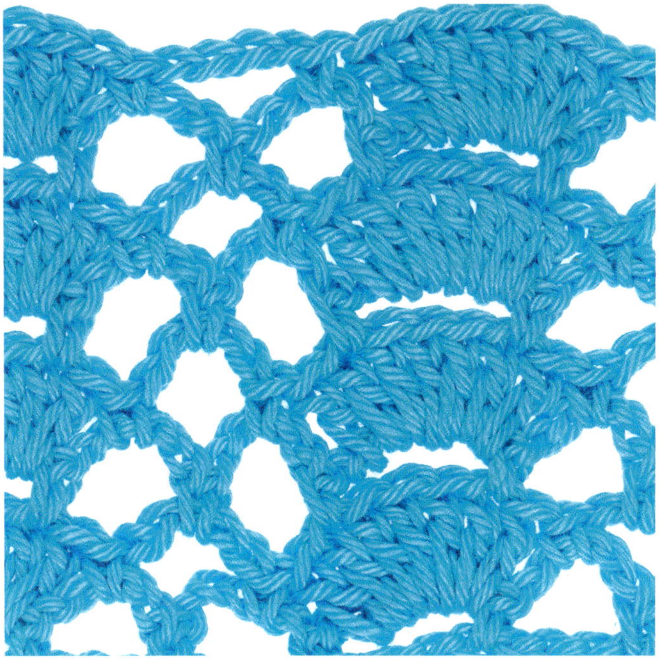

Anfangsluftmaschenkette:
Vielfaches von 12 M + 12

Anleitung für Fächer und Gitter:

a

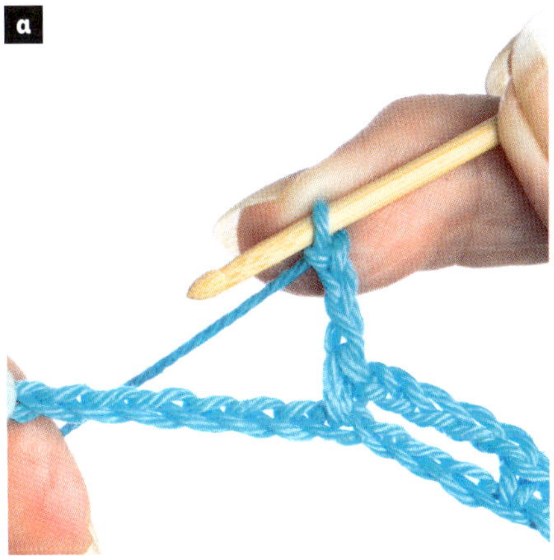

b

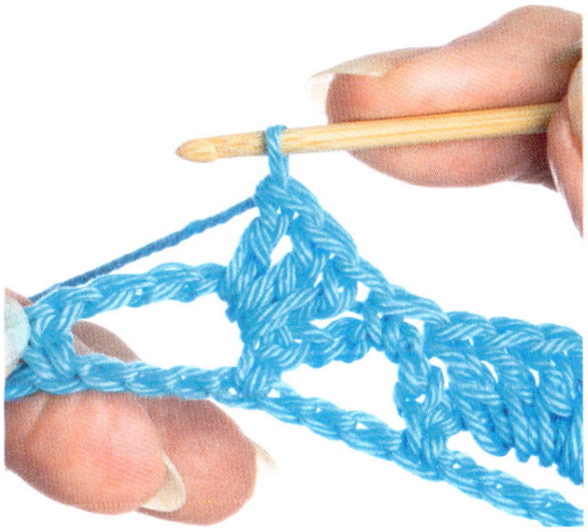

c

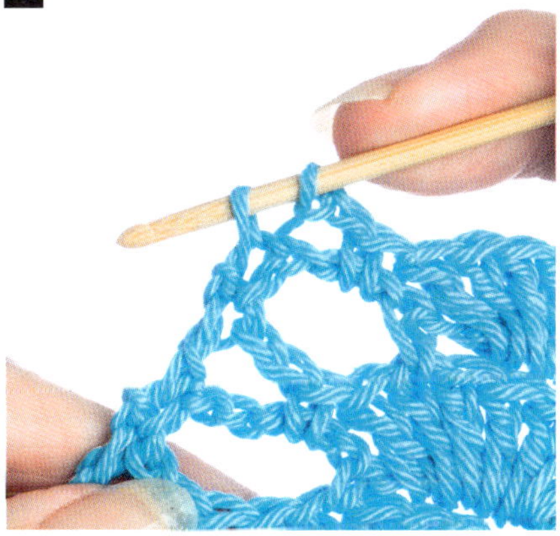

Reihe 1: 1 fM in die 2. Lm von der Nadel * 5 Lm, 3 Lm ausl, 1 fM; wdh ab * bis zur vorletzten Lm, 2 Lm, 1 Lm ausl, 1 Stb in die letzte Lm, wenden. a
Reihe 2: 1 Lm, 1 fM in die 1. M, 2 Lm-Bg ausl, * 7 Stb in den Lm-Bg aus 5 Lm, 1 fM in den nächsten Lm-Bg, ** 5 Lm, 1 fM in den nächsten Lm-Bg; wdh ab * und die letzte Wdh bei ** beenden, 2 Lm, 1 Stb in die letzte fM, die Wm ausl, wenden. b
Reihe 3: 1 Lm, 1 fM in die 1. M, * 5 Lm, 1 fM in das 2. der 7 Stb, 5 Lm, 1 fM in das 6. Stb derselben Gruppe, ** 5 Lm, 1 fM in den nächsten Lm-Bg aus 5 Lm; wdh ab * und die letzte Wdh bei ** beenden, 2 Lm, 1 Stb in die letzte fM, die Wm ausl, wenden. c
Reihe 2–3 für das Muster wdh.

TIPP **Überprüfen Sie regelmäßig, ob die Kanten gerade sind, indem Sie die richtigen Maschen in die Wendeluftmaschen häkeln.**

73

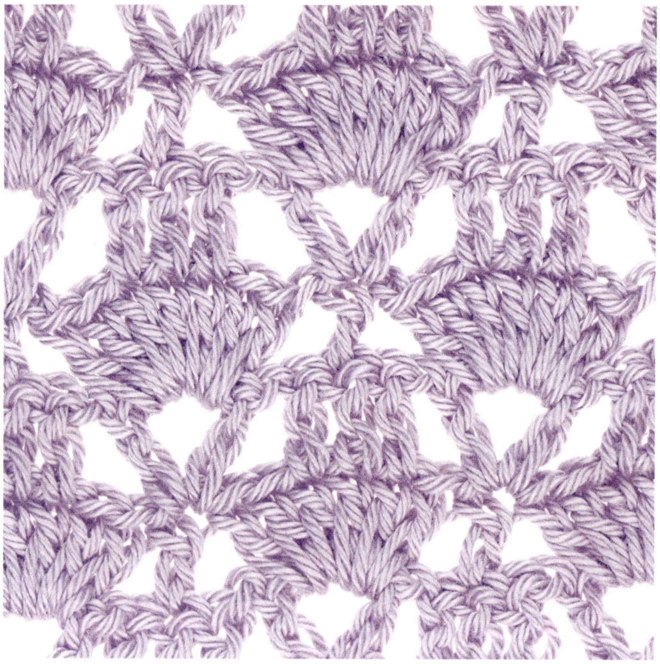

Kleine Muscheln

DIESES MUSTER IST HERAUSFORDERNDER UND BENÖTIGT EINIGES AN KONZENTRATION. STÄBCHENGRUPPEN BILDEN KLEINE „MUSCHELN", DIE IN EINER VIERREIHIGEN MUSTERWIEDERHOLUNG ABWECHSELND GEHÄKELT WERDEN. DIE DARAUS RESULTIERENDE HÄKELARBEIT WIRD FEST UND FLACH UND EIGNET SICH PERFEKT FÜR HÄKELOBERTEILE, KISSENBEZÜGE UND BABYKLEIDUNG.

Anfangsluftmaschenkette: Vielfaches von 8 M + 3

Anleitung für die kleinen Muscheln:

a

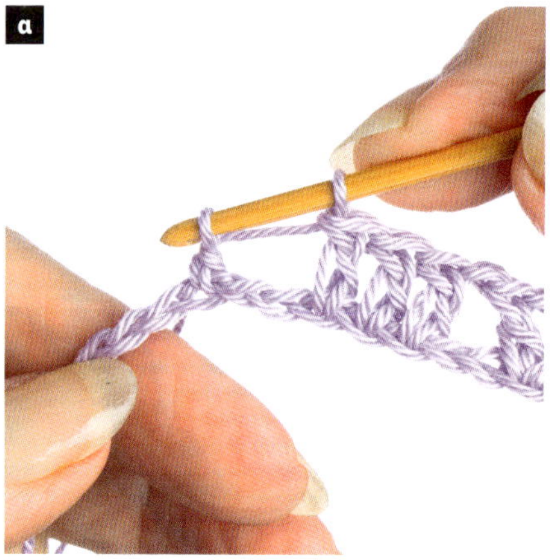

b

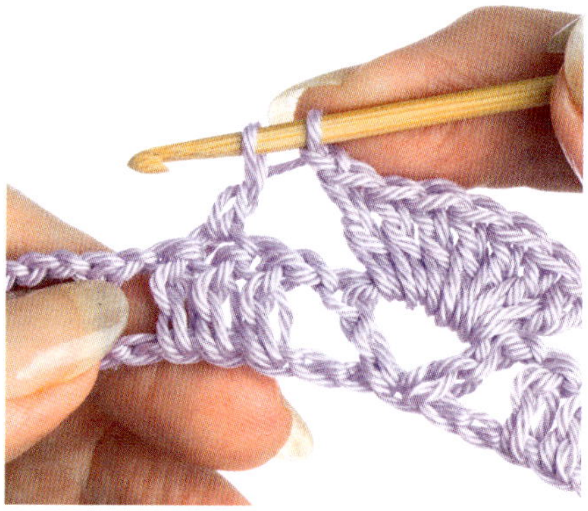

c

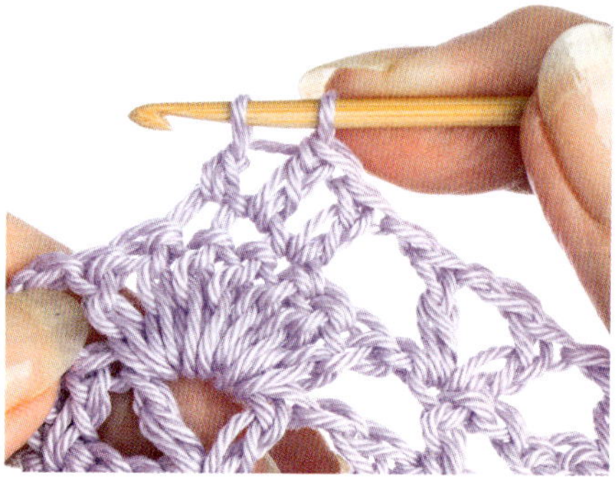

Reihe 1 (RS): 1 Stb in die 4. Lm von der Nadel, * 1 Lm, 2 Lm ausl, (1 Stb, 3 Lm, 1 Stb) in die nächste Lm, 1 Lm, 2 Lm ausl, je 1 Stb in jd der nächsten 3 Lm; wdh ab * bis zum Ende der R, das letzte Stb am Ende der letzten Wdh ausl, wenden. **a**

Reihe 2: 4 Lm (zählen als 1. Stb und 1 Lm), 7 Stb in den nächsten Lm-Bg aus 3 Lm, * 1 Lm, 1 Stb ausl, 1 Stb ins nächste Stb, 1 Lm, 7 Stb in den nächsten Lm-Bg aus 3 Lm; wdh ab * bis zum drittletzten Stb, 1 Lm, 1 Stb ausl, 1 Stb in das letzte Stb, wenden. **b**

Reihe 3: 4 Lm, 1 Stb in das 1. Stb, 1 Lm, 2 Stb ausl, je 1 Stb in jd der nächsten 3 Stb, * 1 Lm, 2 Stb ausl, (1 Stb, 3 Lm, 1 Stb) ins nächste Stb, 1 Lm, 2 Stb ausl, je 1 Stb in jd der nächsten 3 Stb; wdh ab * bis zum drittletzten Stb, 1 Lm, 2 Stb ausl, (1 Stb, 1 Lm, 1 Stb) in die 3. Lm der 4 Anfangs-Lm aus der Vorreihe, wenden. **c**

Reihe 4: 3 Lm (zählen als 1 Stb), 3 Stb in den 1. Lm-Bg, 1 Lm, 2 Stb ausl, 1 Stb in das nächste Stb, * 1 Lm, 7 Stb in den nächsten Lm-Bg aus 3 Lm, 1 Lm, 2 Stb ausl, 1 Stb ins nächste Stb; wdh ab * bis zum drittletzten Stb, 1 Lm, 2 Stb ausl, 3 Stb in den letzten Lm-Bg, 1 Stb in die 3. Lm der 4 Anfangs-Lm aus der Vorreihe, wenden.

Reihe 5: 3 Lm, das 1. Stb ausl, 1 Stb ins nächste Stb, * 1 Lm, 2 Stb ausl, (1 Stb, 3 Lm, 1 Stb) ins nächste Stb, 1 Lm, 2 Stb ausl, je 1 Stb in jd der nächsten 3 Stb; wdh ab * bis zum Ende der Reihe, dabei 1 Stb am Ende der letzten Wdh ausl und das letzte Stb in die 3. Lm der 3 Anfangs-Lm aus der Vorreihe häkeln, wenden.

Reihe 2–5 für das Muster wdh.

Muscheln im Kästchen

74

DIESES HÜBSCH DEFINIERTE MUSTER IST EINE LOCHHÄKELEI. STÄBCHEN UND LUFTMASCHEN FORMEN ORDENTLICHE KÄSTCHEN IN DER HÄKELARBEIT. ES IST EIN RECHT EINFACHES MUSTER, DAS AUCH VON EINSTEIGERN VERSUCHT WERDEN KANN.

Anfangsluftmaschenkette: Vielfaches von 5 M + 4

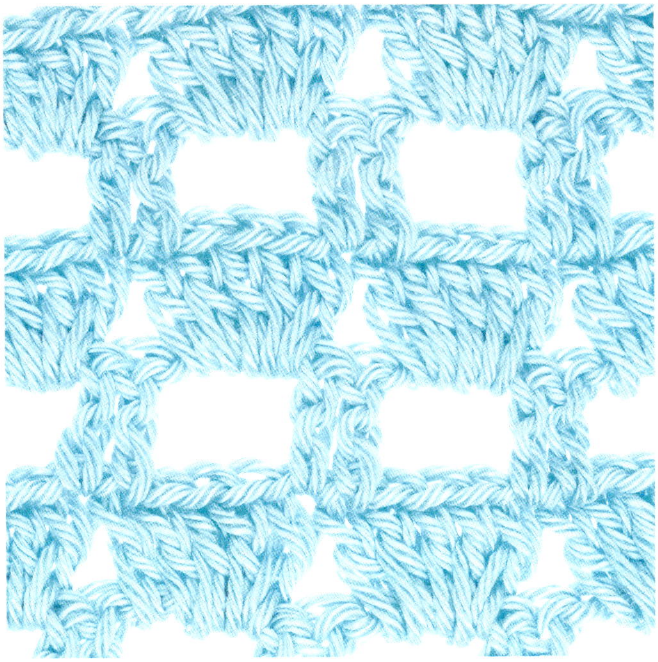

Anleitung für die Muscheln im Kästchen:

a

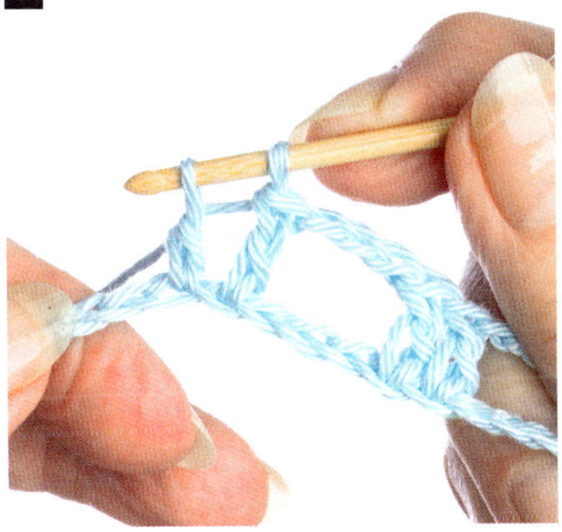

b

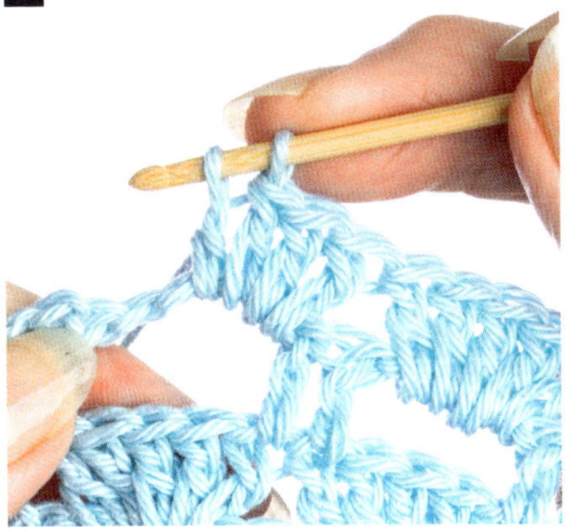

Reihe 1: 3 Lm ausl (zählt als 1 Stb), 1 Stb in die nächste Lm, * 3 Lm, 3 Lm ausl, je 1 Stb in jd der nächsten 2 Lm; wdh ab * bis zum Ende der Reihe, wenden. a

Reihe 2: 3 Lm (zählen als 1 Stb), die 1. M ausl, * 5 Stb in den nächsten Lm-Bg aus 3 Lm; wdh ab * und mit 1 Stb in der Wm der Vorreihe enden, wenden. b

TIPP **Achten Sie beim Häkeln von Reihe 2 darauf, dass die Stb in die benachbarten Stb der Muscheln aus 5 Stb gehäkelt werden.**

Reihe 3: 3 Lm (zählen als 1 Stb), die 1. M ausl, 1 Stb in das nächste Stb, * 3 Lm, 3 Stb ausl, je 1 Stb in jd der nächsten 2 Stb; wdh ab * bis zum Ende der Reihe, wenden. Reihe 2–3 für das Muster wdh.

75

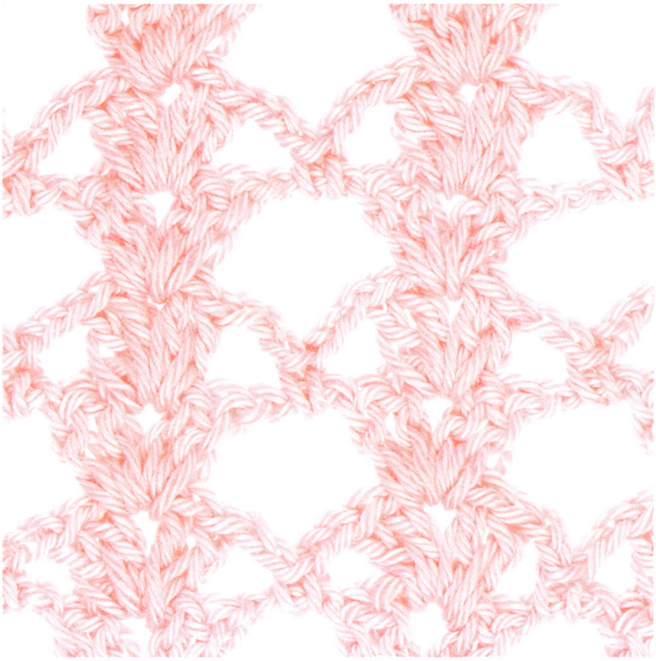

Spitzenbögen

DIES IST EIN LOCHMUSTER AUS MUSCHELN UND LUFTMASCHEN. ES IST EINE EINFACHE WIEDERHOLUNG VON ZWEI REIHEN UND KANN SOMIT AUCH VON HÄKELEINSTEIGERINNEN UND -EINSTEIGERN BEWÄLTIGT WERDEN. DAS MUSTER SIEHT SEHR HÜBSCH ALS TUCH FÜR DEN STRAND ODER VIELLEICHT AUCH AN EINEM POLSTER MIT DUNKLEREM UNTERBEZUG AUS.

Anfangsluftmaschenkette: Vielfaches von 7 M + 5
Spezielle Abkürzung: Mgr (Maschengruppe) = (2 Stb, 1 Lm, 2 Stb) in die angegebene Masche.

Anleitung für die Spitzenbögen:

a

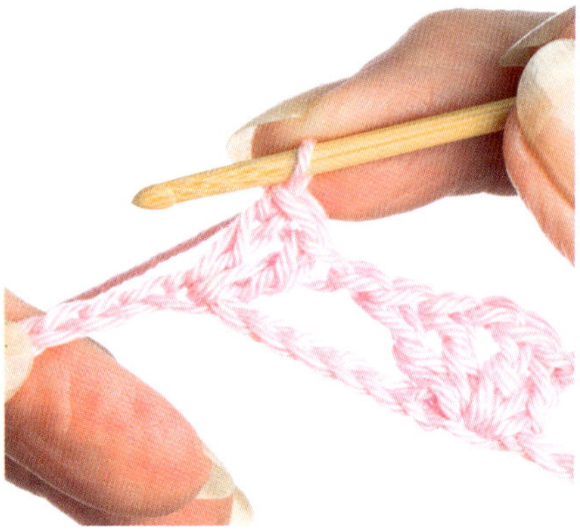

b

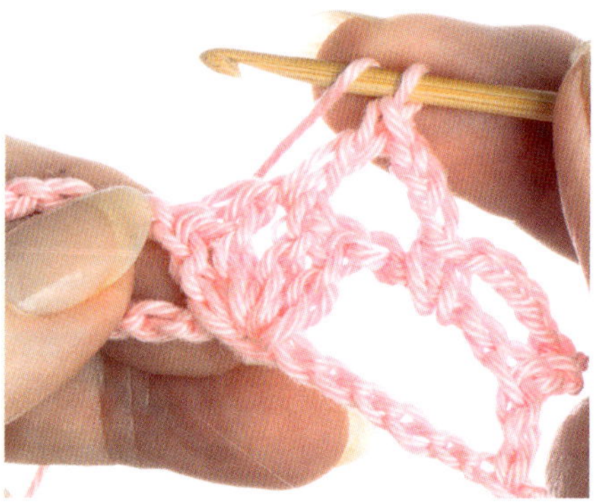

c

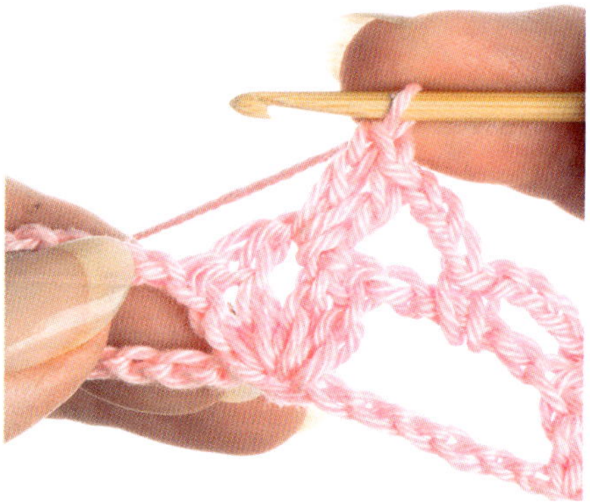

d

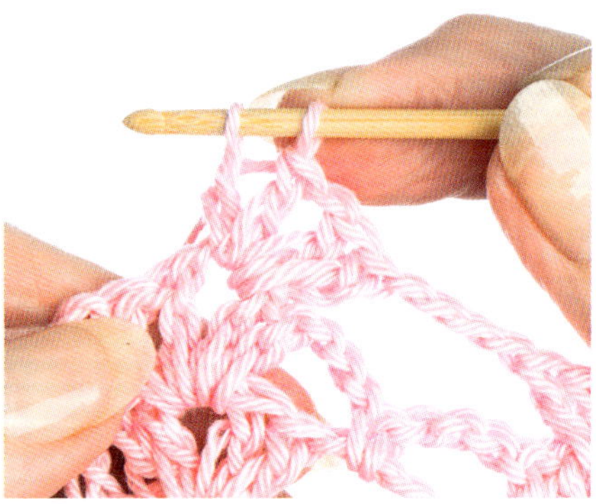

Reihe 1: (2 Stb, 1 Lm, 2 Stb) in die 12. Lm von der Nadel, * 4 Lm, 6 Lm ausl, (2 Stb, 1 Lm, 2 Stb) in die nächste Lm; wdh ab * bis zu den letzten 7 Lm; 6 Lm ausl, 4 Lm, 1 Stb in die letzte Lm, wenden. a
Reihe 2: 7 Lm, 1 fM in die 1. Lücke, 3 Lm, (2 Stb, 1 Lm, 2 Stb) in die mittlere Lücke der nächsten Mgr, * 3 Lm, 1 fM in die nächste Lücke, 3 Lm, (2 Stb, 1 Lm, 2 Stb) in die mittlere Lücke der nächsten Mgr; wdh ab * und die letzte Wdh mit 3 Lm, 1 Stb in die 4. Lm der Wm aus der Vorreihe beenden, wenden. b c
Reihe 3: 7 Lm, * (2 Stb, 1 Lm, 2 Stb) in die mittlere Lücke der nächsten Mgr, 4 Lm; wdh ab * und die letzte Wdh mit 4 Lm, 1 Stb in die 3. Lm von der Wm aus der Vorreihe beenden, wenden. d
Reihe 2–3 für das Muster wdh.

Viktorianische Bögen

76

DIESES HÜBSCHE MUSTER BESTEHT AUS GROSSEN MUSCHELN, DIE DER ARBEIT EINEN BOGENARTIGEN EFFEKT VERLEIHEN. ES ENTSTEHT EIN SEHR DICHTES GEWEBE, DAS SICH AM EFFEKTIVSTEN FÜR POLSTERBEZÜGE, ÜBERWÜRFE UND DECKEN VERWENDEN LÄSST.

Anfangsluftmaschenkette: Vielfaches von 6 M + 1

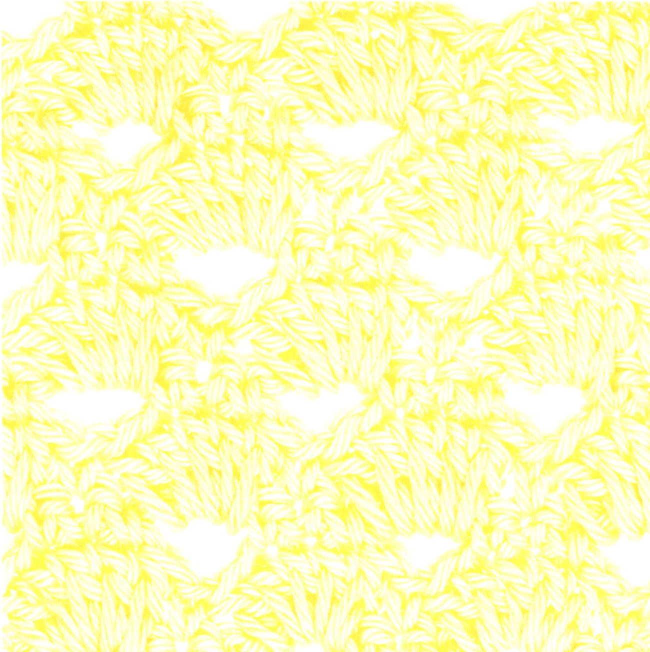

Anleitung für die Viktorianischen Bögen:

a

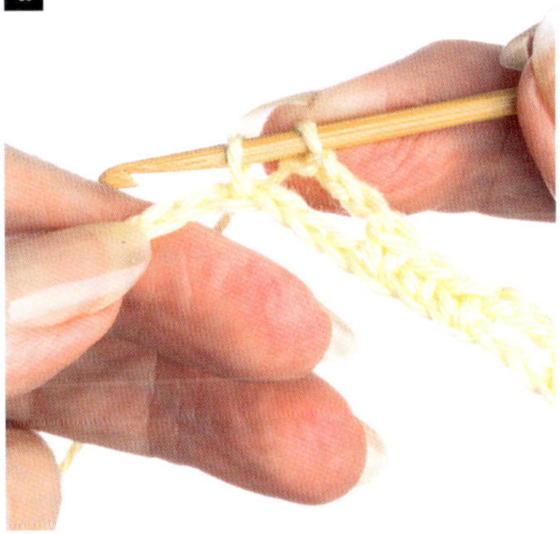

b

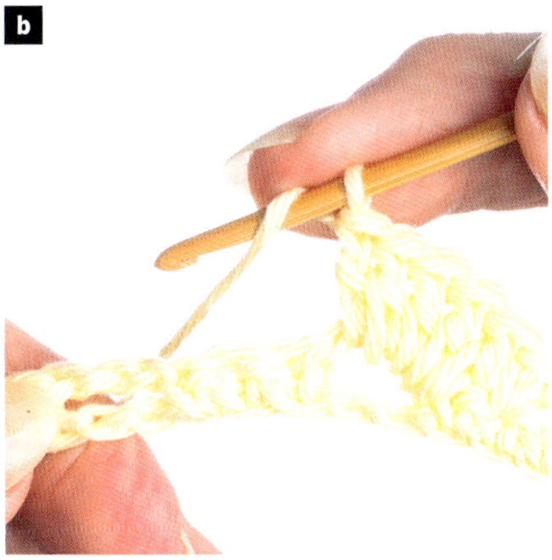

Reihe 1: 1 fM in die 2. Lm von der Nadel, * 3 Lm, 3 Lm ausl, je 1 fM in jd der nächsten 3 Lm; wdh ab * bis zu den letzten 5 Lm, 3 Lm, 3 Lm ausl, je 1 fM in jd der nächsten 2 Lm, wenden. a
Reihe 2: 1 Lm, die 1. fM ausl, * 1 Lm ausl, 5 Stb in den Lm-Bg aus 3 Lm, 1 fM ausl, 1 fM in die nächste fM; wdh ab * und mit 1 fM in 1 Lm enden, wenden. b
Reihe 3: 1 Lm, (1 fM, 1 Stb) ausl, * je 1 fM in jd der nächsten 3 Stb, 3 Lm, (1 Stb, 1 fM, 1 Stb) ausl; wdh ab * bis zur letzten Gruppe, je 1 fM in jd der nächsten 3 Stb, 2 Lm, 1 Stb ausl, 1 fM in 1 Lm, wenden.
Reihe 4: 3 Lm, die 1. fM ausl, 2 Stb in den Lm-Bg aus 2 Lm, * 1 fM ausl, 1 fM in die nächste fM, 1 fM ausl, 5 Stb in den nächsten Lm-Bg aus 3 Lm; wdh ab * und mit 3 Stb in die Wm enden, wenden.
Reihe 5: 1 Lm, das 1. Stb ausl, 1 fM in das nächste Stb, * 3 Lm, (1 Stb, 1 fM, 1 Stb) ausl, je 1 fM in jd der nächsten 3 Stb; wdh ab * und mit 1 fM im letzten Stb enden, wenden.
Reihe 2–5 für das Muster wdh.

77

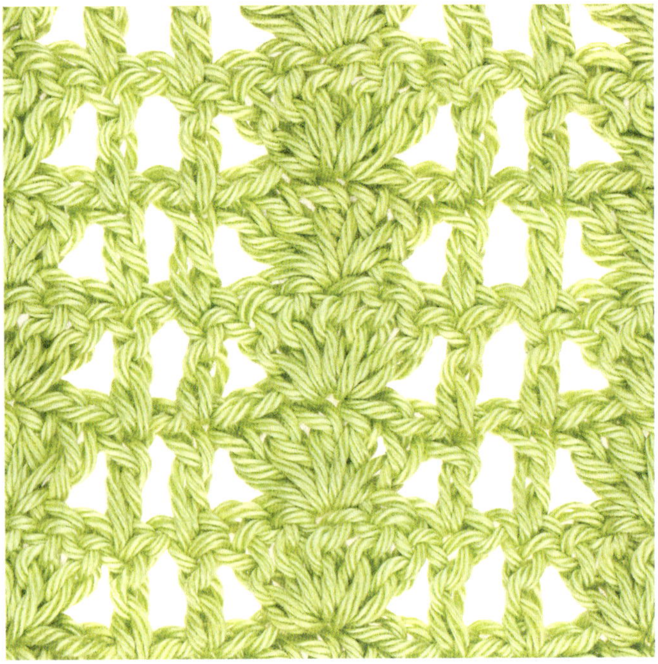

Muschelnetzwerk

DIESES MUSTER BESTEHT AUS LINIEN, DIE AUS MUSCHELGRUPPEN, STÄBCHEN UND LUFTMASCHENBÖGEN GEHÄKELT WERDEN. DA NUR EINE EINZIGE REIHE WIEDERHOLT WIRD, IST ES FÜR FORTGESCHRITTENE HÄKLERINNEN UND HÄKLER LEICHT ZU MEISTERN. DAS WERKSTÜCK IST IM STIL RECHT SPITZENARTIG UND OFFEN UND WÜRDE ALLERLIEBST BEI BABYDECKEN, MÜTZEN, SCHALS ODER AUCH POLSTERBEZÜGEN AUSSEHEN.

Anfangsluftmaschenkette: Vielfaches von 8 M + 3 + 3 für die Aufbaureihe

Anleitung für das Muschelnetzwerk:

a

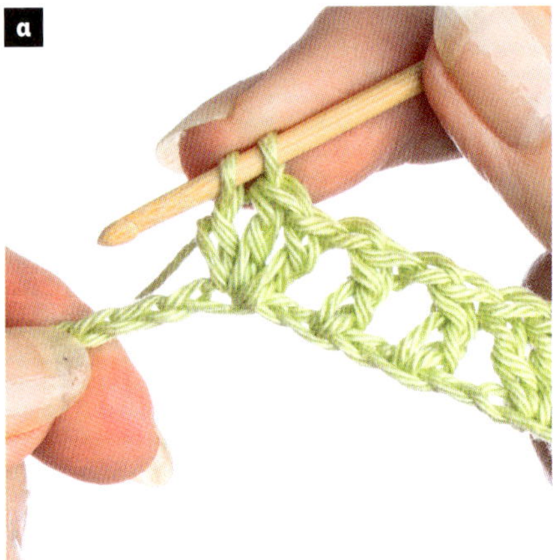

b

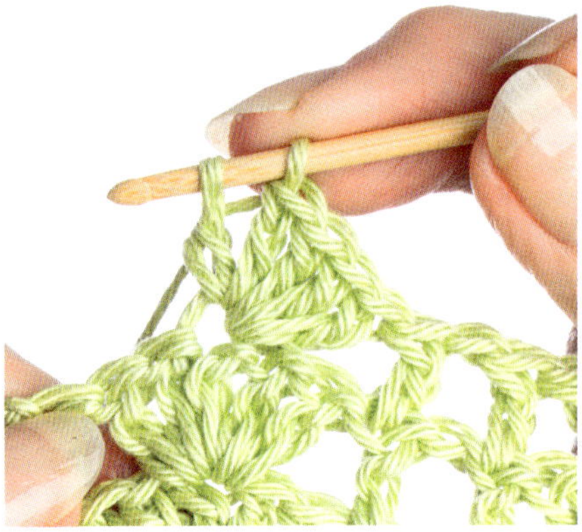

Reihe 1: 1 Stb in die 6. Lm von der Nadel, * 2 Lm ausl, 5 Stb in die nächste Lm, 2 Lm ausl, 1 Stb in die nächste Lm, 1 Lm, 1 Lm ausl, 1 Stb in die nächste Lm; wdh ab * bis zum Ende der Reihe, wenden. a

Reihe 2: 4 Lm (zählen als 1 Stb und 1 Lm), das 1. Stb und die nächste Lm ausl, 1 Stb in das nächste Stb, * 2 Stb ausl, 5 Stb in das nächste Stb, 2 Stb ausl, 1 Stb in das nächste Stb, 1 Lm, 1 Lm ausl, 1 Stb in das nächste Stb; wdh ab * und die letzte Wdh mit 1 Stb im 2. Stb der Wm beenden, wenden. b
Reihe 2 für das Muster wdh.

TIPP **Achten Sie darauf, dass Sie die letzte Masche in jeder Reihe in die 2. Lm der Wendeluftmaschen häkeln, da so die Kante Ihrer Arbeit gerade und die Maschenzahl korrekt bleibt.**

Kohlblattmuster

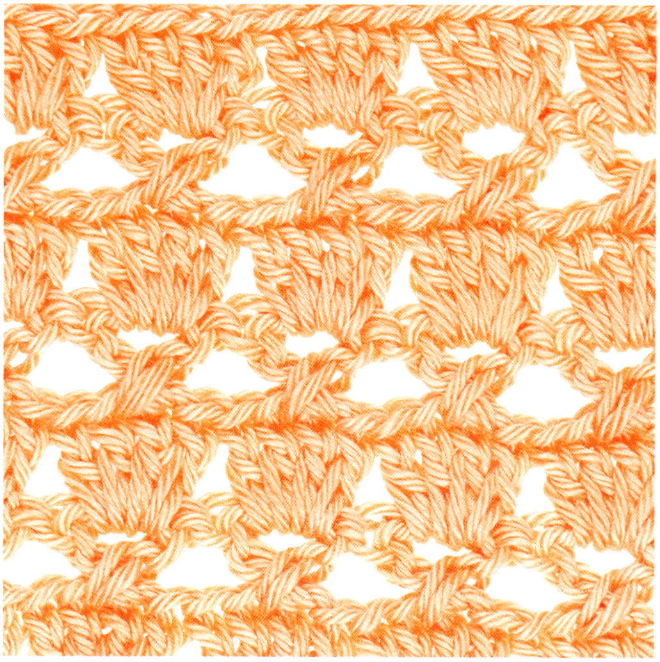

78

DIESES MUSTER STELLT, WIE DER NAME SCHON SAGT, KLEINE REIHEN VON KOHLKÖPFEN DAR. SIE WERDEN MIT VERSCHIEDENEN MASCHEN GEHÄKELT, DARUNTER AUCH ÜBERKREUZTE STÄBCHEN, LUFTMASCHENBÖGEN UND BLÖCKE AUS STÄBCHEN. DAS WERKSTÜCK, DAS SO GESTALTET WIRD, IST RECHT FEST UND GUT DAFÜR GEEIGNET, HEIMDEKO-ARTIKEL HERZUSTELLEN.

Anfangsluftmaschenkette: Vielfaches von 4 M + 7

Anleitung für das Kohlblattmuster:

a

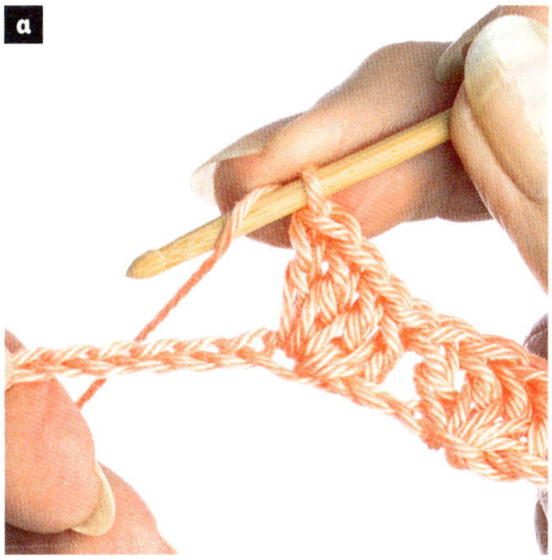

b

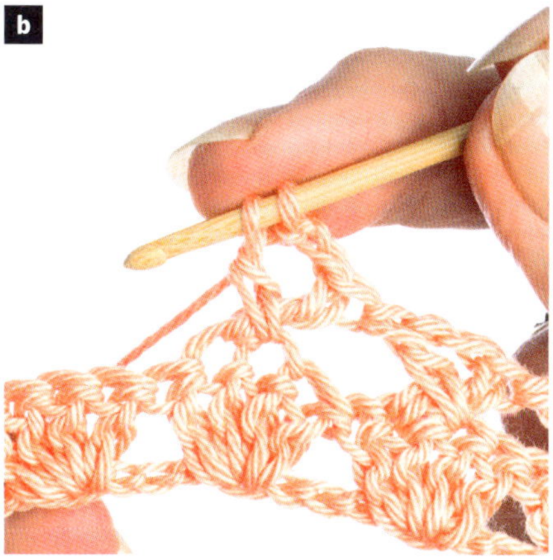

c

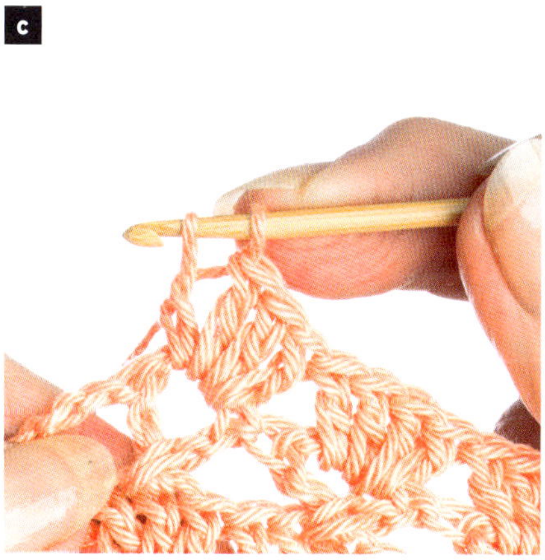

Reihe 1: 4 Stb in die 5. Lm von der Nadel, * 3 Lm ausl, 4 Stb in die nächste Lm; wdh ab * bis zur vorletzten Lm, 1 Lm, 1 Stb in die letzte Lm, wenden. a

Reihe 2: 3 Lm (zählen als 1 Stb), das 1. Stb ausl, * 3 Stb ausl, 1 Stb in das nächste Stb, 2 Lm, 1 Stb in das 1. der ausgel Stb; wdh ab * bis zum Ende der Reihe, 1 Stb in die Wm aus der Vorreihe, wenden. b

Reihe 3: 3 Lm, 4 Stb in jd Lm-Bg aus 2 Lm bis zum Ende der Reihe, 1 Stb in die Wm aus der Vorreihe, wenden. c
Reihe 2–3 für das Muster wdh.

79

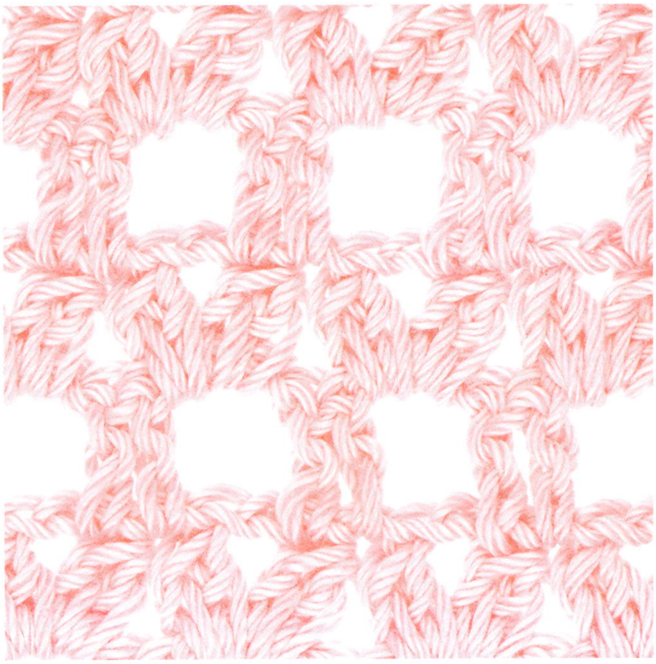

Büschelmaschen im Kästchen

WINZIGE BÜSCHELMASCHEN WERDEN IN EIN NETZ AUS STÄBCHEN UND LUFTMASCHENBÖGEN GEHÄKELT, UM DIESES SEHR ANSPRECHENDE MUSTER ZU ERZEUGEN. DIE HÄKELARBEIT WEIST EINE NETTE STRUKTUR AUF UND EIGNET SICH GUT FÜR EINE VIELZAHL AN PROJEKTEN. MIT EINEM FEINEREN GARN KÖNNEN SIE EINEN ZARTEREN EFFEKT ERZIELEN.

Anfangsluftmaschenkette: Vielfaches von 5 M + 2 + 2 für die Aufbaureihe
Spezielle Abkürzung: Muschel = (2 Stb, 1 Lm, 2 Stb)

Anleitung für die Büschelmaschen im Kästchen:

a

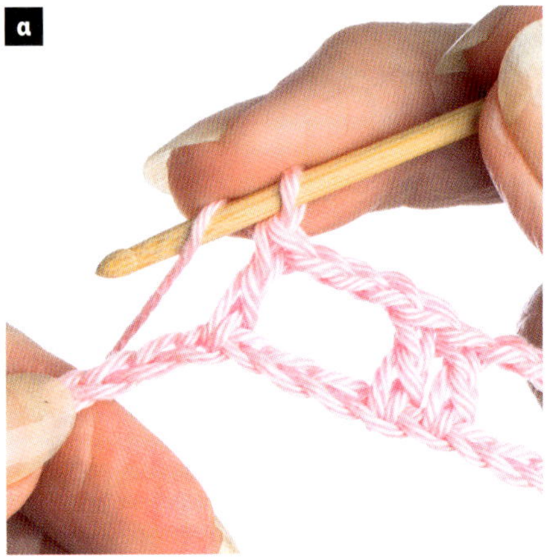

b

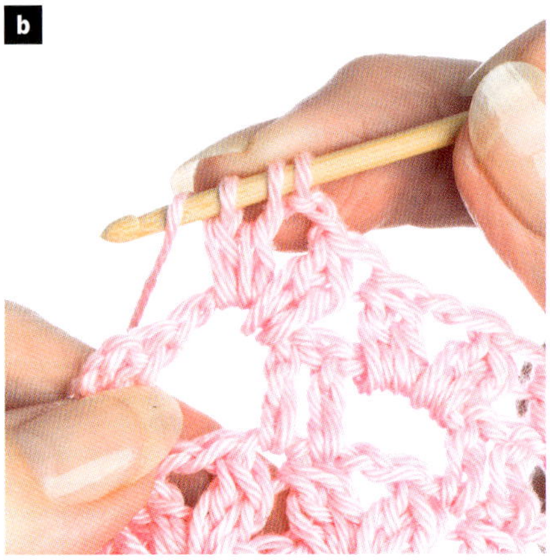

Reihe 1: 3 Lm ausl (zählen als 1 Stb), 1 Stb in die nächste Lm, * 3 Lm, 3 Lm ausl, je 1 Stb in jd der nächsten 2 Lm; wdh ab * bis zum Ende der Reihe, wenden. a

Reihe 2: 3 Lm (zählen als 1 Stb), die 1. M ausl, * (2 Stb, 1 Lm, 2 Stb) in den nächsten Lm-Bg aus 3 Lm; wdh ab * und mit 1 Stb in die Wm aus der Vorreihe enden, wenden. b

Reihe 3: 3 Lm (zählen als 1 Stb), das 1. Stb ausl, * 1 Stb in das 1. Stb der Muschel, 3 Lm, 1 Stb in das letzte Stb der Muschel; wdh ab * und mit 1 Stb in die Wm der Vorreihe enden, wenden.
Reihe 2–3 für das Muster wdh.

Abwechselnde Muscheln

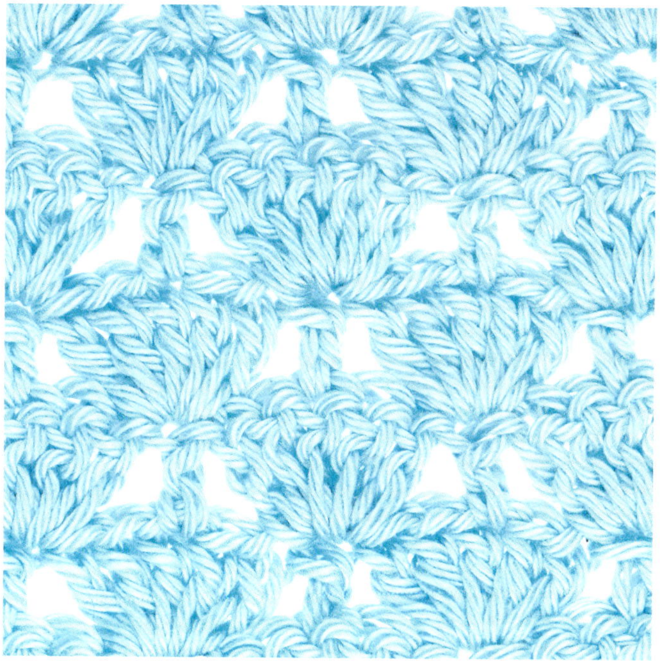

80

ABWECHSELNDE REIHEN AUS MUSCHELN UND STÄBCHEN WERDEN KOMBINIERT, UM DIESE HÜBSCHE SPITZENHÄKELEI ZU GESTALTEN. MIT EINER WIEDERHOLUNG VON NUR ZWEI REIHEN IST SIE NICHT ZU HERAUSFORDERND ZU HÄKELN.

Anfangsluftmaschenkette: Vielfaches von 8 M + 12

Anleitung für die abwechselnden Muscheln:

a

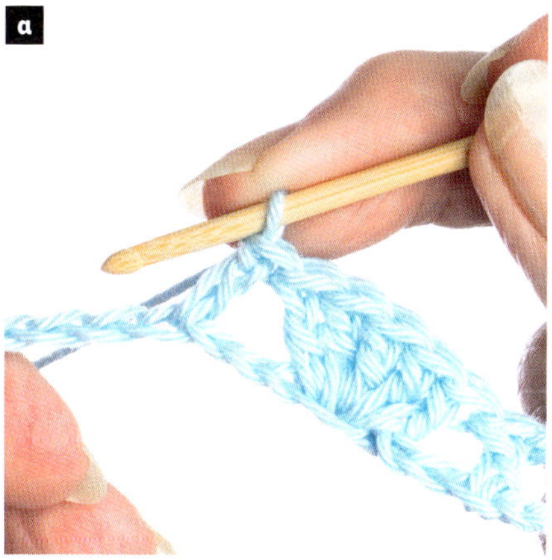

b

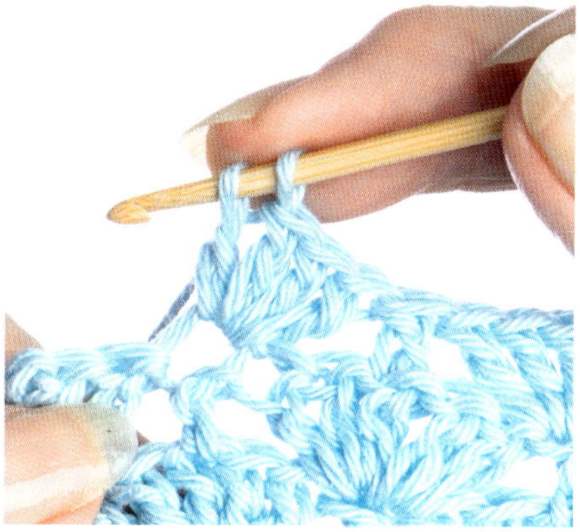

Reihe 1: 5 Stb in die 8. Lm von der Nadel, 3 Lm ausl, 1 Stb in die nächste Lm, * 3 Lm ausl, 5 Stb in die nächste Lm, 3 Lm ausl, 1 Stb in die nächste Lm; wdh ab * bis zum Ende der Reihe, wenden. a

Reihe 2: 3 Lm (zählen als 1 Stb), 2 Stb in die 1. M, 2 Stb ausl, 1 Stb in das nächste Stb, * 2 Stb ausl, 5 Stb in das nächste Stb, 2 Stb ausl, 1 Stb in das nächste Stb; wdh ab * bis zu den letzten 3 M, 2 Stb ausl, 3 Stb in die nächste Lm, wenden. b

Reihe 3: 3 Lm, 3 Stb ausl, 5 Stb in das nächste Stb, * 2 Stb ausl, 5 Stb in das nächste Stb, 2 Stb ausl, 1 Stb in das nächste Stb; wdh ab * und mit dem letzten Stb in die Wm der Vorreihe enden, wenden.
Reihe 2–3 für das Muster wdh.

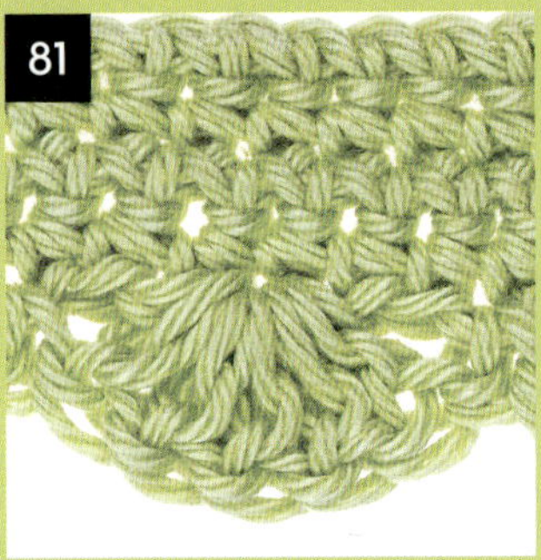
81

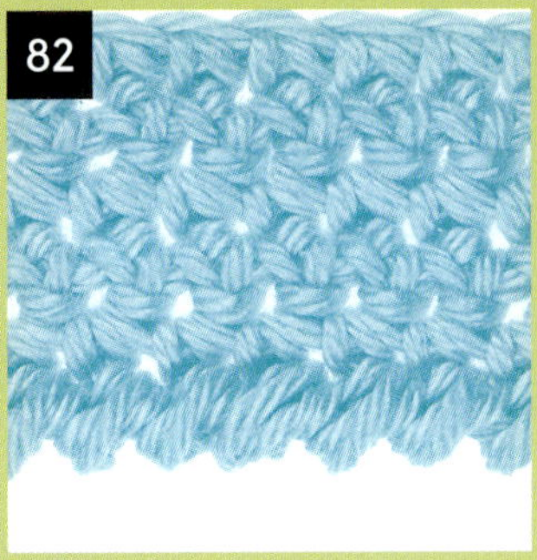
82

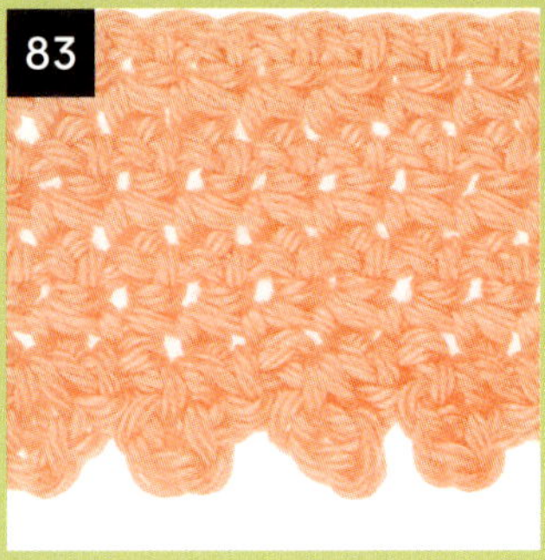
83

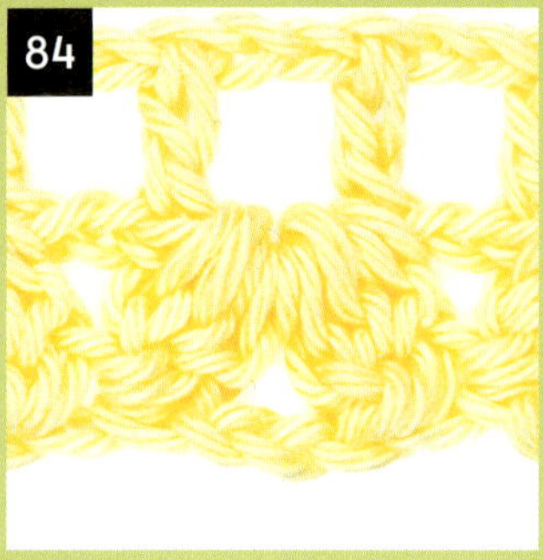
84

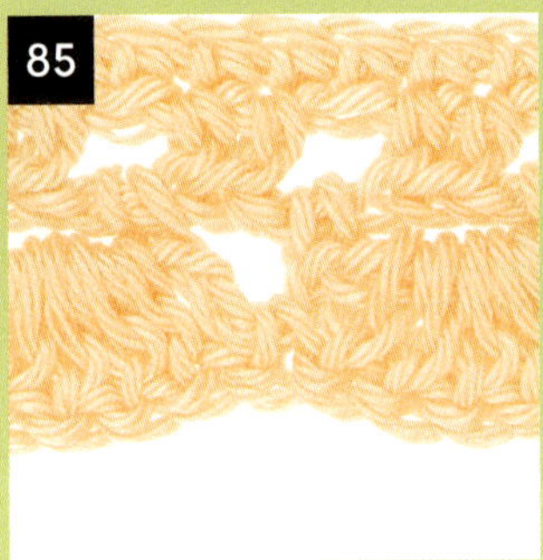
85

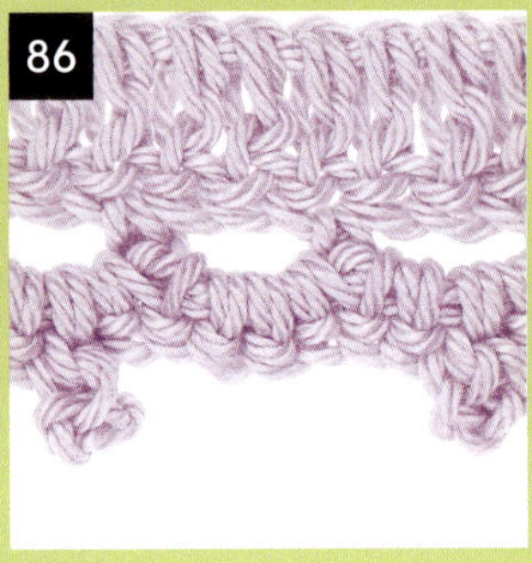
86

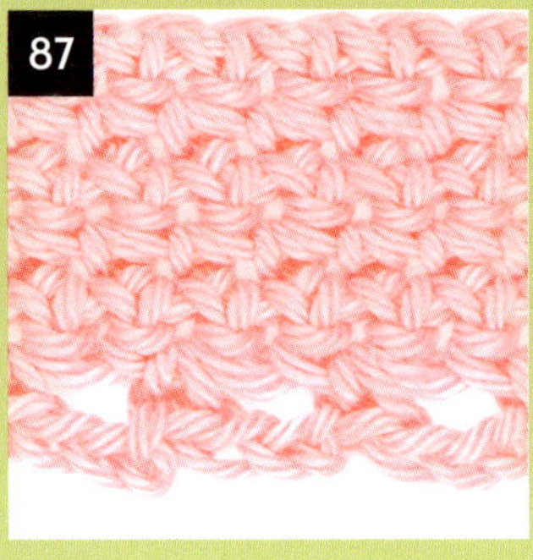
87

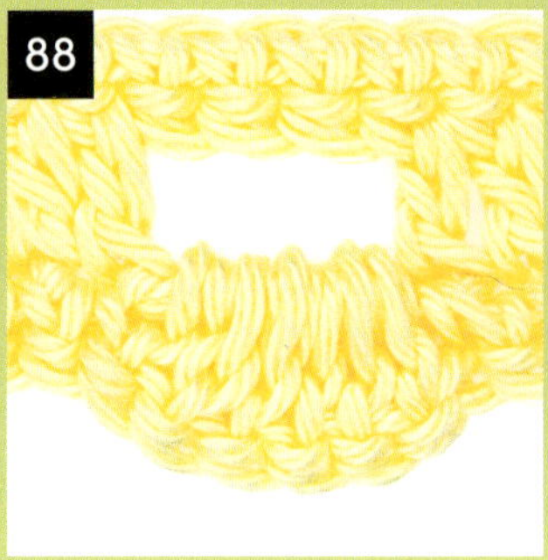
88

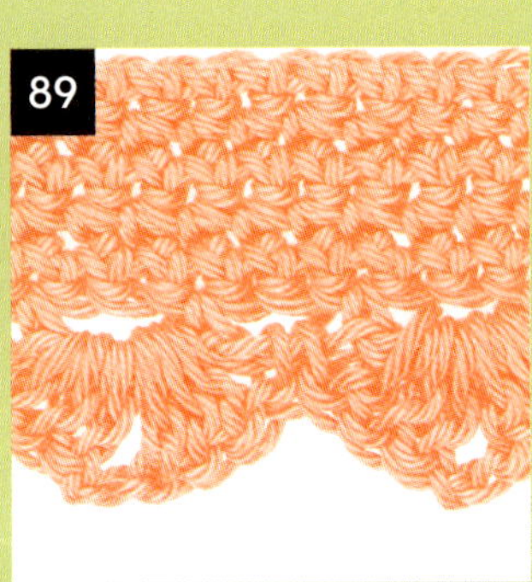
89

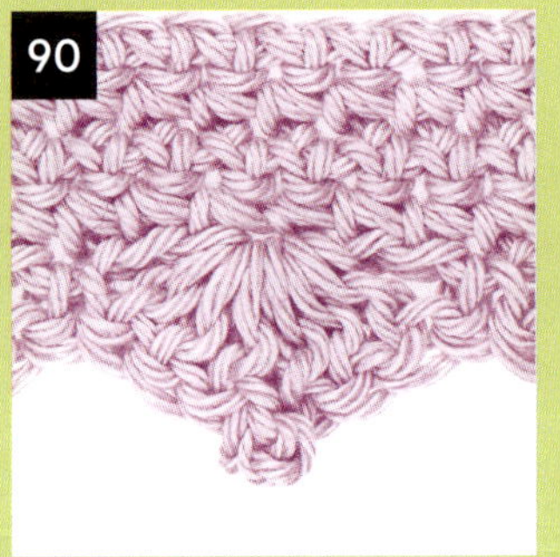
90

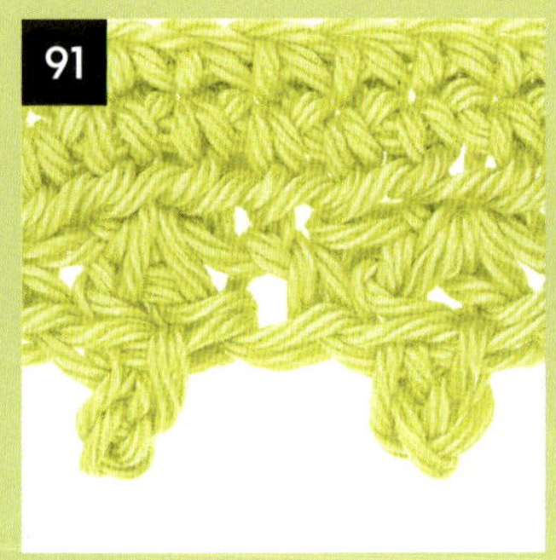
91

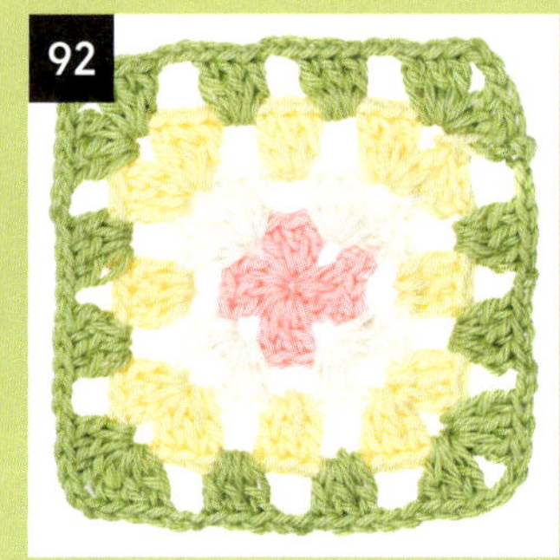
92

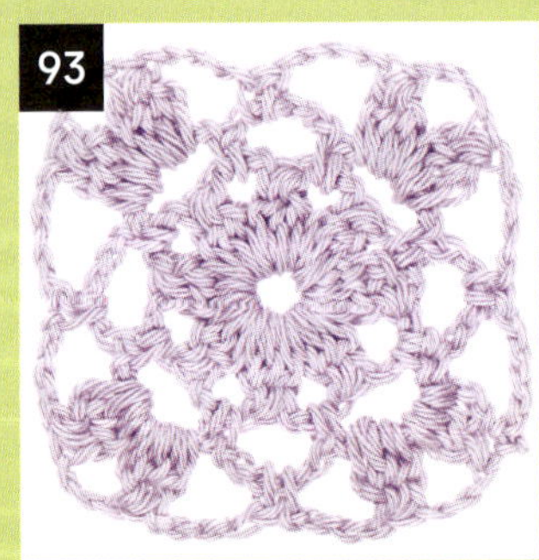
93

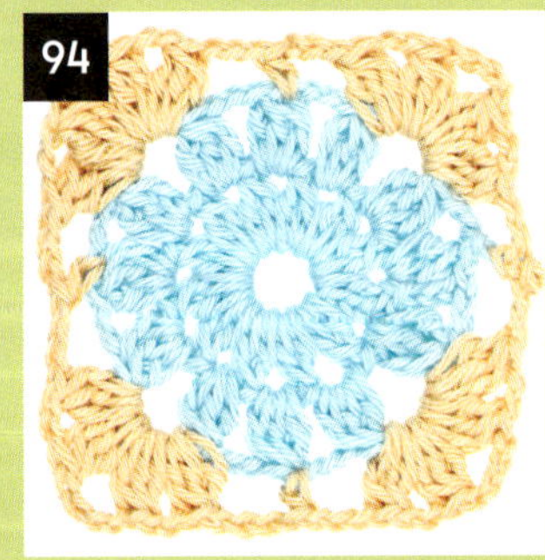
94

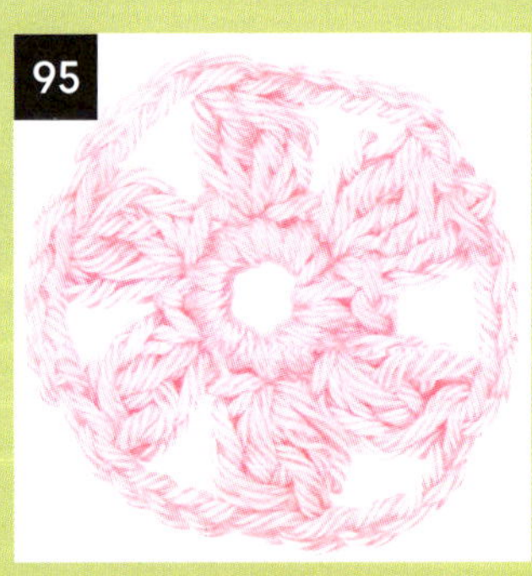
95

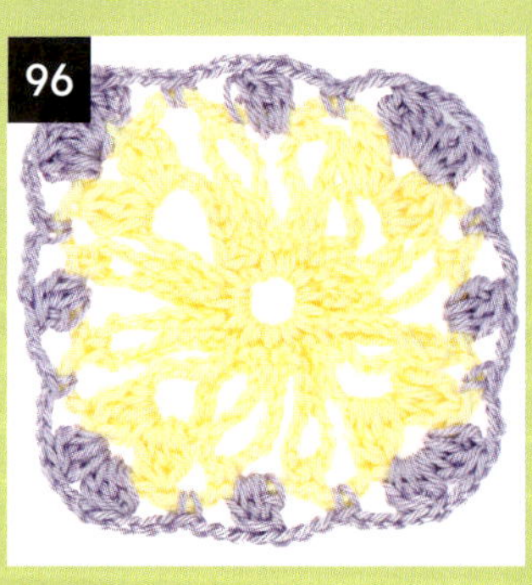
96

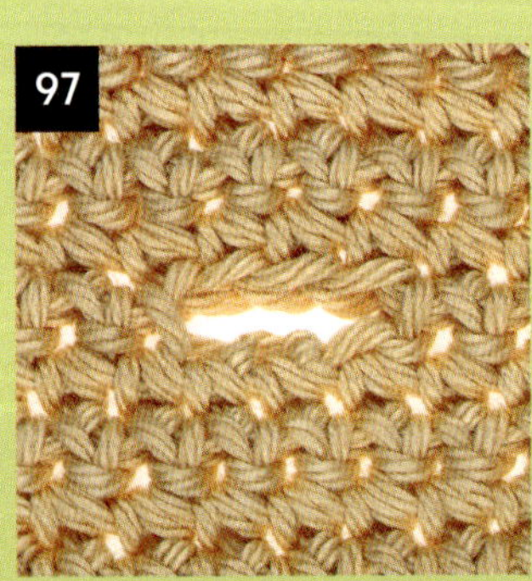
97

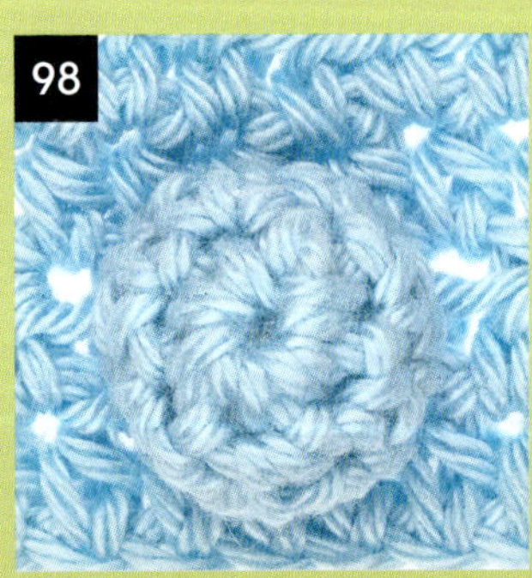
98

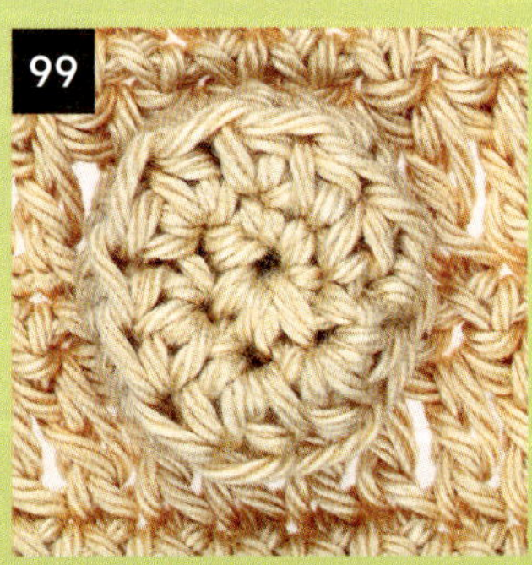
99

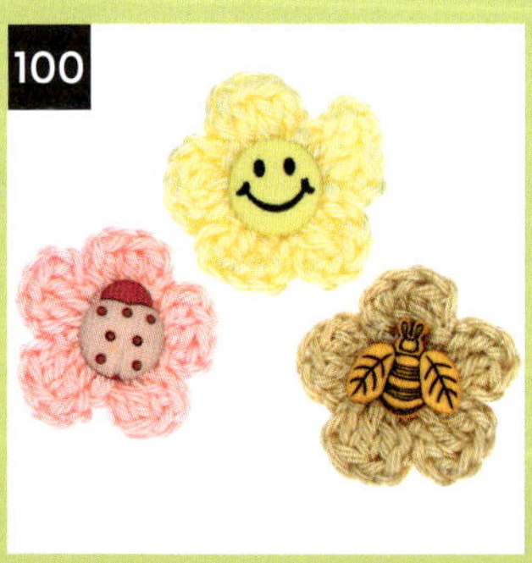
100

Der letzte Schliff

81

Muschelborte

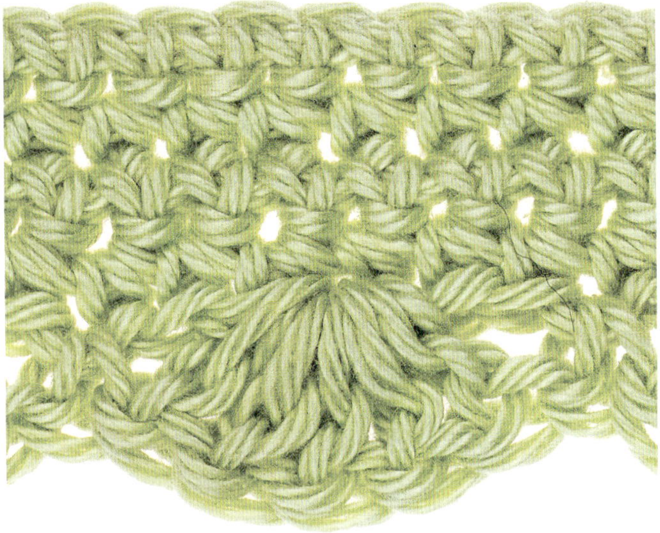

DIESE HÜBSCHE MUSCHELBORTE ENTSTEHT, INDEM SIE BÜSCHELMASCHEN AUS STÄBCHEN IN DIESELBE MASCHE HÄKELN, WODURCH SICH EIN SCHÖNES MUSCHEL- ODER FÄCHERMUSTER ERGIBT. AUFGRUND IHRER EINFACHHEIT EIGNET SICH DIESE BORTE SEHR GUT FÜR ALLE PROJEKTARTEN, VOR ALLEM WOHN-ACCESSOIRES, WIE ÜBERWÜRFE ODER POLSTERBEZÜGE. WIRD SIE MIT EINEM FEINEN BAUMWOLLGARN GEHÄKELT, KÖNNTEN SIE DIESE BORTE AUCH EBENSO GUT FÜR (TISCH-) LÄUFER ODER ZARTE POLSTERBEZÜGE VERWENDEN.

Anfangsluftmaschenkette: Vielfaches von 6 M + 1

Anleitung für eine Muschelborte:

a

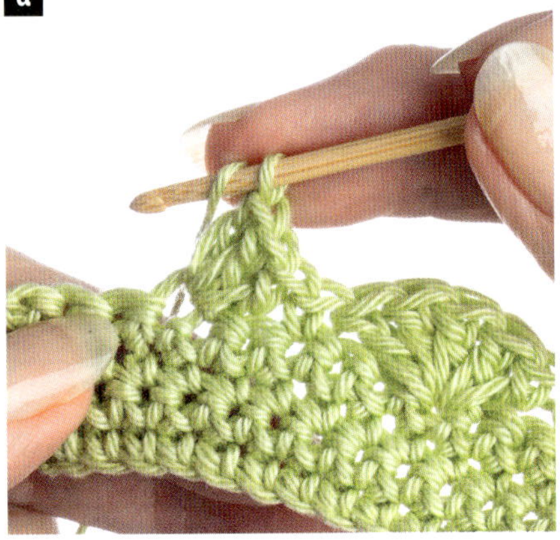

b

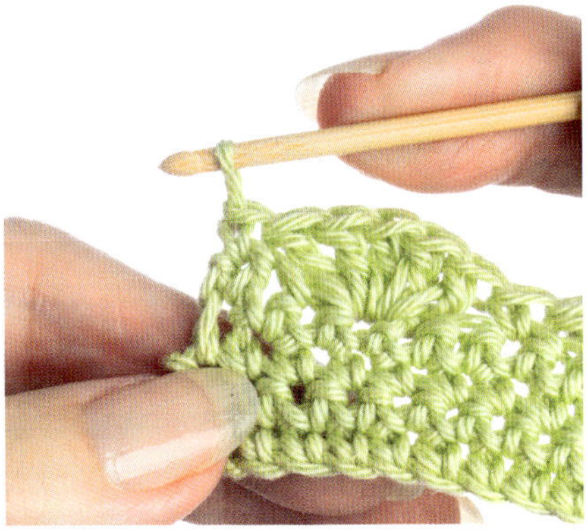

Reihe 1: 1 fM, * 2 M oder einen entsprechenden Abstand auslassen, 5 Stb in die nächste M, 2 M ausl, 1 fM in die nächste M; wdh ab * bis zum Ende der Reihe. Das Garn befestigen. **a** **b**

TIPP **Achten Sie auf gleichmäßige Abstände zwischen den Muscheln, um der Borte ein gleichmäßiges Erscheinungsbild zu verleihen.**

Kordel- oder Krebsmaschen-borte

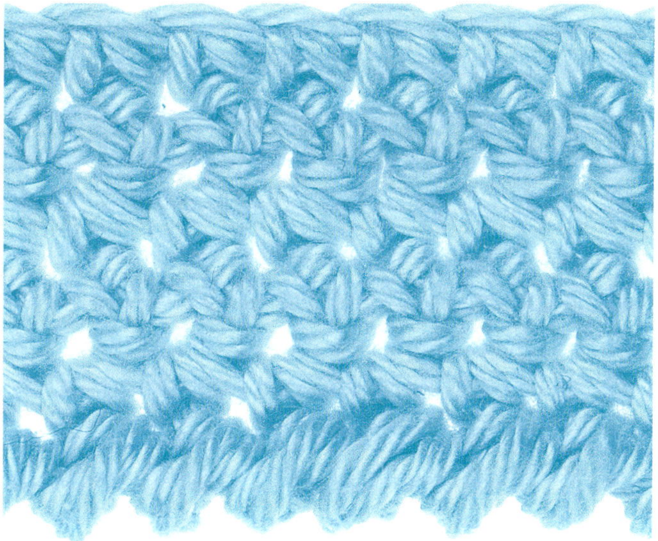

82

EINE WEITERE BORTE, DIE AN EIN BEREITS BESTEHENDES WERKSTÜCK GEHÄKELT WERDEN KANN. DIESES KORDELMUSTER SORGT FÜR EINEN SEHR REGELMÄSSIGEN UND FÖRMLICHEN ABSCHLUSS. DIE MASCHE WIRD AUCH KREBSMASCHE GENANNT, DA SIE RÜCKWÄRTS VON RECHTS NACH LINKS GEHÄKELT WIRD.

Anfangsluftmaschenkette: Beliebige Maschenzahl

Anleitung für eine Kordel- oder Krebsmaschenborte:

a

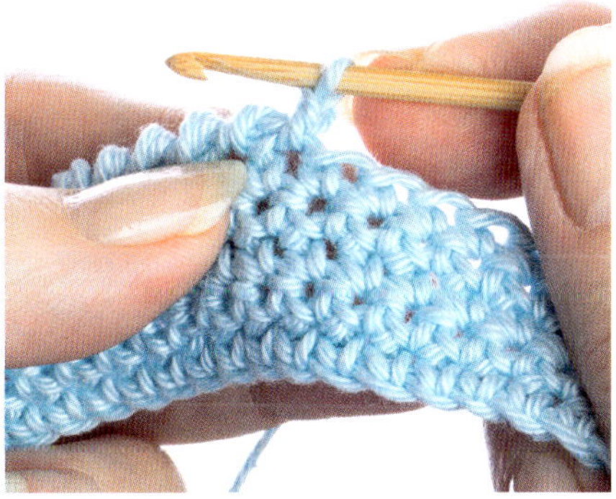

b

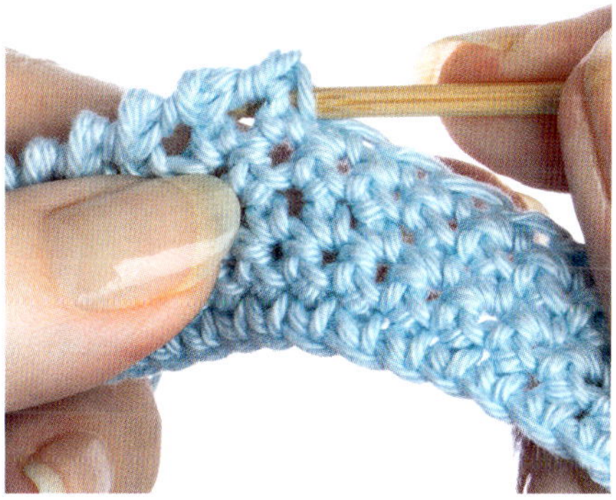

c

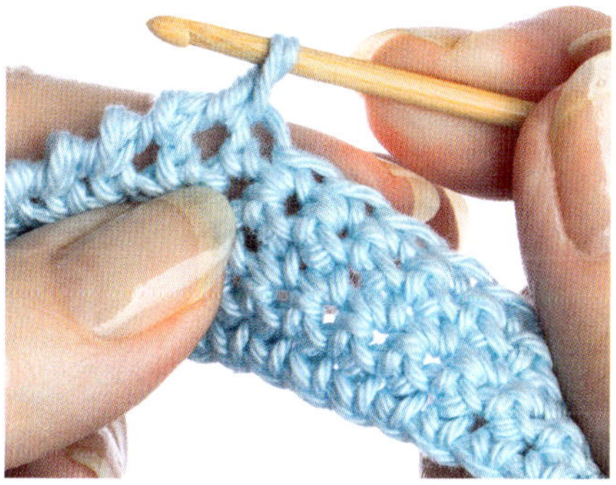

Reihe 1: 1 fM in jd M bis zum Ende der Reihe. Nicht wenden.
Reihe 2: * 1 fM zurück in die letzte soeben gehäkelte M, * 1 fM in die nächste M zur Rechten; wdh ab * bis zum Ende der Reihe. Das Garn befestigen. a b c

TIPP **Es ist anfangs ein bisschen schwierig „rückwärts" zu arbeiten, doch mit etwas Übung wird es schnell leichter.**

83

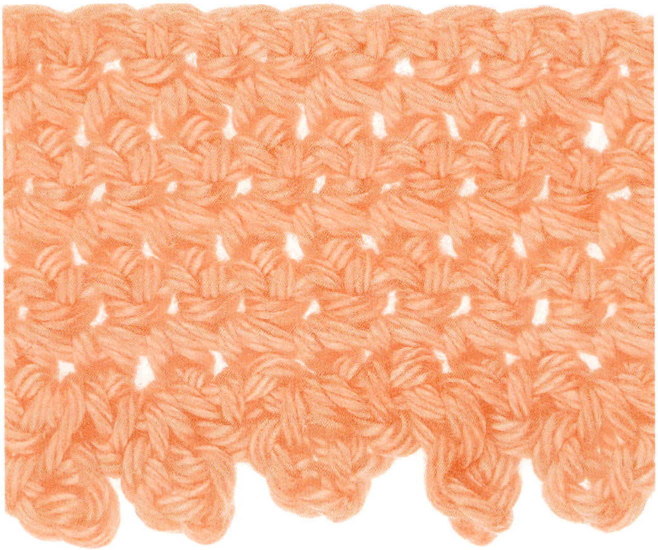

Picotborte

DIESE SEHR ANSPRECHENDE UND ZARTE BORTE AUS KLEINEN SPITZEN (PICOTS) WIRD DURCH HÄKELN EINER KETTMASCHE IN DEN GRUND EINER LUFTMASCHENKETTE GESTALTET, WODURCH KLEINE SCHLINGEN ENTSTEHEN. FÜR EIN ORDENTLICHES UND GLEICHMÄSSIGES ERGEBNIS IST ES RATSAM, ZUERST EINE RUNDE FESTE MASCHEN UM IHRE ARBEIT ZU HÄKELN, AN DEM SIE DIE PICOTBORTE WÜNSCHEN. ENTZÜCKEND AN BABYKLEIDUNG, KRÄGEN UND BÜNDCHEN.

Anfangsluftmaschenkette: Vielfaches von 2 M + 1

Anleitung für eine Picotborte:

a

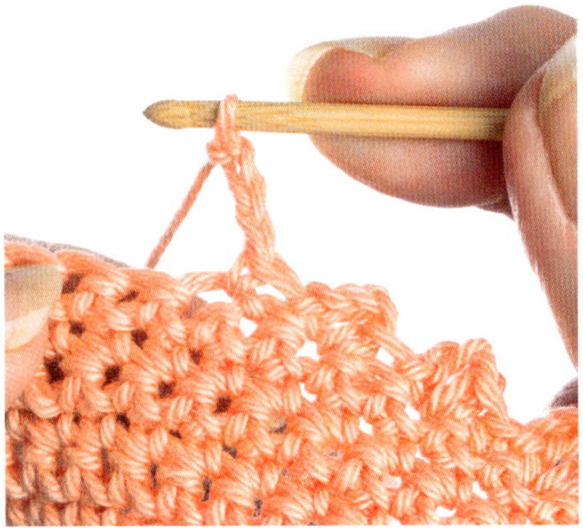

b

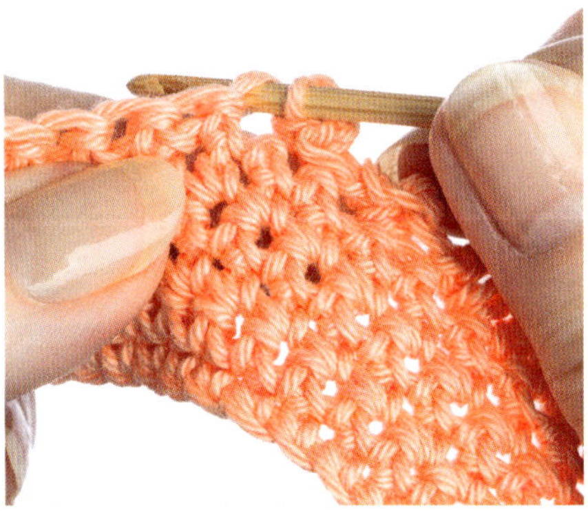

c

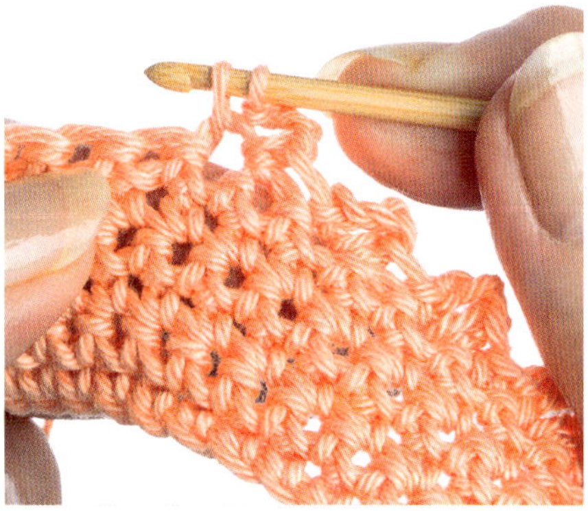

d

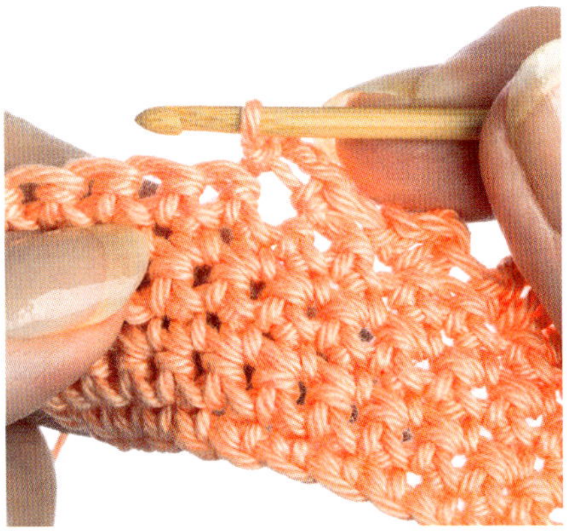

Reihe 1: 1 fM in die 1. M, * 3 Lm, 1 Km in die 3. Lm von der Nadel, 1 Km in dieselbe M, 1 M oder einen entsprechenden Abstand ausl, 1 fM in die nächste M; wdh ab * bis zum Ende der Reihe. a b c d

TIPP **Achten Sie darauf, die Km für jedes Picot in dieselbe Lm wie die vorige zu häkeln, damit die Größe der Picots gleichmäßig bleibt.**

Büschel-maschenborte

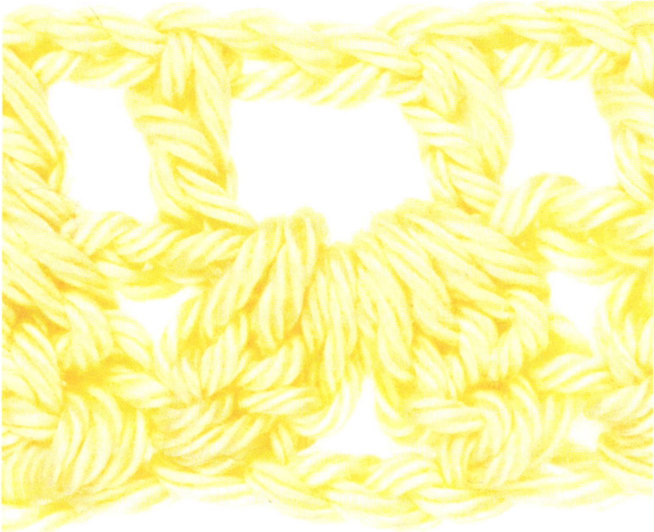

84

DIESE BORTE BESTEHT AUS ZWEI REIHEN, WOBEI ERST EINE LOCHMUSTERREIHE, DANN BÜSCHELMASCHEN IN LUFTMASCHENBÖGEN GEHÄKELT WERDEN; DABEI WERDEN DREI STÄBCHEN IN DIE LÜCKE GEHÄKELT, DIE LETZTE SCHLINGE JEDOCH AUF DER NADEL BEHALTEN. DIE LETZTE MASCHE WIRD FEST DURCH ALLE SCHLINGEN GEZOGEN. AN EINEM SCHULTERTUCH EIGNET SIE SICH MIT EINEM BAND DURCH DIE LÖCHER ALS ZARTER UND FEINER ABSCHLUSS.

Anfangsluftmaschenkette: Beliebige Maschenzahl

Anleitung für eine Büschelmaschenborte:

a

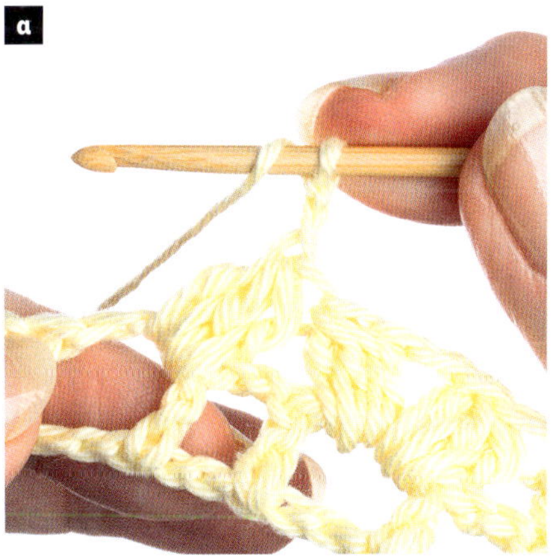

b

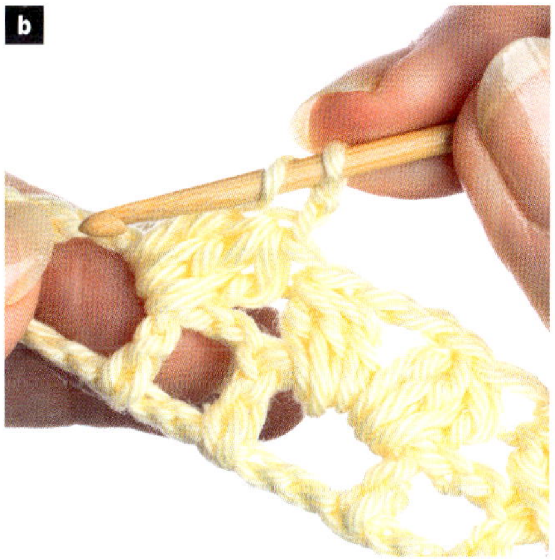

c

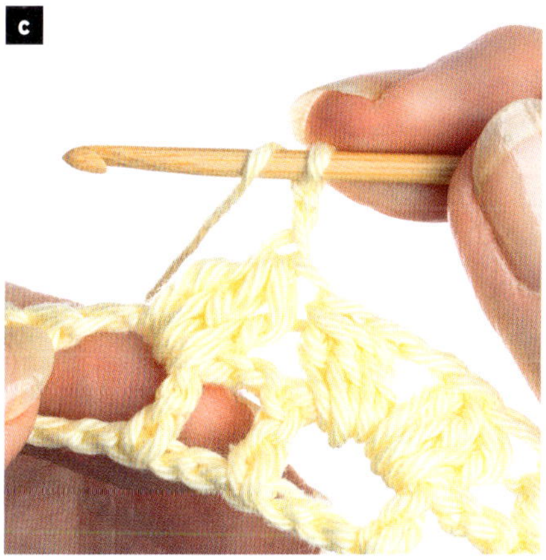

d

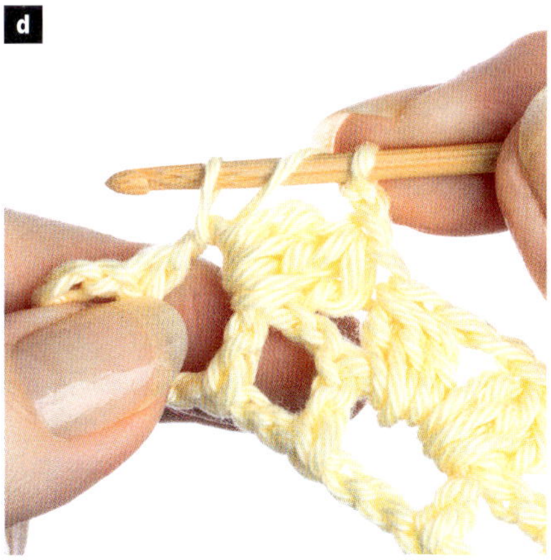

Reihe 1: 6 Lm, 2 M ausl, 1 Stb in die nächste M, * 2 Lm, 2 Lm ausl, 1 Stb in die nächste M; wdh ab * bis zum Ende der Reihe, wenden.
Reihe 2: 3 Lm, 2 Stb in den nächsten Lm-Bg, dabei jeweils die letzte Schlinge des Stb auf der Nadel lassen, U und durch alle Schlingen auf der Nadel ziehen, 2 Lm, 3 Stb in denselben Lm-Bg, dabei die letzte Schlinge eines jd Stb auf der Nadel lassen, U und das Garn durch alle Schl auf der Nadel ziehen (Bm gehäkelt), * die nächsten 2 Lm-Bg ausl, (1 Bm, 2 Lm, 1 Bm) in den nächsten Lm-Bg. wdh ab * bis zum Ende der Reihe. a b c d

85

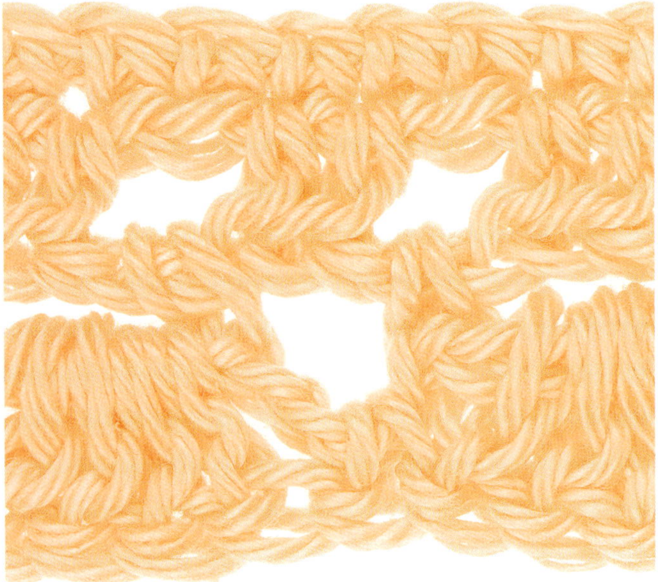

Schmale Muschelborte

DIESE BORTE KANN ENTWEDER SEPARAT ALS STREIFEN ODER DIREKT AN EIN FERTIGES WERKSTÜCK GEHÄKELT WERDEN. SIE MACHT SICH GUT AN DECKEN ODER ÜBERWÜRFEN UND IST BEI FERTIGSTELLUNG RECHT FEST.

Anfangsluftmaschenkette: Vielfaches von 6 M + 3

Anleitung für eine schmale Muschelborte:

a

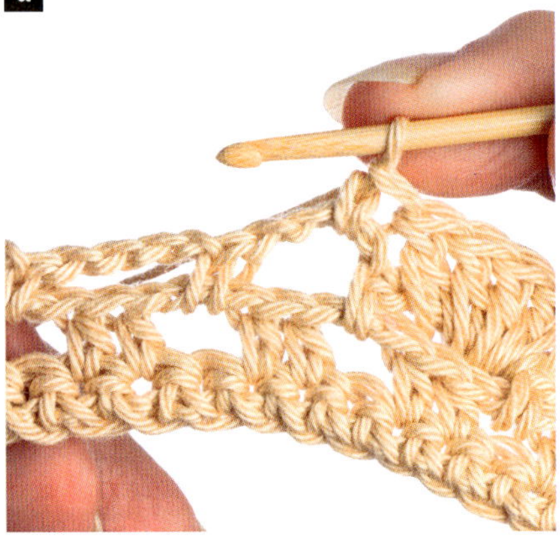

b

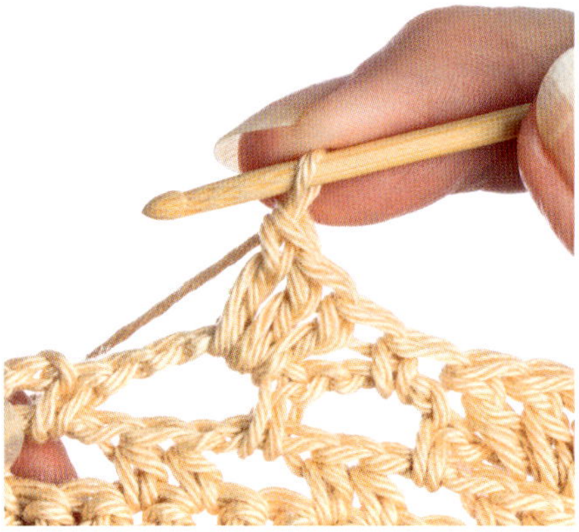

Reihe 1: Häkeln Sie je 1 fM in jd Lm bis zum Ende der Reihe, wenden.
Reihe 2: 3 Lm (zählen als 1 Stb), die 1. fM ausl, 1 Stb in die nächste fM, * 1 Lm, 1 Lm ausl, je 1 Stb in jd der nächsten 2 fM, wdh ab * bis zum Ende der Reihe, wenden.
Reihe 3: 5 Lm (zählen als 1 Stb, 2 Lm), 1 fM in die nächste Lm, * 4 Lm, 1 fM in den nächsten Lm-Bg; wdh ab * bis zu den letzten 2 M, 2 Lm, 1 Stb in die 3. der 3 Lm vom Beginn der Vorreihe, wenden. a
Reihe 4: 1 Lm, 1 fM in das 1. Stb, * häkeln Sie 5 Stb in den nächsten Lm-Bg aus 4 Lm, 1 fM in den nächsten Lm-Bg aus 4 Lm; wdh ab * bis zum Ende der Reihe, dabei die letzte fM in die 3. der 5 Lm am Beginn der Vorreihe häkeln. Das Garn befestigen. b

TIPP **Auch wenn das Beispiel nur in einer Farbe gehäkelt wurde, wäre diese Borte auch sehr attraktiv, wenn die zweite Reihe des Musters in einem kontrastierenden Farbton gestaltet werden würde.**

Kleine Picotborte

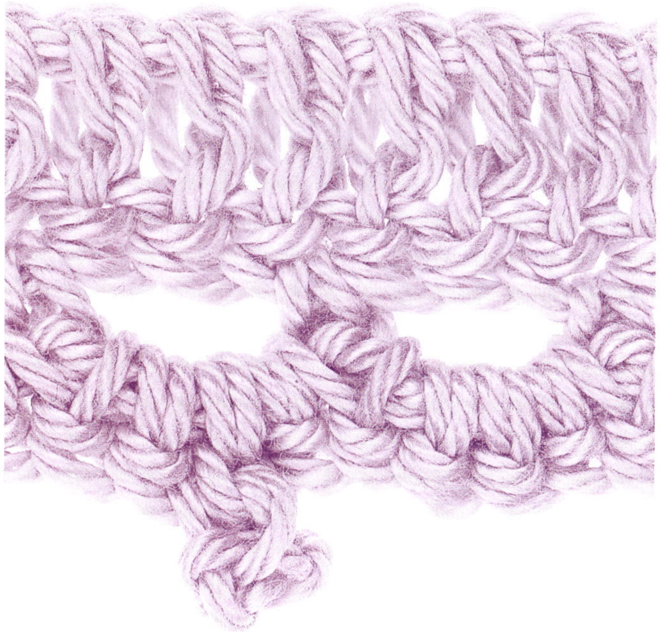

86

ALS EINE WEITERE VARIANTE, DIE SICH DES PICOTS BEDIENT, BESTEHT DIESE BORTE AUS DREI MUSTER-REIHEN UND IST SOMIT EIN BISSCHEN BREITER BEI DER FERTIGSTELLUNG. SIE PASST UNHEIMLICH GUT ZU BABYDECKEN ODER POLSTERBEZÜGEN, JEDOCH KÖNNTE SIE AUCH ALS BORTE FÜR TUNIKEN ODER PULLOVER VERWENDET WERDEN. SIE KÖNNEN EINE DAZUPASSENDE KONTRASTFARBE VERWENDEN, WENN SIE DIE BORTE AN IHR PROJEKT HÄKELN.

Anfangsluftmaschenkette: Vielfaches von 6 M + 1

Anleitung für eine kleine Picotborte:

a

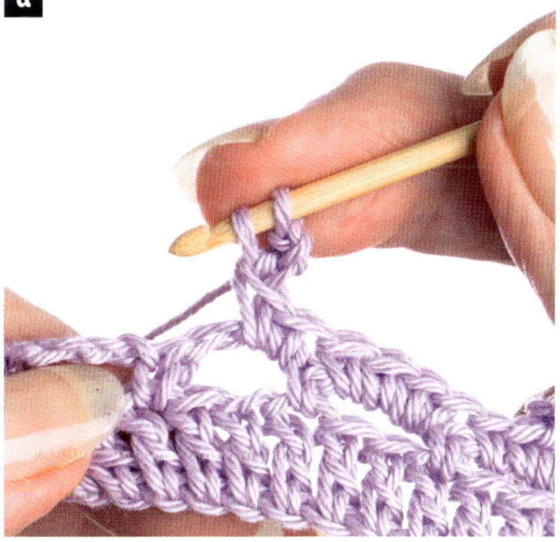

b

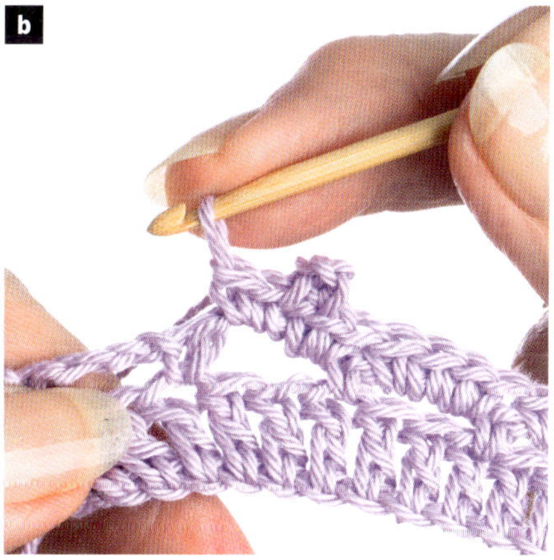

Reihe 1: 1 Stb in die 3. Lm von der Nadel, je 1 Stb in jd Lm bis zum Ende der Reihe, wenden.
Reihe 2: 1 Lm, 1 fM in das 1. Stb, * 3 Lm, 2 Stb ausl, 1 fM in das nächste Stb; wdh ab * bis zur letzten M, 1 fM, wenden.

Reihe 3: 1 Lm, 1 fM, (2 fM, 2 Lm, 1 Km in die soeben gehäkelte fM, 1 fM) in den Lm-Bg, * 3 fM in den nächsten Lm-Bg, (2 fM, 2 Lm, 1 Km, in die soeben gehäkelte fM, 1 fM) in den nächsten Lm-Bg; wdh ab * bis zur letzten M, 1 fM. Das Garn befestigen. a b

87

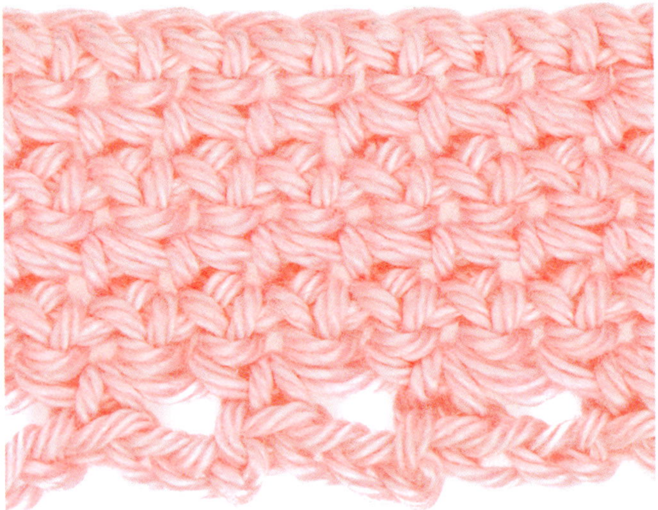

Luftmaschen-borte

DIES IST EINE WEITERE RECHT EINFACHE BORTE, DIE ENTWEDER AN EIN FERTIGES PROJEKT GEHÄKELT ODER ALS STREIFEN AN EIN STÜCK STOFF GENÄHT WERDEN KANN. SIE BESTEHT AUS ZWEI REIHEN, WOBEI DIE ZWEITE DIE KLEINEN SCHLINGEN AUS LUFTMASCHEN IN JEDER ZWEITEN MASCHE BILDET. SIE KÖNNEN DIE SCHLINGEN MIT MEHR LUFTMASCHEN HÄKELN, DAMIT SIE EIN BISSCHEN LÄNGER WERDEN.

Anfangsluftmaschenkette: Vielfaches von 2 M

Anleitung für eine Luftmaschenborte:

a

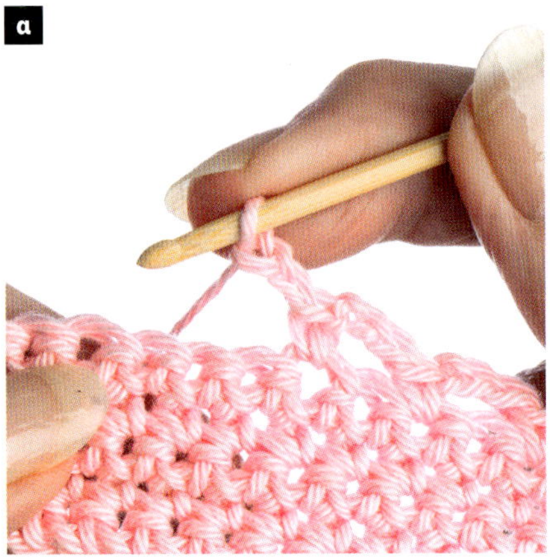

b

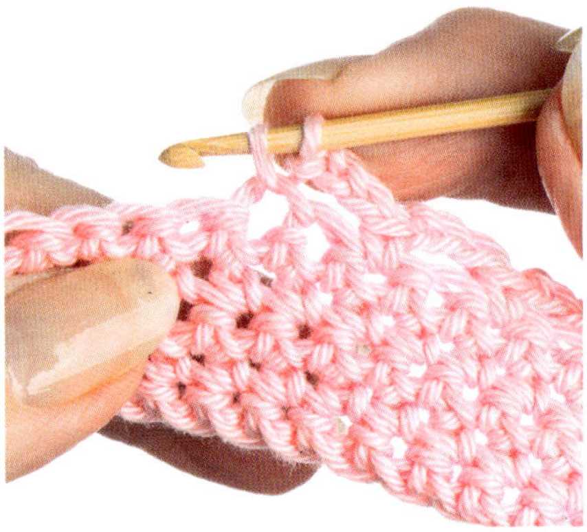

Reihe 1: 1 fM in jd M bis zum Ende der Reihe, wenden.

Reihe 2: 1 Lm, 1 fM in die 1. M, * 3 Lm, 1 fM ausl, 1 fM in die nächste fM; wdh ab * bis zum Ende der Reihe. Das Garn befestigen. a b

TIPP **Sie könnten die Luftmaschenschlingen verlängern, wenn Sie sich ein etwas anderes Erscheinungsbild wünschen.**

Offene Muschelborte

88

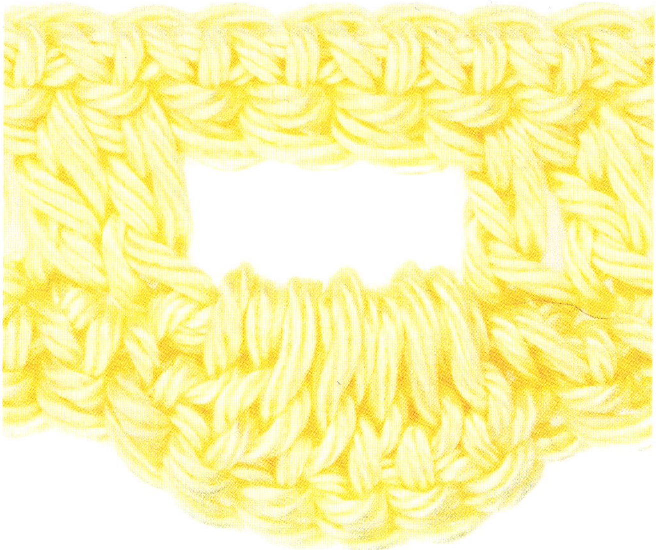

DIE VERWENDUNG EINES LOCHMUSTERS MIT STÄBCHEN-MUSCHELN ERGIBT DIESE SEHR REIZENDE BORTE. DAS MUSTER BESTEHT AUS DREI REIHEN, VON DENEN DIE LETZTE IN EINER KONTRASTFARBE GEHÄKELT WERDEN KANN. SIE KÖNNEN DIE BORTE ALS STREIFEN HÄKELN UND DANN AN EIN BEREITS BESTEHENDES PROJEKT ODER AN EINEM ANDEREN MATERIAL ANNÄHEN.

Anfangsluftmaschenkette: Vielfaches von 10 M + 2

Anleitung für eine offene Muschelborte:

a

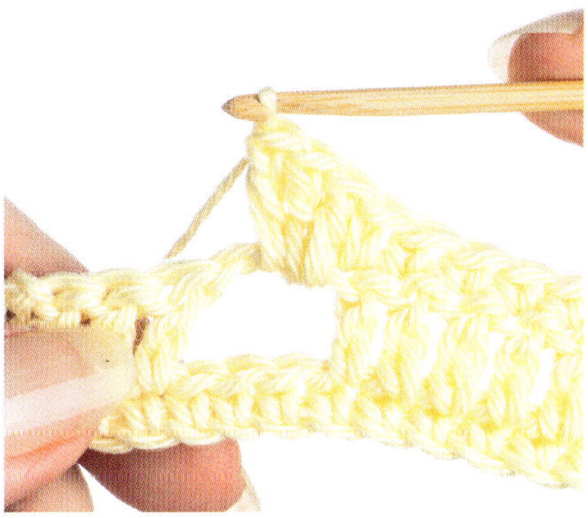

b

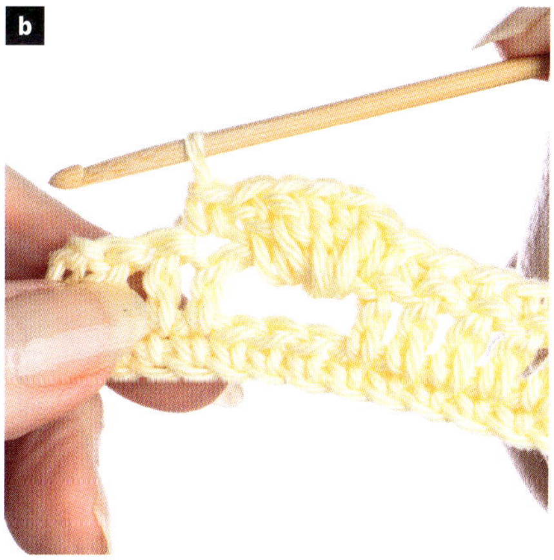

Reihe 1: 1 fM in die 2. Lm von der Nadel, je 1 fM in jd Lm bis zum Ende der Reihe, wenden.
Reihe 2: 3 Lm (zählen als 1 Stb), je 1 Stb in jd der nächsten 3 fM, * 3 Lm, 3 fM ausl, je 1 Stb in jd der nächsten 7 fM; wdh ab * bis zum Ende der Reihe, dabei die 3 Stb vom Ende der letzten Wdh weglassen, wenden.

Reihe 3: 1 Lm, je 1 fM in jd der nächsten 4 Stb, 5 Stb in den nächsten Lm-Bg aus 3 Lm, * je 1 fM in jd der nächsten 7 Stb, 5 Stb in den nächsten Lm-Bg aus 3 Lm; wdh ab * bis zu den letzten 4 Stb, je 1 fM in jd der letzten 4 Stb. Das Garn befestigen.
a b

TIPP **Die Muscheln sind recht weit auseinander bei dieser Borte, beachten Sie dies, wenn Sie das Projekt wählen, das Sie verschönern möchten.**

89

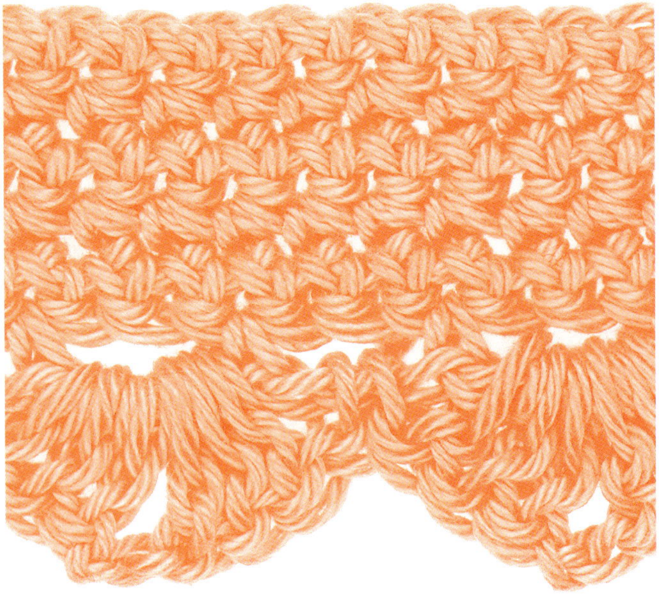

Borte mit geteilten Muscheln

DIES IST EINE ORDENTLICHE UND FESTE BORTE, DIE SEHR HÜBSCH AN EINER BABYDECKE ODER AN WOHN-ACCESSOIRES, WIE ETWA POLSTERBEZÜGEN ODER ÜBERWÜRFEN, AUSSIEHT. DAS MUSTER ENTSTEHT, INDEM MUSCHELN AUS STÄBCHEN GEHÄKELT WERDEN, DIE IN DER MITTE DURCH EINEN LUFTMASCHENBOGEN GETRENNT WERDEN. WENN SIE WÜNSCHEN, KÖNNEN SIE DIE ERSTEN ZWEI REIHEN IN DERSELBEN FARBE WIE DAS HAUPTWERKSTÜCK HÄKELN UND MIT EINEM DAZUPASSENDEN KONTRAST IN DER MUSCHELREIHE ENDEN.

Anleitung für eine Borte mit geteilten Muscheln:

Anfangsluftmaschenkette: Vielfaches von 6 M + 1

a

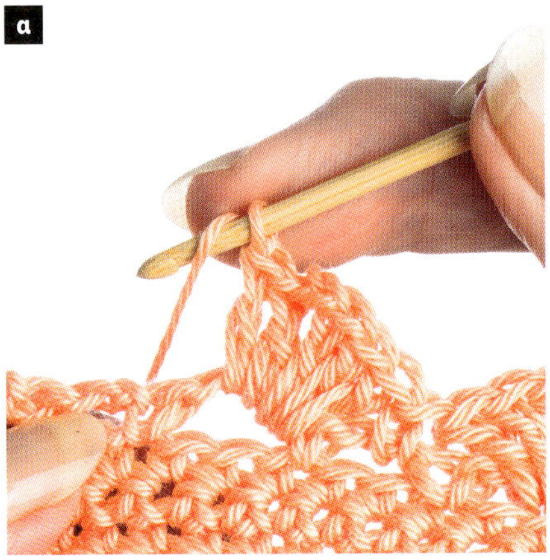

b

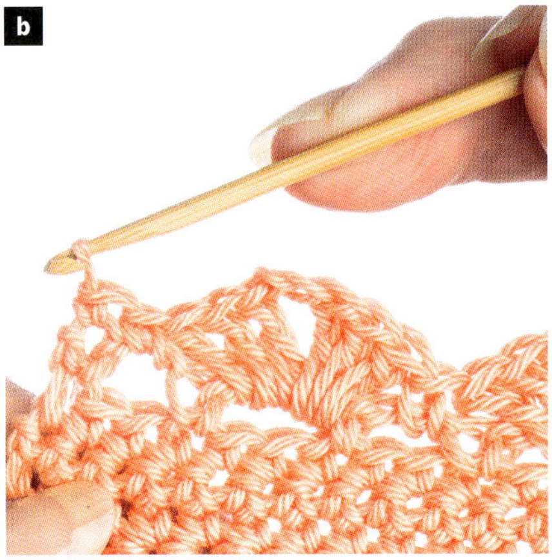

Reihe 1: 1 fM in die 2. Lm von der Nadel, je 1 fM in jd Lm bis zum Ende der Reihe, wenden.
Reihe 2: 1 Lm, 1 fM in die 1. fM, * 3 Lm, 2 fM ausl, 1 fM in die nächste fM; wdh ab * bis zum Ende der Reihe, wenden.

Reihe 3: 1 Lm, 1 fM in die 1. fM, 1 fM in den nächsten Lm-Bg, * (3 Stb, 2 Lm, 3 Stb) in den nächsten Lm-Bg, 1 fM in den nächsten Lm-Bg; wdh ab * und mit 1 fM in den letzten Lm-Bg und 1 fM in die letzte M enden. Das Garn befestigen. a b

TIPP **Achten Sie darauf, dass die Abstände zwischen den Muscheln dieselbe Breite haben, damit die Kante regelmäßig wird.**

Picotmuschel-borte

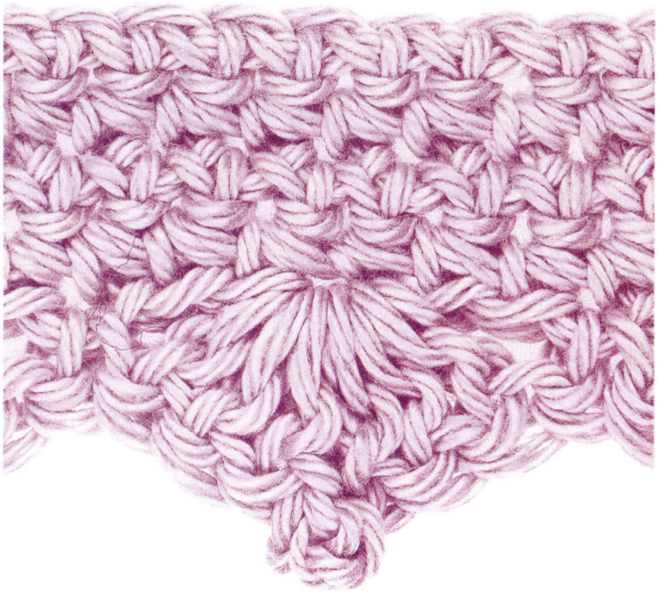

90

DIES IST EINE VARIANTE DER BORTE MIT GETEILTEN MUSCHELN; ANSTELLE DES LUFTMASCHENBOGENS, DER DIE STÄBCHEN VONEINANDER TRENNT, WIRD EINE PICOTMASCHE GEHÄKELT. SO ENTSTEHT EINE HÜBSCHE, SCHÖN DEFINIERTE BORTE FÜR DECKEN, MÜTZEN UND TÜCHER SOWIE FÜR BABYKLEIDUNG.

Anfangsluftmaschenkette: Vielfaches von 6 M + 1

Anleitung für eine Picotmuschelborte:

a

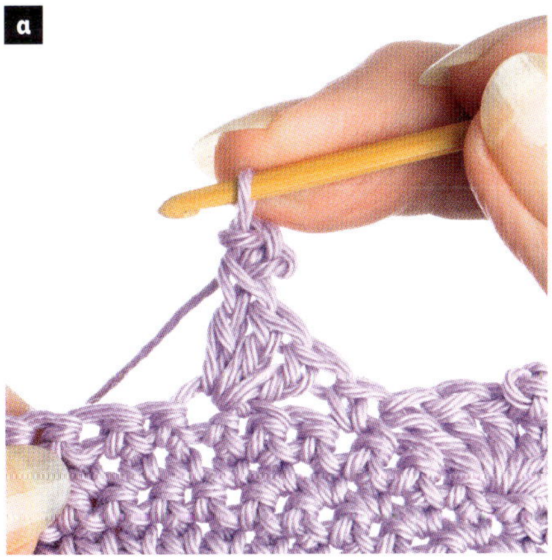

b

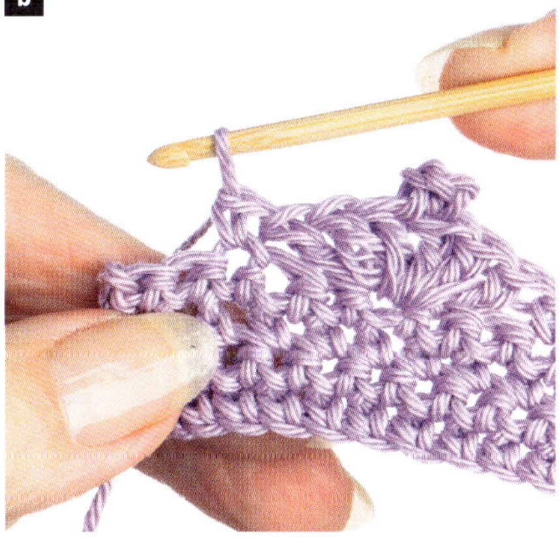

Reihe 1: 1 fM in die 2. Lm von der Nadel, je 1 fM in jd Lm bis zum Ende der Reihe, wenden.

Reihe 2: 1 Lm, 1 fM in die 1. fM, 2 fM ausl, * (3 Stb, 3 Lm, 1 Km in das letzte Stb, 3 Stb) in die nächste fM, 2 fM ausl, 1 fM in die nächste fM, 2 fM ausl; wdh ab * bis zum Ende der Reihe, dabei 1 fM in die letzte fM. Das Garn befestigen. a b

91

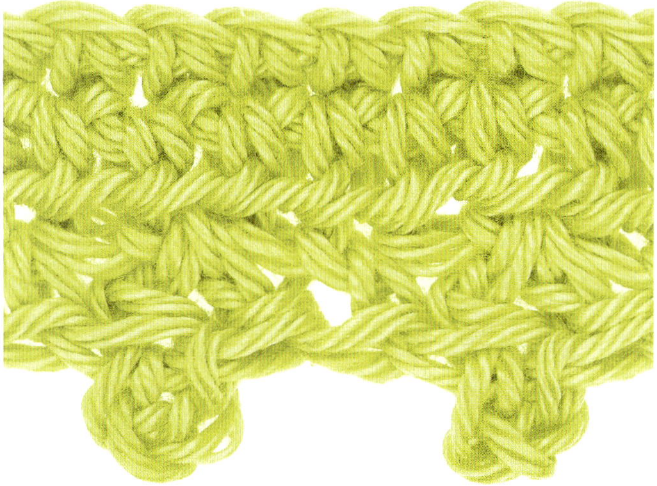

Geteilte Picotborte

EINE SEHR ATTRAKTIVE UND ZIERLICHE BORTE, DIE ENTSTEHT, WENN KLEINE PICOTSPITZEN IN DIE MITTE VON ZWEI STÄBCHEN GEHÄKELT WERDEN. MIT EINEM FEINEREN GARN SIEHT SIE WIRKLICH HÜBSCH AN BABYKLEIDUNG ODER EINEM TUCH AUS. SIE IST AUCH GUT ALS BÜNDCHEN AM HALSAUSSCHNITT ODER ALS LEISTE AN EINEM KLEIDUNGSSTÜCK GEEIGNET.

Anfangsluftmaschenkette: Vielfaches von 4 M

Anleitung für eine geteilte Picotborte:

a

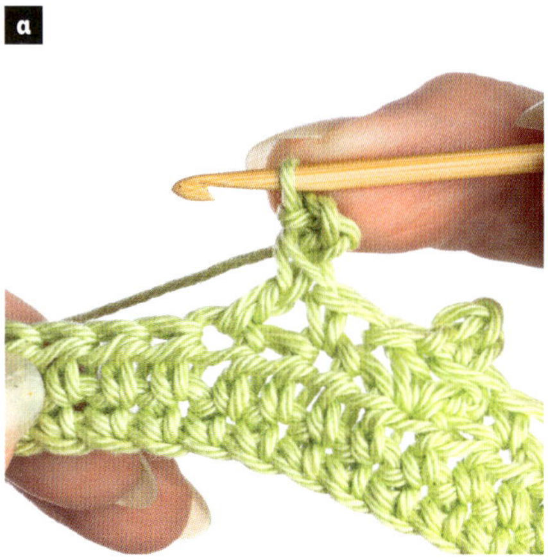

b

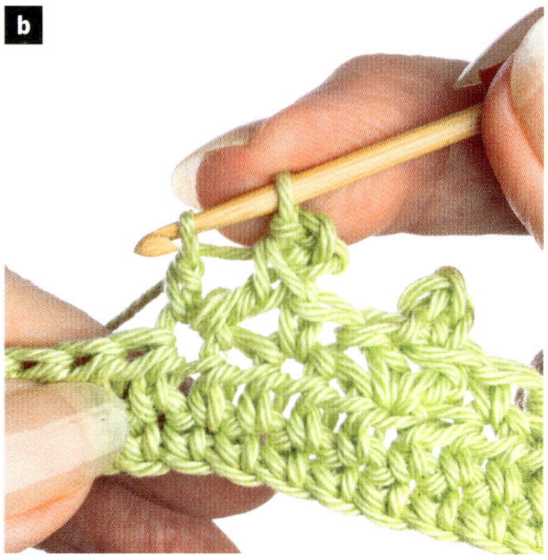

Reihe 1: 1 fM in jd M bis zum Ende der Reihe, wenden.
Reihe 2: 1 Lm, 1 fM in jd fM bis zum Ende der Reihe, wenden.

Reihe 3: 1 Lm, 1 fM in die nächste fM, * 1 Lm ausl, (1 Stb, 3 Lm, 1 Km in das zuletzt gehäkelte Stb, 1 Stb) in die nächste fM, 1 fM ausl, 1 fM in die nächste fM, wdh ab * bis zum Ende der Reihe. Das Garn befestigen. a b

TIPP **Wenn Sie Reihe 3 häkeln, achten Sie darauf, dass die Picotmasche immer in das letzte Stb gehäkelt wird.**

Traditionelles Granny-Square

92

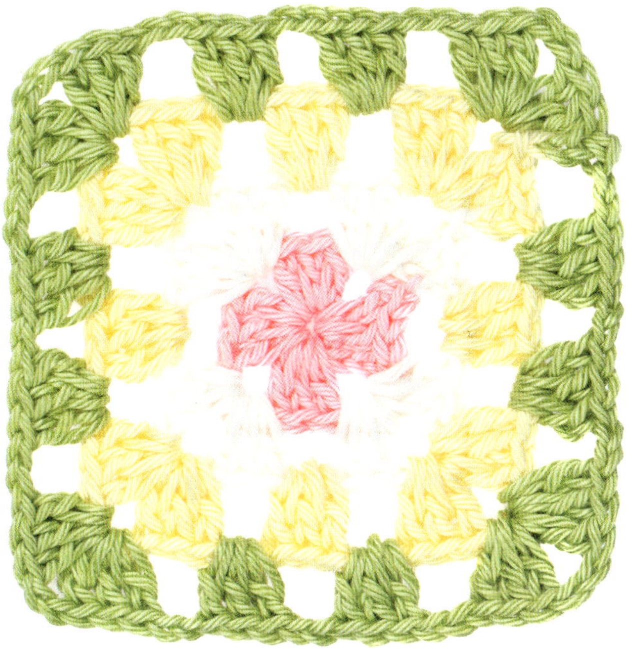

DAS IST DAS ERSTE MUSTER, MIT DEM DIE MEISTEN MENSCHEN BEGINNEN, WENN SIE SICH AN EIN MOTIV HERANTRAUEN. ES BEDIENT SICH EINFACHER MASCHENGRUPPEN, DIE IN LUFTMASCHENBÖGEN GEHÄKELT WERDEN. WÄHREND DAS QUADRAT GRÖSSER WIRD, WERDEN IMMER WEITER MASCHENGRUPPEN UND LUFTMASCHENBÖGEN HINZUGEFÜGT.

Anleitung für ein traditionelles Granny-Square:

a

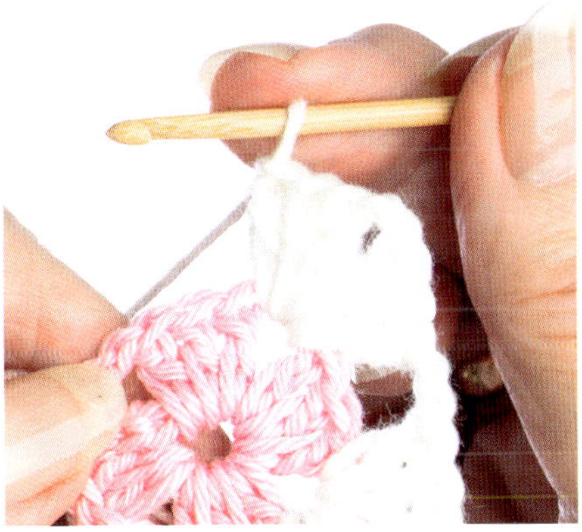

b

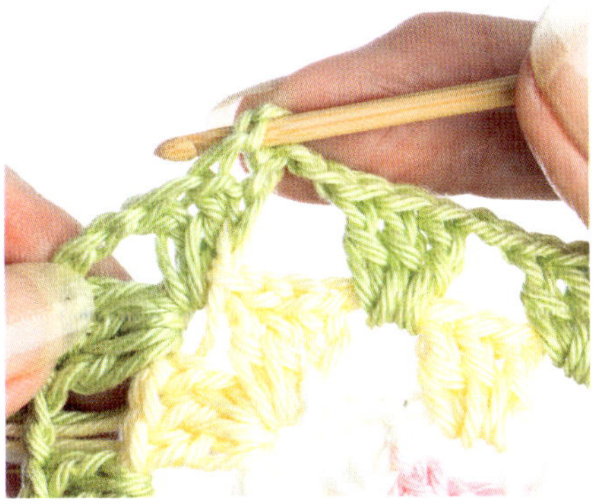

Häkeln Sie 4 Lm und verbinden Sie sie mit 1 Km zu einem Ring.
Runde 1: 5 Lm (zählen als 1 Stb und 2 Lm), (3 Stb in den Ring, 2 Lm) 3-mal, 2 Stb in den Ring, 1 Km in die 3. Lm der 5 Lm.
Runde 2: 1 Km in den nächsten Lm-Bg, 5 Lm (zählen als 1 Stb und 2 Lm), 3 Stb in denselben Lm-Bg, * 1 Lm, 3 Stb ausl, (3 Stb, 2 Lm, 3 Stb) in den nächsten Lm-Bg; ab * 2-mal wdh, 1 Lm, 3 M ausl, 2 Stb in denselben Lm-Bg wie die 5 Lm am Rundenanfang, 1 Km in die 3. der 5 Lm. a
Runde 3: 1 Km in den nächsten Lm-Bg, 5 Lm (zählen als 1 Stb und 2 Lm), 3 Stb in denselben Lm-Bg, * 1 Lm, 3 Stb ausl, 3 Stb in den nächsten Lm-Bg, 1 Lm, 3 Stb ausl, ** (3 Stb, 2 Lm, 3 Stb) in den nächsten Lm-Bg; ab * 2-mal wdh und erneut wdh von * bis **, 2 Stb in denselben Lm-Bg wie die 5 Lm, 1 Km in die 3. der 5 Lm.
Runde 4: 1 Km in den nächsten Lm-Bg, 5 Lm (zählen als 1 Stb und 2 Lm), 3 Stb in denselben Lm-Bg, * (1 Lm, 3 Stb ausl, 3 Stb in den nächsten Lm-Bg) 2-mal, 1 Lm, 3 Stb ausl, ** (3 Stb, 2 Lm, 3 Stb) in den nächsten Lm-Bg; ab * 2-mal wdh und erneut wdh von * bis **, 2 Stb in denselben Lm-Bg wie die 5 Lm, 1 Km in die 3. der 5 Lm. Das Garn befestigen. b

93

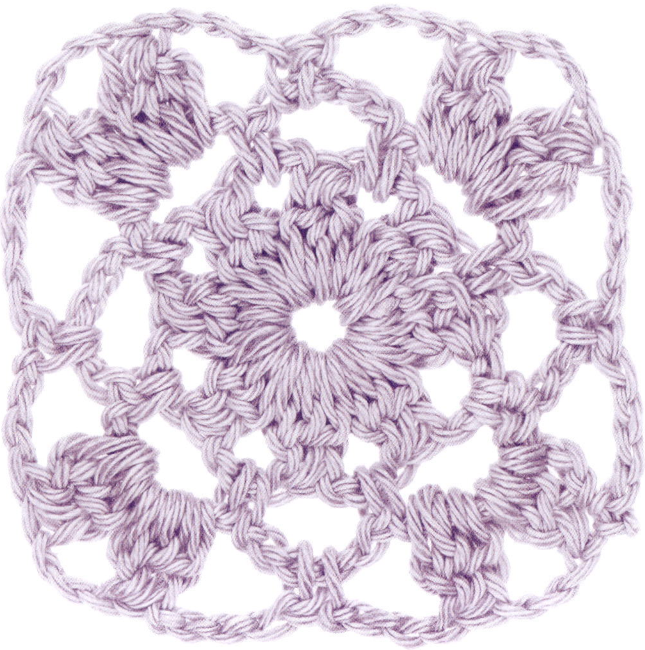

Granny-Square „Geranie"

BÜSCHELMASCHEN UND LUFTMASCHENBÖGEN WERDEN KOMBINIERT, UM DIESES NIEDLICHE SPITZENQUADRAT ZU HÄKELN. ES KANN VERBUNDEN WERDEN, WODURCH VIELE VERSCHIEDENE PROJEKTE ENTSTEHEN KÖNNEN. TÜCHER, DECKEN ODER OBERTEILE WÜRDEN GLEICHERMASSEN HÜBSCH AUSSEHEN.

Anleitung für ein Granny-Square „Geranie":

a

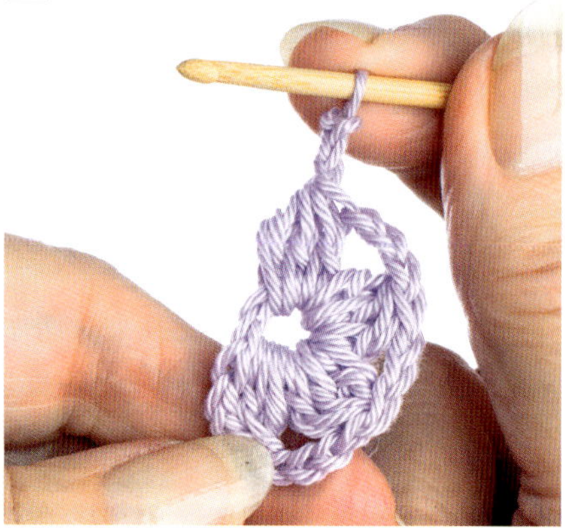

b

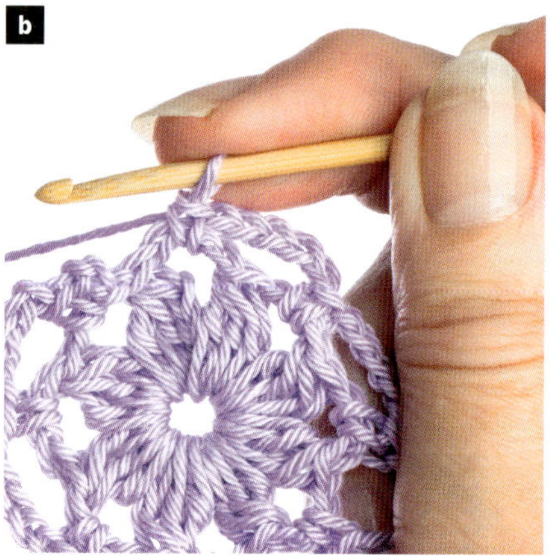

c

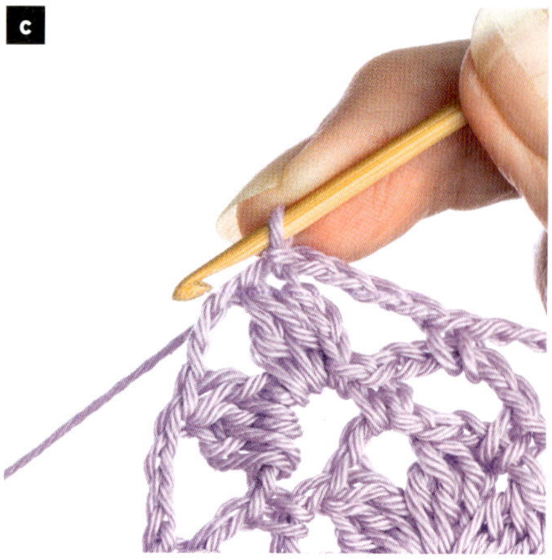

Häkeln Sie 6 Lm und verbinden Sie sie mit 1 Km zu einem Ring.
Runde 1: 3 Lm, 2 fM zus häkeln in den Ring (zählt als 3 fM zus häkeln), (3 Lm, 3 fM zus häkeln in den Ring) 7-Mal, 3 Lm, 1 Km auf die 1. Bm. **a**
Runde 2: 1 Km in die Mitte des nächsten Lm-Bg aus 3 Lm, 1 Lm, 1 fM an dieselbe Stelle, (5 Lm, 1 fM in den nächsten Lm-Bg) 7-mal, 2 Lm, 1 Stb in die 1. fM. **b**
Runde 3: * 5 Lm, (3 fM zus häkeln, 3 Lm, 3 fM zus häkeln) in den nächsten Lm-Bg, ** 5 Lm, 1 fM in den nächsten Lm-Bg; ab * 2-mal wdh und erneut wdh von * bis **, 2 Lm, 1 Stb in das Stb, das die 2. Rd geschlossen hat. Das Garn befestigen. **c**

TIPP **Verwenden Sie verschiedene Farbtöne in jeder Reihe, um dem Quadrat ein neues Erscheinungsbild zu verleihen.**

Granny-Square „Margerite"

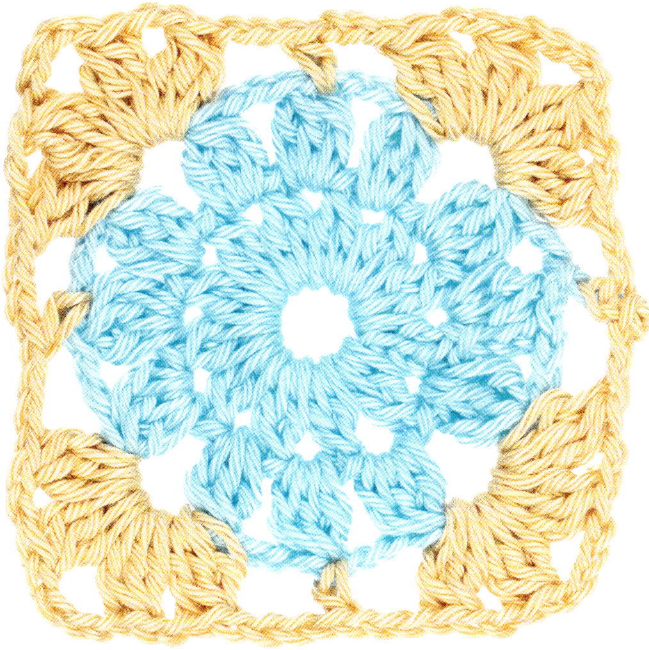

IN NUR DREI RUNDEN IST DIESES HÜBSCHE QUADRAT FERTIG. BÜSCHELMASCHEN SORGEN FÜR EIN NETT STRUKTURIERTES ERSCHEINUNGSBILD.

Spezielle Abkürzungen: Bm (Büschelmasche) = (U, Nadel in den nächstenLm-Bg, U, Garn durchziehen, U, Garn durch 2 Schlingen ziehen) 2-mal wdh, U, Garn durch alle Schlingen auf der Nadel ziehen. 2 Stb zus häkeln = (U, Nadel in den Ring, U, Garn durchziehen, U, Garn durch 2 Schlingen auf der Nadel ziehen) 1-mal wdh, U, Garn durch alle 3 Schlingen auf der Nadel ziehen.

Anleitung für ein Granny-Square „Margerite":

a

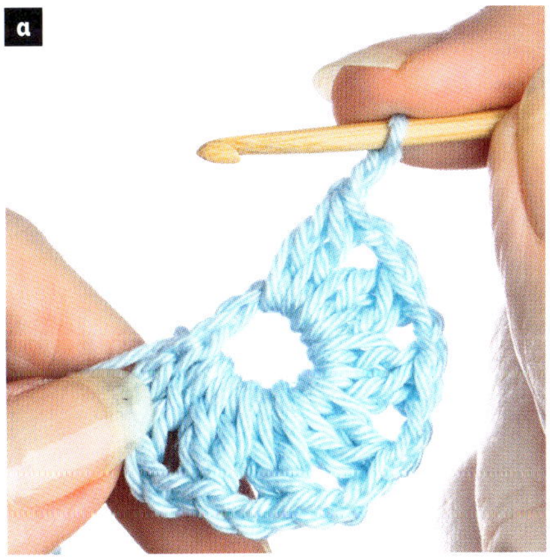

b

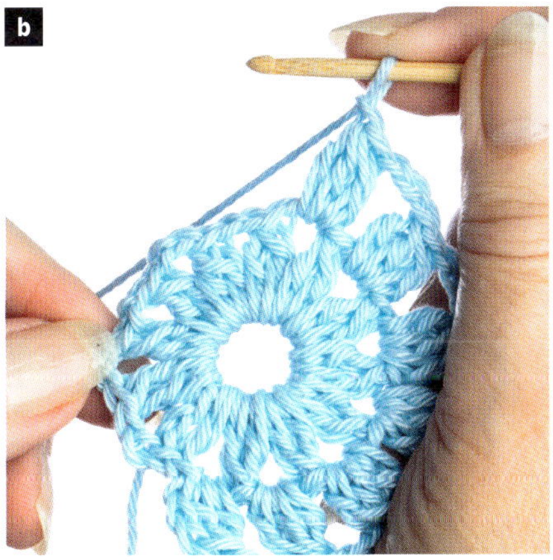

c

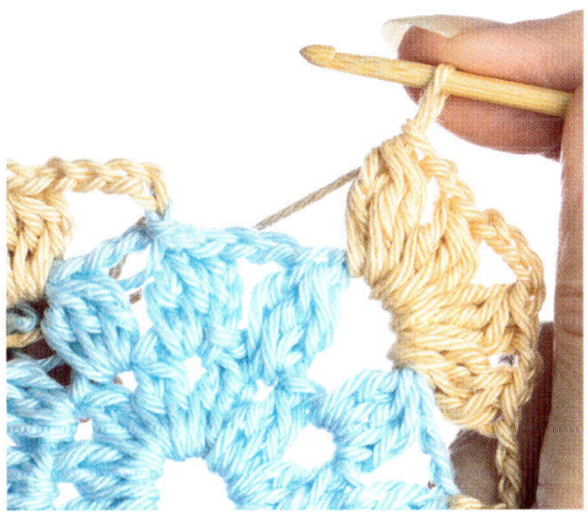

Häkeln Sie 10 Lm und verbinden Sie sie mit 1 Km zu einem Ring.
Runde 1: 4 Lm, 1 Stb in den Ring, 2 Lm, (2 Stb zus häkeln, 2 Lm) in den Ring, 11-mal, 1 Km in das 1. Stb. a
Runde 2: 1 Km in den Lm-Bg aus 2 Lm, 3 Lm, 2 Stb zus häkeln in denselben Lm-Bg aus 2 Lm wie die Km, 3 Lm, (1 Bm in den nächsten Lm-Bg aus 2 Lm, 3 Lm) 11-mal, 1 Km in die ersten 2 zus gehäkelten Stb. b
Runde 3: 5 Lm (zählen als 1 hStb und 3 Lm), den 1. Lm-Bg aus 3 Lm ausl, (1 Bm, 2 Lm, 1 Bm, 4 Lm, 1 Bm, 2 Lm, 1 Bm) in den nächsten Lm-Bg aus 3 Lm, 3 Lm, * den nächsten Lm-Bg aus 3 Lm ausl, 1 hStb auf die nächste Bm, 3 Lm, den nächsten Lm-Bg aus 3 Lm ausl, (1 Bm, 2 Lm, 1 Bm, 4 Lm, 1 Bm, 2 Lm, 1 Bm) in den nächsten Lm-Bg aus 3 Lm, 3 Lm; ab * noch 2-mal wdh, 1 Km in die 2. der 5 Lm vom Rundenanfang. Das Garn befestigen. c

95

Einfaches Blütenmotiv

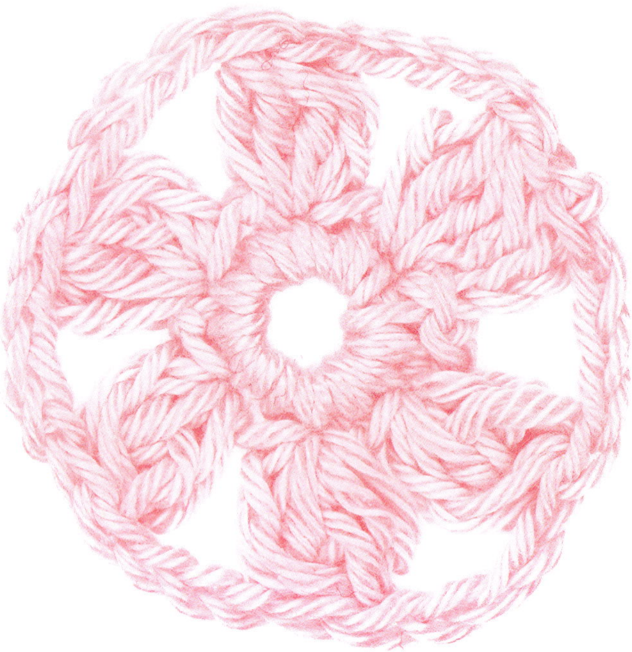

DIES IST EIN HÜBSCHES UND SEHR EINFACHES MOTIV, DAS IN EIN PAAR MINUTEN FERTIGGESTELLT IST. VERWENDEN SIE NUR EINES ALS VERZIERUNG ODER VERBINDEN SIE MEHRERE MITEINANDER, UM EINE SPITZENARBEIT ZU HÄKELN. SIE KÖNNEN VERSCHIEDENE FARBEN FÜR JEDEN SCHRITT VERWENDEN, WENN SIE MÖCHTEN.

Spezielle Abkürzung: Bm (Büschelmasche) = 4 Stb in die nächste fM, dabei die letzte Schlinge von jd Stb auf der Nadel lassen, U und das Garn durch alle Schlingen auf der Nadel ziehen.

Anleitung für ein einfaches Blütenmotiv:

a

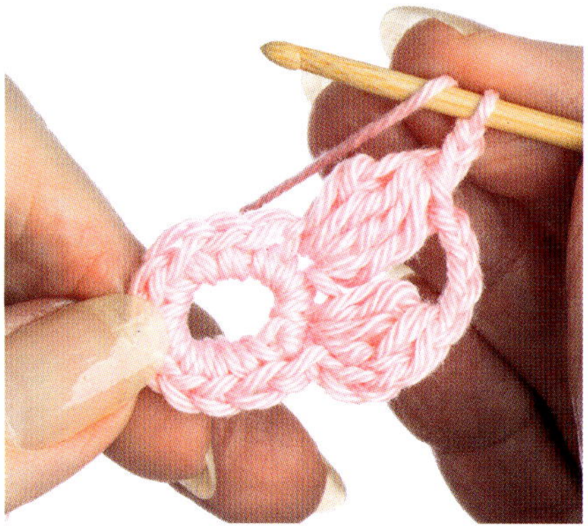

b

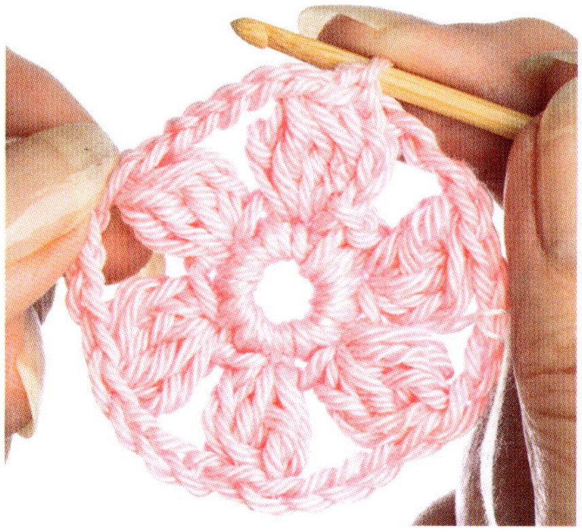

Häkeln Sie 6 Lm und verbinden Sie sie mit 1 Km zu einem Ring.
Runde 1: 1 Lm, 12 fM in den Ring häkeln, 1 Km in die 1. fM.

Runde 2: 3 Lm, 1 Bm in dieselbe M wie die letzte Km, U und das Garn durch alle Schlingen auf der Nadel ziehen, * 5 Lm, 1 fM ausl, 1 Bm in die nächste fM; ab * noch 4-mal wdh, 5 Lm, 1 Km in die 1. Bm. Das Garn befestigen. **a** **b**

TIPP **Verwenden Sie doch einmal verschiedene Farben für die Anfangsluftmaschenkette und Runde 1!**

Granny-Square „Spinne"

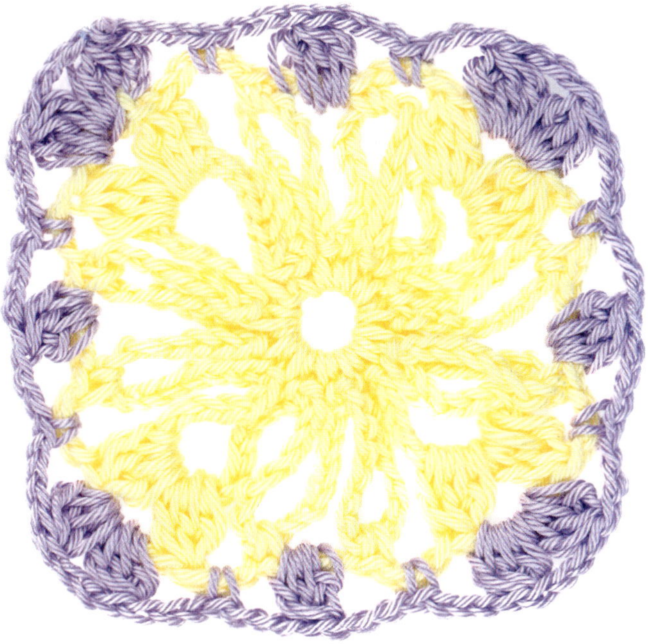

96

EIN SEHR ANSPRECHENDES QUADRAT ENTSTEHT DURCH DIESE DREI HÄKELRUNDEN. LANGE LUFTMASCHENKETTEN BILDEN BLÜTENARTIGE SCHLINGEN. ACHTEN SIE DARAUF, DIESE NICHT ZU VERDREHEN, WENN SIE DIE NÄCHSTE RUNDE DES QUADRATES HÄKELN. HIER WURDE GARN IN ZWEI FARBEN VERWENDET, ES SIEHT ABER EBENSO SCHÖN IN NUR EINER FARBE AUS. DIESE QUADRATE WÜRDEN, MITEINANDER VERBUNDEN, EINEN HÜBSCHEN POLSTERBEZUG ERGEBEN.

Anleitung für ein Granny-Square „Spinne":

a

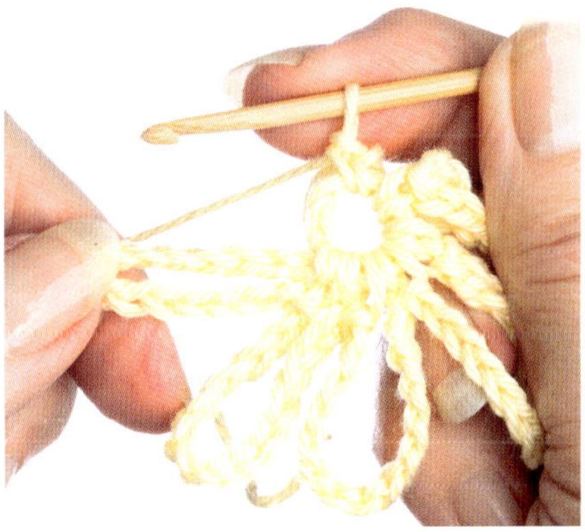

b

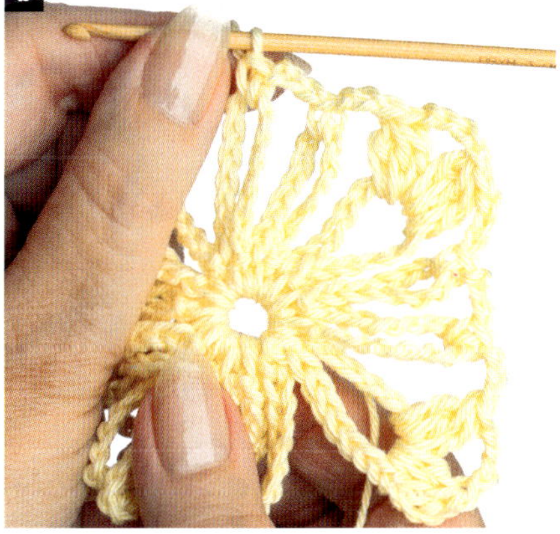

c

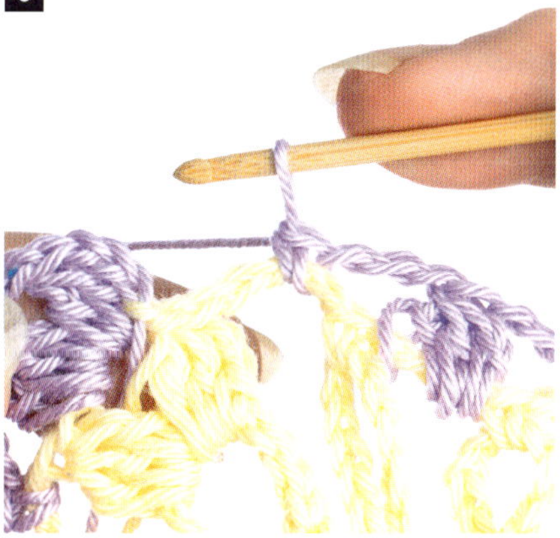

Häkeln Sie 6 Lm und verbinden Sie sie mit 1 Km zu einem Ring.

Runde 1: 1 Lm, (1 fM in den Ring, 15 Lm) 12-mal, 1 Km auf die 1. fM. a

Runde 2: 1 Km in die Mitte des nächsten Lm-Bg aus 15 Lm, (3 Lm, 2 fM zus häkeln, 4 Lm, 3 fM zus häkeln) in denselben Lm-Bg, * (4 Lm, 1 fM in den nächsten Lm-Bg) 2-mal, 4 Lm (3 fM zus häkeln, 4 Lm, 3 fM zus häkeln) in den nächsten Lm-Bg; ab * 3-mal wdh, dabei das 3 fM zus häkeln am Ende der letzten Wdh weglassen, 1 Km auf die 1. Bm. b

Runde 3: 1 Km in den nächsten Lm-Bg, 3 Lm, 2 fM zus häkeln in denselben Lm-Bg (zählt als 3 fM zus häkeln), * 4 Lm, 3 fM zus häkeln in denselben Lm-Bg, (4 Lm, 1 fM in den nächsten Lm-Bg aus 4 Lm, 4 Lm, 3 fM zus häkeln in den nächsten Lm-Bg aus 4 M) 2-mal; ab * noch 3-mal wdh, dabei das 3 fM zus häkeln am Ende der letzten Wdh weglassen, 1 Km auf die 1. Bm. Das Garn befestigen. c

97

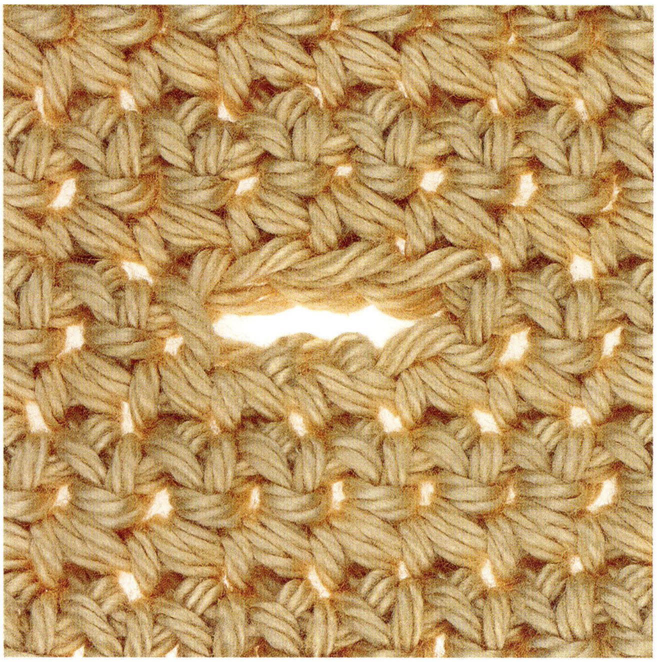

Einfaches Knopfloch

ORDENTLICHE KNOPFLÖCHER KÖNNEN FÜR EINEN HÄKELEINSTEIGER ZU EINER ZIEMLICHEN HERAUSFORDERUNG WERDEN. DIESES EINFACHE KNOPFLOCH KANN IN EINE BEREITS BESTEHENDE HÄKELARBEIT EINGEARBEITET WERDEN, INDEM IN DER ERSTEN REIHE EINFACH EINE GEWISSE MASCHENANZAHL AUSGELASSEN UND ANSTELLE DIESER DIESELBE ANZAHL AN LUFTMASCHEN GEHÄKELT WIRD. HÄKELN SIE DIESE LUFTMASCHEN RECHT FEST, DAMIT DAS SO ENTSTEHENDE LOCH ORDENTLICH AUSSIEHT.

Anleitung für ein einfaches Knopfloch:

a

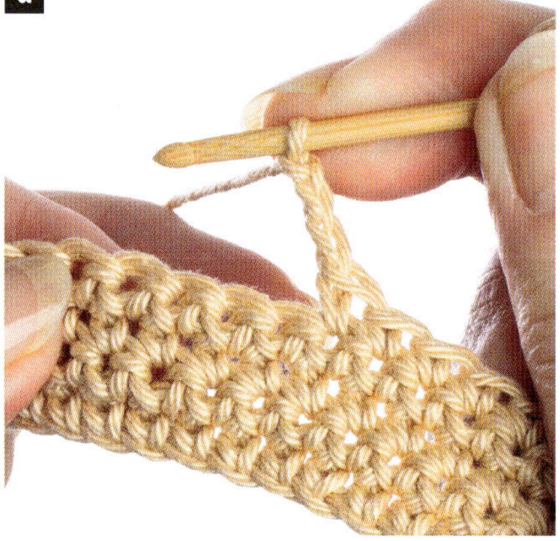

b

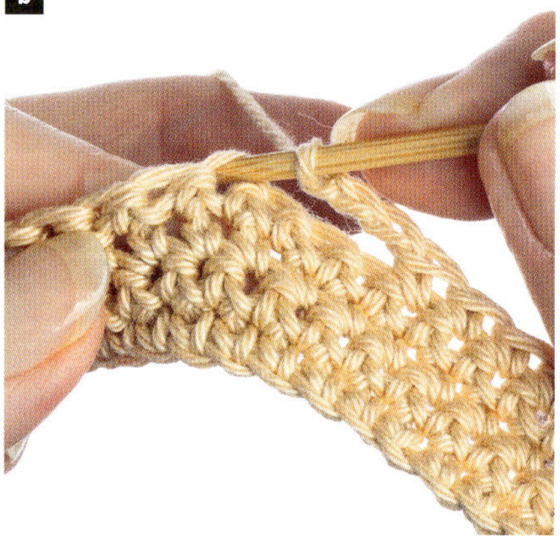

c

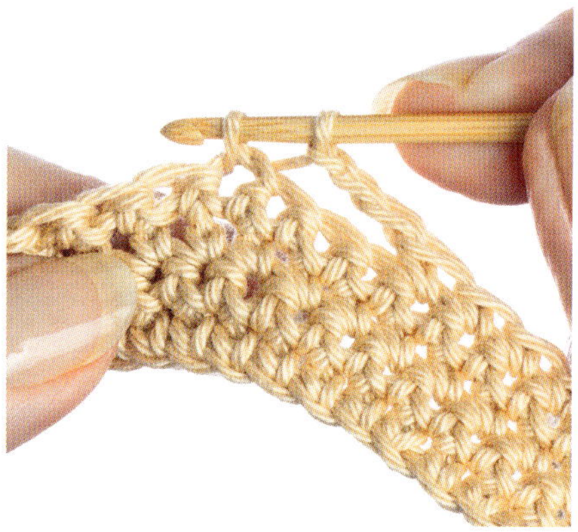

d

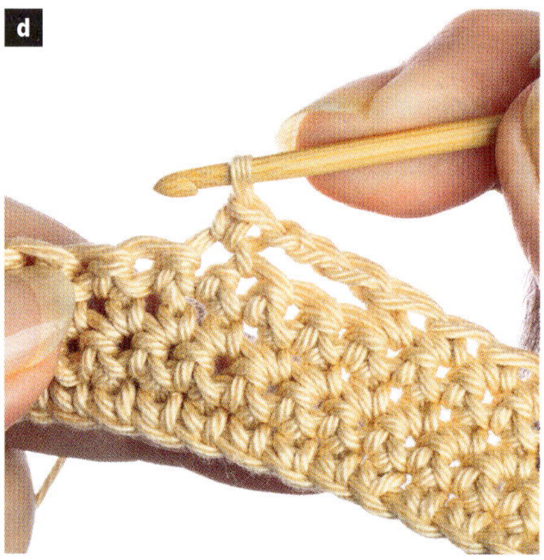

Reihe 1: fM bis zu der Stelle, an der das Knopfloch sein soll, häkeln, 3 Lm, 3 fM ausl, fM bis zum Ende der Reihe häkeln. a b c d

Reihe 2: 1 Lm, fM häkeln, je 1 fM in jd der 3 Lm aus Reihe 1 häkeln.

Kugelknopf

MANCHMAL IST ES SCHWIERIG, EINEN KNOPF IN GENAU DER FARBE IHRES PROJEKTS ZU FINDEN – EINE MÖGLICHKEIT IST ES, IHRE EIGENEN KNÖPFE ZU GESTALTEN. DIESER KUGELKNOPF LÄSST SICH SEHR EINFACH HERSTELLEN UND WIRD AUS MIT EINEM RING VERBUNDENEN STÄBCHEN, DIE ZU EINER FEIN SÄUBERLICHEN KUGEL ZUSAMMENGEFASST WERDEN, GEHÄKELT. SIE KÖNNEN IHN AUCH FÜLLEN, DAMIT ER FESTER WIRD.

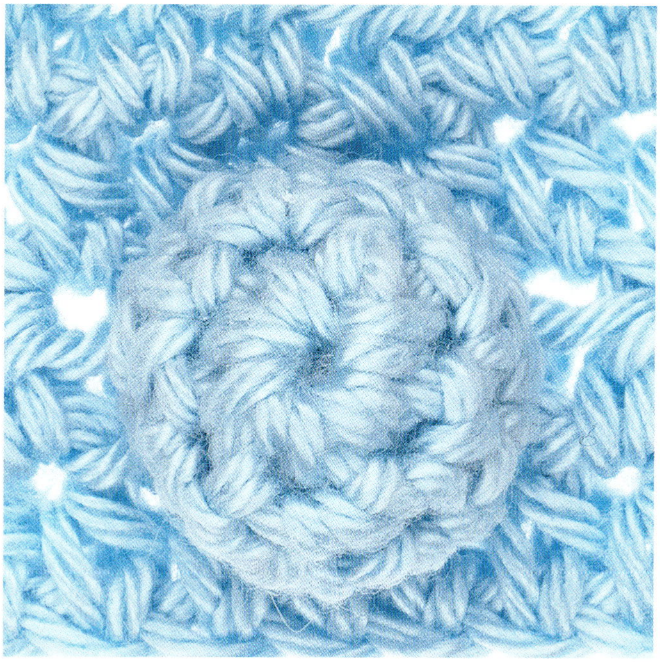

Anleitung für einen Kugelknopf:

a

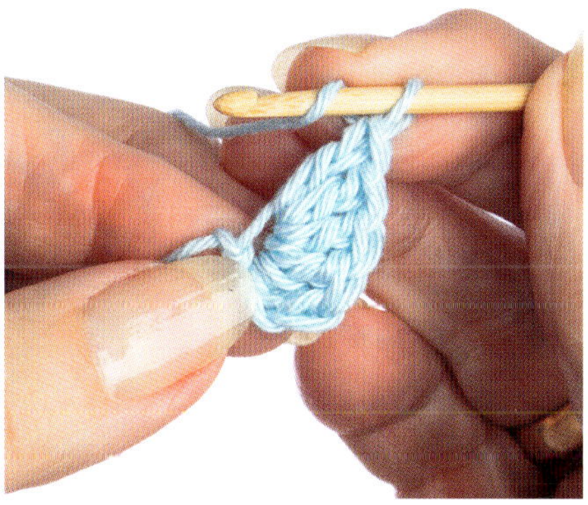

b

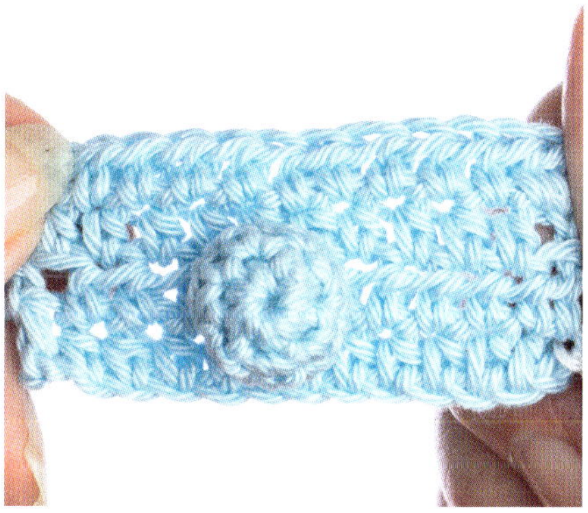

Runde 1: 3 Lm, 11 Stb in die 3. Lm von der Nadel, 1 Km an den Rundenanfang. a b

Fädeln Sie ein wenig Garn in eine Nadel und führen Sie sie oben durch jd Stb, geben Sie ein bisschen Füllung in den Knopf und ziehen Sie die Stb dann fest zu, um eine Kugelform zu erhalten. Die Enden sorgfältig einarbeiten.

TIPP **Experimentieren Sie mit verschiedenen Nadelstärken und Garngewichten, um die Größe der Knöpfe zu verändern, damit sie zu Ihrem Projekt passen.**

99

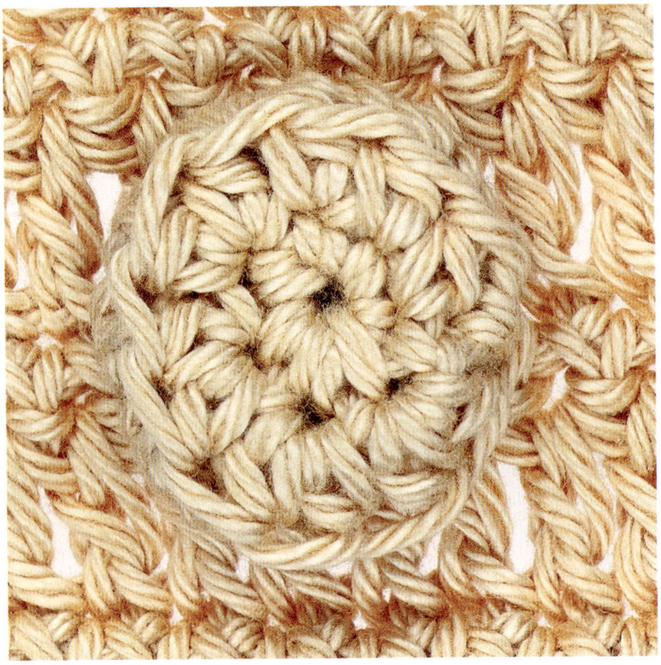

Flacher Knopf

DIESER HÜBSCHE KLEINE KNOPF WIRD FLACH GEARBEITET UND DAUERT EIN BISSCHEN LÄNGER ALS DER KUGELKNOPF. DIE LETZTE REIHE KANN ZUSAMMENGENOMMEN WERDEN, UM IHREN KNOPF FERTIGZUSTELLEN, SIE KÖNNEN ABER AUCH EINEN KNOPFROHLING BEZIEHEN, UM EIN FESTES ENDERGEBNIS ZU ERHALTEN. MANCHMAL IST ES SCHWER, DEN KNOPF IN PASSENDER FARBE FÜR IHRE ARBEIT ZU FINDEN, ABER WENN SIE IHREN KNOPF MIT DEMSELBEN GARN GESTALTEN, IST IHNEN EIN GROSSARTIGES ERGEBNIS SICHER!

Anleitung für einen flachen Knopf:

a

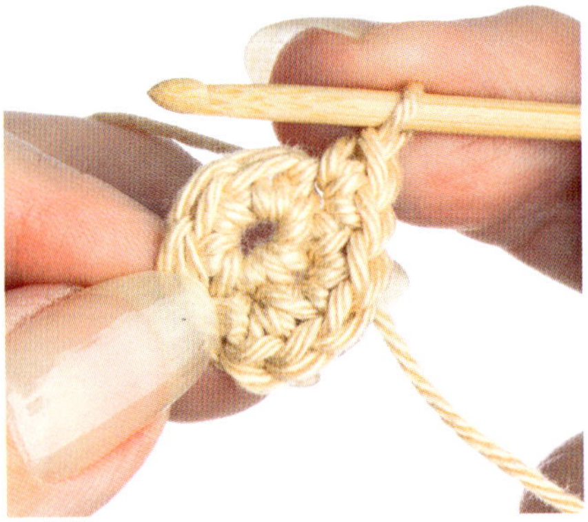

b

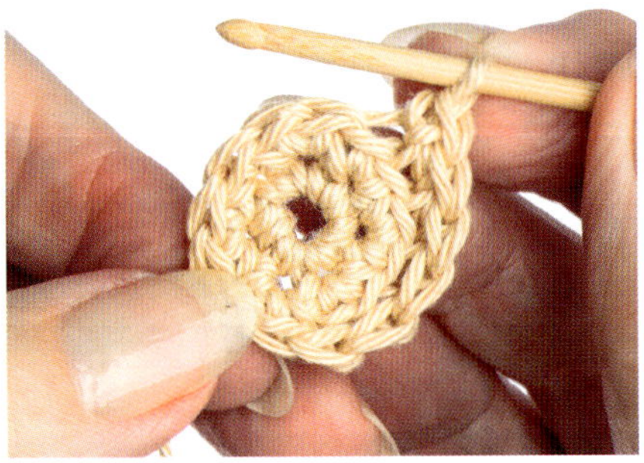

c

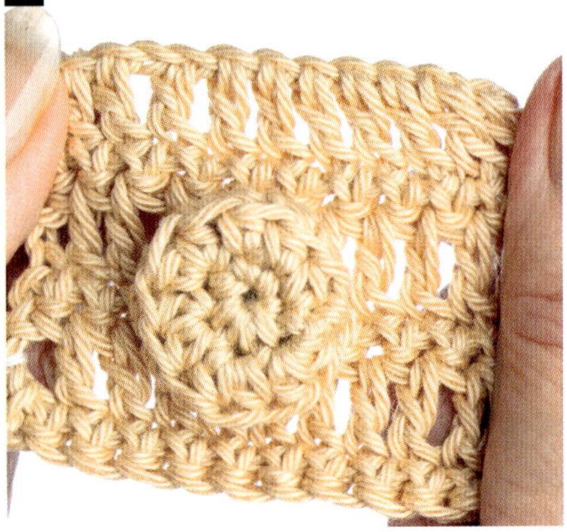

5 Lm häkeln und mit 1 Km zu einem Ring verbinden.
Runde 1: 6 fM in den Ring, die Rd mit 1 Km schließen.
Runde 2: 1 Lm, 2 fM In jd fM bis zum Ende der Rd, die Rd mit 1 Km schließen. **a**

Runde 3: 1 Lm, je 1 fM in jd fM rundherum, dabei nur ins hMg jd M häkeln, die Rd mit 1 Km schließen. **b**
Runde 4: 1 Lm, 2 fM zus häkeln rundherum, die Rd mit 1 Km schließen und das Garn befestigen. **c**

Blumenknopf

DIESE LUSTIGE KNOPFEINFASSUNG IST EHER ALS VERZIERUNG DENN ALS KNOPF GEDACHT. SIE STECKEN EINFACH DEN SCHAFT DES KNOPFS IHRER WAHL IN DIE MITTE DER EINFASSUNG UND NÄHEN IHN DANN AN DAS PROJEKT AN, DAS SIE VERSCHÖNERN MÖCHTEN. DIESER KNOPF SIEHT GUT AUF PÖLSTERN ODER TASCHEN AUS UND KÖNNTE AUCH VERWENDET WERDEN, UM EINEN PULLOVER INTERESSANTER WIRKEN ZU LASSEN.

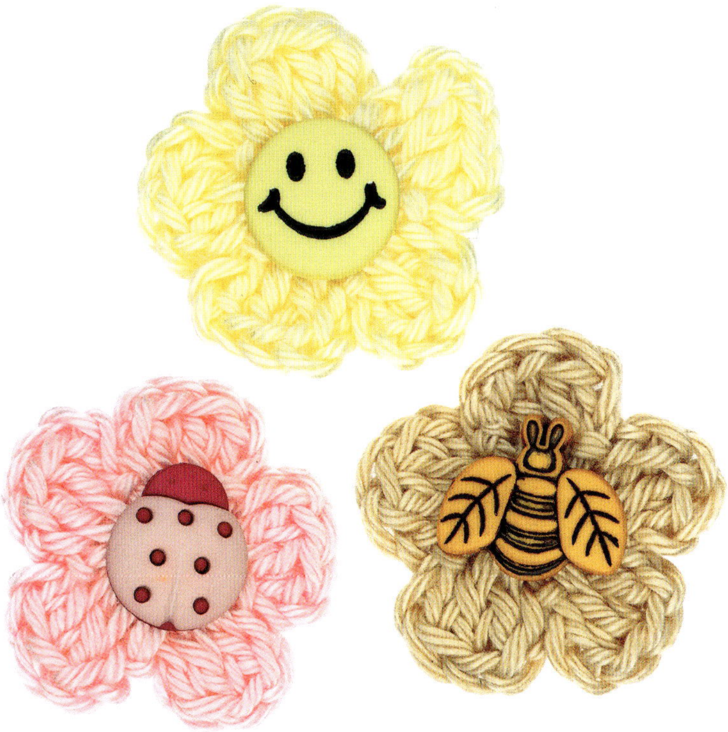

Anleitung für einen Blumenknopf:

a

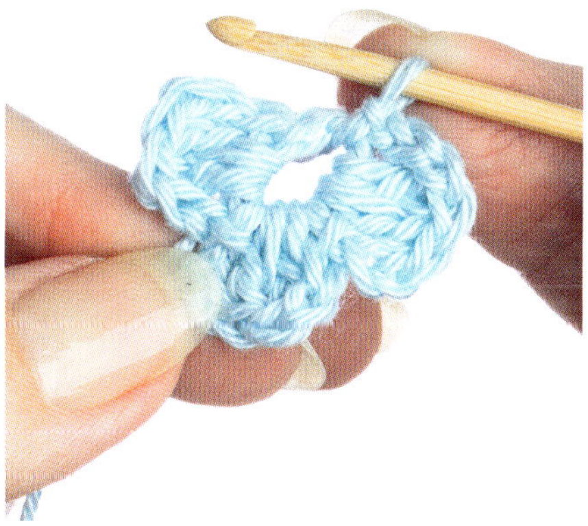

b

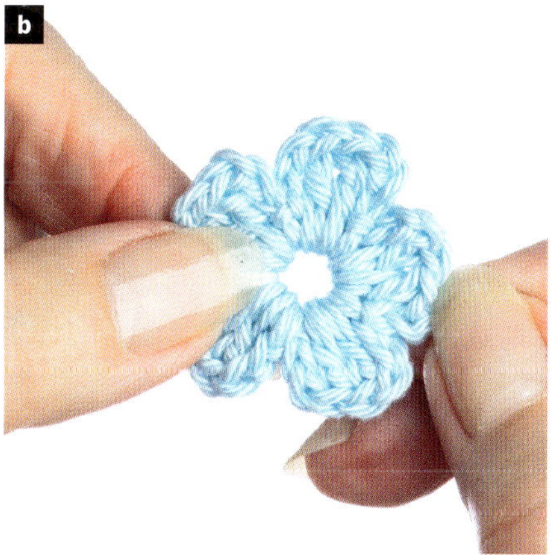

5 Lm häkeln und mit 1 Km zum Ring verbinden.
Runde 1: 3 Lm, 2 Stb in den Ring, 3 Lm, 1 fM in den Ring, * 3 Lm, 2 Stb in den Ring, 3 Lm, 1 fM in den Ring; ab * noch 3-mal wdh, mit 1 Km in den Rundenanfang enden. Das Garn befestigen. a b

TIPP Machen Sie sich einen Spaß daraus, mit verschiedenen Knöpfen und Garnen zu experimentieren, um bunte und farbenfrohe Stücke zu gestalten, oder verwenden Sie Pastellfarben für zartere Werkstücke.

Stichwortverzeichnis

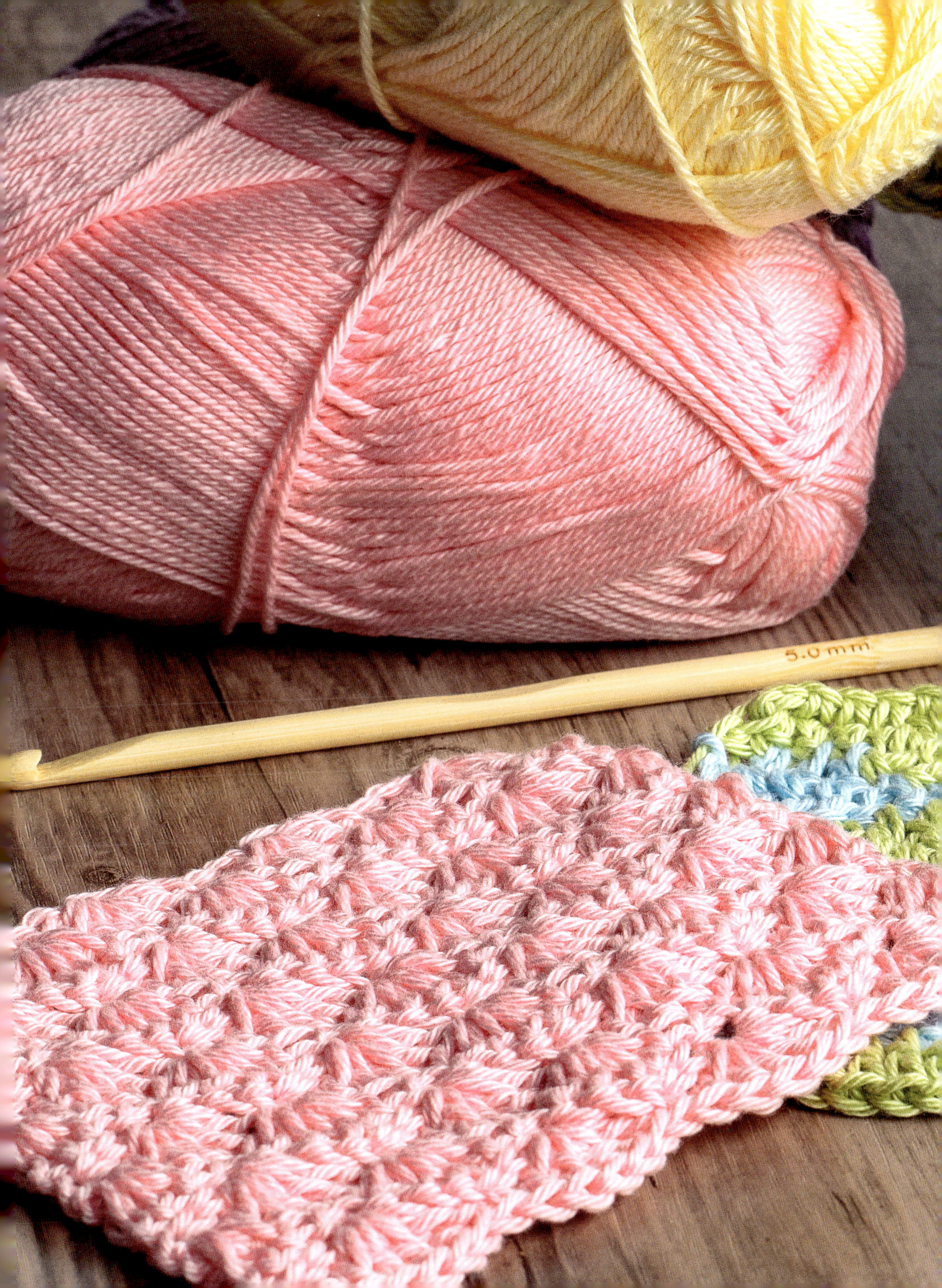
5.0 mm

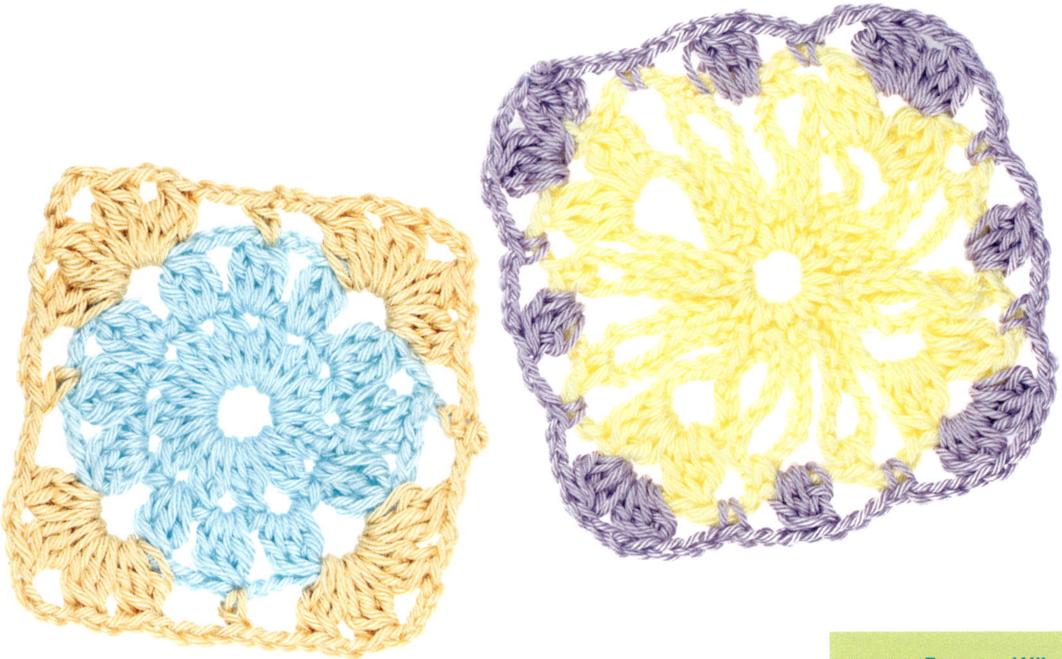

Umschlaggestaltung: DSR – Werbeagentur Rypka, A-8143-Dobl/Graz
Titelbilder: Steve Watts
Fotos: Steve Watts

Titel der englischen Originalausgabe: Val Pierce: 100 Essential Crochet Stitches.

The translation of 100 Essential Crochet Stitches 978-1-78494-562-6 is published by arrangement with GMC Publications Ltd.

Aus dem Englischen übertragen von Mag. Nina Schön.

Der Inhalt des Buches wurde vom Verlag und von der Autorin nach bestem Wissen geprüft, eine Garantie kann jedoch nicht übernommen werden. Die juristische Haftung ist daher ausgeschlossen.

Bibliographische Information der Deutschen Nationalbibliothek
Die Deutsche Nationalbibliothek verzeichnet diese Publikation in der Deutschen Nationalbibliographie; detaillierte bibliographische Daten sind im Internet über http://dnb.d-nb.de abrufbar.

Hinweis:
Dieses Buch wurde auf chlorfrei gebleichtem Papier gedruckt. Die zum Schutz vor Verschmutzung verwendete Einschweißfolie ist aus Polyethylen chlor- und schwefelfrei hergestellt. Diese umweltfreundliche Folie verhält sich grundwasserneutral, ist voll recyclingfähig und verbrennt in Müllverbrennungsanlagen völlig ungiftig.

Auf Wunsch senden wir Ihnen gerne kostenlos unser Verlagsverzeichnis zu:

Leopold Stocker Verlag GmbH
Hofgasse 5 / Postfach 438
A-8011 Graz
Tel.: +43 (0)316/82 16 36
Fax: +43 (0)316/83 56 12
E-Mail: stocker-verlag@stocker-verlag.com
www.stocker-verlag.com

ISBN 978-3-7020-1895-5

Satz: DSR – Werbeagentur Rypka, A-8143-Dobl/Graz

Fragen, Wünsche oder Anregungen? Kontaktieren Sie uns!

www.stocker-verlag.com/100-besondere-haekel-ideen-feedback/

Hier finden Sie auch weitere Informationen über unser Programm und können sich für unseren Newsletter anmelden.

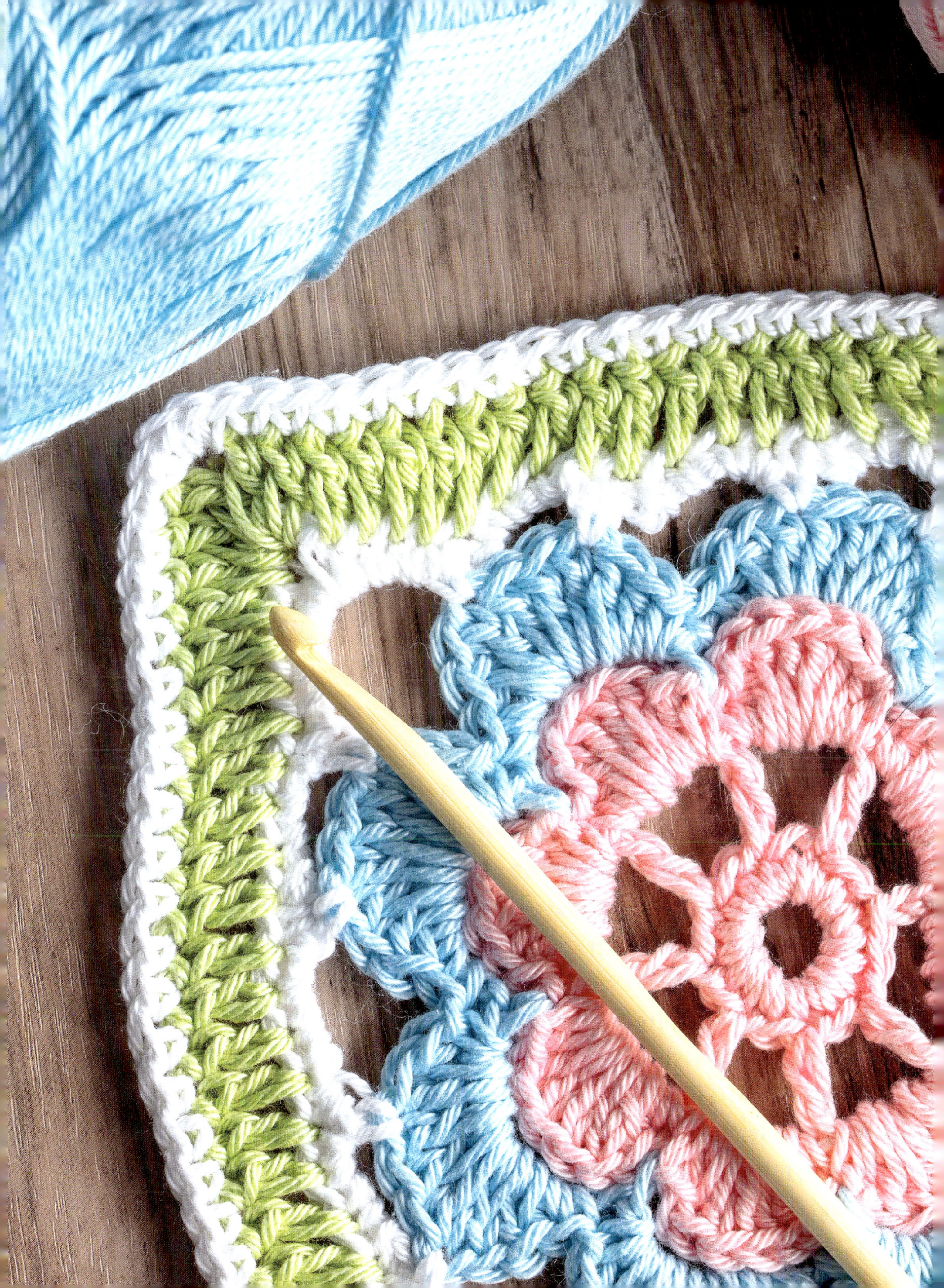

Aus unserem Programm

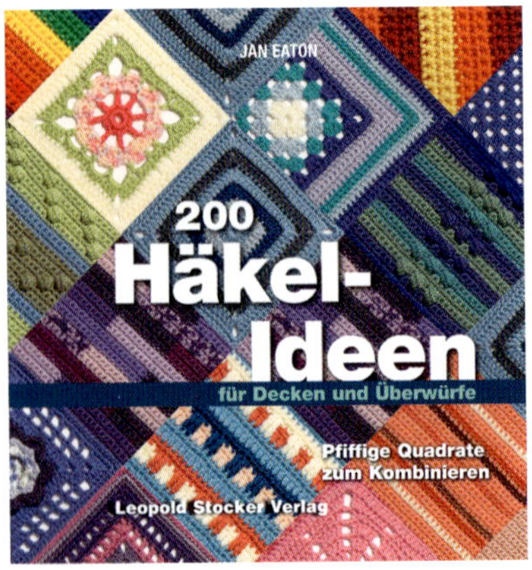

ISBN 978-3-7020-1325-7

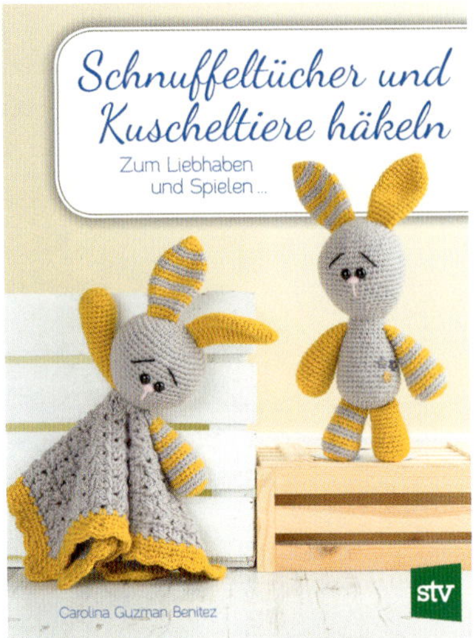

ISBN 978-3-7020-1684-5

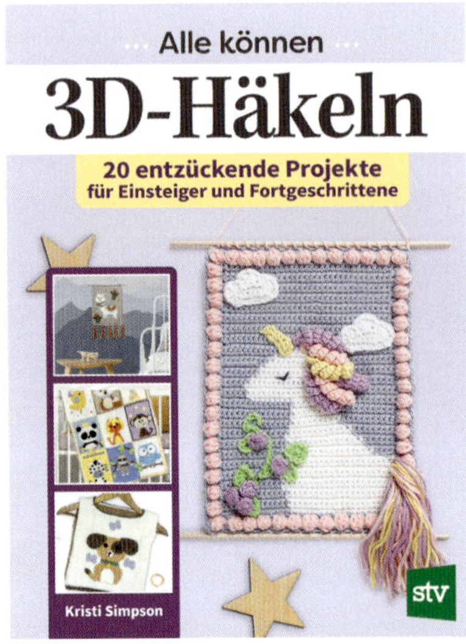

ISBN 978-3-7020-2110-8

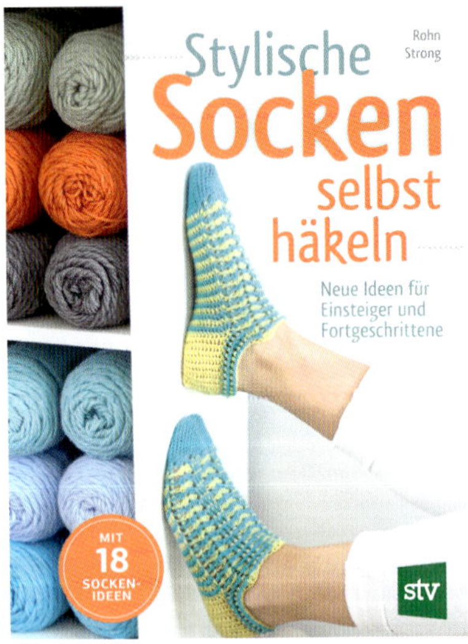

ISBN 978-3-7020-1690-6

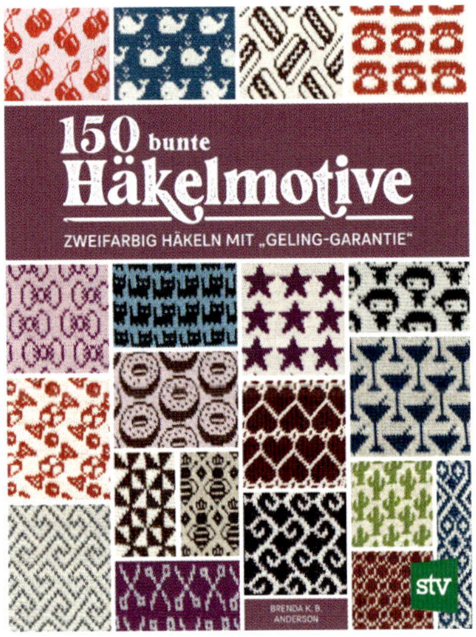

ISBN 978-3-7020-2086-6

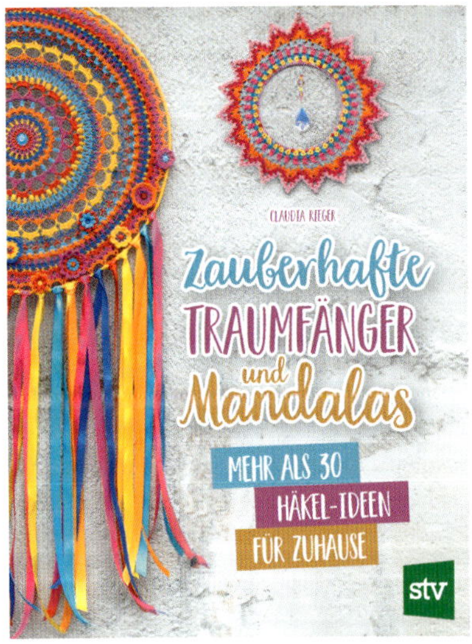

ISBN 978-3-7020-2085-9